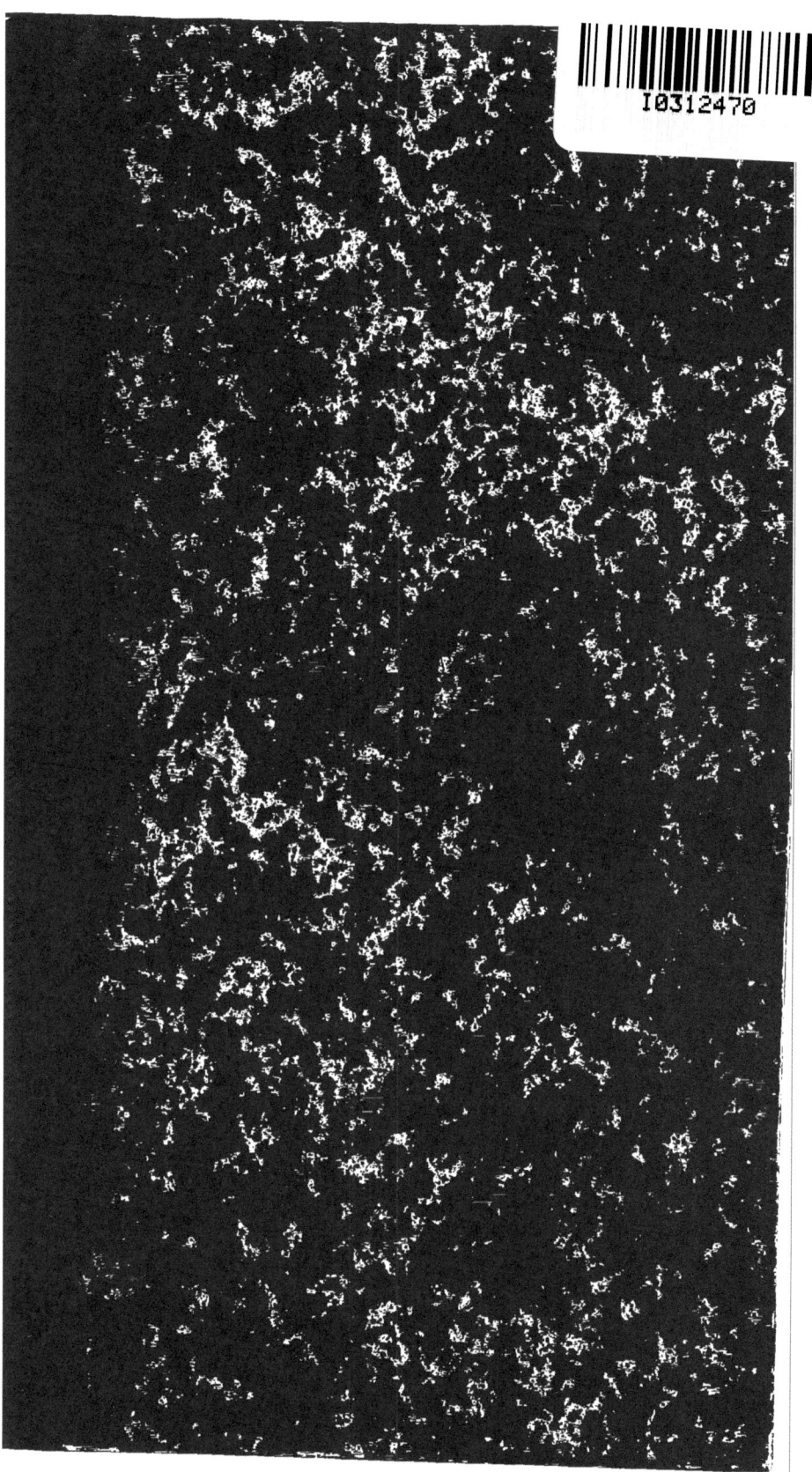

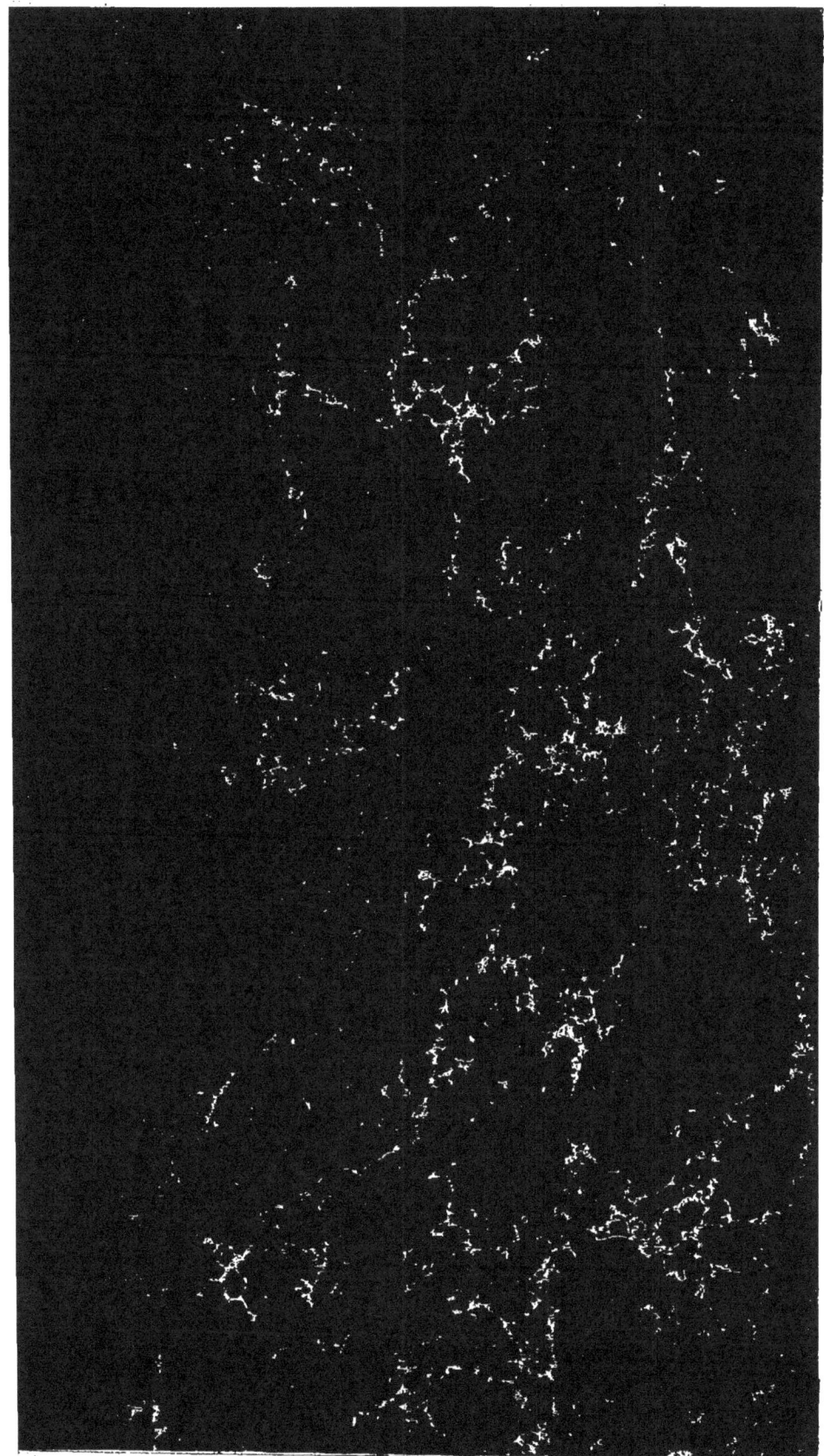

LES
CENT JOURS

IMPRIMERIE D'AMÉDÉE GRATIOT ET C°
rue de la Monnaie, 11.

LES
CENT JOURS

PAR

M. CAPEFIGUE.

Tome Premier.

PARIS

LANGLOIS ET LECLERCQ
SUCCESSEURS DE PITOIS-LEVRAULT ET Ce,

RUE DE LA HARPE, 81.

À l'Étranger

Dulau et Cie, à Londres.	Zeelt, à Amsterdam.
Rohrmann et Schweigerd, à Vienne.	Bellizard et Cie, à Saint-Pétersbourg.
Al. Duncker, à Berlin.	Jugel, à Francfort-sur-le-Mein.
Bocca, à Turin.	Brockhaus, à Leipzig.
Dumolard et fils, à Milan.	Artaria et Fontaine, à Mannheim.

1841.

L'histoire contemporaine a donné le nom de *Cent Jours* à la période qui s'écoula du 20 mars à la seconde Restauration de Louis XVIII. Cette dénomination n'est point le résumé d'une idée philosophique, le résultat d'une classification de partis; elle est venue d'une simple phrase de compliment que le préfet de la Seine, M. de Chabrol, adressa le 8 juillet 1815 au Roi Louis XVIII à son retour dans la capitale ; il appela *Cent Jours* le temps d'absence de la maison de Bourbon, et ce mot est resté dans la langue historique.

A vrai dire, cette définition n'est exacte ni pour l'expression, ni pour la pensée; la révolution qui ramena Bonaparte sur le trône embrasse une période plus large; elle commence dès le mois d'octobre 1814, et malheureusement elle ne fut pas terminée à la seconde rentrée de Louis XVIII à Paris. Une révolution n'éclate pas tout à coup; elle vient de loin, elle porte ses fruits plus loin encore. Il arrive souvent qu'un gouvernement existe avec des conditions de mort; il doit périr, c'est sa destinée; il est comme les êtres fabuleux dont parle l'Arioste, qui vivent et marchent quelques instants la tête coupée. Ainsi, dès le mois d'octobre 1814, la Restauration portait en elle-même les conditions d'une ruine certaine; la conspiration morale était partout, la vieille société n'était pas assez puissante pour se substituer à la nouvelle; il arriva donc une de ces résistances invincibles des idées, des instincts et des passions; or les complots de tous sont les plus terribles, ils expliquent la marche rapide, miraculeuse, de Napoléon, depuis le golfe Juan jusqu'aux Tuileries.

Cette folie glorieuse porta des fruits amers, elle fut bien fatalement payée; les traités de 1815 en furent les plus funestes résultats, et ces traités enlevèrent à la France sa puissance morale dans les transactions européennes; et comme complément, on eut encore la réaction du parti vainqueur. Sous le point de vue diplomatique, cet immense et fatal événement des Cent Jours créa la position d'isolement qui nous place au milieu de l'Europe sans alliances, sans possibilité même d'obtenir une situation prépondérante dans les questions de remaniements de territoire et de peuples. La croisade qui fut prêchée contre Napoléon habitua les cabinets à se liguer tous contre nous, et à ne plus nous compter que comme un danger; car en diplomatie, pour que les États viennent à vous, il faut que par vos formes sociales, vos idées, vos prédications politiques, vous ne blessiez pas trop profondément leur principe d'existence.

La restauration de 1814 avait eu pour effet de nous réconcilier avec l'Europe. La force du nom de France, l'habileté de M. de Talleyrand au congrès de Vienne, avaient créé pour la maison de Bourbon des alliés naturels et une situation politique considérable; M. de Talleyrand s'était assis avec hauteur et hardiesse comme le représentant de la monarchie de Louis XIV. Après les grandes ruines de 1813 et 1814 et le traité militaire de Chaumont, c'était un résultat que la convention secrète du mois de février 1815, signée par M. de Talleyrand, lord Castlereagh et M. de Metternich, qui, divisant la coalition, plaçait l'Autriche, l'Angleterre et la France sous une commune bannière, contre la Russie et la Prusse, dans la question de Saxe et de Pologne. Au congrès de Vienne, nous avions rallié la moitié au moins des puissances qui, dans la fatale campagne de 1814, marchaient contre nous.

L'événement des Cent Jours bouleversa cette œuvre; l'Europe s'habitua désormais à ne plus traiter avec nous que par les coalitions; aucune puissance ne voulut croire à notre grande destinée de peuple, à la durée de nos gouvernements, à la fixité de nos idées; toutes les questions particulières devinrent par le fait européennes : tous se mirent contre un seul; la France fut placée en dehors du droit commun; ce ne fut qu'au congrès d'Aix-la-Chapelle, sous le duc de Richelieu, qu'elle se replaça dans une position un peu indépendante; et encore les méfiances ne s'éteignirent pas, au premier signal elles reparurent. Aujourd'hui, la politique d'isolement est devenue une sorte de droit public; et cependant notre histoire nous montre que les vastes et durables conquêtes de la France sous les Bourbons, les seules enfin qui nous restent, s'opérèrent autant par la diplomatie des traités que par l'éclat et le bruit des batailles.

A la monarchie de Louis XIV, avec ses alliances d'intérêt et de famille, a succédé une position à part, qui habitue les cabinets à ne plus compter la France que comme une cause terrible d'agitations et de troubles. Notre grande force de peuple, notre puissance de civilisation, notre union sociale et administrative leur fait peur. Ils prennent à notre égard des précautions inusitées ; nul ne nous tend la main, alors même que des intérêts communs nous rapprochent.

A notre tour, il a été de convention parmi nous de ne plus parler de l'étranger qu'avec un sentiment d'irritation et de haine; nous ne respectons ni les mœurs, ni les gouvernements, ni les coutumes. Autrefois, nous étions aussi patriotes qu'aucune nation du monde, et la preuve, c'est qu'en deux siècles la France avait acquis sept provinces, sans comprendre la Corse; mais comme il nous fallait des alliés, des amis, des confédérés, nous avions au moins l'habileté de ne pas insulter tous les cabinets à la fois; il y avait des usages, une politesse universelle, même avec l'ennemi ; il y avait certains principes respectés par le gouvernement et les peuples; on ne jouait pas avec les dynasties, les formes sociales et les nationalités des états de l'Europe; on ne menaçait pas de jeter des principes désorganisateurs au monde entier. Il faut une immense sagesse à ceux qui gouvernent notre pays, pour se mettre au-dessus de ces mauvaises passions qui grondent autour d'eux, et c'est là une des difficultés de tous les hommes politiques qui ont sérieusement passé à travers les affaires de France.

Sous un autre point de vue, les Cent Jours produisirent un déplorable effet sur l'esprit et le caractère national. J'admire souvent cet enthousiasme qui poussa les vieilles légions à saluer leur César quand il parut sur le rivage du golfe Juan; j'aime ces grands coups d'imagination qui saisissent et entraînent les âmes ardentes; mais peut-on se dissimuler qu'il y eut dans cet oubli de la foi jurée à la Restauration, un caractère de parjure déplorable, une altération profonde de l'honneur national? Quel spectacle que ces serments violés du jour au lendemain! ces protestations de fidélité de la veille, et ces déclamations du jour qui les suit! Notre nation était illustre surtout par cette religion de la parole qui ne promettait jamais en vain. Il y avait je ne sais quoi de loyal et de chevaleresque qui relevait et moralisait le caractère du peuple; les Cent Jours furent une raillerie si profonde du Décalogue de l'honneur et de la loyauté, que le caractère national dut en éprouver une fatale atteinte. Je voudrais effacer du *Moniteur* ces adresses de l'armée à Louis XVIII, ces serments des généraux, si promptement suivis de ces proclamations où les mêmes hommes vouent la race des Bourbons aux mépris de la postérité.

Que devenaient la sécurité des gouvernements, le principe de leur durée, avec des soldats qui passaient d'un régime à un autre par un tumulte des camps? Que devenait l'antique loyauté française, en présence de ces grandes moqueries du serment? Il ne faut pas croire que les idées, une fois jetées aux vents des passions, ne portent pas leurs fruits. Si, aujourd'hui, nul n'a foi dans les principes qui gouvernent les hommes, à qui faut-il s'en prendre? S'il y a un abaissement général des caractères, la source n'en est-elle pas dans cette décadence si rapide des droits, des principes de la morale, et de tout ce qui fait les fondements de la sociabilité humaine? Les Cent Jours firent ainsi une large brèche à notre position en Europe, ils portèrent une atteinte profonde à cette noblesse de sentiment qui caractérisait l'esprit français; vieil esprit, si l'on veut, mais qui brille comme une belle escarboucle dans les reliquaires de la monarchie. Cet esprit d'honneur nous avait faits grands en Europe, parce qu'il avait la même universalité que notre langue.

Quelques autres leçons sont à recueillir encore de l'époque dont il va être parlé dans ce livre : c'est surtout le mal que peut faire à un pays une assemblée politique mal éclairée et parleuse. Je ne sache rien de plus médiocre que la Chambre des représentants aux Cent Jours : elle sera la condamnation de toute tribune dans les temps de crise, pour un peuple comme le nôtre, jaloux des supériorités qui le blessent, amoureux des médiocrités qui le flattent. La Chambre des représentants fut le véritable type du gouvernement représentatif, placé sous l'influence des flasques idées de M. de Lafayette et des utopies de la Constituante. La Chambre des représentants, au lieu de s'occuper de repousser l'ennemi, disserta sur les constitutions et sur les garanties, puérilités à la mode; elle laissa paisiblement envahir le territoire sans donner force et appui à Napoléon.

Il aurait fallu, avant comme après Waterloo, une immense dictature; ceux qui avaient renversé les Bourbons, le symbole de la paix, devaient placer toutes les forces nationales dans les mains de l'Empereur, l'expression de la guerre. Il n'y avait pas de milieu entre ces deux systèmes. La Chambre des représentants ne comprit rien à ces grandes idées; elle fit tout le mal qu'une mauvaise assemblée peut faire à un pays; sa politique, son opposition furent déplorables; elle se montra haineuse sans courage, déclamatoire sans patriotisme, et par-dessus tout ignorante et niaise, assez niaise pour être mystifiée par Fouché ; assez ignorante pour ne pas savoir que puisqu'elle avait renversé Napoléon par une étroite vengeance, elle devait rappeler Louis XVIII par nécessité.

Au fond, je ne sache pas d'époque plus curieuse, plus immense dans ses résultats que les Cent Jours. Il y a dans l'histoire des temps qui ont plus de grandeur; mais je ne crois pas que dans une période aussi resserrée il se soit jamais passé des faits d'une si haute portée. Voyez d'abord cette marche dramatique, miraculeuse, de Bonaparte du golfe Juan à Paris; un gouvernement qui tombe devant un simple battement de l'aigle, et bientôt ce système militaire qui s'établit et se brise à son tour dans l'espace de trois mois; puis une bataille sanglante où luttent les vieilles armées de l'Europe; enfin, une Chambre qui achève ce que l'ennemi a si fatalement commencé.

Napoléon seul apparaît comme le véritable héros de ce drame, il passe comme un météore terrible qui brûle et laisse de fatales empreintes. Cette fin de carrière est merveilleuse, mais l'histoire de l'Empereur et de l'Empire est finie. Ainsi, chacun porte en lui-même son poëme épique plus ou moins grand, plus ou moins élevé. Les Cent Jours sont le dernier chant de l'épopée impériale, et le coup de tonnerre du Jupiter ancien éclate pour la dénouer.

J'ai besoin de dire que je vais toucher à des vies qui s'agitent encore autour de nous, à des événements dont nous portons encore la conséquence. J'ai un trop grand respect du caractère humain pour jamais écrire de ces pamphlets sur les hommes ou sur les choses, pauvres écrits qui passent avec les passions qui les ont inspirés! Les austères puritains qui écrivent les biographies ne pardonnent ni les faiblesses, ni les oublis, ni la force des événements, ni l'empire des circonstances; eux sont si purs, si affranchis de tout contact terrestre, qu'ils n'accordent même pas l'indulgence que Dieu sait accorder. A ceux-là, je laisse la mission d'écrire de grandes déclamations de vertu et de patriotisme; pour moi, je ferai toujours la part des tristesses de notre nature, et de la fatalité des événements.

Ce livre a surtout pour objet de pénétrer les causes qui ont amené les Cent Jours et les circonstances qui ont préparé leur fin; je dirai la vérité sur cette période admirable, sans doute, par son côté dramatique, mais qui nous a légué de si funestes résultats: l'isolement de notre puissance en Europe, les traités de 1815, la chute de notre grandeur militaire, un amoindrissement de

27 lieues carrées de territoire et de 534,000 âmes de population ¹, puis 1,800 millions de contributions de guerre, y compris les dépenses pour l'occupation étrangère.

Qu'on le sache bien aujourd'hui, si les systèmes sont si fragiles, si les principes sont si contestés, si les hommes et les choses passent avec une mobilité si indicible, il faut l'attribuer à ce jeu fatal de la foi humaine en matière de gouvernement. Il manque quelque chose à notre société pour se grandir et se sauver, c'est le respect envers les pouvoirs, la foi en ce qui commande. Nous paierons cher cette raillerie des principes, ce sans façon envers les gouvernements. La noblesse française porta la peine de son engouement philosophique pour le xviiie siècle, la Révolution française l'immola : il est bien à craindre que la bourgeoisie, aujourd'hui maîtresse du pays, ne paie à son tour bien durement ce triste oubli des principes d'autorité que Dieu a donnés au monde !

Paris, 15 Juin 1841.

---

¹ Les pertes de population qui dérivent du traité de 1815 sont évaluées :

	âmes.			
Département du Nord.	27,000			
— des Ardennes.	78,000			
		Report.		105,000
		Département de la Moselle.		222,000
		— du Bas-Rhin.		27,000
		— du Mont-Blanc.		180,000
			Total.	534,500

LES
CENT JOURS.

CHAPITRE I.

L'EUROPE APRÈS LA PREMIÈRE CHUTE DE NAPOLÉON.

Intérêts divers des cabinets. — Masses immenses de conquêtes à distribuer. — La Pologne. — La Saxe. — Les provinces du Rhin. — La Belgique. — L'Italie. — Les provinces Illyriennes. — Intérêts de la Russie, — de la Prusse, — de l'Autriche. — Convention préliminaire du 23 avril. — Discussion sur le territoire, les limites et les colonies de la France. — Position des plénipotentiaires français. — Le premier traité de Paris.

Avril et Mai 1814.

L'Empire français, géant immense, avait dans sa chute rapide couvert l'Europe de ses débris ; depuis la fatale campagne de 1812, on avait vu se dissoudre et tomber ce système fédératif de Napoléon qui embrassait la moitié du continent. Ce n'était pas seulement l'affranchissement diplomatique de l'Autriche et de la Prusse qui avait marqué la décadence de l'œuvre conçue par le génie envahissant de l'Empereur; déjà à la fin de 1813, des territoires, des provinces, des royaumes même étaient restés sans maîtres et sans destinée ; ce que la conquête avait élevé, la fortune l'avait dispersé dans ses impitoyables caprices [1].

A l'extrémité orientale, la noble Pologne, désignée dans la géographie de l'Empire français sous le titre de grand-duché de Varsovie, était occupée par les Russes. Le cabinet de Saint-Pétersbourg, si habile dans ses projets, composé d'hommes profondément versés dans les traditions de l'histoire, avait conçu de grands desseins au XVIIIe siècle : les deux solennelles idées de Pierre I et de Catherine II sur la Pologne et la Grèce n'avaient pas été un seul moment abandonnées par la diplomatie russe : la Pologne devait être constituée sous une vice-royauté vassale de la Russie; l'empire grec n'était-il pas le rêve d'or qui reportait les nations slaves vers leur origine byzantine? les prophéties de l'église moscovite ne disaient-elles pas « qu'un jour les Turcs seraient chassés de l'Europe, et « que le patriarche de l'église de Saint-Serge de Moscou « tendrait la main au patriarche de Sainte-Sophie à Cons-« tantinople » ? Pour arriver à la reconstitution de la Pologne russe, il fallait faire consentir la Prusse et l'Autriche à céder quelques districts de leur récent partage ; plusieurs démembrements avaient été accomplis sur le

---

[1] *Tableau général de la population des pays conquis sur Napoléon et ses alliés, et qui étaient à partager entre les puissances :*

	Ames.
1. Population du duché de Varsovie.	3,929,626
2. De la Saxe royale.	2,085,911
3. Du ci-devant royaume de Westphalie.	1,928,799
4. Du ci-devant grand-duché de Berg.	732,422
5. De diverses parties qui avaient été incorporées à l'Empire français, savoir :	

Sur la rive gauche du Rhin et hors de l'Allemagne : la Hollande, la Belgique, les électorats ecclésiastiques, la Savoie, le Piémont, l'état de Gênes, les duchés de Parme et de Plaisance, la Toscane, l'état romain, l'île d'Elbe, les anciennes provinces prussiennes en Westphalie, les états hanovriens non réunis au duché de West-

territoire polonais ; la Prusse et l'Autriche avaient beaucoup conquis depuis cinquante ans par des traités communs, tous déjà entrés dans le droit public.

Il n'était pas difficile d'obtenir de la Prusse quelques sacrifices sur le territoire polonais et la renonciation même à ses droits sur le duché de Varsovie. Si la cour de Russie avait dessein de rétablir la Pologne sous son protectorat, le cabinet de Berlin voulait donner un corps à sa monarchie qui, selon l'expression de M. de Hardenberg, formait comme un long boyau de territoire et de villes, qui avait sa tête à la Vistule et devait bientôt s'étendre jusque sur le Rhin ; Dresde et Leipsick étaient le complément de son système commercial et militaire. La Saxe entière, occupée d'abord par les Russes, avait été confiée aux soldats prussiens ; le roi Frédéric-Auguste, retenu captif jusqu'à la décision de la diète, était puni de sa fidélité à la Confédération du Rhin et à son protecteur Napoléon. La Prusse trouvait très simple, très juste, de garder la Saxe, de se donner un ventre, comme on le répétait diplomatiquement ; les belles villes de l'Elbe étaient à sa convenance ; la Saxe, riche de ses manufactures, avec Leipsick et Dresde, théâtre fameux de tant de guerres, formait un complément naturel aux possessions prussiennes en Allemagne ; sur ce point, les deux cabinets de Saint-Pétersbourg et de Berlin

phalie, le duché d'Oldenbourg, les villes anséatiques, et divers autres pays appartenant à la maison impériale de Russie.	12,233,936	Du duché de Lucques et de Piombino, Massa et Carrara. Des Sept-Iles.	179,000 157,000
Sur la rive droite du Rhin, entre ce fleuve et l'Elbe.	1,459,974	8. Les possessions de la maison d'Issembourg, le comté de la Leyen, la principauté de Neufchâtel, Erfurth, le Catzellenbogen inférieur et la Poméranie suédoise, avec l'île de Rugen, contenaient	
6. Du grand duché de Francfort.	284,883		
7. Du royaume d'Italie.	6,703,200		
Des provinces Illyriennes.	1,700,418		280,000
De Raguse.	56,00	Total.	31,761,171

étaient parfaitement d'accord. Les desseins d'Alexandre sur la Pologne étaient conformes à ceux de Frédéric-Guillaume sur la Saxe ; on se donnait mutuellement ces territoires comme un échange de bons rapports ; et si M. de Nesselrode avait établi une administration russe à Varsovie, M. de Hardenberg faisait également gouverner la Saxe par une administration prussienne : dans les négociations de la paix ou de la guerre on ne devait pas se séparer ; la Prusse devenait l'avant-garde militaire et diplomatique de la Russie [1].

L'Autriche voyait avec quelque jalousie l'occupation de la Saxe par la Prusse qui s'acheminait ainsi vers la domination allemande : l'agrandissement immense de la maison de Brandebourg depuis le XVIIIe siècle avait excité des susceptibilités à Vienne ; par la Saxe, la Prusse, touchant aux montagnes de la Bohême, devenait frontière de l'Autriche, sa rivale d'opinion ; l'ascendant qu'avaient pris les sociétés secrètes était de nature à exciter les craintes de M. de Metternich ; François II avait renoncé à l'empire romain, fallait-il maintenant abdiquer l'influence naturelle de la maison de Habsbourg ? La sage et prévoyante diplomatie de l'Autriche tournait les yeux alors vers d'autres destinées, l'Allemagne l'occupait moins que l'Italie ; si les Russes avaient les regards fixés sur le Bosphore, si la mer Noire était l'objet de leur ambition, si la Prusse récla-

---

[1] Par un article secret du traité de Breslau ou de Kalisch, du 26 février 1813, « l'empereur de Russie s'engageait à ne pas poser les armes aussi longtemps que la Prusse ne serait pas reconstituée dans des proportions statistiques, géographiques et financières conformes à ce qu'elle était avant la guerre de 1806. » L'empereur de Russie promettait « d'appliquer à l'agrandissement de la Prusse toutes les acquisitions qui pourraient être faites par les armes et les négociations dans la partie septentrionale de l'Allemagne, à l'exception des anciennes possessions de la maison de Hanovre. Dans tous les arrangements, il devait être conservé entre les provinces qui rentreraient sous la domination prussienne l'ensemble et l'arrondissement nécessaires

mait la Saxe, l'Autriche à son tour marchait hautement à la domination de la mer Adriatique et à ses établissements au-delà des Alpes et dans le Tyrol; Venise était pour elle aussi importante que Constantinople pour la Russie; ses lagunes et ses ports, comme les belles eaux de la mer de Marmara, étaient marqués sur les cartes de Vienne; la pensée de M. de Metternich fut alors de donner à sa cour les vastes possessions d'Italie, de créer son royaume Lombard-Vénitien, avec une frontière la plus rapprochée des Alpes. L'Italie par le fait était tombée sous la domination de l'Autriche qui l'occupait par ses armées, et la gouvernait par ses agents. Ainsi, la Pologne à la Russie, la Saxe à la Prusse, l'Italie à l'Autriche, tel était d'abord le partage des débris que se proposaient d'accomplir les cabinets européens qui avaient pris part à la coalition contre l'Empire français.

Ce n'était pas tout : la reconstitution de l'ancienne France dans ses limites antérieures à la révolution française laissait encore disponibles la Belgique et une large lisière sur la rive gauche du Rhin : que ferait-on de ces riches territoires, de ces provinces que Napoléon avait réunies à son Empire, sous les titres des départements de Jemmapes, de Sambre-et-Meuse, de la Roër, etc. ? L'Autriche possédait anciennement les Pays-Bas espagnols, elle y nommait un de ses archiducs ; quelquefois même on avait vu des gouvernantes des Pays-Bas autrichiens, telles

pour constituer un corps d'État indépendant. »

L'article 2 du traité de Reichenbach stipulait : « qu'on sus de sa part dans le partage du traité de Varsovie, l'agrandissement de la Prusse aurait lieu par la cession de la ville de Dantzick et par l'évacuation de toutes les forteresses occupées par les Français dans les États prussiens et dans le duché de Varsovie. » Enfin, par le traité de Tœplitz, du 9 septembre 1813, entre l'Autriche et la Russie, ces deux puissances garantissaient (art. 1) « la reconstruction de la monarchie autrichienne et de la monarchie prussienne sur l'échelle la plus rapprochée de celles où elles se trouvaient en 1805. »

que Marguerite de Flandre ; les yeux fixés sur l'Italie, le cabinet de Vienne ne tenait pas précisément à recouvrer les Pays-Bas, une indemnité lui paraissait préférable ; ils étaient trop éloignés du siège de ses domaines, il fallait perpétuellement les défendre par des sacrifices d'hommes et d'argent ; c'était une population turbulente [1] ; à la première invasion, les Français pouvaient se rendre maîtres de Bruxelles et d'Anvers.

M. de Metternich ne voulait pas revenir sur un passé irrévocable, son plan était d'assurer de nouvelles destinées à sa monarchie ; il n'aimait pas à travailler sur ce qui était fini et usé. D'ailleurs l'Angleterre avait manifesté un vif désir de dominer l'avenir politique et commercial des Pays-Bas ; longtemps menacée par l'arsenal d'Anvers, elle voulait se donner la suzeraineté morale d'un nouvel État dont le cabinet de Londres avait lui-même dessiné le tracé contre la France. Lord Castlereagh posa le premier les bases d'un royaume hollando-belge, sous la maison d'Orange, si intimement liée à la famille souveraine de la Grande-Bretagne. La constitution d'une nouvelle couronne comprenant la Hollande et la Belgique, sous la protection de l'Angleterre, était comme une barrière à toute invasion des Français, et à ce que ses vieux diplomates appelaient l'ambition de la maison de Bourbon depuis Louis XIV [2]. L'Angleterre n'avait jamais perdu de vue les provinces de la Flandre française, politique vieille comme

---

[1] Quand j'écrirai l'*Histoire de l'Europe pendant la Convention nationale*, je ferai connaître les mystères de la négociation secrète qui porta l'Autriche à céder si facilement les Pays-Bas.

[2] Chatam disait : « Que deviendrait l'Angleterre si elle était toujours juste envers la France ? Craignez, réprimez la maison de Bourbon, » disait-il encore dans la séance mémorable (1764) relative aux troubles des colonies américaines et au bill du timbre.

les conquêtes du prince Noir dans la Guyenne et les temps où Henri VI régnait à Paris. Le royaume des Pays-Bas fut donc une conception toute anglaise.

Quant aux possessions de la rive gauche du Rhin, les cabinets de Vienne et de Berlin devaient les faire servir comme indemnités pour les sacrifices territoriaux que les princes d'Allemagne seraient obligés de faire aux grandes puissances. La Prusse, ne recouvrant pas toutes ses populations au centre de l'Allemagne et dans la Pologne, voulait s'allonger en poussant ses avant-postes au-delà du Bas-Rhin, point militaire qui s'appuyait sur la forte constitution des Pays-Bas; le Wurtemberg et la Bavière, obligés à quelques sacrifices territoriaux au profit de l'Autriche, devaient trouver une indemnité dans les provinces Rhénanes[1], et sur ce point, à l'avantage du système allemand, se joignait une condition stratégique d'une certaine puissance d'avenir contre la France; il était important d'intéresser l'Allemagne au maintien de la circonscription actuelle des États en Europe. La France avait naguère débordé sur tout le continent, on lui opposait une ceinture, non pas d'États de premier ordre, mais de petites puissances neutres liées au système fédératif de l'Allemagne ; la France devait désormais respecter ce système, ou bien toute la

---

[1] Au mois de juillet 1814, le prince de Metternich et le comte de Wrède signèrent une convention par laquelle la Bavière cédait à l'Autriche le Tyrol, la principauté de Salzbourg, l'Innwertel, sauf quelques bailliages, et recevait en échange le grand-duché de Wurtzbourg et la principauté d'Aschaffenbourg. Le monarque bavarois se mettait en outre en possession des pays situés entre la rive gauche du Rhin, la rive droite de la Moselle et les nouvelles frontières de France, à l'exception de la place de Mayence, confiée à la garde d'une garnison autrichienne et prussienne. La cour de Vienne promettait ses bons offices pour faire donner à la Bavière Mayence et le Palatinat du Rhin, ainsi que pour lui obtenir de la Russie, de la Prusse et de l'Angleterre la garantie de ses possessions présentes et futures. La Belgique fut réunie à la Hollande et remise au roi Guillaume, le 3 juin, par le général baron de Vincent, qui provisoirement la gouvernait. Tel était le prix des riches colonies hollandaises que

Germanie prendrait les armes. Richelieu, Louis XIV, et après eux Napoléon, avaient conquis en Allemagne plus d'un auxiliaire fidèle à la cause française ; or le but de la constitution conçue par les cabinets de Vienne et de Berlin fut de créer partout des idées et des intérêts hostiles à la France; tous les gouvernements de l'Allemagne étaient naguère pour nous, ils durent se tourner contre nous. Il se constitua une longue ligne d'États intermédiaires qui, partant de la Belgique, passait par la Prusse rhénane jusqu'aux territoires de la Bavière et du Wurtemberg, sur la rive gauche du Rhin; puis s'étendant vers la Suisse, cette ligne allait chercher le Piémont et expirait aux Alpes méditerranéennes, vers Nice, jusqu'à la vieille république de Gênes, donnée à la Savoie. Aucun grand État ne se trouvait en contact avec la France, si ce n'est la Prusse ; désormais nous ne pouvions insulter une seule puissance sans qu'aussitôt l'Europe entière s'ébranlât ; on détruisait l'œuvre d'influence créée par Richelieu en Allemagne et par Mazarin en Italie.

Dans ce vaste plan, réalisé par la haute pensée des hommes d'État, tels que le prince de Metternich, le baron de Hardenberg, lord Castlereagh et le comte de Nesselrode, l'Angleterre tenait une large place, quoiqu'elle ne s'assurât pas des conquêtes réelles sur le continent : sauf le Hanovre qu'elle faisait restituer à sa maison régnante, elle n'avait pas de possessions territoriales

---

la Grande-Bretagne conservait (Ceylan et le Cap de Bonne-Espérance); et ce n'étaient pas encore là toutes les charges du nouveau royaume, car la Russie le grevait en outre de 50 millions de florins qu'elle avait empruntés, et l'Angleterre exigeait la construction, contre la France, d'une ligne de forteresses à laquelle elle ne contribuait que pour deux millions sterling. L'Autriche rentrait dans ses possessions d'Italie ; le grand-duc de Wurtzbourg dans le grand-duché de Toscane. Gênes, rendue à lord Bentinck sous promesse d'indépendance, allait être livrée au roi de Sardaigne, rétabli dans ses États. L'Impératrice Marie-Louise renait possession de Parme, qui lui était assi-

sous sa suzeraineté immédiate. D'après son système habituel, ce n'était point à la domination matérielle du continent que l'Angleterre visait, mais à son influence morale sur toutes les grandes questions. Or, la reconstitution de l'Europe lui donnait des points de contact du nord au midi; le royaume hollando-belge était son ouvrage, la maison d'Orange demeurait dans sa vassalité; à aucun prix elle ne pouvait s'en séparer. Par la Prusse et le Hanovre, l'Angleterre se réservait toute influence sur l'Allemagne; l'Autriche devait naturellement chercher en elle un équilibre pour se maintenir dans une juste balance contre la Russie. Au midi, le Portugal et la maison de Bragance étaient sous son entière domination; les campagnes du duc de Wellington lui avaient créé une influence inévitable en Espagne. Que désirer de plus? L'Angleterre était habituée à faire battre les autres peuples dans son intérêt.

Le plus notable résultat de la politique anglaise dans sa lutte avec Napoléon, c'était l'agrandissement démesuré de son système colonial: dans la Méditerranée, elle gardait Gibraltar, Malte et les îles Ioniennes; dans l'Amérique, elle restait maîtresse d'une masse considérable de colonies françaises, danoises ou hollandaises; elle avait ses stations marquées jusque dans l'Inde par le cap de Bonne-Espérance, l'île de France et Ceylan; cette Inde était une possession magique, une création

gnée par le traité de Fontainebleau. Mais le souverain pontife n'avait pas encore recouvré les légations, et des démêlés sérieux pouvaient avoir lieu dans la solution des deux questions de Saxe et de Pologne. Cependant les souverains et leurs ministres, réunis à Londres, traitaient de la réconciliation de l'Espagne et du Danemarck, et opéraient des échanges entre la Prusse et les deux branches royale et ducale de Nassau. Mais la pacification de l'Europe n'était pas entièrement et généralement assurée, vu les difficultés qui s'opposaient encore à la main-mise de la Suède sur la couronne de Norwége.

gigantesque ; l'influence française y était complétement effacée ; qu'étaient devenus les temps du Bailli de Suffren, de Lamothe-Piquet, du comte d'Estaing ? Louis XVI avait expié sur l'échafaud ses nobles sentiments de nationalité anti-anglaise ; jamais la Grande-Bretagne ne lui avait pardonné d'avoir lutté vigoureusement contre elle, en relevant de tout son éclat la marine de France et le système colonial.

Ce qu'il faut remarquer dans l'histoire diplomatique de cette époque, c'est que la plupart de ces questions territoriales avaient été discutées et résolues même en pleine campagne, lors du congrès de Châtillon et avant la chute de l'Empire[1]. Depuis la bataille de Brienne, la cause de Napoléon était perdue ; il pouvait y avoir encore quelques éclairs de victoires, mais la coalition avait de telles masses de forces qu'elle devait nécessairement vaincre ; dès lors, elle s'occupa de partager par avance les territoires conquis ; elle considérait la chute de Napoléon comme déjà accomplie. Lorsque les alliés occupèrent Paris, les négociations furent reprises, par le gouvernement provisoire, sur le pied où Napoléon les avait laissées, M. de Talleyrand se chargea de continuer les questions diplomatiques au point où M. de Caulaincourt les avait discutées à Châtillon, et auprès d'Alexandre lui-même à son quartier-général de Bondy. Le dévouement de M. de Caulaincourt à Napoléon et à la régence de Marie-Louise l'avait entraîné à d'immenses concessions envers les alliés ; il avait plein pouvoir, carte blanche, comme on dit en diplomatie[2] ; et il avait accepté le fatal ultimatum de l'en-

---

[1] Le traité de Kalisch fut expliqué et développé dans la conférence secrète de Châtillon.

[2] Il est très important de suivre l'histoire des négociations de Châtillon, que j'ai donnée en détail dans *l'Europe pendant le*

nemi ; M. de Talleyrand pouvait-il négocier avec toute liberté? Dès que les conférences s'ouvrirent, les alliés, maîtres de Paris, exigèrent, avant toute évacuation de territoire, que le cabinet de Paris consentît à rendre libres les places fortes qui, situées en dehors de l'ancien territoire de la France, étaient par le fait cédées aux alliés ; c'était la base des conditions premières de toutes négociations pour la paix ; elles n'étaient que la répétition des clauses imposées à Châtillon. M. de Talleyrand signa donc la convention du 23 avril comme un point déjà conclu et accepté par M. de Caulaincourt à Doulevent, à Bondy; on obtint de plus le tiers du matériel de toutes les places; les deux autres tiers durent servir à indemniser les alliés des frais de la guerre, car, à cette première restauration, la France ne dut rien payer à l'étranger. C'est cette convention du 23 avril qu'approuva M. le comte d'Artois, lieutenant-général du royaume; elle fut l'œuvre diplomatique de M. de Talleyrand, le grand meneur de cette époque, et fut ratifiée par le Sénat alors tout engoué d'Alexandre.

A Paris, les conférences diplomatiques furent continuées pour la paix entre MM. de Talleyrand, de Metternich, de Nesselrode, de Hardenberg, et lord Castlereagh. Différentes bases furent posées, diverses questions dis-

---

Consulat et l'Empire; l'*ultimatum* des puissances portait : la cession de toutes les places fortes en dehors des anciennes limites de la France, avec leur matériel; et de plus, comme garantie, l'occupation momentanée de trois places fortes, Metz, Thionville et Strasbourg. Le 19 mars, Napoléon écrit à M. de Caulaincourt d'accepter *tout*, de s'expliquer vaguement sur la cession des forteresses de Mayence, Anvers et Alexandrie. « Sa Majesté, lui disait-on, est dans l'intention, même quand elle aurait ratifié ce traité, de prendre conseil de la situation militaire des choses ; la mauvaise foi des alliés nous autorise à ne pas être dupes. » Cette lettre fut interceptée par les troupes légères de l'ennemi, et est conservée en original ou en copie certifiée dans les archives des puissances coalisées.

A mesure que les alliés approchent de

cutées longuement : quelles seraient les limites de la France? quelles colonies lui laisserait-on ? quelle influence, enfin, cette monarchie pourrait-elle exercer sur les destinées de l'Europe dans le remaniement territorial qui allait s'accomplir ? n'aurait-elle aucune part dans la distribution des vastes terres arrachées à l'empire français ?

L'attitude absorbante qu'avait prise l'empereur Alexandre à Paris avait excité quelques jalousies parmi les souverains et les cabinets : ce n'était que fêtes et popularité pour lui; la générosité de ses sentiments, manifestée partout dans ses discours et dans ses actes, lui avait conquis l'assentiment de tous ; le Sénat venait se jeter à ses pieds, les corps constitués en France accouraient vers lui comme vers le sauveur des libertés publiques. On parlait à peine du roi de Prusse, l'empereur d'Autriche était complétement effacé; l'Angleterre elle-même n'avait eu qu'une faible influence sur les derniers actes du gouvernement français. Louis XVIII éprouvait un certain dépit de cette influence qu'exerçait exclusivement le Czar; il avait à se plaindre personnellement d'Alexandre, son séjour à Mittau n'avait pas été sans difficultés et sans entraves; il savait qu'à Paris même l'empereur de Russie, loin de favoriser la cause des Bourbons, avait mis

---

Paris, les propositions de Napoléon deviennent plus pressantes ; il a fait le sacrifice de tout. Voici une dépêche de M. de Caulaincourt adressée au prince de Metternich, expédiée de Doulevent, le 25 mars 1814, par un officier du maréchal Berthier, au quartier général.

« Mon prince,

« Je ne fais que d'arriver, et je ne perds pas un moment pour exécuter les ordres de l'Empereur, et pour joindre confidentiellement à ma lettre tout ce que je dois à la confiance que vous m'avez témoignée.

« L'Empereur me met à même de renouer les négociations, et de la manière la plus positive. Je réclame donc les facilités que vous m'avez fait espérer, afin que je puisse vous arriver, et le plus tôt possible. Ne laissez pas à d'autres, mon prince, le soin de rendre la paix au monde. Il n'y a pas de la coquetterie à s'aboucher avec les maréchaux, plénipotentiaires de Bonaparte, et à préparer une constitution sans lui. Toutes ces circonstances, Louis XVIII ne les oubliait pas, et le discours en réponse au prince-régent, qu'on lui a tant reproché lors de son embarquement pour la France : « qu'après Dieu, il devait son retour à l'Angleterre », n'était qu'une protestation contre cette influence d'Alexandre qui absorbait tout à Paris. Louis XVIII se posait déjà dans une idée politique : il voulait se placer bien avec l'Autriche et la Grande-Bretagne, pour obtenir de meilleures conditions à Paris vis-à-vis de la Russie et la Prusse.

La fin du mois d'avril et le commencement de mai furent tout entiers donnés aux négociations diplomatiques pour la paix. La première question, ai-je dit, se rattachait au territoire de la France; et pour se rendre compte parfaitement des négociations de Paris, il faut reprendre les faits d'un peu plus haut. Avant même la chute de Napoléon, les dernières notes de M. de Caulaincourt faisaient des concessions immenses pour obtenir la paix : à Doulevent, à Bondy, le plénipotentiaire de Napoléon acceptait l'ancienne France, et l'occupation momentanée par les alliés de Metz, Strasbourg, Thionville, avec des indemnités pécuniaires au profit de la Prusse et de l'Allemagne ; en cela Napoléon était-il parfaitement consentant? n'était-ce pas seu-

---

de raison pour qu'elle ne soit pas faite en quatre jours, si votre bon esprit y préside, si on la veut aussi franchement que nous. Saisissons l'occasion, et bien des fautes et des malheurs seront réparés. Votre tâche, mon prince, est glorieuse ; la mienne sera bien pénible ; mais puisque le repos et le bonheur de tant de peuples en peuvent résulter, je n'y apporterai pas moins de zèle et de dévouement que vous.

« Les dernières lettres de l'Impératrice nous donnent la certitude que la santé de Sa Majesté est fort bonne.

« Agréez, etc. »

Signé Caulincourt, duc de Vicence.

lement une trêve qu'il sollicitait à ses glorieux travaux ? C'était triste, mais enfin le 28 mars on avait tout accepté, et le 1ᵉʳ avril l'Empereur avait même cédé le point de la régence. A Châtillon, M. de Caulaincourt se trouvait dans la position la plus abaissée; repoussé des conférences des alliés, on lui offrait des conditions qu'il devait accepter en vaincu, sans qu'il lui fût permis de faire la moindre observation [1].

Depuis, Paris avait été occupé, et ce qu'il y eut de bien remarquable à cette époque, c'est que, par le seul fait du retour des Bourbons, la position changea; les premières notes des alliés ne reposèrent plus sur les mêmes bases; on déclara : « que de meilleures conditions seraient faites à cause du rétablissement de l'ordre et de la stabilité amenés par l'ancienne dynastie [2] ». M. de Talleyrand se posa dans une situation indépendante; sa renommée de sagacité lui fit une place toute naturelle : on estimait beaucoup M. de Caulaincourt, on ménagea M. de Talleyrand. La France, toute occupée qu'elle était par 550,000 alliés, retrouva sa prépondérance; l'Autriche, l'Angleterre, lui tendirent la main; Alexandre n'osa point résister, on traita d'égal

---

[1] Voyez sa correspondance dans le tome X de *l'Europe pendant le Consulat et l'Empire*.

[2] Il faut relire le préambule même du traité de Paris pour se convaincre que les conditions obtenues par les Bourbons furent bien plus larges que celles qu'en avait obtenues Napoléon.

« S. M le roi de France et de Navarre, d'une part, et S. M. l'empereur d'Autriche, roi de Hongrie et de Bohême, et ses alliés, d'autre part, étant animés d'un égal désir de mettre fin aux longues agitations de l'Europe et aux malheurs des peuples par une paix solide, fondée sur une juste répartition de forces entre les puissances, et portant dans ses stipulations la garantie de durée; et S. M. l'empereur d'Autriche, roi de Hongrie et de Bohême, et ses alliés, ne voulant plus exiger de la France, aujourd'hui que, s'étant replacée sous le gouvernement paternel de ses rois, elle offre ainsi à l'Europe un gage de sécurité et de stabilité, des conditions et des garanties qu'ils lui avaient à regret demandées sous son ancien gouvernement, etc. »

à égal, et dès ce moment la question territoriale sortit des limites qu'on lui avait faites. Il faut relire les protocoles des conférences qui précédèrent le traité de 1814, pour se pénétrer de l'idée que les alliés voulurent alors laisser la France grande et forte ; les limites du Rhin n'étant point admises, on lui accorda une excellente ligne de frontières dans ces préliminaires, qu'il est bien important de séparer des déplorables conventions de 1815, suite fatale des Cent Jours.

Par le traité du 30 mai 1814, on agrandit les limites de la monarchie, telles qu'elles existaient au 1er janvier 1792[1]. A l'extrémité Nord, la France gardait une lisière même dans la Belgique et le canton de Chimay dans ses limites avec une partie des départements de Jemmapes et de Sambre-et-Meuse. En descendant vers la Moselle sa ligne embrassait le cours de la Sarre ; Sarrebruck restait comme une de ses annexes ; la forteresse de Landau demeurait à la France, et alentour devaient se grouper les cantons détachés de l'ancien département du Mont-Tonnerre. Puis on reprenait sur ce point la frontière du Rhin en revenant sur la Suisse par les crêtes du Jura ; on enlevait à Genève les cantons de Frangy et de Saint-Julien, qui restaient français. Dans la

---

[1] *Traité du 30 mai* 1814.

« L'article 1er rétablissait la paix entre la France et les souverains alliés ; et les hautes parties contractantes devaient apporter tous leurs soins à maintenir non seulement entre elles, mais, autant qu'il dépendait d'elles, entre tous les États de l'Europe, la bonne harmonie et l'intelligence nécessaires à son repos.

« Par l'article 2, le royaume de France conservait l'intégrité de ses limites, telles qu'elles existaient à l'époque du 1er janvier 1792, et devait en outre recevoir une augmentation de territoire.

« L'article 3 déterminait les augmentations, qui consistaient principalement dans la conservation des sous-préfectures de Chambéry et d'Anneci, dans la possession d'Avignon, du comtat Venaissin, du comté de Montbelliard et des enclaves qui ressortaient autrefois de l'Allemagne.

« Par l'art. 5, la navigation sur le Rhin, du point où il devient navigable jusqu'à la mer, et réciproquement, devait être libre, de telle sorte qu'elle ne pût être interdite à personne ; et l'on devait s'occuper, au futur congrès, des principes d'après lesquels on pourrait régler les droits à lever

Savoie, Chambéry et une partie du Mont-Blanc demeuraient en nos mains ; nous acquérions le comté de Montbéliard, et la principauté de Monaco restait sous notre patronage et suzeraineté. Cette frontière encore si belle comprenait 1,500,000 sujets de plus que l'ultimatum inflexible imposé à Napoléon ; la France ne payait aucune contribution de guerre, c'était une restauration européenne dans le sens le plus large ; chacune des grandes puissances acquérait assez pour donner quelque chose à la France, naguère si puissante dans sa vaste étendue de Hambourg aux rives du Cattaro.

Le point le plus difficile et le plus délicat devait être résolu par le traité de Paris ; dans cette attitude nouvelle que la France allait prendre, quelle influence exercerait-elle sur le partage diplomatique amené par la conquête ? La Russie, l'Autriche, la Prusse, l'Angleterre, resteraient-elles maîtresses de décider avec liberté les destinées du continent sans nous y appeler ? Le traité que les plénipotentiaires à Châtillon avaient imposé à Napoléon lui interdisait d'une manière formelle toute intervention directe ou indirecte dans les conventions pour le partage des terres conquises ; les cabinets voulaient rester maîtres absolus de se les donner, sans

---

par les États riverains de la manière la plus égale et la plus favorable au commerce de toutes les nations.

« Il devait être examiné et décidé de même, dans le futur congrès, de quelle manière, pour faciliter les communications entre les peuples, et les rendre toujours moins étrangers les uns aux autres, la disposition présente pourrait être également étendue à tous les autres fleuves qui, dans leur cours navigable, séparaient ou traversaient différents états.

« Article 6. La Hollande, placée sous la souveraineté de la maison d'Orange, devait recevoir un accroissement de territoire.

« Les États d'Allemagne devaient être indépendants et unis par un lien fédératif, et la Suisse indépendante continuer à se gouverner par elle-même.

« L'Italie, hors des limites des pays qui appartiendraient à l'Autriche, devait être composée d'États souverains.

« Art. 7. L'Ile de Malte, avec ses dépendances, était laissée en toute propriété et souveraineté à S. M. Britannique.

contrôle, ce qui était la perte et l'anéantissement de toute influence française à l'extérieur. L'abaissement du cabinet de Paris eût été extrême ; tout se serait fait en dehors de lui, on aurait remanié les souverainetés du continent, dépouillé le roi de Saxe, partagé l'Italie, constitué la Pologne, organisé l'Allemagne, sans que la France eût eu à s'en mêler diplomatiquement. C'était là un isolement inouï dans les fastes de l'histoire : on aurait organisé le monde sans tenir compte de la grande nation.

En signant le traité de Paris, les puissances avaient, par des articles secrets, renouvelé les stipulations de partage ; la Russie, l'Autriche, la Prusse, l'Angleterre s'étaient réservé la disposition la plus libre, la plus absolue, de leurs conquêtes ; elles devaient former un comité à part ; une fois le traité concédé à la France, celle-ci devait se renfermer dans ses limites et ne plus paraître. En face d'une telle situation, l'habileté de M. de Talleyrand consista surtout à prendre position dans les questions européennes, à se dégager des liens étroits et importuns que le traité de Paris imposait ; une fois la France rendue à son existence politique, dès qu'elle eut pris rang parmi les cabinets, M. de Talleyrand dut employer ses forces pour lui assurer une prépondérance en rapport avec la

---

« Art. 8. L'Angleterre restituait à la France toutes ses colonies, pêcheries et comptoirs, à l'exception des îles de Tabago, de Sainte-Lucie, de l'île de France et de ses dépendances. La partie espagnole de Saint-Domingue était rétrocédée à son ancien maître.

« Par les articles 9 et 10, la Guadeloupe et la Guyane étaient restituées à la France.

« Les autres articles, jusqu'au 31, étaient d'un ordre inférieur ; mais ce dernier prescrivait que, dans le délai de deux mois, toutes les puissances engagées dans la présente guerre enverraient des plénipotentiaires à Vienne pour régler, dans un congrès général, les divers arrangements qui devaient compléter les dispositions du présent qui était signé, pour la France, par le prince de Talleyrand ; pour l'Autriche, par le prince de Metternich et le comte de Stadion ; pour la Grande-Bretagne, par les lords Castlereagh, Aberdeen, Cathcart et Stewart ; pour la Prusse, par le baron de Hardenberg et le baron de Humboldt; pour la Russie, par les comtes de Rasumowski et de Nesselrode. »

place que la France occupa toujours dans le monde; il fut le partisan le plus absolu de l'idée d'un congrès qui, se réunissant dans un point central, organiserait l'Europe sur les bases du droit public comme à Munster, Utrecht ou Ryswick : en se ralliant à l'idée d'un congrès, M. de Talleyrand savait bien qu'au milieu des dissensions qui pourraient naître, la France saurait exercer son influence, soit en se portant vers l'alliance russe, soit en embrassant l'idée anglaise; il était impossible de laisser en dehors un pays à grandes ressources pour la marine, l'armée et les finances. Cette transition est utile à noter: c'est le passage de la France, placée naguère en dehors de toutes transactions, et maintenant constituée, par l'habileté de M. de Talleyrand, dans une bonne position au congrès de Vienne, et dans les idées d'indépendance diplomatique [1].

Le traité de Paris restituait à la France des colonies considérables, mais il ne lui rendait pas son système colonial, ce qui est bien différent. Sous Louis XVI, époque de splendeur pour les colonies, la France possédait non seulement des établissements commerciaux d'une nature étendue dans l'Inde et les Antilles, mais encore des positions militaires dans la presque totalité des mers; les grandes Indes, lors des campagnes brillantes de Suffren, étaient une des dépendances les plus belles de la couronne de France ; la compagnie avait des ports, des comp-

---

[1] *Articles secrets du traité du 30 mai 1814.*

Par l'article 1er, « les puissances alliées avaient la libre disposition des territoires auxquels la France renonçait par l'article 3 du traité patent, et les rapports d'où résulterait un système d'équilibre durable devaient être réglés au congrès sur les bases arrêtées par les puissances alliées entre elles

« Article 2. Le roi de Sardaigne recevait un accroissement par l'état de Gênes, et le port de cette ville restait libre.

« La France reconnaissait et garantissait conjointement avec les puissances alliées, et comme elles, l'organisation politique

toirs, qui pouvaient lutter avec les grands dépôts de l'Angleterre, et les populations de l'Indoustan tendaient les bras au roi de France, comme à leur protecteur. Dans l'Amérique, on avait encore la Louisiane, les îles du Vent, et la balance commerciale de l'année 1788 constate quelles vastes négociations avaient embrassées l'industrie et le commerce en France.

La Révolution avait tout bouleversé avec ses théories d'émancipation du genre humain; pendant l'Empire, presque toutes les colonies s'étaient rendues à l'Angleterre; Napoléon s'en inquiétait peu, il avait trop à faire en Europe. La Restauration, qui voulait la paix, fit de grands efforts pour recouvrer ses colonies; presque toutes furent restituées, même la Guadeloupe, que l'Angleterre avait cédée à la Suède. Mais tout cela n'établissait pas un système colonial; l'Angleterre, en se réservant le point intermédiaire de l'île de France, avait interdit, par le traité de 1814, toute construction militaire dans l'Inde; par l'île Sainte-Hélène, le cap de Bonne-Espérance et l'île de France, ses navires s'avançaient vers Calcutta et Madras d'une manière commode et sûre. Quant à la France, elle n'acquérait aucun établissement militaire; en cas de guerre maritime, où seraient ses stations? Qui pourrait lutter dans la Méditerranée contre une puissance qui avait Gibraltar, Malte et les îles Ioniennes? Il en était ainsi des mers de l'Inde, dont l'Angleterre se réservait pour ainsi dire la naviga-

que la Suisse se donnerait sous les auspices des puissances alliées, et d'après les bases arrêtées entre elles.

« Article 3. Les pays conquis entre la mer et les frontières nouvelles de la France et la Meuse devaient être réunies à toute perpétuité à la Hollande, et la liberté de la navigation de l'Escaut devait être rétablie sur le même principe qui réglait, dans le traité patent, la navigation du Rhin.

« Article 4 Les pays allemands sur la rive gauche du Rhin, qui avaient été réunis à la France depuis 1791, devaient servir à l'agrandissement de la Hollande, et à des compensations pour la Prusse et les autres états. »

tion absolue, le *dominium maris* posé par Cromwell.

En tenant compte de l'occupation de la France par l'ennemi, le traité de Paris fut une œuvre favorable obtenue par le seul ascendant de la Restauration ; après de longues secousses militaires, il préparait la paix générale ; aux conditions humiliantes et vraiment intolérables que le congrès de Châtillon imposait à l'Empereur, M. de Talleyrand, par le retour de la maison de Bourbon, substituait des frontières meilleures et des conditions moins abaissées. Avec de l'habileté diplomatique, l'on pourrait dans le prochain congrès profiter des divisions nées entre les puissances pour ramener le poids de la France dans la balance politique; l'intérêt du cabinet de Paris était autant que possible de séparer les puissances unies par le traité de Chaumont; nécessairement, il y aurait des disputes pour le partage des dépouilles, et le rôle de la France serait d'en profiter ; elle attendrait les offres que pourraient lui faire les cabinets intéressés. L'Autriche et l'Angleterre devaient nécessairement se trouver en opposition avec les idées et les intérêts de la Russie ; et à Vienne, où le congrès fut fixé, la France pourrait reprendre sa place, et la légation française trouver une position digne du rôle qu'elle avait toujours joué dans l'histoire.

CHAPITRE II.

ITINÉRAIRE DE NAPOLÉON VERS L'ILE D'ELBE.

Départ de Fontainebleau. — Tentative d'assassinat. — Escorte. — Les Commissaires. — Napoléon dans le Bourbonnais et le Lyonnais. — Aspect des populations. — Avignon. — Orgon. — Aix. — Émotions populaires. — Napoléon déguisé en officier autrichien. — Ses craintes. — Entrevue avec Pauline. — Embarquement à Fréjus. — Arrivée à l'île d'Elbe. — Solennités de Porto-Ferrajo. — Description de son nouvel empire. — Sa garde.

Avril et Mai 1814.

Tandis que la diplomatie européenne se partageait les débris de l'Empire français en reconstituant un nouveau système politique et militaire, Napoléon quittait Fontainebleau, le palais de son abdication; les adieux qu'il avait adressés à sa garde dans cette cour historique, au pied de ce perron que l'on voit encore, avaient produit une vive impression même sur les commissaires étrangers, le comte de Schouwaloff, le colonel Campbell, le général Koller et le général prussien Waldebourg[1]; il suffisait d'avoir un cœur haut, une âme fière, pour être touché de ces adieux d'un vieux chef de guerre adressés à ses compagnons d'armes; César abandonné par la fortune donnait le dernier baiser à ses légions. Les instructions des gouvernements étrangers étaient précises : « Napoléon, traité avec tout le respect dû à un souverain, devait rester maître de suivre la route dont il tracerait lui-même la direction; les commissaires n'étaient point commis à sa garde, l'Empereur n'était pas captif; on le suivait seulement pour le préserver de toute réaction populaire et de toute vengeance de partis. »

Il s'était passé des événements qui rendaient indispensable la surveillance attentive autour de l'Empereur; les conseils les plus sinistres avaient été arrêtés à Paris, au sein des partis exaltés; les haines contre Napoléon étaient vives, et on avait sérieusement discuté si l'on se déferait de lui par l'assassinat. Un double complot fut alors formé : l'un, émané des royalistes fanatiques, complot actif de subalternes, et qui n'eut que l'assentiment tacite des hommes plus haut placés[2]; l'autre, tout républicain, fut évidemment inspiré par la haine que la démocratie portait à Napoléon. Il y a encore bien des mystères dans cet ordre donné à un officier supérieur intrépide, audacieux, qui dut traverser la France, revêtu

---

[1] Chacun de ces officiers-généraux, commissaires des puissances alliées, a écrit l'histoire précise et détaillée de cet itinéraire à l'île d'Elbe: les plus intéressants de ces récits sont ceux du colonel Campbell et du général Koller. Je les ai souvent suivis : ils sont témoins oculaires.

[2] Voici malheureusement des pièces intimes et confidentielles qui laissent peu de doute sur la mission gouvernementale de M. de Maubreuil.

« *Ministère de la police général*.

« Il est ordonné à toutes les autorités chargées de la police générale de France, aux préfets, commissaires-généraux, spéciaux et autres, d'obéir aux ordres que M. de Maubreuil leur donnera, de faire et d'exécuter à l'instant même tout ce qu'il prescrira, M. de Maubreuil étant chargé d'une mission secrète de la plus haute importance.

des pleins pouvoirs du gouvernement provisoire ; s'agissait-il de l'assassinat de Napoléon, ou bien, comme on l'a dit, d'une mission innocente, qui se résuma en un outrage fait à une princesse, parente d'Alexandre ? En temps de parti, les opinions sont tellement exaltées, que les plus affreuses pensées trouvent des adhérents ; assassiner Napoléon paraissait une idée simple, naturelle, et pour quelques-uns même nationale. De quels maux ne l'accusait-on pas ?

Le second complot, qui fut tramé par les républicains, se rattachait à l'idée de Fouché, idée ancienne comme le Consulat : il s'agissait de faire disparaître Bonaparte comme Romulus dans la tempête ; les républicains du Sénat l'avaient renversé, maintenant il leur paraissait un obstacle à l'accomplissement de leurs projets d'avenir ; les Brutus ne manqueraient pas ; le poignard et le poison en finiraient avec Bonaparte, dont la vie était dénoncée à toutes les opinions ardentes. Les choses en vinrent à ce point que les hommes de gouvernement qui avaient conservé quelque attachement pour Napoléon, crurent indispensable de lui écrire, pour le prévenir de ce qui se préparait contre lui. Une lettre intime de M. Pasquier fut adressée à M. Maret, pour l'inviter à se tenir sur ses gardes contre les criminelles tentatives auxquelles était exposé l'Empereur malheureux et déchu.

« Le commissaire provisoire au département de la police générale. »
Signé, Anglès.
Paris, 16 avril 1814.
Ministère de la guerre.
« Il est ordonné à toutes les autorités militaires d'obéir aux ordres qui leur seront donnés par M. de Maubreuil, lequel est autorisé à les requérir et à en disposer selon qu'il le jugera convenable. MM. les commandants des corps veilleront à ce que les troupes soient mises sur-le-champ à sa disposition, et qu'il n'éprouve aucun retard pour l'exécution des ordres dont il est chargé.

« Le commissaire provisoire au département de la guerre. »
Signé, le général comte Dupont.
Paris, 16 avril 1814.
Direction générale des postes et relais de France.
« Le directeur-général des postes ordonne

Ainsi les précautions prises par les commissaires alliés paraissaient essentielles dans l'état d'exaspération des esprits depuis la chute de Napoléon. Toutes les réactions politiques sont marquées d'un caractère sauvage; en ce monde, il n'y a rien de moins respecté que le malheur; en France, l'on adule ou l'on persécute, il n'y a pas de milieu. Depuis la chute de l'Empereur, mille pamphlets étaient écrits contre sa personne.

Ces écrits de l'esprit de parti, ces publications incendiaires avaient enflammé au plus haut point les masses; si quelques départements restaient fidèles à leur Empereur malheureux, si des fonctionnaires dévoués maintenaient encore le respect dû à une grande infortune; d'autres départements, irrités par le double fléau de la conscription et des droits réunis, était vivement émus à l'aspect de celui qu'ils considéraient comme l'auteur des calamités de dix ans de guerre. Les populations calmes du centre de la France n'essaieraient sans doute aucune tentative sanglante, elles resteraient indifférentes et silencieuses, quelques-unes même aimantes pour leur Empereur. Mais à mesure que l'on s'avancerait vers le Midi, ces provinces ardentes sous les feux du soleil accompliraient peut-être quelque abominable attentat dont le récit ferait frémir d'horreur les générations futures. Les correspon-

---

aux maîtres de poste de fournir à l'instant à M. de Maubreuil, chargé d'une importante mission, la quantité de chevaux qui lui sera nécessaire, et de veiller à ce qu'il n'éprouve aucun retard pour l'exécution des ordres dont il est chargé. »

Signé, Bourrienne.

Hôtel des postes, Paris, 17 avril 1814.

« *P. S.* Le directeur-général ordonne aux maîtres de poste de veiller avec le plus grand soin à ce que le nombre des chevaux demandé par M. de Maubreuil lui soit donné, avant et de préférence à qui que ce soit, et qu'il n'éprouve aucun retard. »

Traduction littérale de l'ordre du général Sacken.

« M. le général de Maubreuil étant chargé d'une haute mission d'une très grande importance pour laquelle il est autorisé à requérir les troupes de Sa Majesté Impériale, M. le général en chef de l'infanterie russe, baron de Sacken, ordonne aux comman-

dances suivies avec les commissaires extraordinaires signalaient cette déplorable tendance des départements au-delà de la Loire ; assassiner l'Empereur paraissait pour quelques-uns une idée juste et naturelle ; aux yeux de ces populations, Napoléon était un tyran odieux, et on se familiarisait si bien avec ces idées, qu'on allait jusqu'à prétendre que le gouvernement provisoire avait désigné le poignard et la main qui devait le diriger. La ténébreuse intrigue dont je viens de parler se lia dès cette époque à une mission célèbre ; et d'après des recherches positives, il m'a paru démontré que : « si l'on pouvait prévoir la mort de Napoléon comme un événement heureux et peut-être désirable pour la politique européenne, le gouvernement provisoire avait assez de respect de lui-même pour ne pas se rendre odieux en favorisant un attentat alors sans objet. » Il y eut là une intrigue qui ne dépassa pas les subalternes. Le temps n'était pas à une polique sanglante, et M. de Talleyrand lui-même était un esprit trop modéré, trop tempérant, pour jouer ainsi avec l'idée affreuse de l'assassinat. Il faut se méfier des récits d'antichambre : ils sont pour la politique ce que les bavardages des valets de pied sont pour la vie intime du foyer domestique.

---

dants des troupes de les remettre à sa disposition, pour l'exécution de sa mission, dès qu'il le demandera.

« Le général en chef de l'infanterie russe, gouverneur de Paris. »

Signé, baron de Sacken,
Paris, 17 avril 1814.

Traduction littérale de l'ordre du général prussien.

« M. le général de Maubreuil étant autorisé à parcourir la France pour des affaires d'une très grande importance, et pour l'exécution de très hautes missions, il est possible qu'il ait besoin de requérir les troupes des hautes puissances. En conséquence, et suivant l'ordre de M. le général en chef de l'infanterie russe, baron Sacken, il est ordonné à MM. les commandants des troupes alliées de lui prêter main forte sur sa demande, pour l'exécution de ces hautes missions.

« Le général-major. »
Signé, Baron de Brokenhausen.
Paris, 17 avril 1814.

D'après les communications venues des départements, les commissaires durent redoubler de surveillance pour accomplir leur mission, qui se résumait à conduire l'Empereur jusqu'à l'île d'Elbe. Le 20 avril, à midi, les voitures quittèrent la cour de Fontainebleau ; le trajet jusqu'à Montargis fut fait en quelques heures avec les propres chevaux de Napoléon. Depuis Montargis les relais furent régulièrement préparés. Il y avait six voitures, ce qui nécessitait constamment, y compris les piqueurs, au moins cinquante chevaux. A Montargis se trouvaient deux ou trois escadrons de cavalerie; Napoléon, ne quittant point sa voiture, les fit grouper autour de lui, et leur adressa quelques paroles avec ce ton de commandement antique et familier, qui se ressentait de ses habitudes de guerre. « Il les remerciait de leurs services ; réduit à ne pouvoir les récompenser, dans son âme il en garderait un profond souvenir. » Les commissaires étrangers furent frappés de l'émotion de ces soldats; des pleurs coulaient de leurs yeux et ruisselaient sur leurs visages basanés, tant le prestige de cet homme était immense[1] ! Napoléon lui-même, profondément ému, ordonna aux postillons de partir sur-le-champ, il semblait éprouver un malaise indicible ; il s'écria à plusieurs reprises : « Adieu, mes enfants ! Adieu, mes enfants ! » En rentrant à Montargis,

---

[1] *Récit oculaire du colonel Campbell, commissaire allié.*

« A six heures de l'après-midi, les voitures de l'Empereur arrivèrent à Montargis, qu'elles traversèrent sans s'arrêter ; c'étaient ses propres chevaux qui l'avaient conduit depuis Fontainebleau. Les relais avaient été préparés à l'extrémité de la ville. Environ 200 hommes de cavalerie se trouvaient près de là pour recevoir l'Empereur. Il leur parla de sa voiture, il les remercia de leurs services, et leur dit que s'il n'avait plus le moyen de les en récompenser, du moins il n'en perdrait jamais le souvenir. L'émotion des hommes de ce détachement était d'autant plus vive qu'elle était partagée par Napoléon lui-même, qui, aussitôt qu'il eut cessé de parler, ordonna aux postillons de partir. Les soldats avaient pleuré pendant qu'il leur parlait, et plusieurs officiers, en rentrant dans la ville, brisèrent leurs épées. »

plusieurs officiers brisèrent leurs épées et donnèrent leur démission.

Quelques heures après, l'Empereur était à Briare; il désira passer la nuit à l'auberge de la poste. Il dormit profondément, et le lendemain, moins soucieux et presque indifférent aux affaires publiques, il fit inviter le colonel Campbell à son déjeûner. Quoique ennemi implacable de l'Angleterre, Napoléon aimait le caractère fier et national de ses officiers; le colonel Campbell fut bien étonné lorsque Napoléon commença sa causerie par lui parler de lord Wellington; ses questions étaient pressantes, saccadées : « Quel était le caractère du duc de Wellington ? sa tactique militaire ? Comment agissait-il sur le champ de bataille ? » A chaque réponse il s'écriait : « C'est comme moi. Je serais aise de me trouver avec lui. » (Il se trouva en effet avec lui quinze mois plus tard, à Waterloo !) « Haranguait-il ses soldats ? s'écria de nouveau Napoléon; leur parle-t-il sur le champ de bataille ? » Le colonel Campbell s'empressa de lui répondre que jamais il ne haranguait, et qu'une armée anglaise trouverait fort ridicule qu'un général lui parlât avant la bataille. Les discours n'allaient pas à ces soldats, trop froids pour les entendre, ni aux officiers, trop calmes pour s'enthousiasmer, se battant plutôt par devoir que par entraînement.

On voyageait à petites journées; déjà il était deux heures, lorsque les voitures de poste quittèrent Briare; le soir même on arriva pour dîner à Nevers. Partout Napoléon faisait appeler les fonctionnaires, il les interrogeait comme s'il était encore souverain sur le trône; il avait ce ton d'autorité inhérent à sa personne. Les commissaires eux-mêmes attendaient ses ordres; des piquets de cavalerie montaient la garde à sa porte;

quand il avait donné l'ordre du départ, les commissaires l'attendaient au bas de l'escalier; il les saluait avec la main, et tous montaient en voiture[1]; bientôt les chaises roulaient dans la poussière. Jusque-là le peuple l'avait traité avec convenance; les habitants de Nevers, qui avaient pris la cocarde blanche, la quittèrent sur son passage; c'était un devoir envers leur ancien souverain. L'escorte de cinquante hussards de la garde, les yeux tristement fixés sur l'Empereur malheureux, le conduisit à quelques lieues. Partout les postes de la ligne portaient les armes, les tambours battaient aux champs; derniers saluts donnés à Napoléon par les débris de son armée.

Les commissaires des alliés prenaient note de tout ce qu'ils voyaient, afin de se pénétrer du véritable esprit de la France; le soir ils écrivaient des dépêches à leur gouvernement sur chaque incident de la journée. La tâche pour eux devenait plus difficile; à Moulins déjà, l'esprit anti-impérialiste se fit plus vivement sentir; le Bourbonnais était peuplé de familles dévouées à la Restauration. On traversa rapidement la ville, et on vint souper à Salvagny, la dernière poste avant Lyon. Les commissaires prolongèrent un peu leur repas; l'Empereur n'avait besoin que de quelques minutes pour dîner, selon son usage; il se promena donc après sur la grande route qui mène à Lyon : le ciel était étoilé, il contemplait « cette

---

[1] *Récit du colonel Campbell.*
« Le jour suivant, il partit entre six et sept heures du matin; c'était lui qui réglait les heures de départ comme il le jugeait convenable. Les commissaires l'attendaient sur l'escalier. Lorsqu'il était au moment de monter en voiture, les gens de l'hôtel le saluèrent des cris de vive l'Empereur; il ne parut y faire aucune attention. 150 personnes environ, qui étaient réunies dans la rue, poussèrent le même cri sans qu'il les remarquât davantage; les habitants avaient ôté les cocardes blanches qu'ils portaient la veille. L'Empereur fut escorté par 50 hussards de sa garde jusqu'à Villeneuve-sur-Allier. Lorsqu'il passa devant un poste

armée brillante qui dit la gloire de Dieu ». Au milieu de mille rêveries, il voit le curé qui s'approche ; Napoléon précipite le pas, vient au prêtre et lui adresse sa question ordinaire : « Avez-vous beaucoup souffert dans ce pays ? » Le curé lui répondit : « Oui, Sire, beaucoup souffert ! » Et l'Empereur, changeant tout à coup de conversation, lui montra le ciel : « Monsieur le curé, jadis je connaissais toutes les constellations, maintenant je les ai complétement oubliées ; comment appelez-vous celle qui flamboie là-bas d'une manière si brillante ? » Là était sa pensée de fatalité. Le modeste curé ne comprit pas la grandeur de cette rêverie, et s'excusa de ne pouvoir répondre. Napoléon le quitta de la manière la plus bienveillante. On courut encore la poste toute la nuit : à onze heures l'Empereur était à Lyon [1] ; par précaution, il ne relaya pas dans la ville, mais au faubourg. Ses voitures traversèrent rapidement le pont de la Guillotière ; quelques hommes du peuple crièrent : *Vive l'Empereur !* Les masses, à Lyon, étaient fortement bonapartistes.

Nous sommes au dimanche 24 avril, sur la route de Valence ; les voitures allaient au pas de course, lorsque l'Empereur aperçut un postillon à la livrée de France.

---

de la ligne, le poste sortit et les tambours battirent aux champs.

« Après son départ, les commissaires rentrèrent dans leurs appartements pour finir leurs dépêches. Le colonel Pelley, qui revenait de Moulins, où il résidait comme prisonnier de guerre, se chargea de remettre ces dépêches à Paris, à lord Castlereagh et aux autres plénipotentiaires. Les commissaires ne paraissaient pas se considérer comme chargés de la garde de Napoléon, qui aurait pu s'échapper s'il l'eût voulu, attendu que les sentinelles que l'on plaçait dans son appartement n'étaient que des sentinelles d'honneur. Lorsque les commissaires quittèrent Nevers, ils furent hués par les habitants. »

[1] « Le samedi 23, M. et madame Guizot, qui revenaient du Midi, virent Napoléon à Tarare pendant qu'il relayait. Il parla aux personnes réunies autour de la voiture, en souverain et d'un air d'empire. Il leur demanda s'ils avaient de l'ouvrage et s'ils avaient beaucoup souffert de la guerre. Quelques individus crièrent *vive l'Empereur !* Il n'avait pas d'escorte. »

(*Récit du colonel Campbell.*)

Il le fait arrêter, l'interroge; à qui appartient-il? et celui-ci répond qu'il précède le maréchal Augereau. « Retournez, lui dit l'Empereur et annoncez au maréchal que je veux lui parler. » Dix minutes après, les chaises de poste se rencontrèrent; l'Empereur et le maréchal, vieux compagnons de l'armée d'Italie, descendirent simultanément. Napoléon salua son ancien ami en ôtant son chapeau avec grâce; puis il le prit familièrement par le bras: les voilà marchant ensemble pendant plus de trois quarts d'heure dans la direction de Valence; on aurait dit les temps de l'armée d'Italie, lorsqu'on délibérait si les Alpes seraient françaises et les Autrichiens brisés à Arcole ou à Rivoli. La conversation s'engagea: « Où vas-tu comme cela? à Paris, à la cour peut-être? » — « Non, répliqua Augereau, pour le moment, je vais à Lyon. » — « J'ai lu ta proclamation, reprit l'Empereur: elle est plate; Louis XVIII te jugera sur cela. » — Ce n'est pas moi qui l'ai faite, répondit Augereau, on me l'a envoyée de la mairie de Lyon et je l'ai signée. Et d'ailleurs, à qui la faute si tu es tombé? poursuivit le maréchal avec son tutoiement républicain, n'est-ce pas à ton insatiable ambition? Dans cette proclamation, au reste, il y a une vérité, c'est que tu n'as pas su mourir en soldat, tu t'es conduit comme un.....[1]. » Et la grossièreté de l'expression, remarquée par les témoins oculaires, excita parmi eux une vive indignation. Napoléon se résigna avec une douceur indicible aux dures paroles d'un camarade qui méconnaissait ses devoirs, et il se contenta de lui dire: « Va, je ne t'en veux pas! » Augereau, l'ami de Fouché, le vieux jacobin, s'expri-

---

[1] Récit d'un Anglais, prisonnier de guerre à Paris, publié en 1829.

mait alors sur Napoléon comme tous les républicains de France, sans convenance, avec colère et mépris.

Après Valence commença une zone nouvelle d'opinion ; on entrait sous le soleil du midi, au milieu des peuples aux opinions ardentes, aux sentiments exaltés. Là se manifestèrent les cris : *A bas Nicolas! A bas le tyran! A bas le Corse*[1]*!* Le nom de Napoléon fut couvert de l'exécration publique. Les plus sinistres symptômes se manifestaient; la foule pouvait, à un signal donné, le précipiter dans les eaux rapides du Rhône ; c'en était fait de lui. A la pointe du jour, on vit les murs d'Avignon, qui se dessinent comme une couronne de tours sur la Cybèle antique; la populace attendait Bonaparte, et les imprécations s'élevaient dans la langue ardente et expressive du Midi. Tandis que l'on changeait rapidement de chevaux, le peuple entoura la voiture ; des hommes à la corpulence forte, au teint sinistre, aux traits fortement marqués par le soleil, brandissaient des sabres, ils voulaient en finir avec *Nicolas*, *le Corse*, *le tyran :* les commissaires se mirent devant Napoléon

---

[1] « A Donzère, où il arriva fort tard dans la soirée, on commença à crier : *A bas Nicolas! à bas le tyran! à bas le Corse!* et d'autres grossières injures. C'est le seul genre d'acclamations qu'il entendit pendant le reste de son voyage. Il entra à Avignon le 25, entre cinq et six heures du matin. Les autorités civiles avaient fait tout ce qui était en leur pouvoir pour prévenir le tumulte, car elles avaient été averties qu'une partie de la population voulait le faire périr. Lorsque les voitures s'arrêtèrent pour changer de chevaux, une centaine d'individus entoura celle de l'Empereur en brandissant des sabres. Ce ne furent que par les soins de la garde nationale que les jours de Napoléon furent sauvés. Un de ses officiers harangua ces furieux avec beaucoup de fermeté, et parvint à les calmer un peu. Dans l'intervalle, les chevaux furent attelés; la garde fit éloigner le peuple de ses roues, et les officiers ordonnèrent aux postillons de partir, ce qu'ils firent au grand galop.

« Sir Neil Campbell me raconta qu'il était arrivé à Avignon à quatre heures du matin, et que, quoiqu'il ne fît pas encore jour, il trouva déjà beaucoup de monde réuni.

« On lui dit que plusieurs milliers de personnes avaient attendu beaucoup la veille pour le tuer. Le colonel observa avec force que Napoléon avait cessé d'être dangereux ; qu'il quittait la France en vertu d'un traité, et que d'ailleurs il était sous la protection des puissances alliées. »

(*Récit du général Koller.*)

pour le protéger. Un officier d'ordonnance ayant harangué le peuple et dit que « Bonaparte était le sujet de Louis XVIII, et que le roi le prenait sous sa protection », l'on profita d'un moment de calme pour lancer les chevaux au grand galop et l'on sortit ainsi de la ville. Le colonel Campbell déploya une grande énergie de caractère; à l'aurore, il était dans les murs d'Avignon, et lorsqu'on lui annonça les desseins sinistres de la populace, il déclara que les alliés l'avaient pris sous leur sauvegarde par un traité solennel, et que l'on tirerait de l'attentat une vengeance éclatante, comme s'il était commis envers les alliés eux-mêmes.

Les scènes prirent un caractère encore plus féroce à Orgon; la multitude était dans un état d'effervescence tel qu'elle avait placé un mannequin à l'effigie de Bonaparte couvert de sang et de boue; elle s'en disputait les lambeaux lorsqu'arriva le cortége de l'Empereur; il fut entouré, on l'accabla d'outrages; des femmes échevelées lui criaient à la face, dans leur langue du Midi [1] : « Brigand, rends-nous nos fils; il faut que nous t'arrachions les entrailles, car tu nous les as brisées à nous. » Les commissaires se mirent encore entre le peuple et Bonaparte; rien ne fut respecté, la voiture fut pressée dans la foule; on arracha la croix de la Légion d'honneur de la noble poitrine de son glorieux fondateur; on lui cracha au visage : «Scélérat, crie donc *Vive le roi!* » répétait cette

---

[1] « Ces misérables empêchèrent la voiture d'avancer; ils montèrent des deux côtés, arrachèrent la croix que Napoléon portait à sa boutonnière, et lui crachèrent au visage. L'un d'eux exigea, à plusieurs reprises, qu'il criât *vive le roi!* ce qu'il fit. Plusieurs pierres furent lancées contre la voiture, et le général Bertrand en fit voir les marques au colonel Campbell. Le comte Schouwaloff parla au peuple avec énergie, et lui demanda s'il n'était pas honteux d'insulter un homme sans défense qui, après avoir été le maître du monde, se trouvait maintenant à leur merci. »

(*Récit d'un témoin oculaire.*)

foule de harpies. Des pierres furent lancées, et l'on brisa les panneaux et les stores; c'est alors que le comte Schouwaloff se montra en uniforme russe, la colère au visage : « N'avez-vous pas honte, s'écria-t-il, d'insulter un homme qui a été le maître du monde, parce que cet homme-là est maintenant à votre merci[1]? » La vue de l'uniforme russe calma un moment la populace. Un chevalier de Saint-Louis, M. de Lambert, acheva de convaincre le peuple, en lui parlant dans la langue provençale. Émigré royaliste, il défendait alors cet Empereur qui commençait aussi son émigration.

En quittant Orgon, Bonaparte paraissait vivement ému; il avait affronté la mort sur mille champs de bataille, allait-il périr sous les ongles des femmes et les bâtons noueux des populations provençales? Il avait alors perdu la tête, il était extraordinairement exalté; enfin, M. de Schouvaloff lui démontra la nécessité de changer de costume; à mesure que l'on s'avançait dans cette ardente Provence, on ne répondait plus de sa vie; il prit donc une grande redingote bleue pendante jusqu'aux pieds, un chapeau de forme ronde avec une large cocarde blanche; et il courut ainsi une demi-lieue avant les commissaires. Bien lui en prit, car à Saint-Canat, le général Bertrand, qui se trouvait seul dans la voiture, courut les plus grands dangers; il ne fut sauvé que par l'énergie du maire, aussi

---

[1] *Récit de l'officier anglais.*
« Cette affaire inquiéta tellement Napoléon, que lorsqu'il fut à un quart de lieue de la ville, il changea son uniforme contre une grande redingote bleue et un chapeau rond avec une cocarde blanche, quitta sa voiture, monta à cheval et galopa en avant comme un courrier. A Saint-Canat, sa voiture fut entourée par une populace furieuse, et les jours du général Bertrand qui s'y trouvait seul, et qu'on prit pour lui, ne furent préservés que par la conduite énergique du maire.

« L'Empereur, qui avait précédé sa voiture avec le courrier, entra dans une grande, mais mauvaise auberge de rouliers, nommée la Callade, située sur la droite de la route, à environ quatre milles d'Aix. Pendant que le courrier conduisait les chevaux à l'écurie, Napoléon demanda une chambre à l'hôtesse, à laquelle il s'était donné pour le colonel Campbell. Cette

vieux chevalier de Saint-Louis. Et lui, Bonaparte, arriva à déjeuner en courrier dans une mauvaise auberge de rouliers, nommée la Callade, à deux lieues d'Aix environ; il entre sous son déguisement; on l'examine : « Je suis, dit-il, le commissaire anglais, le colonel Campbell, qui conduit Bonaparte à l'île d'Elbe. » — « Alors, monsieur, dit l'hôtesse, entrez dans cette chambre, en lui montrant une pièce basse, c'est la seule que j'aie en ce moment. » — « Cela me suffit, » repliqua Bonaparte.

Que d'efforts il avait fallu faire à cet Empereur, naguère le maître du monde! Quel calice il avait bu! Il était épuisé d'âme et de corps. Quand les commissaires arrivèrent à la Callade, ils virent Napoléon pâle, la tête appuyée dans ses deux mains; il pleurait. Des pensées amères roulaient dans son crâne comme un torrent de feu; il resta là jusqu'à minuit, afin de déjouer les complots qui calculaient heure à heure sa marche pour l'assassiner. On avisa donc au moyen de le sauver de tout ce danger d'émeutes sanglantes et d'affreuses vengeances. Voici le subterfuge proposé par le comte Schouwaloff : on avait remarqué l'instinct des masses qui venaient de reconnaître Bonaparte sous sa redingote bleue et son chapeau rond à cocarde blanche; chaque pièce de 5 fr. reproduisait son effigie, était-il difficile d'en comparer les traits? Un aide-de-camp du général Schouwaloff dut prendre ce déguisement; Napoléon en-

femme lui en montra une qui était basse et très sombre, en lui disant que c'était la seule qu'elle eût. L'Empereur répondit que c'était bien. Tandis qu'elle arrangeait cette chambre, elle lui demanda si elle avait vu Bonaparte sur la route. Il répliqua que non. Là-dessus, comme elle l'a raconté quelques jours après au major Vivian, de qui je tiens ces détails, elle se répandit en injures sur lui, disant qu'elle espérait que s'il n'était pas massacré sur la route, on le jetterait à la mer pendant qu'on le conduirait dans son île. Napoléon se contenta de répondre qu'on disait beaucoup de choses de lui qui n'étaient pas vraies. »

dossa l'uniforme autrichien du général Köller, avec la croix de Sainte-Thérèse, le chapeau de voyage du général prussien Waldebourg posé sur ses yeux, et le manteau vert russe du comte Schouwaloff; ainsi l'Empereur, si national, était obligé de se réfugier sous l'uniforme des alliés qui venaient de briser son sceptre. Toute l'escorte sortit; on se pressa serrés les uns contre les autres, et la foule rassemblée autour de l'auberge ne put reconnaître ce Bonaparte qu'elle exécrait; alors survinrent les gendarmes que le maire d'Aix avait envoyés sur la réquisition des commissaires alliés. Ils écartèrent avec peine cette foule qui voulait en finir avec celui qu'elle appelait dans son jargon énergique : *l'Ogre de Corse, le Châtaignier sanglant* (faisant allusion aux châtaignes de Corse). La famille d'Isoard, quoique loyalement royaliste, très liée avec les Bonaparte, lui fit offrir un asile pour le sauver des dangers; il refusa [1].

Échappé aux assassins de la Callade, Napoléon est conduit secrètement à un petit château au loin dans la campagne, simple bastide de Provence, nommée *le Bouilledou,* en souvenir de ses eaux thermales. Pauline Borghèse l'habitait depuis près d'une année; elle aimait la Provence, son sol brûlant, aride; elle se souvenait que, pauvre fille, elle avait vécu à Marseille et joué avec le sable de la mer et le corail de la roche, au milieu des collines embaumées de thym, comme dans la Corse qui

---

[1] La liaison entre le cardinal d'Isoard, le cardinal Fesch et Joseph Bonaparte datait de bien loin; la famille d'Isoard n'avait cessé d'être en correspondance avec tous les Bonaparte. Mon ami et condisciple d'enfance, le marquis d'Isoard-Vauvenargues, possède une des plus précieuses collections d'autographes de toute la famille Bonaparte; il est une lettre de Joseph fort curieuse, datée de l'époque où Napoléon étudiait à Brienne (1785). Joseph écrit à M. l'abbé d'Isoard : « que Bonaparte s'est échappé de Brienne; que décidément il n'a aucune disposition pour le service de notre bon roi, et qu'il va probablement se réfugier au séminaire d'Aix pour y augmenter le béat escadron. » Bonaparte abbé, quelle destinée!

l'avait vue naître. Là Bonaparte épancha son âme dans le cœur de Pauline; il aimait cette sœur fière et bonne, hautaine et dévouée; il lui dit, les larmes aux yeux, les dangers qu'il venait de courir : elle ne voulut plus le quitter, et tous deux partirent pour Fréjus. La route fut désormais sans accident à travers les bourgs de Saint-Maximin, Brignolles, le Luc, jusqu'à Fréjus, où se trouvait la frégate l'*Intrépide*, sous pavillon anglais, destinée à conduire Napoléon à l'île d'Elbe. Ainsi tout se fit dans cette route sous l'égide des étrangers. Rien ne parut sous le pavillon national, pas même le navire qui le porta vers sa triste souveraineté. La France semblait délaisser son Empereur. Il y aurait eu peut-être inconvenance à mettre Napoléon sous la protection du drapeau blanc; il ne l'aurait pas voulu. Il préférait les étrangers au roi qui allait régner sur la monarchie. Fréjus fut pour lui un souvenir, il y avait débarqué lors de son retour d'Égypte; là il s'était affranchi de la quarantaine pour hâter le 18 brumaire; là aussi finissait sa carrière politique. Un petit bourg de Provence voyait les deux extrémités de cette grande carrière.

L'*Intrépide* était un de ces navires anglais qui n'avaient point touché les ports depuis quatorze ans [1]; le capitaine Usher, de la marine royale, le commandait. Les instructions de lord Castlereagh portaient : « que Bonaparte serait reçu en souverain »; elles furent religieusement exécutées : trois hourras saluèrent la bien-venue de l'Empereur, et la frégate mit à la voile sur l'ordre du colonel Campbell; elle se dirigea sur l'île d'Elbe. Si l'on en croit le récit du capitaine Usher, Napoléon s'exprima

---

[1] Le capitaine Usher a écrit lui-même les plus minutieuses circonstances de la traversée. Tout ce qui touche à Napoléon a un si vif et si puissant intérêt!

en termes très flatteurs pour la marine anglaise; il reconnut la bravoure des marins français, mais il admira particulièrement chez les Anglais la précision des manœuvres, l'ordre et la vigilance du bord, cette discipline surtout qui fait de chaque marin anglais une machine active, organisée et mouvante.

Dans cette courte traversée de Fréjus à l'île d'Elbe, Napoléon se montra très affable, causeur aimable, et fort caressant pour l'équipage; il paraissait se résigner à sa fortune, jugeait comme la postérité les hommes et les choses du temps présent. En face des Alpes, où sa jeune et brillante carrière avait commencé, une rougeur de gloire brilla sur son front. Il appréciait avec une prévention marquée les derniers événements qui avaient préparé sa chute[1]. Dans ses préoccupations personnelles, il lui échappait des mots durs contre la France et le caractère français; il ne cessait de faire l'éloge de l'Angleterre. « Il n'avait plus aucune ambition, il allait se retirer, disait-il, dans la solitude, avec la mission d'écrire les grandes choses faites pendant son Consulat et son Empire. Les Bourbons avaient assez à faire, il ne voulait pas les tourmenter; il ne leur donnait pas dix mois de règne, avec ce peuple fantasque et léger qu'il connaissait si bien. » En entendant ces paroles, on voyait

---

[1] « Le 28, Napoléon s'embarqua à bord de l'*Intrépide*, et mit à la voile à onze heures du soir. Lorsqu'il arriva à bord, le capitaine Usher ôta son chapeau et s'inclina de la manière la plus respectueuse. Les voiles étaient déployées, et l'équipage salua Napoléon à trois reprises par ses acclamations. L'Empereur fut si ému de cet accueil inattendu qu'il versa des pleurs, et qu'il dit qu'aucune flatterie de courtisan ne l'avait autant touché.

« Sir Neil Campbell m'assura qu'il avait été constamment de bonne humeur pendant la traversée. Seulement il parut un jour éprouver une impression très vive en apercevant à l'horizon les Alpes italiennes, qui lui rappelaient la gloire de sa jeunesse si brillante et si pure. Il parlait avec quelque amertume des Français en général, mais il paraissait n'avoir de ressentiment profond que contre M. de Talleyrand, le duc de Raguse et Bernadotte. « Les Français, disait-il, m'accablent d'outrages dans leurs journaux et leurs pamphlets, sans se

qu'il était aigri contre la France par l'impression des derniers événements; ces multitudes qui rugissaient autour de ses voitures pour demander sa mort lui avaient donné de fausses impressions sur le caractère national; il en conservait du ressentiment; il jeta d'aigres paroles à la Provence: «Il n'avait jamais pu faire, disait-il, de bons soldats des Provençaux»; et cependant autour de lui il avait eu plus d'un général du premier ordre sorti de la Provence, de Toulon, ville d'armes, et de Marseille, qui avait nourri sa famille.

Dans ces longues causeries du bord, les heures se passèrent; Napoléon aimait à raisonner de tout et sur tout. Les commissaires prussien et russe l'avaient quitté à Fréjus, et il n'avait plus pour s'entretenir que le général Koller, le colonel Campbell, quelques aides-de-camp, et le capitaine Usher qui parlait fort bien français. Napoléon aimait à causer avec lui; un jour qu'il aperçut un navire au loin, il dit au capitaine: « Faites-le venir, visitez-le. » Et le capitaine Usher répondit en riant: « Vous révoquez donc votre décret contre le droit de visiter des neutres? » Le 5 mai l'on vit l'île d'Elbe¹; Napoléon prit sa lorgnette pour examiner le lieu resserré qui désormais formait son seul domaine, à lui qui naguère avait le monde pour empire.

---

rappeler qu'ils allaient au-devant de tout ce que je voulais, et qu'ils exagéraient toutes les mesures de rigueur que je les chargeais d'exécuter. »

« Le capitaine Usher fut surpris du grand nombre de connaissances nautiques que possédait Napoléon. Ce dernier admirait beaucoup la discipline sévère maintenue à bord de l'*Intrépide*. « J'ai fait tout ce que j'ai pu, disait-il, pour introduire une discipline semblable dans la marine française; mais sans succès: les chefs plaisantent avec les inférieurs, et laissent les matelots jouer aux cartes ou aux dominos. » L'Empereur s'était rendu très agréable à l'équipage par son adroite popularité. Une fois, pendant que les matelots dînaient, il s'approcha d'eux et goûta des pois qu'ils mangeaient. « Ces pauvres Bourbons! s'écria-t-il plus d'une fois pendant la traversée, ils ne sauront pas gouverner les Français, et ils n'en ont pas pour dix mois. » Du reste, il en parlait sans aigreur et avec modération; et quand il faisait mention de Louis XVIII, il disait presque toujours: *le roi.*»

¹ « L'*Intrépide* arriva devant l'île d'Elbe

A Fontainebleau déjà, après l'abdication, il avait étudié sur la carte les positions de l'île d'Elbe et les statistiques de Toscane; il avait tout pointé, tout divisé, chaque havre, chaque coin de terre; les études géographiques étaient son goût, il avait tant vu et tant examiné les champs de bataille! Il connaissait l'île d'Elbe aussi exactement que s'il eût habité deux ans Porto-Ferrajo. Il dirigea donc sa lunette pour se rappeler et vérifier les sites, les montagnes, les quelques maisons éparses que l'on apercevait de loin en mer. Il interrogeait les hommes de l'équipage qui connaissaient l'île d'Elbe, pendant que la frégate à pleines voiles s'approchait par bordées de Porto-Ferrajo.

Napoléon ne se tenant plus d'impatience, descendit dans un canot pour visiter une maison de campagne sur le rivage et dont l'aspect l'avait séduit. Le lendemain, 4 mai, il fit son entrée dans sa petite capitale; les autorités l'accompagnèrent jusqu'à la cathédrale où le nouveau souverain fut salué par un *Te Deum*. Il y avait un peu de faiblesse dans cette solennité. Dioclétien, abdiquant le pouvoir, ne voulut plus de cette pourpre d'empereur, robe de Déjanire qui le brûlait; il se condamna à cultiver les légumes de son jardin. Charles-Quint vint abriter sa tête dans un couvent au milieu des pics de Navarre. Il était donc un peu puéril de voir Napoléon, naguère empereur des

---

dans l'après-midi du 3 mai. Le général Drouot fut voir le même soir le gouverneur, et on convint que Napoléon débarquerait le lendemain, et ferait son entrée à Porto-Ferrajo à deux heures de l'après-midi. Comme le 4, dès le grand matin, il avait aperçu, avec son télescope, une jolie maison de campagne qui se trouvait sur le côté opposé de la baie: il désira y aller, et il s'y rendit dans la chaloupe, accompagné du capitaine Usher, du colonel Campbell et du général Bertrand. Lorsqu'ils arrivèrent à la maison, ils la trouvèrent fermée. On envoya quelqu'un chercher la clef à Porto-Ferrajo, et tandis qu'on l'attendait, Napoléon témoigna une impatience enfantine de cette petite contrariété. Sir Neil et le capitaine Usher quittèrent l'Empereur un instant et furent dans une vigne où ils trouvèrent un homme qui travaillait, avec lequel ils entrèrent en conversation. Il savait bien que l'*Intrépide* avait amené l'Empereur, mais il

Français, roi d'Italie, revendiquer les honneurs théâtrals de sa souveraineté de l'île d'Elbe; malheureusement, c'était un peu son caractère.

Le 4 mai, Napoléon vint s'installer à l'hôtel-de-ville de Porto-Ferrajo; et il se hâta de visiter son nouveau domaine. Ses limites étaient peu considérables, il les avait aperçues de sa frégate. Lorsque l'on passe à travers les mers de la Toscane, en face des côtes, on voit l'île d'Elbe. Il n'est pas un voyageur qui aujourd'hui ne la salue de ses curieuses acclamations. Cette île n'a pas plus de quinze lieues de tour. Le pays est montagneux, la végétation en est fleurie comme toute celle de l'Italie. Son aspect est agreste, romantique; l'air parfait, excepté auprès des marais salants qui forment les principaux revenus de l'île. Là, se voient les vignes de Toscane qui pendent aux ormeaux, l'olivier à l'aspect poudreux et grisâtre; les fruits y abondent ainsi que le blé et le maïs; les mines de fer seules, d'un revenu de 500,000 fr., étaient attachées comme dotations à la Légion d'honneur. La retraite de l'île d'Elbe pouvait paraître étroite, mais pour un prince philosophe elle était suffisante, et Napoléon pouvait trouver dans cette solitude le calme et le bonheur qu'il avait en vain cherchés dans les camps, et la couronne au front. Il avait fait d'assez grandes choses pour écrire sa vie; puisqu'il n'avait pu mourir dans la campagne merveilleuse de 1814, il devait

---

ignorait qu'il fût aussi près. Le colonel le sonda au sujet de Napoléon. Cet homme entra aussitôt dans la plus grande colère, et avec une pantomime toute italienne, il saisit son propre cou, et il approcha sa serpe comme s'il voulait le couper, disant que c'était ainsi qu'il voulait servir l'Empereur. Sir Neil me dit cependant que peu de temps après l'arrivée de Napoléon dans l'île, les classes inférieures lui étaient attachées, à cause de l'ouvrage qu'il leur procurait.

« Napoléon revint à bord entre deux et trois heures de l'après-midi ; il quitta de nouveau le vaisseau et débarqua à Porto-Ferrajo. Il fut reçu par la population, conduit à l'église et ensuite à l'hôtel-de-ville, sa résidence, où le colonel Campbell et le capitaine Usher mangèrent avec lui. Le capitaine observa qu'il mangeait de fort bon appétit. »

raconter avec son grand style les causes qui l'avaient fait tomber.

Bientôt arrive auprès de sa personne le bataillon sacré qui est destiné à sa garde à l'île d'Elbe; il est peu nombreux, on ne lui a pas permis de dépasser 400 hommes; braves et dignes soldats, ils ont voulu suivre encore leur Empereur sous leur aigle; il pourra les passer en revue, simuler encore quelquefois les grandes batailles. La présence des commissaires étrangers étant devenue inutile, Napoléon congédie en souverain le général Koller et le capitaine Usher; il affecte de s'occuper à peine des soldats de sa garde, il s'absorbe dans les soins de l'agriculture, dans le tracé des routes; il semble comme toujours travailler en granit. Avait-il dès lors l'espoir de retrouver la France? Rien ne le constate; Mais cette âme avait mille replis secrets; esprit aventureux, il était toujours à la veille de jouer de nouveau sa fortune.

CHAPITRE III.

GOUVERNEMENT DE LA RESTAURATION.

Difficultés de toute Restauration. — Intérêts anciens. — Intérêts nouveaux. — Le Roi et l'usurpation. — L'armée. — Les acquéreurs de biens nationaux. — Premiers actes des Bourbons. — La Charte. — La famille royale. — Les serviteurs de la couronne. — Les deux Chambres. — Lois et ordonnances. — Finances. — État militaire. — Caractère général du gouvernement des Bourbons.

Avril à Décembre 1814.

Le gouvernement des Bourbons arrivait en France après un règne qui avait remué le monde par sa grandeur et par sa ruine : lorsqu'un pays a été vivement agité, rien n'est plus difficile que de le rattacher aux conditions d'ordre et de le ramener aux proportions régulières d'un système raisonnable; les Bourbons eurent donc une tâche immense; il y avait fatigue dans les esprits [1], la paix était le premier besoin de la génération paisible, on voulait se reposer après les longues agitations de la

---

[1] Pour compléter cette partie de ce livre, il faut lire mon *Histoire de la Restauration*.

guerre ; mais ce besoin de repos qui dominait spécialement les intérêts n'empêchait pas les regrets de l'imagination orgueilleuse, se reproduisant sans cesse ce vaste empire français qui touchait de Hambourg aux bouches du Cattaro. Certes, cet empire, ce n'était point les Bourbons qui l'avaient perdu ; quel ascendant avaient-ils pu exercer sur l'œuvre de Napoléon ? cette œuvre s'était perdue par la propre exagération de son principe de conquête ; mais la dynastie restaurée avait le tort d'être arrivée avec les humiliations de la patrie ; or, le peuple ne distinguait pas si les Bourbons étaient venus au trône comme un système réparateur, comme un moyen de réconcilier la France avec l'Europe ; il lui semblait au contraire que cette dynastie, accourue avec l'étranger, en était le produit et le résultat ; pour les esprits vulgaires, deux événements contemporains sont facilement confondus ; chez eux, l'un a nécessairement de l'influence sur l'autre. Telle est la logique de la multitude.

L'histoire secrète de la Constitution du Sénat et les discussions sur la Charte, indiquaient déjà les violentes secousses de l'avenir, au moment même où la Restauration s'opérait. La révolution des Cent Jours date de là. M. de Talleyrand n'avait entraîné le parti républicain dans le Sénat à voter la déchéance de Napoléon, que par la promesse de lui laisser liberté pleine et entière dans la rédaction d'un acte constitutionnel imposé au nouveau roi ; en conséquence le Sénat avait communiqué ses idées au gouvernement provisoire et à Monsieur, lieutenant-général du royaume ; chacun avait son projet de constitution en poche ; il en circulait de toutes parts ; on rétablissait la Constitution de 1791 ; les sénateurs tels que MM. Lambrecht, Grégoire, ne voulaient appeler Louis-Stanislas-Xavier de France qu'à la condition expresse qu'il sanctionnerait la Constitution même du Sénat; et dès ce moment s'était élevé un parti qui avait hautement protesté contre cette œuvre. Louis XVIII était encore à Londres, que ces dissidences se produisaient au sein même du gouvernement provisoire. L'abbé de Montesquiou, agent intime du roi, entretenait avec lui une correspondance suivie; il jugeait l'œuvre du Sénat avec une grande sévérité[1]. M. de Talleyrand était d'avis de repousser les utopies qui empêchaient toute action du gouvernement; il fallait publier un édit sur les priviléges de la nation et rien au-delà; l'état des finances devait motiver l'établissement du gouvernement représentatif, un emprunt supposait nécessairement la forme parlementaire.

Ces intentions de M. de Montesquiou étaient connues du Sénat, qui s'appuyait sur l'empereur Alexandre; le Czar, sans affection pour Louis XVIII, n'avait adopté les Bourbons que comme une concession de circonstance; il s'était créé une popularité libérale, il voulait la conserver; les sénateurs étaient incessamment en conférence avec lui; il avait participé à l'examen et à la rédaction de quelques articles du Sénat, en se fondant sur sa déclaration, qui promettait des institutions libérales à la France. A cet effet il avait envoyé le comte Pozzo di Borgo à Londres, afin de forcer la main à Louis XVIII pour une

---

[1] *Mémoire de la main de M. de Montesquiou, adressé au roi Louis XVIII, à Londres.*

« L'impatience de voir le roi s'accroît tous les jours; elle est telle qu'on ne pense plus à la manière dont il doit prendre le gouvernement, et qu'on paraît trouver tout bon pourvu qu'il le prenne. On parle cependant d'une déclaration publiée au moment de son entrée dans son royaume; d'autres disent qu'il voudra voir par lui-même l'état du pays, connaître l'esprit public, et ne prendre qu'à Paris les rênes du gouvernement. M. de Talleyrand me disait hier que le roi devait, en entrant, publier un édit par lequel il déclarerait à la fois ses intentions et son entrée dans l'exercice de la souveraineté, ne point supposer les entraves que la constitution peut y mettre, et gouverner comme si elle était non avenue; cette opinion a toujours été la mienne, mais elle suppose que le roi publierait en même temps les priviléges de la nation, et qu'il convoquerait un Corps

déclaration solennelle de principes et de liberté. Ainsi le Sénat avait sa constitution, et il y tenait essentiellement ; l'abbé de Montesquiou et les théoriciens voulaient que le roi ne donnât qu'un simple édit révocable, tandis que l'empereur Alexandre insistait spécialement pour l'établissement des institutions représentatives, telles qu'il les avait promises à Bernadotte, à Moreau et au Sénat de Paris; il voulait que le roi s'expliquât.

Louis XVIII, encore à Londres, avait été précédé d'une multitude de conseils et d'écrits qui sont curieux à consulter, parce qu'ils indiquent les véritables causes qui précipitèrent la première Restauration dans tant de fautes; un de ces rapports à Louis XVIII mérite la plus curieuse attention : « Il est important, disait l'auteur de ce mémoire (M. de Vitrolles, je crois), que le roi revienne le plus promptement que sa santé lui permettra ; il serait convenable qu'il s'arrêtât peut-être quelques jours à Compiègne, château immense, nouvellement meublé et qui a très peu souffert, où *Monsieur* irait s'aboucher avec lui. Le duc d'Angoulême aurait ordre de rester à Bordeaux et aux environs. S. A. R. le duc de Berry, attendu ce soir ou demain de Rouen, repartira incessamment pour l'Ouest, sa présence étant une récompense due à cette fidèle moitié de la France ; en même temps qu'elle

législatif, soit celui qui existe à présent, soit un autre tout composé de nouveaux députés. M. de Talleyrand n'y met pas la même importance que moi ; mais l'état des finances me décide: on ne peut se passer d'un emprunt de 200,000,000 ; et comme je ne conçois pas qu'on puisse le faire ailleurs qu'en Angleterre, il me paraît impossible de ne pas s'assurer d'abord de tout ce qui peut lui donner une plus grande garantie, et par conséquent de ne pas convoquer en même temps un Corps législatif.

« Cette manière de procéder, indépendamment de toute constitution, a l'avantage d'éconduire celle du Sénat, de l'éconduire assez lui-même, et de laisser au roi tout l'honneur des priviléges qu'il accorderait à la nation ; le public lui applaudirait d'autant plus qu'il reprocherait au gouvernement de ne pas prendre de la force, et qu'ayant eu depuis si longtemps l'habitude de la soumission, il aime qu'on parle en maître, et semble être embarrassé de l'indépendance qu'on lui laisse. Cependant le Sénat ne se

maintiendra leurs bons sentiments, elle servira à tempérer ce qu'il y aurait de trop exalté dans leur zèle, considération qui s'applique au séjour prolongé de monseigneur le duc d'Angoulême. La conduite de M. de Talleyrand paraît franche, mais les inconvénients de son caractère léger et indolent percent dans l'administration; cependant il est indispensable de s'en servir, tant par son influence sur son parti que par la considération personnelle que lui témoignent les souverains et leurs ministres. *Monsieur* vient de recevoir aujourd'hui une visite de S. M. l'empereur de Russie, dont il a été très satisfait. S. M. lui a annoncé le départ de Bonaparte, parti hier de Fontainebleau, sous l'escorte des troupes coalisées. A quoi Monsieur a répondu qu'il avait donné les ordres les plus sévères pour chasser du royaume les frères de Bonaparte, qui depuis plusieurs jours excitaient des troubles à Orléans, et y répandaient de l'argent pour gagner les troupes; que *Monsieur*, suivant son système de conciliation, avait donné hier à dîner à huit maréchaux et au président du Sénat, Barthélemy (Barthélemy est un homme sûr); que tous s'en étaient retournés évidemment plus contents qu'ils n'étaient venus; que le Sénat, quoique avili, surtout depuis cette preuve si manifeste du soin qu'il porte à ses propres intérêts dans son projet de con-

prépare pas à l'obéissance, il se prépare à manger son président, parce que M. Barthélemy n'est pas un homme du parti; et il veut mettre à la place le grand républicain M. Lambrecht. Le Sénat n'a aucune force par lui-même, mais tous les mécontents sont prêts à se mettre à sa suite, et il est certain qu'ils lui donnent une puissance; mais je ne puis guère concevoir que le roi donnant à la nation tout ce qu'elle peut désirer, elle prenne parti pour un Sénat qu'elle méprise, surtout si le Corps législatif est convoqué en même temps. Cependant il serait sage de traiter avec quelques membres du Sénat. Ces négociations particulières seraient ici d'un merveilleux effet. Je suis persuadé que si l'on avait eu ici des pouvoirs lors de cette constitution, on eût évité de bien mauvais articles. Mais on pourrait les entamer aujourd'hui avec un grand avantage. Les délibérations ne sont l'ouvrage que d'un parti qui témoigne assez ses inquiétudes par les mouvements qu'il se donne. M. Laharpe doit avoir moins

stitution, doit encore être ménagé ; que le général Maison, quoiqu'il ait eu beaucoup de peine à se décider, vient de déployer beaucoup de rigueur pour réprimer l'insurrection de ses troupes, composées en partie de soldats de la garde impériale. » A cette note est joint un post-scriptum, le voici : « *Monsieur* a pris la peine de lire ce papier, et n'y a rien trouvé à changer. »

Dans une seconde note émanée de la même source, le roi est également conseillé de refuser la constitution du Sénat. « Je ne m'arrêterai point, dit l'auteur de la note, à exposer ici les vices notoires de la constitution proposée, puisqu'il est reconnu que la dignité du roi, les droits mêmes de son auguste famille, enfin l'intérêt et le vœu général de la nation, s'opposent impérieusement à ce qu'il renonce à son titre héréditaire qu'il tient de Dieu seul, comme tous les autres monarques de l'Europe, pour accepter un titre *conditionnel* et presque électif, donné par des hommes avilis, qui n'en ont reçu la mission que d'un malheureux concours de circonstances et de l'illusion des vainqueurs. Cherchons donc, sans délai, les meilleurs moyens de soustraire le roi et son peuple au joug qu'on veut lui imposer. Il est constant que le Sénat ne jouit d'aucune estime, surtout depuis qu'il s'est démasqué lui-même ;

---

d'influence, à raison de l'armistice. La réponse de l'empereur d'Autriche a étonné le Sénat au point de ne pas vouloir l'inscrire sur ses registres. Les commissaires envoyés dans les provinces et le déplacement de plusieurs préfets donnent plus de force au gouvernement et diminuent le nombre de ceux qui oseraient soutenir le Sénat : cependant je dois dire que bien des sénateurs qui ne sont point malveillants, désapprouvent toute démarche qui ne s'accorde pas avec la constitution ; ils pensent qu'il faudrait l'accepter telle qu'elle est, et la corriger sur l'heure en nommant une cinquantaine de sénateurs dont serait le chancelier, que la majorité assurée ferait président du Sénat, et donnerait lieu à assurer, comme en Angleterre, la présidence à cette place. Ce système, qui semble le plus commode de tous, a quelques approbateurs dans le public ; mais il a bien ses inconvénients Il donnera lieu à bien des débats ; il fera surtout soupçonner la mauvaise foi ; car les constitutionnels même en

et cependant on lui rendrait un crédit dangereux, si on voulait le détruire sans offrir une autre garantie, car il est certain que la nation ne veut pas plus d'une monarchie illimitée, que d'une démocratie royale. Il est donc nécessaire que le même acte qui déclare l'incompétence du Sénat pour former une constitution, convoque à une époque prochaine et déterminée (au plus tard le 1er juin) le Corps législatif, ajoutant que le roi s'occupera alors, conjointement avec le Sénat et les représentants, de la Charte constitutionnelle, qui assurera sur des bases immuables la liberté et la prospérité de tous. Mais jusqu'au moment de cette convocation le Sénat ne doit pas s'assembler. Cette mesure est indispensable, et elle est en outre parfaitement conforme au principe du gouvernement représentatif ; car les deux corps qui représentent la nation sont tellement liés et dépendants l'un de l'autre, que si leur action cesse d'être simultanée, toutes leurs facultés législatives demeurent à l'instant arrêtées. L'action du pouvoir exécutif seul ne saurait être suspendue. Cette vérité est évidente, et cependant elle doit être répétée par la déclaration du roi. »

L'abbé de Montesquiou, dans un nouveau mémoire adressé à Louis XVIII, revient sur ce même sujet de la Constitution ; il tient à cœur de renverser l'œu-

---

sont au point d'avouer qu'une acceptation pure et simple ne saurait être franche et loyale ; et l'on ne pourrait pas le supposer, en voyant en même temps cette création de nouveaux sénateurs, et les projets qu'elle indique. Il paraîtrait donc plus simple de déclarer ce qui convient, en le donnant soi-même, et de se confier au bon esprit de la nation pour réformer ce qui mérite, et la convoquer en conséquence.

« Une déclaration faite en entrant dans le royaume, pleine de bonté et de générosité, est donc ce qu'il y a de mieux ; point de doute qu'il ne faille mettre *roi de France et de Navarre* ; je croirais même qu'elle doit être intitulée : « Edit du roi ; » la nation désire de l'ancien, tout ce qui l'en approche lui sied comme à la royauté même.

« Je demande maintenant la permission de proposer deux sujets qui me paraissent essentiels au roi ; ce sont MM. Becquey et Royer-Collard. Je suppose que le roi désirera se consulter dans les premiers temps avec des hommes dévoués, éloignés des affaires

vre du Sénat, qui a été néanmoins un grand instrument de la Restauration sous la main de M. de Talleyrand : « Je n'ai point encore parlé de la Constitution, continue-t-il, parce que j'ai cru devoir laisser au roi le temps de l'examiner, et au Sénat les moyens de réformer son ouvrage, conformément à l'opinion publique ; mais aujourd'hui que la sagesse du roi en connaît toutes les défectuosités, et que le Sénat s'obstine à les conserver, et qu'il les défend par d'indignes intrigues, je demande la permission de m'expliquer, et de dire ce que les plus sages paraissent en penser, comme ce que les fous en espèrent. Je dois avant tout faire l'historique de cette Constitution. Le Sénat avait dit qu'elle serait faite par le gouvernement provisoire. On pouvait espérer quelque sagesse d'une réunion de cinq personnes qui paraissaient être dévouées à la cause royale. Cependant la première assemblée se trouva composée de vingt-cinq personnes, dont deux sénateurs chargés de faire le rapport. Les questions les plus étranges furent avancées, telles que le droit de paix et de guerre déférés à la nation. Pendant que l'on s'exerçait sur cette malheureuse métaphysique, on avança la proposition étrange qu'il ne s'agissait pas de savoir ce qui était bon en soi, mais ce qui convien-

par leur dévouement et leur générosité, mais plus au courant que personne, et fort estimés de tous les partis. Je regarde la réunion de ces deux hommes comme supérieure à tout ce qu'on pourrait proposer, parce qu'il y a courage, esprit, pénétration et un dévouement sans exemple. Monsieur vient de mettre M. Royer-Collard à la tête de la librairie, et je vois que ce choix est fort applaudi ; le roi jugera peut-être à propos de donner les postes à M. Becquey, parce qu'elles sont aujourd'hui dans des mains honteuses et qui inquiètent le public. Je me garde bien cependant de proposer des nominations. Je cherche seulement ce qui pourrait placer naturellement auprès du roi deux hommes qui lui seront utiles, qui sont grands travailleurs, qui connaissent le pays à fond, et qui ont une égale renommée d'esprit, de courage et de probité. » *Note de M. Dayot, agent du prince de Bénévent.*

« M. de Talleyrand s'occupait d'un travail pour le roi ; je lui ai proposé de rester

drait au Sénat, puisqu'il en avait l'acceptation; et en conséquence on pria les sénateurs d'appeler le lendemain leurs confrères les plus influents et de rapporter le soir leur travail commun. L'abbé de Montesquiou s'éleva beaucoup contre cette proposition, qui n'en passa pas moins, et le président entreprit en vain de le convaincre que, dans l'état où était encore l'armée de Bonaparte, il fallait tout sacrifier pour obtenir du Sénat la proclamation du roi. L'assemblée du lendemain fut encore plus nombreuse, on y vit tout ce que le Sénat a de plus constitutionnel. Le rapporteur annonça qu'il ne pouvait présenter qu'une préface, et son rapport avait plus de cent articles; on ne peut dire tout ce qu'il y avait, et tout ce qu'on recevait d'injures aux moindres objections. »

La vérité était que le Sénat, dominé par le parti républicain et protégé par Alexandre, voulait faire ses conditions à Louis XVIII; il fallut l'intervention de Fouché pour faire proclamer Monsieur lieutenant-général du royaume. M. de Montesquiou continuait ainsi d'exposer la difficulté de la situation au roi : il avait demandé aux sénateurs de se réunir en plus grand nombre, et de porter le lendemain leur travail définitif. Comme on se levait, le rapporteur s'approcha de l'abbé de

vingt-quatre heures pour l'emporter avec moi ; mais la marche inattendue du roi l'a déterminé à m'expédier sur-le-champ avec le sommaire de son travail.

« Dans le cas où le débarquement de Sa Majesté précéderait le travail annoncé, M. de Talleyrand croyait indispensable qu'elle fît connaître par des lettres-patentes, en mettant le pied sur le sol de son royaume, qu'elle acceptait la constitution, mais que cette constitution lui semblait susceptible de modifications dans plusieurs points, elle se réservait de les discuter dans le Sénat.

« M. de Talleyrand a déjà préparé le Sénat à voir la constitution subir des changements, par ces mots pleins d'adresse que leur vanité a saisis : « Vous allez trouver « dans le roi, Messieurs, un homme d'un « esprit supérieur et d'un talent distingué. « Attendez-vous à le voir discuter les ar- « ticles de la constitution, et préparez- « vous à l'honneur d'entrer en lice avec « lui. » Cette insinuation a fait le meilleur effet, et déjà on disait publiquement que la

Montesquiou et lui dit : « Vous n'êtes pas content? » Il répondit : « Je le suis comme un homme qui pense à faire son paquet pour ne pas se retrouver sous le comité de salut public que ceci ramène inévitablement. » — « Mais que vous faut-il donc? » — « Ce qu'il me faut? c'est que vous pensiez à vous et à nous; qui êtes-vous? qui sommes-nous? qui vous a donné le droit de parler au nom du roi? qui vous a donné le droit de faire une Constitution? où sont vos pouvoirs, où sont les miens? Une Constitution sans le roi et sans la nation, voilà, je crois, la chose la plus étrange qui se soit jamais faite. »

Ces divisions intestines entre les royalistes et le Sénat, à l'origine même de la Restauration, étaient fort importantes à révéler, parce qu'elles expliquent la séparation de Louis XVIII et du parti patriote ; souvent, en politique, des partis hostiles se coalisent momentanément pour renverser l'ennemi commun; la séparation n'arrive qu'après; alors ils luttent avec plus de violence, le pacte instantané est rompu. Or, on venait de voir cette alliance entre les royalistes et les républicains se former contre Bonaparte. Dès l'arrivée de Louis XVIII on ne pensa plus au Sénat, on ne fit plus à son égard que des stipulations pécuniaires, et le gouvernement du roi se mit à l'œu-

---

constitution éprouverait des altérations.

« Dans ces mêmes lettres-patentes, le roi voudra bien fixer un jour pour la prestation du serment de fidélité. Cet article est considéré comme de la plus haute importance pour arrêter la fluctuation des idées, et lier le soldat, qui, n'ayant point encore émis son vœu, se trouve isolé en quelque sorte des chefs, qui ont déjà envoyé leur adhésion.

« M. de Talleyrand regarde comme essentiel que le roi n'*accorde* ni ne *promette* le *moindre pouvoir* aux maréchaux ; mais Sa Majesté les satisfera en flattant leur vanité.

« Tous les peuples de la France sont animés du même zèle, du même dévouement, du même amour pour la personne du roi, et pour tous les membres de son auguste famille. Ces sentiments vont jusqu'à l'exaltation, et telle est l'indignation générale qu'ont causée certains articles de la constitution, qu'on a crié plusieurs fois sous les fenêtres de MONSIEUR: *vive Louis XVIII! à bas le Sénat !* Ce zèle outré est une im-

vre. Mais hélas! toute restauration est une tâche si difficile! Henri IV y avait péri; il faut assurer tant d'intérêts alarmés, caresser tant de susceptibilités irritées, s'identifier avec tant d'événements! Comment répondre à tous et satisfaire chacun?

Pendant la Révolution française, il y avait eu des spoliations déplorables, des crimes avaient été commis; on avait vécu dans la violence, et quand on a été injuste, on devient exigeant; on ne demandait pas seulement aux Bourbons une amnistie pour tout ce passé, on voulait les en rendre pour ainsi dire complices, en les posant comme les continuateurs de l'œuvre révolutionnaire. Il y avait une classe principalement alarmée par le retour de la dynastie, c'était celle des acquéreurs de biens nationaux. Je n'ai pas à examiner la question morale ou politique des confiscations révolutionnaires; mais il est certain que, par le seul fait de la Restauration, tous ces intérêts devaient vivement s'agiter; les vieux souverains ne ramenaient-ils pas les vieux propriétaires? Ce n'était pas assez de promettre aux acquéreurs de biens nationaux la libre et légitime possession de leurs terres; il fallait encore (telle est la loi des partis) justifier la spoliation, et se garder de dire un mot sur les causes injustes des confiscations; ces ventes devaient être sacrées comme le sanctuaire le plus pur. Et je ne sais par quelle voix intime du cœur humain les acquéreurs étaient inquiets à

---

prudence dans le moment. Si le peuple manifeste un enthousiasme vraiment *français*, l'armée témoigne un mauvais esprit. Cependant les troupes de ligne sont bonnes, et dans la garde impériale le mécontentement ne se montre que dans les vieilles bandes. La jeune garde est, ou détachée, ou bien près de l'être.

« M. de Talleyrand pense que M. le comte d'Artois, dont les manières sont pleines de grâce, doit aller dans les provinces recueillir les besoins du peuple, et les porter au pied du trône. M. le duc de Bourbon parcourrait dans le même but les autres parties de la France.

« Quant à MM. les ducs d'Angoulême et de Berri, on désirerait qu'il fût formé pour eux deux camps en France, et qu'ils y restassent quelque temps pour gagner l'amitié du soldat. »

la première parole des Bourbons, à la première phrase des ministres ; ils se croyaient menacés à chaque acte du gouvernement ; pour eux, le seul fait de la Restauration était un acte dangereux qui touchait la libre possession de leurs terres [1]. Dès lors, quelques actes qu'on eût pu faire, quelques garanties qu'on eût pu donner, on n'aurait jamais calmé leur esprit agité. Il en était de même des régicides et de tous ceux qui avaient pris part à la Révolution française ; ils voulaient incessamment des garanties nouvelles ; ils voyaient bien que le seul fait du rétablissement du vieil ordre des choses était un acte d'accusation jeté contre eux ; inquiets, ils consultaient les moindres gestes des amis et des ennemis ; les Bourbons et la Révolution étaient deux choses incompatibles, on le sentait ; c'était un de ces instincts dont il ne faut jamais demander compte, parce qu'on les éprouve, indépendamment même de toute explication rationnelle.

Aux intérêts révolutionnaires devaient se joindre les amertumes et les regrets de l'armée ; cette armée, si dévouée à Napoléon, pourrait-elle se ployer aux proportions étroites de la paix et de l'économie [2] ? Après les grandes guerres étrangères, il est difficile d'éviter la guerre civile ; Rome en est l'exemple : comment jeter ces soldats jeunes et forts aux Invalides, au milieu même de leur

---

[1] « Le roi a statué, à l'égard des biens nationaux, tout ce qu'il pouvait statuer : il a déclaré irrévocables les ventes qui en ont été faites ; elles le sont... Nous respectons sa parole sacrée ; mais ne me demandez rien de plus. Nulle puissance humaine ne saurait légitimer ce qui est illégitime. »
(*Journal des Débats*, du 9 octobre 1814.)

[2] « La position des soldats qui avaient échappé aux désastres de la guerre, oubliant des maux sans nombre pour se repaître d'une immortelle gloire, et se faisant un dieu de celui qui les immolait, répétaient avec regret, invoquaient avec espoir le nom du grand capitaine dont ils s'identifiaient le génie. Il n'y avait pas jusqu'aux prisonniers abandonnés par lui sur les pontons anglais ou laissés dans les neiges de la Russie, qui, rendus à leur patrie par la Restauration, ne déblatérassent contre elle ; tous, et de toutes parts, oubliaient combien la brillante destinée de Napoléon avait pesé sur la leur. »
(Note de M. de Hardenberg.)

vie d'ambition? Généraux et officiers, habitués à une existence nomade, à de grandes enjambées, à des goûts actifs et dépensiers, pourraient-ils se soumettre aux privations que la paix imposait? Après le traité de 1814, la France était encombrée d'employés à la réforme, que l'Empire avait établis partout avec la conquête, et que la défaite avait rendus à l'inaction; les préfets, les commissaires-généraux, les intendants, chassés de la Pologne, de l'Italie, de l'Allemagne, étaient désormais sans emplois, rêvant aux grandes fortunes de leur jeunesse; pourraient-ils trouver un débouché à leur activité aventurière dans le système restreint que l'économie imposait aux Bourbons? Renonceraient-ils à leurs rêves de grandes fortunes? s'assoupliraient-ils aux tiers de traitement ou aux demi-soldes? Quel labeur pour le nouveau gouvernement! il fallait rassurer les propriétés, les personnes, les états et les fortunes qui s'étaient fondés depuis vingt ans.

D'autres embarras, non moins inquiétants, venaient des antécédents même des Bourbons; s'il leur fallait rassurer les consciences malades des acquéreurs des biens nationaux, contenir l'ambition de l'armée, les intérêts et les idées de la société de 1789, il leur fallait aussi ne point se montrer ingrats envers les serviteurs fidèles qui avaient témoigné de leur zèle à la race royale pendant les époques de malheurs et d'exil. Il y a en politique des nécessités qui commandent de n'avoir ni entrailles, ni cœur; et ces nécessités, les intérêts révolutionnaires les imposaient aux Bourbons. Autour d'eux, des hommes s'étaient voués à la mort pour défendre leur cause, tous s'étaient donnés corps et âme à leur dynastie; nobles chevaliers français, ils avaient suivi la bannière proscrite. Eh bien! ceux-là, on aurait presque demandé qu'ils fussent exilés, comme garantie à la Révolution, qui tremblait devant toute idée de restauration politique; elle voulait détacher des Bourbons tout le parti monarchique pour rester maîtresse du gouvernement.

Au peuple aussi, de grandes promesses avaient été faites par les Bourbons, M. le comte d'Artois avait dit : « Plus de droits réunis, plus de conscription! » Plus de droits réunis, c'était chose difficile à réaliser, même en supprimant une partie des pensions de la République et de l'Empire, en allant ferme à un système d'économie pour l'armée et l'administration, en substituant les provinces aux départements; plus de conscription, c'était amoindrir les cadres militaires des deux tiers, et réduire 20,000 officiers à un état voisin de la misère. N'avaient-ils pas aussi droit à quelques indemnités, les malheureux émigrés dépouillés de leur fortune ? De toutes parts surgissaient donc des embarras pour la Restauration; voyez quelles difficultés! Si l'on faisait trop pour les hommes compromis dans la Révolution, le parti royaliste criait à la trahison des intérêts monarchiques [1]; si l'on faisait quelque chose pour les vieux compagnons d'infortune, la révolution s'alarmait. Position presque identique à celle de Henri IV après la Ligue, et qui finit par l'assassinat du roi, atteint du sanglant couteau de Ravaillac. Plus les actes avaient été violents pendant les quarante dernières années, plus ils avaient laissé de terribles empreintes.

---

[1] Le parti royaliste prenait déjà une attitude fière, hautaine.

« Les fidèles sujets du roi, disait le *Journal royal*, émigrés ou restés en exil, ne s'occupent ni de liberté, ni d'égalité, ni du progrès des lumières. Ils oublient la révolution et ses crimes, la philosophie et ses erreurs, leurs malheurs particuliers, les injustices publiques. Ils s'honorent de leur détresse, et la vue du roi assis sur le trône de ses ancêtres en adoucit les rigueurs. Confondus dans la foule de ses sujets, ils n'examinent point si la France avait, dans les temps reculés, le gouvernement qu'elle a aujourd'hui; s'il convient mieux aux Anglais qu'à nous; si la balance des trois pouvoirs était regardée par tous les grands hommes de l'antiquité comme le chef-d'œuvre de la politique; si nos auteurs célèbres ont eu tort ou raison d'exalter les

Louis XVIII pendant toute la Révolution française avait préféré le parti des ménagements et des temporisations; on l'avait vu traiter successivement avec tous les pouvoirs que la République avait élevés, avec Barras aussi bien qu'avec Bonaparte; il n'avait aucune répugnance. Lorsqu'il s'agit en 1814 d'une restauration, M. de Talleyrand avait rappelé ces souvenirs au Sénat, pour le déterminer à placer sur le trône Stanislas-Louis-Xavier de France, et c'est par ce moyen habile qu'il avait obtenu l'assentiment même des régicides qui siégeaient dans le Sénat. M. Lambrecht, l'abbé Grégoire, avaient voté pour le rappel des Bourbons, et ce n'était pas un fait sans intérêt. Louis XVIII, qui avait profité de ce vote pour préparer sa Restauration, se ravisa bientôt sur les conséquences qu'un tel état de choses pourrait avoir; il n'aimait pas les royalistes trop ardents, et cependant il voyait bien qu'une Restauration ne pourrait s'opérer complète et solide s'il heurtait trop vivement les opinions qui arboraient le drapeau blanc; à côté de lui, il avait son frère, le comte d'Artois, ardent, chevaleresque; et quoique séparé de principes, M. le comte d'Artois était chef en France d'un grand parti qui désirait assurer une plus longue destinée à la Restauration[1]. Louis XVIII se détermina donc à prendre un terme moyen, en se plaçant entre la pensée un peu trop

avantages du gouvernement représentatif; si l'on en retrouve l'origine dans les Cortés en Espagne, les États-Généraux en France, les parlements en Angleterre; s'il est un bienfait de la civilisation; si après les journées de Crécy, de Poitiers et d'Azincourt, dont les champs furent arrosés du sang des gentilshommes français, la noblesse devint inutile; si l'éloge qu'en fait Gibbon, dans son ouvrage de la décadence de l'empire romain, est bien mérité; ils obéissent au roi... M. de Chateaubriand voudrait, pour éviter des récriminations, effacer des souvenirs, détruire jusqu'à ces noms d'émigrés, de royalistes, de fanatiques, de révolutionnaires, de philosophes...Nous avons exprimé les vœux des émigrés et des royalistes : ils ne veulent point d'amalgame. »

[1] Voyez mon *Histoire de la Restauration*, tomes 1 et 2.

révolutionnaire du Sénat, et le mouvement purement royaliste dirigé par M. le comte d'Artois. Ce caractère de modération et de tempérance entraîna souvent Louis XVIII dans des mesures qui ne satisfaisaient aucun parti. La Restauration pouvait s'appuyer sur deux éléments : ou sur l'adoption entière des intérêts et des opinions révolutionnaires qui avaient motivé la déchéance de Napoléon par le Sénat, ou bien sur un retour plus ou moins direct, mais franc et ouvert, vers les forces royalistes. Le premier parti eût été impossible : il aurait été très curieux de voir Louis XVIII se poser comme le chef du parti révolutionnaire, agissant en vertu du principe qui l'avait condamné et proscrit, lui, le roi de France; c'eût été immoral. En cette hypothèse, il n'y aurait pas eu de Restauration, mais une continuation de l'œuvre révolutionnaire. Ce rêve des patriotes de 1789 ne pouvait se réaliser avec les Bourbons.

La pensée des royalistes et de M. le comte d'Artois avait-elle des chances de succès ? D'après les amis les plus ardents du prince, voici quelles étaient ses idées. Je les expose, parce qu'il est essentiel de faire connaître la marche des opinions en histoire : ils comptaient en France sur un grand parti bourbonien qui avait ses agents partout, dans le Midi, la Vendée, dans les départements même les plus bonapartistes; il était facile d'organiser, au moyen des commissaires spéciaux désignés par le roi, une administration toute dans l'intérêt de la dynastie restaurée. Il fallait remanier les fonctionnaires publics avec fermeté et les destituer par masses, abolir les dénominations départementales qui, selon eux, avaient peu de racine dans le pays; revenir franchement aux libertés provinciales; anéantir cette centralisation parisienne, un des grands ressorts de la révolution. Les éléments de l'armée devaient être refondus; les guerres civiles avaient produit des hommes de courage dans le parti royaliste; il fallait récompenser les serviteurs fidèles, favoriser la reconstitution de l'ancienne propriété; en un mot, essayer en France ce qui réussit en même temps dans la Savoie, dans le Piémont, à Naples, où les vieilles dynasties se sont maintenues. Ce que proposaient les royalistes n'était à vrai dire que le retour vers le vieux régime; c'était chose difficile: on ne fait pas rétrograder un fleuve, car il emporte les digues. Cet essai des royalistes après l'Empire eût peut-être amené le plus étrange bouleversement.

Entre ces deux systèmes, Louis XVIII voulut tenir un terme moyen; en 1814, il ne fut ni de l'ancien régime, ni du nouveau; il y eut quelque chose de mixte dans tous ses actes, de manière qu'aucun parti ne fut entièrement satisfait. On alarma sans réprimer, on ne toucha pas une seule matière politique sans soulever les plus assourdissantes clameurs: on se joua avec l'incendie. Le véritable danger d'un gouvernement commence lorsqu'on ne le craint plus; quand tous le savent faible, nul ne le respecte; les partis deviennent insolents. Le gouvernement de la première restauration s'empreignit de je ne sais quoi de décousu; à peine changea-t-il quelques fonctionnaires publics; il laissa en place des magistrats, sans distinction de couleurs, les préfets, les commandants militaires [1], les administrateurs, les financiers; et

---

[1] « En vain Louis XVIII confia-t-il la presque totalité des divisions militaires et presque tous les commandements particuliers à des hommes qui furent longtemps dévoués à Napoléon. En vain toléra-t-il ces ridicules déversés sur la foule de ceux qui, voulant exploiter la Restauration à leur profit, se faisaient un titre de leur inactivité même. En vain fit-il mettre en jugement deux écrivains qui réclamaient vivement en faveur des émigrés, et repoussa-t-il longtemps leurs demandes d'avancement militaire.

en leur laissant le pouvoir, il prit comme à plaisir de heurter leurs idées et de blesser leurs susceptibilités par des phrases; il ne changea rien dans les hommes ni dans les choses de la Révolution, il se borna à déclamer contre elle. Tandis que l'on devait la ménager par la parole, il fallait impitoyablement l'atteindre par les actes. Le Sénat avait décrété une constitution en vertu du principe de la souveraineté; cette constitution devait être soumise au roi. A bien prendre, quel droit avait le Sénat de décréter un pacte constitutionnel[1]? Et M. de Montesquiou avait ici raison dans son Mémoire. Mais la constitution bâclée, à quoi pouvait servir de la refuser? Ces petites amusettes de principes ne coûtent rien et n'arrêtent pas les pouvoirs habiles qui veulent faire du despotisme.

Louis XVIII pouvait donc accepter ce pacte; que sont les formes en politique, et quelle constitution a jamais arrêté un pouvoir fort? Au lieu de cela, Louis XVIII refusa d'accepter la constitution du Sénat; pourquoi dès lors en donner une dont on contesterait ensuite la légitimité et l'origine? Il était plus simple, plus franc, de prendre la plénitude de la puissance royale, et d'abandonner successivement le parti révolutionnaire, pour s'appuyer entièrement sur les royalistes. Louis XVIII n'en fait rien, il donne une Charte, institue des Chambres, qui se montrent nécessairement mécontentes; une concession faite, on en veut d'autres. D'après les maximes de la transmission antique, le roi avait hérité de son neveu

---

Rien n'était changé; lois, tribunaux, administrations, division territoriale, commandements militaires, tout restait comme la Révolution l'avait fait; c'était l'Empire perfectionné ou conservé, moins la cocarde dite exclusivement nationale, comme si celle de 25 ans, toute parée qu'elle fût par des victoires, était plus nationale que les couleurs datant de plusieurs siècles que portèrent François Ier et Henri IV; sous lesquelles, à Bouvines et à Denain, fut sauvée cette France qui avait été si compromise sous celles que l'on quittait. »

(Note de M. de Hardenberg.)

[1] L'empereur Alexandre prit fort activement le parti du Sénat et de la Charte.

Louis XVII depuis dix-neuf ans; d'après les opinions royalistes, il n'y avait là rien que de très rationnel. Henri IV data son règne de la mort de Henri III; il ne tint compte ni de la Ligue ni du cardinal de Bourbon élu sous le nom de Charles X! La Révolution dut hautement contester ce principe; elle n'avait aucun rapport avec la Ligue. L'Empereur était haut de dix coudées! Louis XVIII ne régnait donc que du jour où le Sénat l'avait appelé au trône; on voulait ainsi que le roi substituât le fait au droit; comme il avait consenti quelques concessions, on en imposa beaucoup d'autres encore; on ne se montrait satisfait de rien. La paix, qui assurait le repos public et les prospérités commerciales, donna aux mécontents le loisir de critiquer et de censurer. Rarement les peuples accablés par un pouvoir fort élèvent la voix pour se plaindre, car ils souffrent; ils n'ont ni la force, ni le temps, ni le courage de se montrer mutins. Un peuple heureux ressent la moindre injure. Pour que le serf se révolte, il faut que la main du maître s'affaiblisse. La Restauration fut trop faible, trop décousue, pour ne pas laisser à chacun le droit de se faire ses accusateurs. Sous Napoléon on ne se plaignait pas, du moins on le faisait si bas que le murmure ne devait pas même s'étendre plus loin que l'oreille d'un espion de police.

Il y eut généralement une grande maladresse dans tous les actes du gouvernement en 1814; à peine Louis XVIII a-t-il pris en main le gouvernement politique du pays, qu'il s'occupe de son organisation militaire. On n'était

---

« Un billet de l'empereur Alexandre à M. de Talleyrand contenait ces mots: « Mon départ est irrévocablement fixé à (tel jour, et c'était le surlendemain de la date de sa lettre), il faut que la constitution soit définitivement arrêtée et adoptée par le roi auparavant. » De là suivit naturellement que quelques articles encore en discussion furent renvoyés pour être la matière de ce qu'on appelait lois organiques. »

point sûr de l'armée, qui conservait ses vieux attachements pour Napoléon[1]; le roi ne pouvait pas compter sur elle, c'est un fait constaté ; toutes les avances que l'on pouvait lui faire étaient inutiles, son attachement pour l'Empereur était trop vif, trop profond, trop noble; nul ne l'aurait fait abandonner ce souvenir! Que fallait-il faire alors ? Franchement dissoudre cette armée, la refondre, renvoyer tous les soldats dans leurs foyers ; ceux-ci ne demandaient pas mieux. Il fallait garder quelques noyaux de régiments, former un personnel d'officiers, se servir de tous les mécontents de l'Empire, les mêler avec des hommes recrutés dans les provinces dévouées aux royalistes ; refaire, en un mot, les régiments provinciaux, de manière à effacer les souvenirs qui pouvaient parler à tous ces vieux soldats de Napoléon et de la République.

Au lieu de cela, que fait la Restauration ? elle n'ose renvoyer l'armée, elle la blesse, elle l'irrite; elle a peur de la garde impériale, et on la chasse de Paris sans la dissoudre ; on la caresse par la parole, et sous main on l'éloigne; la garde du monarque ne lui est pas confiée; on lui substitue la maison du roi, comme sous l'ancien régime, à l'époque de Louis XIV, avant la réforme économique même du comte de Saint-Germain; on institue les mousquetaires noirs, gris, les chevau-légers, brillants uniformes qui se montrèrent si magnifiques à Fontenoy. L'aspect de ces troupes fringantes ou ridicules, trop jeunes ou trop vieilles, l'air de bonne compagnie, tout, jusqu'à la fortune des nouveaux officiers, irritait les vieux et rudes sol-

---

[1] Les maréchaux cependant avaient montré un grand zèle pour les Bourbons.

« Le 28 avril 1814, Louis XVIII arrive à Compiègne. Cinq à six maréchaux, à la tête desquels on distingue le maréchal Ney, entourent la voiture du roi, et font retentir l'air des cris de *vive le roi!* Le maréchal Ney ne cesse de crier au peuple: « Allons mes amis, *vive le roi !* Voilà le roi, le roi légitime, le véritable souverain de la France, il revient parmi nous pour nous rendre heureux, etc. »

dats de l'armée. Certes, nul ne peut nier le courage et les grandes actions des armées impériales; mais elles étaient rustres, violentes; elles appelaient raffinés, pékins, tout ce qui sortait un peu de ces mœurs de camp et de caserne, tout ce qui cherchait à reconstituer le vieil esprit gentilhomme en France. La formation de la maison du roi irrita donc au dernier point toute l'armée impériale; elle repoussa les caresses, elle conserva de longs ressentiments, car on lui avait tout enlevé, son Empereur et la vie de Paris. L'esprit de la garde se répandit dans la ligne; en politique, mieux vaut tuer une institution que de la blesser dans ceux qui la constituent. Le mécontentement se réfugia surtout parmi les officiers d'un rang inférieur; tandis que les généraux, les colonels multipliaient les preuves de dévouement envers la Restauration, et remplissaient *le Moniteur* d'adresses tristement adulatrices.

Le peuple avait beaucoup gagné au retour des Bourbons : la paix et l'industrie avaient repris toute leur puissance; on était naguère décimé par la conscription et les impôts; le despotisme de l'Empire était insupportable; on n'avait plus de liberté. Le résultat le plus remarquable fut obtenu pour les finances : si l'exercice de 1814 fut encore élevé à 827 millions[1], le budget de 1815 amoindri tout d'un coup de 300 millions, ne fut pas porté au-delà de 550; la moitié moins de ce que la France dépense aujourd'hui; et cependant la guerre y fut comprise encore pour 200 millions, la marine pour 51. L'Empire avait marché dans sa dernière

---

[1]

	Exercice 1814.		*Principaux détails des dépenses pour* 1815.	
Dépenses		827,415,000 fr.	Liste civile,	
Recettes		520,000,000	Famille royale,	} 33,000,000
[1]	*Exercice* 1815.		Chambres législatives,	7,200,000
Dépenses,		547,700,000	Justice,	20,000,000
Recettes,		518,000,000	Affaires étrangères,	9,500,000

année avec un déficit de 15 cents millions ; il fut comblé. Près de huit mois de solde furent acquittés aux officiers et aux soldats ; le traitement des administrateurs, arriéré de près de dix mois, fut entièrement payé ; tout rentra dans la voie de l'ordre et de l'économie. Il fallait donc profiter de ce bien-être des masses pour les rattacher à la Restauration.

Au lieu d'aller à la moralisation de ce peuple, au lieu de rétablir un système d'éducation religieuse et d'industrie corporée, on le blessa dans ses idées, on le laissa en dehors de toute autre hiérarchie que la police ; on l'attaqua dans ses plaisirs même. L'ordonnance de police qui interdit les travaux pendant le dimanche fut un objet de plaintes ou de plaisanteries pour ces classes que la Révolution avait corrompues. On rétablit tout l'extérieur de l'ancien régime, sans revenir à ses formes conservatrices ; on craignit de rendre à la religion son ascendant moral, et on la protégea dans toutes les parties qui pouvaient la dépopulariser. Voici le résumé de tout ce gouvernement de 1814 : les actes importants furent empreints de l'esprit révolutionnaire ; et les petits actes, de tout ce que l'ancien régime avait de ridicule. D'où il résulta cet amalgame inouï qui dépopularisa et affaiblit le gouvernement, sans lui donner la puissance de réprimer les factions mécontentes.

La Restauration avait trop promis ; elle ne donna pas assez, et ces paroles de l'avénement portent mal-

Intérieur,	85,000,000	*Recettes sur les contributions directes.*
Guerre,	200,000,000	Contributions foncières, principales et centimes additionnels, 258,198,000
Marine,	51,000,000	
Police,	1,000,000	
Finances,	23,000,000	Contributions mobilières et personnelles, et centimes additionnels, 41,000,000
Dette publique,	100,000,000	
Intérêts des cautionnements, Frais de négociations,	18,000,000	
		Contributions des portes et

heur. Il n'y eut pas de soulagement matériel pour le peuple de la campagne, et cela fit un mauvais effet; on avait accordé plus de liberté que l'autorité ne pouvait en supporter : un gouvernement nouveau a besoin de toutes ses forces pour vivre ; il est impossible qu'il ne succombe pas sous une presse libre et déchaînée; on établit une censure, et, par une exception, on laissa toute liberté pour les ouvrages qui ne paraissaient qu'une seule fois par mois ; la censure confiée à des mains faibles, timides, n'osa pas réprimer; on eut l'odieux d'une mesure arbitraire sans avoir le profit. En politique, mieux vaut souvent aller droit à une grande destruction de la liberté que de se laisser tuer par elle ; c'est un duel qu'il faut quelquefois savoir affronter. Il n'y eut pas un seul acte qui ne tombât sous le coup des déclamations; le pouvoir marchait timidement et par soubresauts; à chaque économie l'on criait; un jour on blessait l'Empire; le lendemain, la Révolution ; le surlendemain, les émigrés. On ne pouvait agir sans frapper un droit acquis ou un intérêt inquiet. L'état de paix forçait nécessairement à réduire les dépenses de l'hôtel des Invalides : on laissait opter ces vieux débris entre une pension et l'hôtel, à l'imitation de ce qu'avait fait l'assemblée constituante¹ ; beaucoup préférèrent la pension, et néanmoins on s'exclama comme si la gloire entière de la France était blessée. Voulait-on donner aux filles de la Légion d'honneur une direction plus reli-

---

fenêtres, et centimes additionnels, 14,181,000
L'arriéré général des ministères et des finances, pour dépenses antérieures au 1ᵉʳ avril 1814, s'évalue à 1,308,000,000, dont 759 exigibles. Le crédit public s'était merveilleusement relevé ; le 5 p. cent s'était porté du 29 mars 1814 au 30 décembre, de 43 fr. à 81 fr., il descendit à 49 fr. dans les Cent Jours.

¹ C'est à ce décret de la constituante pour la suppression des invalides que

gieuse et moins mondaine ? c'était encore une atteinte portée aux grandes fondations de l'Empire. L'opinion se rattachait à un procès, à un mot, à un acte ; un auteur publiait-il un livre pour constater que toutes les confiscations révolutionnaires n'étaient point légitimes? les propriétaires des biens nationaux s'écriaient : « que l'on commettait un attentat contre leurs propriétés. » Un curé refusait-il de recevoir, en vertu des canons de l'église, les cendres d'une comédienne? c'était presque une émeute [1].

Quand les Chambres s'ouvrirent, on vit bien d'autres énormités! Sous l'Empire, on n'était point habitué à la tribune parleuse; et depuis le tribunat on n'avait pas entendu une seule discussion. Les débats des Chambres occupèrent donc vivement l'opinion publique comme une nouveauté; on commenta chaque parole, on compta les boules de l'opposition ; tous les projets de loi furent vivement discutés au dehors; le malheur de quelques-uns de ces projets fut d'être précédés de justifications ou de considérants, comme les vieux édits royaux. Au lieu de simples lois fermes et nettes, on eut des motifs qui, empruntant la langue de l'ancien régime, donnaient lieu à de maladroites allusions. Il y eut de l'effervescence sur toute chose; M. Ferrand avait dit une phrase très naturelle dans la bouche d'un royaliste ardent, exclusif : « que ceux qui avaient suivi le roi étaient dans la ligne droite. » A ce mot, il y eut partout des clameurs ; on flétrit les émigrés, comme si le roi Louis XVIII lui-même n'avait pas été émigré! On aurait dit qu'il n'y avait de bons

---

s'opposèrent tous les royalistes, et il donna lieu au beau discours de l'abbé Mauri sur Louis XIV.

[1] Voyez mon travail sur la Restauration, tome II.

Français, que les révolutionnaires. Le projet sur la liberté de la presse fut vivement discuté; le budget donna lieu à des débats qui irritèrent l'opinion; et de tout cela résulta une conviction bien profonde dans les esprits, c'est que rien n'était plus faible que ce gouvernement de la Restauration, et qu'au premier choc il tomberait. Malheur aux pouvoirs lorsque cette vérité est constatée! On subit le despotisme, l'on n'obéit jamais longtemps à la faiblesse.

Et pourtant les hommes qui conduisaient la Restauration n'étaient pas sans intentions droites et sans désir de conciliation entre la vieille et la nouvelle société. M. de Blacas, qui jouissait auprès de Louis XVIII du titre de favori, devait sa fortune à M. d'Avaray qu'il avait remplacé dans les affections du roi; M. de Blacas était son bras droit; Louis XVIII avait toujours eu un homme de confiance sous sa main comme son ami et son disciple. M. de Blacas n'était pas sans esprit, sans finesse; son cœur était droit, sa science très étendue, mais il savait mal la France qu'il n'avait jamais vue qu'à travers le transparent menteur de l'émigration; loyal gentilhomme, dévoué au roi, M. de Blacas était son intermédiaire auprès des ministres, et autour de lui la faveur était partout; il disposait des ministères et les dominait. Ensuite, il y avait chez lui une conviction si profonde des droits de la légitimité, « qu'il ne croyait pas possible qu'on pût les contester ou les briser. » Il avait foi dans le roi, comme un pieux catholique dans la providence de Dieu, et c'est un tort de faire une religion d'un pouvoir dont tout le monde voit les imperfections et connaît les faiblesses.

Comme chancelier, le roi avait nommé M. Dambray, ancien avocat-général au parlement de Normandie, dont la réputation était ancienne dans le barreau. M. Dambray, âme droite, à la parole redondante, et M. Ferrand, théoricien monarchique, causèrent un grand tort à la Restauration par ce bavardage d'édits dont j'ai parlé; ils ne pouvaient faire une ordonnance de deux lignes sans mettre de longs considérants, plus dangereux que la mesure en elle-même; ils n'osaient pas un acte énergique, mais ils osaient beaucoup de propos compromettants, beaucoup de paroles hasardées. M. l'abbé de Montesquiou était fort libéral, il avait les principes de l'Assemblée constituante; auprès de lui était M. Guizot, de l'école de madame de Staël, et qu'on ne pouvait soupçonner de partialité pour le parti royaliste. Nul ne pouvait refuser beaucoup de finesse et d'esprit à M. Beugnot, conteur très amusant, appréciateur très remarquable des événements. L'abbé Louis avait trop contribué à la Restauration pour ne pas être fort dévoué à la maison de Bourbon. Aux postes, on avait M. de Bourrienne, esprit actif, investigateur; à la guerre, le général Dupont, nom très malheureux, et plus tard le maréchal Soult, le plus énergique, le plus habile des organisateurs. M. de Pradt était chancelier de la Légion d'honneur; position, au reste, fort bizarre. A la police, on avait mis M. Dandré, un des anciens correspondants du roi que des agents subalternes noyaient sous mille rapports de complots. Il y a deux écueils à éviter dans la police, c'est de ne pas croire et de trop croire; M. Dandré, causeur remarquable, n'avait pas ce discernement qui saisit le vrai, et surtout cette énergie qui sait faire triompher l'utile et le nécessaire en politique.

Chose remarquable, ce gouvernement qui se composait d'hommes considérables, dont quelques-uns avaient de l'expérience, demeurait sans action sur l'ensemble de la société. Tout ce qui dépendait des ministères comme employés était resté dans les combinaisons de la République ou de l'Empire. La police comptait des agents par milliers qui allaient plutôt révéler leurs secrets au général Savary qu'à M. Dandré; le gouvernement des Bourbons n'était pas le leur. Aux postes, par exemple, M. de Lavallette, ancien directeur-général, avait plus de crédit que M. de Bourrienne; il disposait de tout, faisait transmettre ses ordres sur tous les points; les courriers servaient même d'intermédiaires entre Paris et l'île d'Elbe. Peu de magistrats dans les cours avaient été remplacés; les préfets saluaient plus M. de Montalivet que l'abbé de Montesquiou; les Bourbons s'étaient couchés dans le lit des Bonaparte, sans rien y changer; on avait voulu orner la tête de l'aigle d'une fleur de lis, et l'aigle l'avait brisée de ses serres. En général, il y avait chez les Bourbons et chez leurs partisans un sentiment tellement intime de leurs droits, une manière de se poser en roi comme tellement inhérente à la France, qu'ils s'en croyaient inséparables; pour eux, la Restauration était à tout jamais accomplie, et Louis XVIII tellement solide sur son trône, qu'une ordonnance suffirait pour pulvériser Bonaparte et ses partisans. Ainsi va toujours la crédulité dans les gouvernements à traditions et à préjugés historiques; ils ne voient pas que le temps marche autour d'eux et les mine activement, jusqu'au jour où les partis en finissent par un coup terrible.

L'homme évidemment le plus fort de tous ces ministres était M. de Talleyrand; mais, depuis le mois de septembre, il avait quitté Paris pour se rendre auprès des souverains à Vienne ; là, devaient être discutés les grands intérêts de l'Europe, et le rôle réservé à la France dans le partage des conquêtes arrachées à l'Empire.

CHAPITRE IV.

PREMIÈRE PÉRIODE DU CONGRÈS DE VIENNE.

Position diplomatique que le traité de Paris fait à la France. — Fixation d'un congrès à Vienne. — Admission des plénipotentiaires français. — Rapprochement avec l'Angleterre. — Dessein envers la Saxe. — Tentatives pour reconstruire le Pacte de Famille. — Question espagnole. — Question napolitaine. — Question de la Saxe. — De la Pologne. — Mécontentement de la Prusse et de la Russie. — Rapprochement de la France avec l'Autriche et l'Angleterre. — Efforts de M. de Talleyrand pour détruire le traité de Chaumont. — Projet d'alliance éventuelle entre les trois puissances. — Nécessité d'éloigner Bonaparte. — Démarches de M. de Talleyrand. — Mécontentement de l'Empereur Alexandre. — Ses intimités avec Eugène de Beauharnais. — Mémoire pour une révolution de 1688. — Situation du congrès à la fin de 1814. — Triple alliance de la France, l'Autriche et de l'Allemagne contre la Russie et la Prusse.

Septembre 1814 à Février 1815.

Le traité conclu à Paris le 30 mai 1814 donnait à la France les limites de la monarchie de 1792, avec quelques districts en plus sur les frontières du Nord et de l'Est; ce traité était un progrès dans la triste position diplomatique que la chute fatale de l'Empire avait faite à la France. Le cabinet de Paris avait même insisté pour effacer la condition impérative d'une réorganisation de l'Europe opérée en dehors de toute influence française;

Louis XVIII n'avait point adhéré à cette clause, dictée par l'esprit réactionnaire contre Napoléon. Puisqu'un congrès était fixé à Vienne, M. de Talleyrand se proposait bien, en y prenant une position mesurée, de conquérir l'autorité morale qui à toutes les époques appartient à la France, lorsqu'elle est organisée sous un gouvernement fort et régulier[1].

L'idée d'un congrès plaisait aux souverains et aux ministres secrétaires d'État; ces solennités diplomatiques faisaient briller les plus grands talents, les caractères habiles; quelles seraient les formes de ce congrès et la représentation de chaque puissance? L'histoire des congrès était ancienne: à Munster, les plénipotentiaires avaient agi séparément, et n'avaient point eu de séances communes; tout était passé par les mains des deux médiateurs, Contarini et Chigi, qui, recevant les notes de chaque cabinet, proposaient des avis conciliatoires, sans comités ni commissions; à Osnabruck, il n'y eut pas même de médiateur, mais quelques conférences partielles et une transmission fréquente de notes longuement discutées. Les congrès de Munster et d'Osnabruck, ouverts en 1645, ne furent terminés qu'en 1648, par la paix de Westphalie[2]. Au congrès de Nimègue, en 1675, chaque puissance traita de ses intérêts séparément, il n'y eut point d'assem-

---

[1] Les instructions données aux plénipotentiaires français étaient basées sur ce principe : « que la conquête ne donne point de droits, si elle n'est pas confirmée par un traité de cession. » Elles établissaient une distinction entre les territoires conquis pendant la guerre et ceux envahis dans la paix, ainsi qu'entre les territoires cédés et non cédés. Elles s'opposaient à ce que la Pologne entière passât dans les mains de la Russie, et toute la Saxe dans celles de la Prusse. Elles prescrivaient de poursuivre la réintégration de Ferdinand IV à Naples, comme de défendre les droits de l'infant de Parme. Les plénipotentiaires français devaient s'élever contre la cession des îles Ioniennes à l'Angleterre, et proposer Corfou pour l'ordre de Saint-Jean de Jérusalem. Ils devaient empêcher que le trône de Sardaigne pût échoir à un archiduc, et réclamer une garantie générale en faveur de l'empire Ottoman.

[2] Voyez *Richelieu, Mazarin et la Fronde*, tome VI.

blée générale ; le pape et le roi d'Angleterre servirent de médiateurs. A Ryswick, en 1697, la Suède exerça la médiation auprès des plénipotentiaires de la France, de l'Angleterre, de l'Espagne, des Provinces-Unies et de l'empire germanique ; puis lassés d'incessantes lenteurs, les plénipotentiaires français et anglais concertèrent entre eux les articles de la paix. Plus tard le congrès d'Utrecht s'ouvrit par des conférences entre les plénipotentiaires de France, d'Angleterre, des Provinces-Unies et de Savoie. Ceux de l'empereur, de l'Empire, du Portugal et de la Prusse n'intervinrent que postérieurement, et par notes. Le concert intime de la France et de la Grande-Bretagne amena la signature du traité d'Utrecht [1]. A Aix-la-Chapelle, en 1747, les plénipotentiaires de France et d'Angleterre décidèrent pareillement toutes les questions importantes en dehors des envoyés autrichiens et espagnols, qu'on évitait de consulter. Au congrès de Teschen, en 1779, la France et la Russie intervinrent comme médiatrices entre l'Autriche, la Prusse et la Bavière, et le plus souvent par notes. Au congrès de Rastadt, de 1798, on traita par écrit et on s'assembla à peine deux ou trois fois. Au congrès d'Amiens, où devaient se trouver la France, l'Angleterre, l'Espagne, la Porte Ottomane et leurs alliés, le premier Consul éloigna toutes les puissances de second ordre, et ne négocia qu'avec la cour de Londres. L'Espagne y parut bien un moment, mais elle ne compta que pour ratifier le traité [2].

Depuis, on s'était revu pour la forme à Prague, à Châtillon. En 1814, les cabinets s'entendirent parfai-

---

[1] Voyez mon *Louis XIV*, tome VI.
[2] Voir *L'Europe pendant le Consulat*, tome IV.

tement pour des conférences diplomatiques fixées à Vienne; l'époque en avait été déterminée pour les premiers jours de septembre, et les plénipotentiaires s'y rendirent avec un empressement marqué; après une si longue guerre, il s'agissait de décider les plus vastes intérêts diplomatiques, et de rétablir la balance européenne en partageant les débris de l'Empire français. M. de Talleyrand, signataire du traité de Paris, avait dû étudier la position de chaque puissance, afin de s'assurer une place convenable dans ces négociations, toutes postérieures aux clauses récemment arrêtées à Paris. Le traité de Chaumont lui parut la base principale des liens politiques et militaires qui unissaient les quatre grandes têtes de la coalition l'Angleterre, la Russie, l'Autriche et la Prusse.

Ce traité de Chaumont, valable pour vingt ans, pouvait toujours être opposé à M. de Talleyrand, afin de l'exclure de toute négociation en dehors du traité de Paris. On se rappelle que dans les conférences secrètes il avait même été convenu que le partage des terres conquises se ferait indépendamment de l'influence française. D'après les publicistes étrangers, « la France, qui avait son lot bien fixé, devait se tenir contente et satisfaite; les autres partages se feraient librement et sans elle. » Cette dure loi, se résignerait-on à la subir? En touchant de près ce traité de Chaumont, M. de Talleyrand vit bien que, né des circonstances, il devait s'éteindre et s'effacer avec elles; une fois l'empire de Napoléon détruit, chaque puissance pour le partage des conquêtes revenait à son intérêt naturel; et dès lors, des motifs de division devaient naître entre elles; or la France, en prenant un parti pour l'une des puissances en jeu, trouverait naturellement une indemnité, et en tous les cas une position diplomatique en rapport avec sa force morale et matérielle [1].

La pensée qui poussa M. de Talleyrand à se rendre à Vienne avec tant d'insistance, fut de faire rentrer la France, restaurée par le gouvernement des Bourbons, dans la grande famille européenne; de briser l'alliance intime et momentanée que le traité de Chaumont avait établie entre la Russie, l'Angleterre, l'Autriche et la Prusse; de manière à ce que, rendue à son importance, la France pût agir pour le mieux de ses intérêts. M. de Talleyrand était trop habile pour ne pas savoir que la plus triste position d'un cabinet, c'est de ne plus trouver autour de lui des alliances pour le soutenir, et des voix pour appuyer sa politique. De tous les hommes que M. de Talleyrand choisit pour le suivre à Vienne, M. de La Besnardière fut le seul peut-être qui fût parfaitement initié à ses plans; ni M. de Noailles, ni M. de La Tour du Pin, ni même le duc de Dalberg, ne furent appelés à la rédaction des notes destinées à soutenir le système conçu par M. de Talleyrand. Ils devaient seulement s'occuper des questions de détail; l'un prit la Suisse, l'autre l'Allemagne; à lui seul il réserva la grande diplomatie.

Vienne, dès le mois d'octobre, avait vu se réunir les souverains de l'Europe, les ministres, et tout ce que la société diplomatique avait de plus élégant et de plus

---

[1] « M. de Talleyrand fit observer : « que le consentement promis par la France à ces arrangements ne devait s'entendre que de faits positifs et non d'événements éventuels, et que tout ce qui n'était pas convenu et arrêté entre tous les alliés n'était pas censé exister ; qu'en conséquence, en sa qualité de premier plénipotentiaire français, il se réservait le droit de concourir à tout ce qui n'avait pas été réglé définitivement entre tous les alliés. »

Le prince de Talleyrand faisait remarquer encore : « que la dénomination d'alliés était tombée par le seul fait de la paix, et devenait même injurieuse au roi; qu'il n'existait à ses yeux qu'un congrès général auquel toutes les puissances étaient appelées à concourir, et que sa propre responsabi-

élevé; des femmes alors d'une haute célébrité, des artistes, mêlés et confondus avec les têtes couronnées; la saison des eaux si attrayante était finie, et on se rendait à Vienne, la ville des plaisirs, pour y passer un ravissant hiver. Les souverains se témoignaient la plus intime cordialité, ils s'y pressaient la main, et pourtant des questions sérieuses allaient s'agiter entre eux; le soir, les plaisirs et les bruyantes distractions; le matin, les affaires. Le congrès s'était réuni sous la présidence du prince de Metternich; on devait cette déférence à l'Autriche et au ministre qui avait si habilement conduit les affaires de l'Europe. L'empereur Alexandre était comme le roi du congrès, sa popularité l'y avait suivi; sa grâce et sa politesse parfaite avec les femmes, cette espèce d'esprit chevaleresque qui cachait la politique sous les dehors de la candeur, lui donnaient une haute popularité à Vienne.

François II, si modeste dans ses manières et dans ses habitudes, était effacé au milieu de sa capitale; la brillante impératrice d'Autriche recevait les souverains avec cette noble aisance qui la distinguait. Frédéric-Guillaume, le roi de Prusse, n'avait point quitté le noir dont il était revêtu depuis la mort de la reine Louise; il ne pensait qu'à cette chaste et poétique épouse, et son front n'avait cessé de se montrer triste et soucieux depuis ce fatal événement. A Vienne, toute l'Allemagne était venue, les mille princes de la Confédération du Rhin, les ambassadeurs,

---

lité lui interdisait de reconnaître la dénomination d'alliés que voulaient continuer à prendre les cours de Vienne, de Londres, de Saint-Pétersbourg et de Berlin. » A ces représentations, il fut répondu : « que l'alliance de Chaumont du 1er mars 1814, avait pour but (article 5), même après la conclusion de la paix avec la France, d'assurer le maintien; et qu'ainsi cette alliance n'était point incompatible avec la dignité de son souverain, qu'elle tendait bien plutôt à affermir qu'une alliance n'était point hostile de sa nature, à moins qu'elle ne fût offensive, et explicitement dirigée contre une puissance.»

les hommes d'État; on ne voyait que costumes brillants dans les carrousels, dans les fêtes de cour, et le spirituel prince de Ligne put dire : « Le congrès danse et ne marche pas [1]. »

Il marchait cependant, le congrès, et dès le début des conférences, M. de Talleyrand s'aperçut qu'il avait parfaitement compris la première, la plus fondamentale des objections; on lui opposa en effet : « qu'il n'avait point à intervenir dans la question générale du partage des terres conquises, affaire particulière des cabinets qui avaient signé le traité de Chaumont. » De cette manière, les puissances voulaient exclure la France des délibérations principales du congrès et des questions qui tenaient à la réorganisation de l'Europe; le cabinet de Paris n'aurait donc plus qu'un rôle secondaire dans les conférences et les protocoles du congrès. Tous les soins de M. de Talleyrand tendirent alors à changer une position si précaire; dans une succession de notes rédigées par M. de La Besnardière, il exposa : « que les précautions prises par les traités secrets et publics conclus entre les alliés ne devaient plus s'appliquer à l'heureux état de choses rétabli par la maison de Bourbon. Il n'y avait d'alliés que lorsqu'il existait un état de guerre; la paix faite, chaque puissance reprenait son indépendance et sa primitive

---

[1] C'est au sujet de ces bals que le prince de Ligne qui, à 79 ans, n'en manquait pas un, dit : « Le congrès danse et ne marche pas. » Cette saillie n'était pas fondée, car le congrès marchait. Les travaux des commissions s'avançaient, et on négociait sur les distributions de territoires; mais il fallait bien que la cour de Vienne amusât cette multitude d'étrangers et d'oisifs des deux sexes, accourus de toute l'Europe pour voir le congrès; or, cette classe qui, en effet, dansait beaucoup, n'était pas le congrès.

Le prince de Ligne mourut le 13 janvier 1815, âgé de 80 ans. Dans son testament écrit sur papier couleur de rose, il avait choisi sa sépulture sur le Kallemberg, colline à quelques lieues de Vienne, où il fut porté sur les bras des grenadiers autrichiens.

nationalité. Or, dans tous les congrès, depuis le xvie siècle, la France avait tenu sa place ; pourquoi la lui refuser aujourd'hui [1] ? En résumé, le traité de Chaumont s'appliquait à Bonaparte et non point aux Bourbons. »

Cette note de M. de Talleyrand, laissée d'abord sans réponse, trouva quelque appui parmi les grands cabinets eux-mêmes. Lord Castlereagh se rangea de l'avis de la France ; l'Angleterre avait besoin d'un contrepoids pour lutter contre l'influence absorbante de la Russie ; elle vit donc les plénipotentiaires français admis avec plaisir dans les conférences générales. Cette même considération détermina le prince de Metternich à désirer le contrepoids de la France pour balancer l'influence absorbante de l'empereur Alexandre. Lord Castlereagh et M. de Metternich raisonnèrent exactement leur situation : « la France est une puissance qu'on ne peut laisser en dehors ; elle serait d'une grande importance dans la solution des difficultés qui allaient surgir au congrès ; la politique commune de l'Autriche, de l'Angleterre et de la France pourrait être opposée à la Russie et à la Prusse, désormais unies. » On partit d'autres bases ; au lieu de prendre pour point de départ le traité de Chaumont, on reconnut les signataires du

---

[1] *Extrait d'une note de M. de Talleyrand en date du 19 décembre 1814 à M. de Metternich.*

« La France n'a apporté au congrès aucune vue d'ambition ou d'intérêt personnel. Replacée dans ses antiques limites, elle ne songea plus à les étendre, semblable à la mer qui ne franchit les rivages que quand elle a été soulevée par les tempêtes. Ses armées, chargées de gloire, n'aspirent plus à de nouvelles conquêtes. Délivrée de cette oppression dont elle avait été bien moins l'instrument que la victime ; heureuse d'avoir recouvré ses princes légitimes, et avec eux le repos qu'elle pouvait craindre d'avoir perdu pour toujours, elle n'avait point de réclamations à faire, point de prétentions qu'elle voulût former. Elle n'en a élevé, elle n'en élèvera aucune ; mais il lui restait à désirer que l'œuvre de la restauration s'accomplît pour toute l'Europe, comme pour elle ; que partout et pour jamais l'esprit de révolution cessât. »

traité de Paris comme tous également admissibles au congrès. Dès lors, il fut définitivement arrêté que le comité dirigeant serait composé des puissances qui avaient signé le traité du 30 mai 1814, c'est-à-dire, de l'Autriche, de l'Espagne, de la France, de la Grande-Bretagne, du Portugal, de la Prusse, de la Russie et de la Suède; ce fut une victoire réelle que remporta M. de Talleyrand, car il fit sortir la France de l'isolement auquel le traité de Chaumont l'avait condamnée; elle reprit sa place dans la famille européenne, et c'est le but que doit toujours se proposer sa diplomatie, car, seule, elle ne peut rien; elle se réduit à un état violent de négation.

Une fois cette position bien faite et cette résolution prise, le plénipotentiaire français marche avec plus de hardiesse; il s'est placé au milieu des cabinets, sa tâche habile est maintenant de les diviser; il a compris le fort et le faible de chacun, les intérêts qui les séparent: si la Prusse a pu se rattacher à la Russie, l'Autriche et l'Angleterre ont intérêt à s'en éloigner; la France a des forces considérables, une marine, des troupes, des finances; elle peut les offrir à qui lui fera de meilleures conditions. Plusieurs questions se présentent au congrès sur lesquelles les grandes puissances ne sont point d'accord; la Russie demande la reconstitution d'un royaume de Pologne sous sa propre suzeraineté, point sur lequel elle n'est en harmonie ni avec l'Angleterre, ni avec l'Autriche. M. de Talleyrand, sans hésiter, se décide pour l'idée anglaise et autrichienne, en opposition avec l'empereur de Russie [1], qu'il a pourtant si bien accueilli à Paris; la Prusse, d'un autre côté, en échange du bon

---

[1] Alexandre ayant invité le prince de Talleyrand à un entretien, fut surpris de ne

concours qu'elle prête à la Russie pour la Pologne, s'est emparée de toute la Saxe; sur ce point, elle se trouve en opposition avec l'Autriche; et M. de Talleyrand, qui veut reconstituer une sorte de protectorat de la France sur les états secondaires de l'Allemagne, comme à l'époque du cardinal Richelieu, prend le parti du roi de Saxe, et, en cela, il se rapproche de M. de Metternich qui n'aime point à voir la Prusse s'étendre jusqu'aux montagnes de la Bohême[1].

Par le fait donc de ces premières démarches, la coalition est moralement dissoute; il se forme de nouveaux intérêts, des alliances en opposition avec le traité de Chaumont; la légation française est parvenue à briser les clauses d'un traité qui formait le droit public des quatre

---

[1] *Extrait d'une note de M. de Metternich, en date du 22 octobre 1814, à M. de Hardenberg.*

« L'adhésion que vient de donner le gouvernement britannique aux vues de la Prusse sur la Saxe, et l'intérêt que la Russie met à cette réunion, ne sauraient diminuer les regrets de S. M. I. Elle désire vivement que le roi veuille apprécier dans sa sagesse la somme des inconvénients qui découlent de la réunion totale du royaume de Saxe à sa monarchie, et qu'il la compare au nombre de ceux que ferait-éviter à la Prusse et à l'Autriche la conservation d'une partie de ce royaume avoisinant la frontière de la Bohême. »

Le prince de Metternich se résumait en exprimant : 1° le vœu de sa cour pour une entière réunion de vues et d'intérêts avec la Prusse, et celui d'un appui réciproque et d'une conformité absolue de marche des deux cours dans la question de la Pologne; 2° en déclarant que l'empereur, son maître, faisait dépendre son assentiment à l'incorporation du royaume de Saxe, des réserves sus-mentionnées; en invitant S. M. Prussienne, de la manière la plus pressante, à prendre en considération si elle n'atteindrait pas le but qu'elle se proposait de compléter ces dimensions, en conservant un noyau de ce royaume, et en se dispensant de cette manière d'assigner un lot au roi de Saxe, par forme d'indemnité. 3° L'empereur d'Autriche insistait fortement pour que la ligne du Mein servît de défense à l'Allemagne: et, réunissant les questions en un seul et même corps de négociations, il liait ses promesses concernant la Saxe à

plus retrouver les mêmes sentiments, et d'éprouver une résistance qu'il avait moins de moyens de vaincre : il se crut joué, témoigna son mécontentement, et dit : « qu'il aurait compté sur plus de reconnaissance de la part de la France. » Dès lors sa fierté et sa délicatesse blessées se manifestèrent par des procédés et un langage sévères. On le vit s'attacher à contrarier la légation française, et même à la tenir à l'écart. Il fut insinué aux Russes de ne point paraître chez le premier plénipotentiaire français, et le monarque prussien, toujours dévoué à son ami, agit de même; ce qui produisit pendant plusieurs mois une mésintelligence sensible. »

puissances coalisées. Ainsi donc, sur un plan, se placent la Prusse et la Russie, intimement unies; sur l'autre, la France, l'Angleterre et l'Autriche, entraînant avec elles l'Espagne, le Portugal, et l'on pourrait presque dire la Suède : le comte de Lowenheim est indécis sur le parti qu'il doit prendre; Bernadotte est mécontent du peu d'appui qu'il a trouvé dans la coalition pour la conquête de la Norwége. Un comité formé de huit puissances discute avec une grande vivacité; des mémoires sont présentés de part et d'autre; des notes émanent de MM. de Talleyrand, de Metternich, de Hardenberg, de Nesselrode, et chacun persiste avec fermeté dans l'opinion qu'il a émise sur les lots du partage. Louis XVIII est très prononcé pour le roi de Saxe[1]; peu importe qu'il ait été le dernier fidèle à Napoléon, les

un engagement fondé sur la réciprocité. »
Extrait d'une réponse de M. de Metternich en date du 10 décembre 1814, à une note verbale de M. de Hardenberg du 2 décembre.

« L'Autriche ne nourrit aucune jalousie contre la Prusse : elle regarde au contraire cette puissance comme l'un des poids les plus utiles dans la balance des forces de l'Europe. De toutes ces puissances, c'est celle dont la position a le plus de conformité avec celle de l'Autriche. Placées également entre les grands empires de l'Est et de l'Ouest, la Prusse et l'Autriche complètent leur système de défense respective. Unies, les deux monarchies forment une barrière inexpugnable contre les entreprises de tout prince conquérant qui, de nouveau, occuperait peut-être un jour le trône de France ou celui de Russie. »
Extrait d'une note de lord Castlereagh en date du 11 octobre 1814, à M. de Hardenberg.

« Quant à la question de Saxe, je vous déclare que si l'incorporation de la totalité de ce pays dans la monarchie prussienne est nécessaire pour assurer un si grand bien à l'Europe, quelque peine que j'éprouve personnellement à l'idée de voir une aussi ancienne maison si profondément affligée, je ne saurais nourrir aucune répugnance morale ou politique contre la mesure elle-même.

« Si jamais un souverain s'est placé lui-même dans le cas de devoir être sacrifié à la tranquillité future de l'Europe, je crois que c'est le roi de Saxe, qui, par ses tergiversations perpétuelles, et parce qu'il a été non seulement le plus dévoué, mais aussi le plus favorisé des vassaux de Bonaparte, contribua de tout son pouvoir et avec empressement, en sa double qualité de chef d'états allemands et d'états polonais, à pousser l'envahissement jusque dans le cœur de la Russie. »

[1] « L'indépendance des couronnes, les droits de la légitimité, l'équilibre de l'Allemagne, les égards dus à un roi révéré par ses vertus, les liens de la parenté et une analogie d'infortune avaient paru à Louis XVIII de justes motifs de défendre la cause de Frédéric-Auguste; il avait même déclaré dans son conseil : « qu'il ne consentirait jamais à la cession entière de la

Bourbons n'ont-ils pas été malheureux eux-mêmes à cause de la fidélité à leur principe? Louis XVIII, le roi des traditions, le prince qui sait le mieux le passé, a souvenir que ses ancêtres protégèrent toujours les princes d'Allemagne, même les protestants; ordre est donné à M. de Talleyrand de soutenir d'une manière positive la cause du roi de Saxe et de ne l'abandonner en aucun cas [1].

Placée au milieu des cabinets, la France s'est proposé une autre mission; Louis XIV et Louis XV avaient accompli le pacte de famille, acte de la plus haute portée, qui donnait à la maison de Bourbon trois couronnes, la France, l'Espagne et Naples, intimement unies. M. de Talleyrand n'a pas d'inimitié contre Murat; il n'ignore pas que l'Autriche et l'Angleterre sont engagées envers lui, et il accepte les parvenus sur le trône. Mais, ministre d'un roi comme Louis XVIII, il sait bien que la politique ancienne de la maison de Bourbon doit nécessairement la reporter vers la reconstitution du pacte de famille : placer un membre de sa dynastie sur le trône de Naples et de Sicile, c'est la politique essentielle, naturelle de la France. M. de Talleyrand insiste donc dans quelques notes secrètes sur le rétablis-

---

Saxe, et laisserait à ses successeurs la tâche pénible de la sanctionner. »

[1] Le malheureux roi de Saxe protestait de toutes ses forces contre les violences de la Prusse.

Extrait d'une protestation de Frédéric-Auguste adressée au congrès le 4 novembre 1814.

« Nous serions infidèle à nos devoirs envers notre maison et notre peuple, si nous pouvions voir, sans former aucune réclamation, les nouvelles mesures que l'on se dispose à prendre contre notre pays, dans un moment où l'on devait en attendre l'entière restitution. La prise de possession provisoire de nos États de Saxe, projetée par la Prusse, nous oblige en conséquence de protester de la manière la plus solennelle, en faveur de nos droits sacrés, contre cette prise de possession. Nous le faisons par ces présentes munies de notre signature devant le congrès de Vienne, et à la face de toute l'Europe; et nous répétons publiquement la déclaration que nous avons déjà faite antérieurement vis-à-vis des monarques alliés, que jamais nous ne consentirons à la cession des États que nous avons hérités de nos ancêtres, ni à recevoir en échange aucun dédommagement, à quelque condition que ce soit. »

sement d'un prince de la maison de Bourbon à Naples : « que l'on donne une indemnité à Murat, sans lui laisser une couronne, sa royauté est un fatal exemple et un mauvais précédent [1]. »

La question de la souveraineté de Joachim présentait elle-même des complications considérables. Quand Murat avait quitté follement le parti de l'empereur Napoléon, en 1813, et s'était jeté dans l'alliance des grands cabinets, il avait signé avec l'Autriche et l'Angleterre un traité de garantie qui le reconnaissait avec sa légitime royauté de Naples. Le texte du traité était trop récent pour que l'on pût ouvertement le violer, car il engageait deux cours de premier ordre dans les conditions de maintenir sa couronne ; M. de Talleyrand trouvait donc un obstacle à ses desseins. Toutefois, l'on put s'entendre sur quelques chances d'avenir ; les rapports secrets qui arrivaient d'Italie annonçaient que Murat avait conçu le projet de rétablir l'unité dans la Péninsule, et, par les mouvements du carbonarisme, de se faire proclamer roi de toute la partie méridionale de l'Italie, au détriment du pape, du grand-duc de Toscane, et jusqu'à un certain point du Piémont. Un tel dessein était connu de l'Autriche,

---

[1] Note de M. de Talleyrand du 26 octobre 1814 à lord Castlereagh.

« Il m'a été enjoint de vous communiquer tout ce que l'ambassade de S. M. T. C. fera de son côté pour obtenir l'accomplissement des vœux communs de la France et de l'Angleterre dans une négociation où leurs intérêts étant les mêmes et se confondant avec l'intérêt de l'Europe, Sa Majesté a regardé comme impossible que leurs vœux ne fussent pas les mêmes. Pour être d'accord sur le moyen comme sur le but, il suffit que celui-ci soit clairement et distinctement marqué, puisqu'il devient évident qu'il n'y a pas deux moyens de l'atteindre.

« Les dynasties légitimes ont été rétablies ; mais l'une d'elles est menacée : la révolution n'est donc pas encore finie. Que faut-il pour qu'elle finisse ? Que le principe de la légitimité triomphe sans restriction ; que le roi et le royaume de Saxe soient conservés, et que le royaume de Naples soit rendu au légitime souverain. Sans cela, la révolution subsisterait ; la lutte ne serait pas terminée. Le traité de Paris et les

et elle y voyait la rupture possible des engagements pris en 1815 envers Joachim. Si elle ne pouvait pas agir directement contre lui tant qu'il serait paisible, elle saisirait le premier prétexte, la première occasion de mettre un terme à cette royauté éphémère. La correspondance de Louis XVIII et de M. de Talleyrand sur ce point était continuelle; le roi de France insistait spécialement pour la restauration de la maison royale de Bourbon à Naples; ses scrupules de légitimité allèrent si loin qu'avant de reconnaître Ferdinand VII comme roi des Espagnes, Louis XVIII écrivit directement à Charles IV pour savoir si son abdication était libre et absolue[1].

Ensuite, en supposant le maintien des traités, le congrès ne pouvait empêcher les princes de la maison de Bourbon, Louis XVIII et Ferdinand VII d'Espagne, de faire la guerre à Murat, au nom de leur maison, pour rétablir leur cousin sur le trône. C'était le droit naturel, inhérent à toute monarchie indépendante, et cette guerre pourrait avoir pour résultat le renversement de la dynastie de Murat. Les liens intimes commençaient à rapprocher de la France l'Autriche et l'Angleterre dans toutes les négociations d'une haute importance; on pourrait donc faire cette concession à Louis XVIII. Tout le monde savait les intrigues de Murat dans l'Italie méridionale, et un grief plus grand encore, ses rapports journaliers avec l'île d'Elbe et

travaux du congrès n'auraient fait que la suspendre. Il y aurait une trêve, mais point de paix véritable. »

[1] Louis XVIII, avant de traiter avec Ferdinand VII, s'était confidentiellement adressé à Charles IV pour savoir s'il considérait son abdication d'Aranjuez comme un article irrévocable. Sur sa réponse affirmative, le prince de Talleyrand et don Pedro Gomez de Labrador signèrent, le 20 juillet 1814, pour les deux États, un traité de liquidation où le roi d'Espagne accédait à celui du 30 mai.

l'empereur Napoléon ; c'était là un des points les plus inquiétants pour la France, sur lesquels M. de Talleyrand appela plus d'une fois l'attention du congrès, car à l'île d'Elbe germaient de nouvelles causes de désordres.

Il faut se rappeler que le traité de Fontainebleau assurait la libre possession de l'île d'Elbe à l'empereur Napoléon, qui conservait à Porto-Ferrajo la plénitude de sa principauté; petit souverain, mais indépendant, il pouvait faire dans ses états les mêmes actes qu'un grand prince dans les siens. Le traité de Fontainebleau était surtout l'œuvre de l'empereur Alexandre, un acte de loyauté envers son ancien ami de Tilsitt et d'Erfurth ; il était ratifié par le gouvernement provisoire de France au nom de Louis XVIII. Et cependant, vers le milieu de 1814, on commençait à s'inquiéter à Paris, à Vienne, de la présence si rapprochée de l'empereur Napoléon[1] ; on savait la hardiesse de ses desseins, la rapidité de son exécution ; d'une enjambée il pouvait être en France. La première pensée d'éloigner Bonaparte de l'île d'Elbe pour lui choisir une position moins imprudente vint de Fouché ; comme il n'avait pu se mêler aux actes de déchéance contre Napoléon, Fouché avait voulu se rendre utile à la Restauration ; et ce même ministre qui avait toujours conseillé de se débarrasser de Bonaparte d'une manière quelconque, même violente, avait suggéré l'idée, dans

[1] « Les principales puissances ne commencèrent à raisonner sur la translation de Bonaparte dans un autre hémisphère, que lorsque les arrangements majeurs eurent été arrêtés, et que les plaintes des souverains d'Italie, notamment du grand duc de Toscane, sur le voisinage de Bonaparte, se furent accumulées. C'est alors que le plénipotentiaire portugais, Palmella, offrit l'une des Açores, pour lieu de réclusion de Bonaparte, et que l'Angleterre proposa Sainte-Lucie ou Sainte-Hélène ; mais l'aveu de leurs cours et le transport de ce personnage dans l'une de ces îles, emportaient d'indispensables délais. »

(*Extrait du Congrès de Vienne.*)

un mémoire secret au roi, de demander : « que Bonaparte fût relégué dans un lieu plus éloigné, en Amérique ou dans l'Inde. » Et comme il faisait presque toujours la double main, il écrivit directement à Bonaparte pour le conjurer de prévenir, par un acte de sa volonté, les résolutions que les puissances prendraient tôt ou tard contre lui : il l'invitait à choisir un exil aux États-Unis d'Amérique, car à l'île d'Elbe, sa position était menaçante et ridicule [1].

Ces mêmes idées, M. de Talleyrand les développa dans plusieurs mémoires qu'il communiqua au congrès de Vienne ; traçant un tableau parfaitement fait des malheurs que l'Europe devait à Bonaparte, la note démontrait avec une grande sagacité « qu'il n'y avait stabilité pour personne, aucune garantie d'avenir pour des stipulations générales, tant que Bonaparte serait à vingt lieues des côtes d'Italie ou de France. » De tels arguments devaient être parfaitement compris du prince de Metternich et de lord Castlereagh, alors que se développaient les intrigues de Murat ; et la parole de M. de Talleyrand

---

[1] *Extrait d'une lettre de Fouché à Napoléon (juin 1814).*

« Vous acceptez comme retraite l'île d'Elbe et sa souveraineté... La situation de cette île ne vous convient pas, et le titre de souverain de quelques acres de terre convient encore moins à celui qui a possédé un empire immense. L'île d'Elbe est à très peu de distance de la Grèce et de l'Espagne ; elle touche presque aux côtes de l'Italie et de la France. De cette île, la mer, les vents et une petite felouque peuvent vous amener subitement dans les pays les plus exposés à l'agitation, aux événements et aux révolutions. La stabilité n'existe encore nulle part. Dans cet état de mobilité des nations, un génie comme le vôtre peut toujours exciter de l'inquiétude et des soupçons parmi les puissances européennes. Sans être criminel, vous pouvez être accusé ; sans être criminel, vous pouvez aussi faire du mal... Les titres que vous conservez en rappelant à chaque instant ce que vous avez perdu, ne peuvent servir qu'à augmenter l'amertume de vos regrets ; ils ne paraîtront pas des débris, mais une vaine représentation de tant de grandeurs qui se sont évanouies ; je dis plus, sans vous honorer, ils vous exposent à des plus grands dangers : on dira que vous ne gardez vos titres que parce que vous conservez toutes vos prétentions... Il serait plus glorieux et plus consolant pour vous de vivre comme un simple par-

devait avoir d'autant plus d'importance, qu'il s'exprimait ainsi au moment où les pourparlers se continuaient entre les trois puissances, la France, l'Autriche et l'Angleterre, afin d'éviter l'envahissement de la Pologne par la Russie et de la Saxe par la Prusse.

Les liens les plus intimes rapprochaient M. de Talleyrand du prince de Metternich et de lord Castlereagh ; car, jamais peut-être Alexandre ou Frédéric-Guillaume ne s'étaient exprimés avec plus de netteté sur la volonté expresse de garder leurs conquêtes. Toute l'armée russe était concentrée en Pologne, sous les ordres du grand-duc Constantin, qui invoquait les souvenirs de l'ancienne race de Sobieski, pour rattacher cette nationalité à la Russie[1]. Et quant à la Prusse, M. de Hardenberg avait déclaré « qu'elle ne rendrait pas la Saxe; ce qu'elle avait conquis, elle le gardait, sans volonté ni idée de restitution » ; et pour soutenir sa diplomatie, le cabinet de Berlin armait ses contingents, comme si la guerre était imminente; c'est ce qui força l'Autriche elle-même, et l'Angleterre, à maintenir leurs armées sur le pied de guerre. La France fut invitée à ne point désarmer complétement ; tous les

---

ticulier, et à présent l'asile le plus sûr et le plus convenable pour un homme comme vous est dans les États-Unis de l'Amérique. Là, vous recommencerez votre existence au milieu d'un peuple encore neuf, qui saura admirer votre génie sans le craindre. Vous prouverez aux Américains que, si vous étiez né parmi eux, vous auriez pensé et voté comme eux, et que vous auriez préféré leurs vertus et leur liberté à toutes les dominations de la terre. »

[1] Le grand-duc Constantin, qui avait quitté Vienne le 9 novembre, disait aux Polonais, dans une proclamation du 11 décembre : « L'Empereur, votre puissant protecteur, vous fait un appel. Réunissez-vous autour de vos drapeaux. Que votre bras s'arme pour la défense de votre patrie et la conservation de votre existence publique. » Le comte de Nesselrode déclara que 8,000,000 de Polonais étaient résolus de défendre l'indépendance de leur pays.

Lord Castlereagh adressa à l'empereur Alexandre, plusieurs mémoires dans lesquels : « il s'opposait itérativement et avec force, au nom de sa cour, à l'érection d'un royaume de Pologne qui fût uni, et qui fît partie de la couronne impériale de Russie; le désir de sa cour étant de voir une puissance indépendante, plus ou moins considérable en étendue, établie en Pologne sous une dynastie distincte, et comme un état intermédiaire entre les trois grandes monarchies. »

cabinets semblaient prévoir qu'un nouveau choc pouvait avoir lieu; on s'était réuni pour préparer la chute de Bonaparte, on se divisait pour le partage des domaines du grand Empereur.

Le Czar Alexandre se montra profondément irrité de cette conduite de la maison de Bourbon envers la Russie ; il croyait avoir contribué à remettre cette antique maison sur le trône; il n'avait rien oublié de ce qui s'était passé à Paris après le retour du roi ; il avait trouvé quelques singularités et une fierté presque offensante dans la tenue de Louis XVIII, qui prenait le pas sur le Czar aux Tuileries. Plus tard, il l'avait fait sonder par le comte Pozzo-di-Borgo sur une alliance de famille avec le duc de Berry, et on lui avait rapporté quelques mots blessants de Louis XVIII sur l'origine de la maison Romanoff. Maintenant, à Vienne, il trouvait encore en opposition à ses desseins ce cabinet de Paris, qui à peine restauré se faisait le protecteur de la Saxe [1], et l'allié intime de l'Angleterre et de l'Autriche, hostiles au système russe sur la Pologne. A plusieurs reprises, le Czar Alexandre montra sa mauvaise humeur à M. de Talleyrand, et le ministre de France la supporta avec beaucoup de dignité; toutes les démonstrations extérieures du Czar furent dirigées contre Louis XVIII et la Restauration. Eugène de Beauharnais était venu à Vienne

---

[1] La France était extrêmement portée pour l'indépendance absolue de la Pologne; mais elle désirait avec encore plus de chaleur l'intégrité de la Saxe, ou au moins le maintien de Frédéric-Auguste dans la majeure partie de ses états.

« S. M. T. C., invariablement décidée à ne pas sanctionner, même par son silence, l'exécution des projets formés contre le roi et le royaume de Saxe, mais aimant à croire que ces projets sont le fruit de quelque erreur ou illusion, qu'un examen plus attentif fera disparaître. »

(Extrait d'une note de M. de Talleyrand du 19 décembre à M. de Metternich.)

Les défenseurs du roi Frédéric-Auguste disaient : « que le roi de Saxe avait été violemment entraîné par Napoléon, et qu'il serait aussi injuste que cruel de lui faire supporter à lui seul tout le poids de la vengeance de l'Europe ; qu'il était assez puni par la perte du duché de Varsovie,

pour quelques réclamations de famille, Alexandre le traita avec une affection paternelle; la légation française ne le vit pas, le Czar au contraire se montra publiquement avec lui dans les promenades; il vint le visiter avec un soin et une sollicitude particulière. Loin de prendre intérêt aux Bourbons de Naples, Alexandre parla sans cesse de l'exécution du traité avec Murat; quand vint la question d'éloigner Bonaparte, lord Castlereagh proposa l'île Sainte-Hélène ou les Açores; Alexandre dit : « qu'il avait signé le traité de Fontainebleau; que lui, empereur, n'avait qu'une parole et qu'il ne voulait pas la violer. Tant pis pour la France, si elle ne tenait pas ses engagements. »

La froideur fut si grande entre la légation de France et Alexandre, qu'on ne fit plus que les visites d'apparat; à Vienne l'empereur de Russie fut comme le pivot de tous les mécontents contre les Bourbons; il recevait continuellement des mémoires de Paris; comme il avait été en rapport avec le Sénat, et que plusieurs de ses membres se montraient fort irrités de la conduite de Louis XVIII, Alexandre alla jusqu'à se demander si le gouvernement de la branche aînée des Bourbons pouvait convenir à la France; comme il avait des griefs personnels contre Louis XVIII, il accueillit avec une satisfaction marquée le parti qui parlait de la possibilité d'une régence ou même d'une révolution de 1688. Il est un fait, maintenant tombé dans le domaine de l'histoire, c'est que dans la première période du congrès

---

comme par une détention d'un an; et que du reste, il n'avait pas plus de torts que plusieurs autres rois et princes de la confédération du Rhin; que le royaume de Saxe, placé entre la Prusse et l'Autriche, arrêtait leur choc, et entrait indispensablement dans l'équilibre de l'Allemagne; qu'enfin, dans un moment où l'on revenait aux principes, on foulait aux pieds, dans la personne du roi de Saxe, le plus essentiel de tous, celui de la légitimité. »

de Vienne, le nom de M. le duc d'Orléans fut prononcé avec celui d'Eugène ou de Bernadotte, et qu'un mémoire remis par l'empereur Alexandre examinait si la branche aînée pouvait assurer la sécurité de l'Europe et le repos de la France. Ce mémoire fut longtemps dans la possession du duc de Richelieu, et confié à un des portefeuilles secrets [1]; M. de Talleyrand en envoya copie à Louis XVIII pour le déterminer à prendre parti pour la triple alliance qu'il préparait alors contre les prétentions de la Russie et de la Prusse.

Ce projet de la France, de l'Angleterre et de l'Autriche, qui d'abord n'avait été qu'un résumé de pourparlers vagues, prit sur la fin de 1814 beaucoup plus de consistance. Les points devinrent plus fixes, les résolutions plus claires; on savait que la Russie augmentait son armée de Pologne: chacune des trois puissances, la France, l'Autriche et l'Angleterre, durent également grandir leurs contingents; il n'y avait point de rupture complète, mais on voulait créer une situation armée pour traiter avec plus de force et obtenir des résultats plus positifs dans le congrès. La correspondance de M. de Talleyrand avec le roi Louis XVIII prévoit la possibilité d'une guerre, et le maréchal Soult reçut l'avis formel de se préparer à toutes les éventualités [1]. Les trois puissances examinent dans un projet de traité « le cas possible d'une collision avec Murat en Italie, et dans cette hypo-

---

[1] Ce que le noble duc de Richelieu appelait son portefeuille de famille.

[2] Le prince de Talleyrand avait écrit à Louis XVIII : « Que, d'après l'agitation qui régnait en Italie, il conviendrait qu'un corps de 30,000 hommes fût réuni entre Lyon et Chambéry pour être prêt à agir, mais que le mouvement devait se faire avec le moins d'éclat possible, afin de ne pas donner d'ombrage à l'Autriche et au roi de Sardaigne. » En même temps, le général Ricard, qui était venu à Vienne peu avant la signature du traité d'alliance du 3 février 1815, avait écrit, le 23 février, par ordre du prince de Talleyrand, au ministre de la guerre, Soult, « que de nouveaux aperçus

thèse, elles se trouveront dégagées des engagements pris avec Joachim. » M. de Talleyrand prête des arguments à l'acte de déchéance destiné à punir Murat des troubles qu'il apporte à la paix de l'Italie et de l'Europe; il communique à lord Castlereagh ses correspondances de 1813 et de 1814 avec Napoléon, précieux autographes; M. de Blacas en fournit des copies; quelques-unes même, dit-on, furent altérées pour justifier plus tard la résolution inflexible des puissances contre Murat. Dans tous les cas, il n'était pas difficile d'entraîner à quelques démarches imprudentes un esprit aussi hardi, aussi belliqueux, que celui de Joachim; plein d'impatience, il demandait au congrès la permission de traverser l'Italie pour arriver sur les Alpes et menacer la maison de Bourbon. Le congrès ne répondit pas aux notes napolitaines; il semblait rester en suspens dans la querelle qui se préparait entre la maison de Bourbon et les Bonaparte. Toutes les armées étaient sur pied, et on était bien certain que le moindre mouvement hostile serait chaudement réprimé par cette immense réunion de forces.

Au congrès de Vienne, les membres de la famille Bonaparte furent froidement traités par tous, excepté par l'empereur Alexandre. Eugène de Beauharnais devait recevoir une indemnité à la suite de la chute de l'Empire; il n'obtint rien dans le partage. Élisa, Pauline, avaient espéré quelques fiefs en Italie; elles furent également

---

et des changements survenus dans les relations politiques, faisaient désirer qu'on usât de moins de circonspection dans la réunion des 30,000 hommes; qu'il serait bon au contraire que ce mouvement fût remarqué au dehors, afin de prévenir l'opinion que M. de Metternich affectait de répandre sur la nullité des forces de la France. » Ces mouvements militaires, dans les circonstances présentes, ne pouvaient regarder que Murat, surtout si l'on considère qu'à l'époque du 23 février, tous les différends au sujet de la Saxe et de la Pologne étaient réglés entre les quatre grandes puissances et la France.

repoussées par la délibération des puissances; on retardait l'apanage de Marie-Louise et du roi de Rome [1]. Le congrès crut seulement devoir faire quelques remontrances à M. de Talleyrand par rapport au retard qu'éprouvait le paiement de 2 millions de rente, stipulés par le traité de Fontainebleau. Le plénipotentiaire répondit : « qu'il y avait un grand nombre d'oppositions au trésor, les créanciers de Napoléon Bonaparte faisaient partout des réclamations, et les lois françaises ne permettaient pas de s'affranchir des oppositions judiciaires au profit d'un débiteur saisi. » Il en fut de même pour toutes les stipulations du traité de Fontainebleau spéciales à la France ; le gouvernement des Bourbons s'excusa toujours sur le nombre des créanciers personnels de Napoléon, qui tous réclamaient vivement ce qui leur était dû depuis le Consulat ou l'Empire.

Ainsi, dans le premier mois de 1815, voici quelle était réellement la situation des affaires au congrès de Vienne : la question de la Pologne n'était point finie, et l'empereur Alexandre persistait fermement dans l'idée de constituer une nationalité polonaise, dépendante de la Russie, avec une vice-royauté. A cet effet, l'armée russe et polonaise

---

[1] *Extrait d'une dépêche de Vienne*, 24 février 1815.

« Avant-hier, il y a eu une grande conférence sur les affaires d'Italie. La cession définitive de Parme et de Plaisance à l'archiduchesse Marie-Louise et à son fils ne prend pas une tournure favorable. Tous les rois de la maison de Bourbon ont réclamé les droits de la reine d'Etrurie. La France, en particulier, s'oppose de toutes ses forces à ce que le ci-devant roi de Rome ait jamais la moindre souveraineté en Europe; et elle a fait pressentir les résultats désastreux que pourrait avoir une pareille mesure. L'Angleterre et la plupart des puissances se sont rangées à cet avis. L'empereur François, toujours magnanime, a déclaré, comme au mois de mars 1814, que sa fille ne serait jamais un obstacle à la paix. Depuis cette déclaration le ministre d'Autriche n'intervient plus dans les conférences relatives à Parme. Les souverains ont proposé de faire céder au fils de l'archiduchesse Marie-Louise, par le grand-duc de Toscane, les belles terres que ce dernier possède en Bohême, et dont on estime le revenu à 400,000 florins, et d'indemniser le grand-duc en lui donnant Lucques et Piombino »

occupait Varsovie jusqu'aux frontières autrichiennes et prussiennes. D'accord avec la Prusse, le Czar Alexandre trouvait au contraire opposition dans la France, l'Angleterre et l'Autriche, unies pour toutes les éventualités.

La Prusse, à son tour, voulait la Saxe en entier, et une frontière sur le Rhin [1]; elle était ici appuyée par la Russie, comme la Prusse appuyait Alexandre pour la Pologne; sur ce point, rien encore n'avait été fini; on cherchait à tout concilier par des termes moyens. La France et l'Autriche avaient protesté, et lord Castlereagh, tout en se montrant neutre sur la question de la Saxe, n'en soutenait pas moins l'idée de laisser à Frédéric-Auguste une partie de ses anciennes possessions. Parviendrait-on à se concilier sur ces divers intérêts? M. de Hardenberg insistait pour obtenir toute la Saxe, et il offrait en échange une fraction du grand-duché du Rhin constituée en royaume pour Frédéric-Auguste.

L'Autriche se montrait satisfaite du côté de l'Italie; on l'avait laissée à peu près maîtresse de fixer sa ligne de frontières à son gré, et dans ses engagements avec la Bavière, elle avait usé largement de sa position de grande puissance, comme la Prusse en avait agi avec la Saxe. Par le fait, l'Autriche se trouvait pour ses possessions d'Italie

---

[1] *Extrait de la réponse de M. de Hardenberg en date du 20 décembre à la note de M. de Metternich du 10.*

« Le roi a offert Munster, Paderborn et Corby, contenant une population de 350,000 âmes, sous des restrictions peu gênantes, pour former un établissement au roi de Saxe; et maintenant il a donné ordre de proposer une possession double et parfaitement arrondie sur la rive gauche du Rhin, contenant plus de 700,000 âmes, et comprenant tout le duché de Luxembourg, une partie de l'archevêché de Trèves, la ville de ce nom, la partie méridionale de celui de Cologne, avec la ville de Bonn, avec les abbayes de Pruyn, de Stavelot et de Malmédy.

« Le roi de Prusse, continuait son ministre, prie instamment L. M. I. de vouloir bien examiner de nouveau, avec calme et impartialité, et en éloignant toutes les considérations qui ne sont pas essentiellement liées à l'objet, une affaire qui ne saurait manquer d'avoir les conséquences les plus importantes, et dont le repos de l'Allemagne et de l'Europe dépendait plus ou

comme au centre de deux États de second ordre : Naples sous la souveraineté de Murat, et le Piémont, que l'on venait de réorganiser sous la maison de Savoie. Quant à Naples, l'esprit attentif de M. de Metternich avait bien aperçu qu'il n'y avait point dans la royauté de Joachim les conditions de durée ; et, de concert avec M. de Talleyrand, il admettait le rétablissement d'un Bourbon sur ce trône. Pour le Piémont, le congrès avait pris tous les moyens de créer pour la maison de Savoie une forte monarchie, qui servirait de barrière entre la France et le royaume Lombardo-Vénitien. On donnait à la maison de Savoie Gênes, la frontière des Alpes, jusqu'au Var ; Alexandrie et Gênes étaient les deux boulevards de l'Italie.

Les affaires de la Suisse étaient réglées avec une grande impartialité. Si l'Autriche restaurait l'aristocratie de Berne, elle assurait aux cantons des avantages territoriaux qui les liaient intimement au système européen. On voulait arracher tout à fait la Suisse au protectorat de la France ; et pour arriver à ce résultat, on lui créait des intérêts hostiles, par la cession de quelques territoires. Enfin, lord Castlereagh, de concert avec le duc de Wellington, mettait la dernière main à la création du royaume des Pays-Bas, qui formait pour le nord de la

---

moins... Que, dans la question replacée sous son véritable point de vue, il s'agissait de l'alternative suivante : vaut-il mieux que la dynastie royale de Saxe soit établie dans un état séparé, considérable, arrondi, et indépendant à tous égards, ou qu'elle reste en Saxe, avec un moindre nombre de sujets, sans avoir égard à tous les inconvénients déjà présentés ? »

A cette note étaient joints : 1° un tableau contenant l'état des pertes supportées par la Prusse depuis 1805, s'élevant à 4,719,480 âmes ; 2° celui des possessions recouvrées qui se montaient à 1,339,265 âmes ; d'où résultait un déficit de 3,180,215 âmes.

La Prusse présentait un troisième tableau de divers pays renfermant 4,093,629 âmes dont elle demandait l'incorporation à ses États, et dans ce tableau se trouvait placée la Saxe entière. Quant à l'excédant de 641,914 âmes qu'il offrait, le plénipotentiaire prussien pensait : « qu'il n'était point hors de proportion avec les acquisitions et les avantages obtenus par la Russie, l'Autriche, la Hollande, la Bavière, le Wurtemberg, Bade et Darmstadt, comparativement à leur situation en 1805. »

France[1] ce que le Piémont était pour le midi, une frontière militaire. Au centre de l'Europe, on organisait la Confédération germanique, et on posait la Suisse avec ses montagnes et sa neutralité comme une autre barrière que la France ne pourrait franchir.

Mais l'acte le plus important du congrès, celui qui, brisant la coalition, faisait entrer la France dans un grand système d'alliances européennes, ce fut, je le répète, le traité secret du 3 février 1815, conclu entre l'Autriche, l'Angleterre et la France. Ce traité ne fut point le résultat d'une improvisation politique, mais l'œuvre méditée de trois hommes d'État du premier mérite, MM. de Metternich, de Talleyrand et lord Castlereagh. M. de Metternich était fatigué des résistances qu'il trouvait dans les questions de Pologne et de Saxe de la part de la Russie et de la Prusse; M. de Talleyrand était aise de placer la France dans un fort système européen, en s'appuyant sur l'Espagne et Naples; quant à lord Castlereagh, décidément hostile à la Russie, il n'avait pas hésité à s'engager dans une négociation qui aurait pour résultat de la contenir. La cour de Londres, qui depuis peu avait adopté une opinion plus favorable au roi de Saxe, prit un ton plus élevé lorsqu'elle eut signé, le 19 décembre, à Gand, la paix avec les États-Unis. Plus libre dans ses mouvements, elle profita de sa nouvelle position pour rehausser son influence au congrès. Le prince de Hardenberg ayant dit

---

[1] « Un traité conclu quelques mois plus tard à Vienne, entre l'Autriche, la Russie, la Grande-Bretagne et la Prusse, d'une part, et le nouveau roi des Pays-Bas, de l'autre, reconnaissait : « que les anciennes provinces unies des Pays-Bas et les ci-devant provinces belgiques formeraient (art. 1er), à l'avenir, sous la souveraineté du prince d'Orange-Nassau, prince souverain des Provinces-Unies, le royaume des Pays-Bas, lequel serait héréditaire. »

L'article 2 déterminait les territoires qui composaient le royaume des Pays-Bas.

Par l'article 3, le duché de Luxembourg, érigé en grand-duché, était cédé au prince souverain des Pays-Bas, pour servir de

LE TRAITÉ SECRET DU 5 FÉVRIER 1815.

avec chaleur, dans le comité de Pologne et de Saxe : « que la Prusse saurait bien défendre ses droits sur la Saxe, » lord Castlereagh, piqué, se détermina aussitôt à proposer aux plénipotentiaires de France et d'Autriche une alliance défensive entre les trois cours : elle fut signée le 3 février 1815, et portait en préambule : « Leurs Majestés l'empereur d'Autriche, le roi de France et le roi du royaume uni de la Grande-Bretagne et d'Irlande, convaincus que les puissances qui avaient à compléter les dispositions du traité de Paris devaient être maintenues dans un état de sécurité et d'indépendance parfaites, pour pouvoir fidèlement et dignement s'acquitter d'un si important devoir, regardant en conséquence comme nécessaire, à cause des prétentions récemment manifestées, de pourvoir aux moyens de repousser toute agression à laquelle leurs propres possessions, ou celles de l'un d'eux, pourraient se trouver exposées en haine des propositions qu'ils auraient cru de leur devoir de faire, et de soutenir d'un commun accord par principe de justice et d'équité, et n'ayant pas moins à cœur de compléter les dispositions du traité de Paris de la manière la plus conforme qu'il serait possible à son véritable sens et esprit, à ces fins, ont résolu de faire entre eux une convention solennelle, et de conclure une alliance défensive. En conséquence, les trois souverains sus-nommés désignaient pour leurs plénipotentiaires respectifs le

---

compensation pour les principautés de Nassau-Dillenbourg, Siégen, Hadamar et Dietz, et devait former un des États de la Confédération germanique. La ville de Luxembourg était déclarée forteresse de cette Confédération.

Le roi des Pays-Bas s'engagerait (art. 4) à remettre à celui qui serait reconnu pour seigneur de Bouillon, les portions de ce duché, enclavées dans le Luxembourg.

Le même souverain renonçait en faveur du roi de Prusse (art. 5) aux principautés de Dillenbourg, Dietz, Siegen, Hadamar, etc., qu'ainsi qu'à la principauté de Fulde et aux autres pays qui lui avaient été assurés par le recès de l'Empire du 25 février 1803.

prince de Metternich, le prince de Talleyrand et lord Castlereagh. Les hautes puissances contractantes s'engageaient réciproquement, et chacune d'elles envers les autres, à agir de concert, avec le plus parfait désintéressement et la plus complète bonne foi, pour faire qu'en exécution du traité de Paris, les arrangements qui devaient en compléter les dispositions fussent effectués de la manière la plus conforme qu'il serait possible au véritable esprit de ce traité; que si, par suite et en haine des propositions qu'elles auraient faites et soutenues d'un commun accord, leurs possessions étaient attaquées, alors, et dans ce cas, elles s'engageaient à se tenir pour attaquées toutes trois, à faire cause commune entre elles, et à s'assister mutuellement pour repousser une telle agression, avec toutes les forces déjà spécifiées [1]. Si par le motif exprimé ci-dessus, et pouvant seul amener le cas de la présente alliance, l'une des hautes parties contractantes se trouvait menacée par l'une ou plusieurs puissances, les deux autres parties devaient, par une intervention amicale, s'efforcer, autant qu'il serait en elles, de prévenir l'agression [2]. Dans le cas où leurs efforts, pour y parvenir, seraient insuffisants, les autres puissances contractantes promettaient de venir immédiatement au secours de la puissance attaquée, chacune d'elles avec un corps de 150,000 hommes [3]. Chaque corps devait être respectivement composé de 120,000 hommes d'infanterie, et de 30,000 hommes de cavalerie, avec un train d'artillerie et de munitions proportionné au nombre des troupes [4]. »

Puis les plénipotentiaires traçaient le mode de concert pour les opérations militaires : « les parties con-

[1] Article 1er.
[2] Article 2.
[3] Article 3.
[4] Article 4.

tractantes n'ayant aucune vue d'agrandissement, et n'étant animées que du seul désir de se protéger dans l'exercice de leurs droits et dans l'accomplissement de leurs devoirs, s'engageaient, pour le cas où (ce qu'à Dieu ne plaise!) la guerre viendrait à éclater, à considérer le traité de Paris comme ayant force pour régler, à la paix, la nature, l'étendue et les frontières de leurs possessions respectives. » Enfin par un article séparé, les rois de Bavière et d'Hanovre et le souverain des Pays-Bas étaient invités à accéder au traité recommandé au secret des parties contractantes. Tous ces souverains y donnèrent leur assentiment successif, et le roi de Sardaigne le signa sur l'invitation de l'Autriche et de la France. Ce traité du 3 février 1815, bien que purement éventuel, fut suivi d'un plan d'opérations militaires concerté entre les généraux Radjewski et Langenau pour l'Autriche, le maréchal de Wrède pour la Bavière, et le général Ricard pour la France. Tout était réglé d'après la supposition qu'en cas de rupture les armées russes se porteraient dans la Moravie, et de là sur Vienne.

Ainsi, en pleine paix, au mois de janvier 1815, la Russie avait encore sous les armes 260,000 hommes, la Prusse 175,000, l'Autriche 220,000; les Anglo-Belges 80,000, et la paix avec les États-Unis rendait disponibles encore 50,000 Anglais. La Bavière, le Wurtemberg, la Saxe avaient aussi leurs armées sur le pied de guerre; le Piémont à lui seul comptait 60,000 hommes, et ces forces, au premier signal, pouvaient se réunir sur le Rhin, les Alpes et les frontières belges en moins de trois mois. C'était là une considération politique à laquelle le parti bonapartiste ne prêta pas assez d'attention.

CHAPITRE V.

SITUATION DES PARTIS JUSQU'AU DÉBARQUEMENT DE BONAPARTE.

Les royalistes; leur enthousiasme. — Les patriotes. — Leur mécontentement contre la Restauration. — Pamphlet de Carnot. — La Presse. — *Le Censeur européen*. — Projet de renversement. — Les constitutionnels dans la Chambre des Pairs. — Les bonapartistes. — Salon de M. Maret. — La duchesse de Saint-Leu. — Les officiers. — L'armée. — Les aigles. — Moqueries et pamphlets. — *Le Nain jaune*. — Emblème de la violette. — Conspiration dans l'armée. — Préparatifs du complot des généraux Lallemand, Lefebvre-Desnouettes, Drouet. — Acquittement du général Excelmans. — Fouché. — Rapports secrets avec Napoléon par Naples, directement à l'île d'Elbe. — Emissaires envoyés. — Situation de Bonaparte. — Ses bulletins. — Ses renseignements. — Sa dissimulation. — Absence du colonel Campbell. — Ses motifs pour le départ. — Sa ferme résolution. — Signal donné.

Décembre 1814 à Mars 1815.

Les auteurs les plus actifs de la Restauration avaient annoncé qu'elle serait une grande amnistie du passé, un oubli général de toutes les fautes, de toutes les agitations. Louis XVIII avait peut-être cette volonté, mais lui était-il possible de la réaliser ? Les partis ne changent pas leur nature; ils sont toujours ce qu'ils étaient à leur origine, inflexibles dans leur conviction, ardents dans leur espérance, et les royalistes eux-mêmes n'étaient déjà plus avec le roi; la Restauration avait jeté au sein de ce parti une effervescence indicible; il ne se contenait plus dans sa joie, dans ses espérances, dans ses manifestations de colère; les pamphlets, les journaux royalistes attaquaient de front la Révolution et la Charte, la vente des biens des émigrés : la vieille société se levait contre la nouvelle. Il suffisait de lire *la Quotidienne*, les *Débats*, et surtout *le Journal Royal*, pour se convaincre que les royalistes n'avaient pas fait un pas vers ce système d'union et d'oubli que commandait la majesté royale; comme tous les partis en effervescence, ils se réunissaient en repas bruyants pour porter des toasts enthousiastes qui devaient blesser les partisans de la Révolution. Ici, les gardes du corps se rassemblaient avec la fraction royaliste de la garde nationale; là des écrivains, des journalistes, tels que M. Charles Nodier, M. Ourry, M. Alissan de Chazet, Armand Gouffé, Désaugiers, Piis, improvisaient des couplets sur le roi[1], la vieille monarchie, le chevalier

---

[1] Voici quelques échantillons de ces couplets pleins d'ardeur et de verve royaliste :

Vive le roi !
Et périsse à jamais l'impie
Qui voudrait renverser sa loi ;
Pour l'écraser, que la patrie
Se lève, s'arme, marche et crie :
Vive le roi !

(*Par Désaugiers.*)

Conduits par la vengeance
Chez nous,
Vingt peuples de la France,
Jaloux,
En tous lieux faisaient naître
L'effroi,
Lorsque l'on vit paraître
Le roi.

L'ange affreux du carnage
S'enfuit ;
Un ciel exempt d'orage
Nous luit...
Est-ce un rêve, un prestige ?
Eh quoi !
Qui fait donc ce prodige ?
Le roi !

(*La Fête du roi*, par M. Armand Gouffé.)

En avant ! le ciel me contemple
Et d'Artois est mon colonel ;
Sur ses pas je vais jusqu'au temple
Adorer d'abord l'Éternel ;
Providence ! après tant d'alarmes,
Te bénir est ma douce loi;
Je voudrais rester sous les armes
Pour mon Dieu, ma dame et mon roi.

(*Par M. Piis*).

7.

sans peur et sans reproche. Ce n'était que chansons et odes sur le drapeau sans tache, les fleurs de lys; on paraissait avec des rubans blancs, des vêtements blancs; le théâtre ne parlait que de Henri IV, de Philippe-Auguste et de Bouvines; les royalistes étaient partout; de jeunes femmes, des bouquets de lys à la main, formaient des contredanses aux Tuileries, autour des corbeilles de fleurs; elles sollicitaient un regard du roi au milieu des acclamations bruyantes. Le parti royaliste se plaignait de cet oubli où la royauté le laissait : il avait compris la Restauration comme un retour vers le vieux régime, et il murmurait hautement contre ce système qui ménageait les uns et les autres, sans prendre couleur pour une opinion dessinée. Telle était la tendance des royalistes, que tôt ou tard un conflit devait éclater : ils ne se contentaient plus de ce que Louis XVIII faisait pour eux, et les ardents entouraient déjà M. le comte d'Artois comme une espérance.

Les auteurs les plus actifs de la chute de l'empereur Napoléon étaient les républicains; ils avaient directement coopéré en 1814, dans le Sénat, à la déchéance de Bonaparte; leur haine n'avait point épargné le consul, le dictateur du 18 brumaire, le souverain absolu des constitutions de l'an XII, et, par une bizarrerie que l'on a peine à s'expliquer, c'étaient des hommes tels que l'abbé Grégoire, Lambrecht, qui avaient rappelé Louis XVIII; les régicides pensaient que les Bourbons oublieraient à ce point le passé, qu'ils s'identifieraient avec la révolution française. Les choses n'avaient point ainsi marché; elles étaient remontées à leur source naturelle : le mouvement royaliste de 1814 avait emporté les Bourbons même au-delà de leurs vœux, et on avait éliminé de la Chambre des Pairs les régicides qui siégeaient dans le Sénat de l'Empire; on poursuivait les idées et les hommes de la Révolution ; sans oser la ferme proclamation d'un principe, on y arrivait par des voies détournées et poltronnes, à ce point, par exemple, d'éliminer de l'Institut, par simple mesure ministérielle, MM. Grégoire, Garat, Cambacérès, Carnot, et cela sans oser dire qu'on frappait les juges de Louis XVI[1]. De là étaient nés de graves mécontentements parmi les patriotes : ils ne pouvaient concevoir leur disgrâce ; l'œuvre de la Révolution s'évanouissait chaque jour, un temps de réaction commençait. Leurs idées n'étaient plus ni dans les lois, ni dans la situation politique ; l'alliance bizarre de 1814 était dissoute, le parti républicain voyait bien qu'il avait été trompé par M. de Talleyrand.

Ces mécontentements se formulèrent dans une brochure politique qui parut alors avec un grand retentissement ; ce fut le mémoire rédigé par Carnot, et adressé directement au roi. Le général républicain nia d'abord qu'il fût destiné à la publicité, mais il parut avec éclat en lithographie (c'était le premier usage que l'on faisait de cet art nouveau[2]). On colportait ce mémoire dans les rues, dans les lieux publics; on le distribuait par milliers ; audacieusement écrit, l'on ne s'expliquait pas comment un gouvernement pouvait subir de telles insultes à la face. Carnot avouait : « que la Restauration avait été accueillie avec un sentiment d'enthousiasme unanime; on avait vu en elle un soulagement ; les Bourbons étaient envisagés comme la solution possible à toutes les crises. » Ce premier aveu fait, Carnot abordait franchement les pensées de la Révo-

---

[1] Ce fut sous la forme timide d'un remaniement de l'Institut que cette élimination s'accomplit.

[2] Le Mémoire de Carnot au roi parut en juillet 1814.

lution française : il en faisait voir les causes, les caractères véritables; il en justifiait successivement les faits, à ce point d'établir comme un principe que le régicide était une chose louable. Tout cela était écrit avec une certaine rudesse, dans ce style austère qui caractérisait la pensée de Carnot. « Louis, disait-il, n'était déjà plus roi lorsqu'il fut jugé : sa perte était inévitable. Il ne pouvait plus régner, du moment que son sceptre était avili ; il ne pouvait plus vivre, du moment qu'il n'y avait plus moyen de contenir les factions : ainsi la mort de Louis doit être imputée, non à ceux qui ont prononcé sa condamnation, comme on prononce celle d'un malade dont on désespère ; mais à ceux qui, pouvant arrêter dans leurs principes des mouvements désordonnés, ont trouvé plus expédient de quitter un poste si dangereux. Quoi ! disent ces transfuges, ce ne sont pas ceux qui ont voté la mort du roi qui sont les régicides? Non, ce sont ceux qui ont pris les armes contre leur mère-patrie, c'est vous-mêmes ; les autres l'ont votée comme juges constitués par la nation, qui ne doivent compte à personne de leur jugement. S'ils se sont trompés, ils sont dans le même cas que tous les autres juges qui se trompent : ils se sont trompés avec la nation entière qui a provoqué le jugement, qui y a ensuite adhéré par des milliers d'adresses venues des communes ; ils se sont trompés avec toutes les nations de l'Europe qui ont traité avec eux, et qui seraient encore en paix avec eux, si les uns et les autres n'eussent été également victimes d'un nouveau parvenu [1]. »

Ainsi la mort de Louis XVI était hautement justifiée à la face même de la Restauration, et Carnot continuait : « Si nous voulons puiser nos maximes de gouvernement

---

[1] Mémoire adressé au roi en juillet 1814 par Carnot, pages 13 et 14.

dans les livres saints, ce sera bien pis : on y trouvera la doctrine du régicide établie par les prophètes, les rois rejetés comme les fléaux de Dieu, les familles égorgées, les peuples exterminés par l'ordre du Tout-Puissant, l'intolérance furieuse prêchée par les ministres du Seigneur plein de miséricorde. Malgré cette ineffable doctrine, qu'apparemment les princes ne lisent guère, mais que les prêtres lisent beaucoup, et que les jésuites savaient par cœur, il est avec raison établi en principe, chez les nations civilisées, que la personne du roi doit être sacrée et inviolable; mais le sens de ce principe et son application ne sont pas bien déterminés. On demande, par exemple, si cette maxime a lieu seulement pour les souverains légitimes, ou si elle doit avoir lieu également pour les usurpateurs. On demande ce qui distingue positivement un usurpateur d'un roi légitime. On demande si l'on doit regarder comme sacrés et inviolables les princes pour lesquels il n'y a rien de sacré ni d'inviolable : si un Tibère, un Sardanapale, un Néron, un Caligula, un Héliogabale, un Attila, un Chilpéric, une Frédégonde, une Isabeau de Bavière, un Mahomet II, un Christian II, un Pierre-le-Cruel, un Sixte IV, un Alexandre VI, etc., etc., doivent être considérés comme des souverains dont la personne soit inviolable et sacrée? On demande si, lorsqu'il y avait à Rome douze empereurs à la fois, élus par autant d'armées, tous les empereurs devaient être considérés comme sacrés et inviolables? » Rien de plus hardi, de plus audacieux pouvait-il être écrit en pleine censure? un tel pamphlet devait avoir un grand retentissement, car il disait les véritables idées du parti patriote, il exprimait ses griefs contre la maison de Bourbon ; et où en était arrivé un gouvernement restauré qui subissait à la face l'éloge du régicide ?

L'école de 1789, les idées de la Constituante et de M. de Lafayette trouvaient leur écho dans un recueil périodique intitulé : le *Censeur Européen,* dirigé par MM. Comte et Dunoyer ; c'était un livre lourd, mal écrit, sur les combinaisons vulgaires du régime constitutionnel tel qu'on l'avait compris au xviiiᵉ siècle. Aujourd'hui que la presse est si avancée, si intelligente, l'on pourrait à peine lire ces pesantes dissertations écrites avec des plumes de plomb[1]. Mais dans les temps de passions, on dévore même l'ennui quand il parle aux intérêts et aux opinions des partis. *Le Censeur* eut un véritable succès ; on y dissertait sur la Charte, sur la souveraineté, on y disait tous les griefs contre le gouvernement ; et comme la censure ne s'appliquait pas aux écrits qui dépassaient vingt feuilles, les écrivains pouvaient exprimer leurs vœux, leurs espérances et leur avenir ; et d'ailleurs, la censure était organisée sous cette Restauration de telle sorte que les phrases les plus significatives échappaient aux censeurs littéraires sous la patente de M. le chancelier. Dans cette nullité du pouvoir, nul ne se faisait faute de griefs, et M. Benjamin Constant lui-même, qui avait écrit l'étrange pamphlet de la coalition : *De l'esprit d'usurpation et de la conquête*[2], commençait à briser une lance contre l'abbé de Montesquiou, vivement et loyalement défendu par M. Guizot[3].

Des pamphlets, l'opposition était passée dans la Chambre des pairs et dans celle des députés ; mais ici, elle avait pris un caractère plus légal et plus régulier. Ce

---

[1] Un pareil recueil n'aurait pas aujourd'hui dix lecteurs. Le premier numéro parut en octobre 1814.

[2] On trouve cette phrase extraordinaire dans l'ouvrage de M. de Constant :
« Fiers défenseurs de la monarchie, supporterez-vous que l'oriflamme de saint Louis soit remplacée par un étendard sanglant de crimes et d'épouvantables succès ?» *(De la Conquête et de l'Usurpation,* par Benjamin Constant, pag. 196 et dernière.)

[3] M. Guizot défendit avec beaucoup de talent la loi sur la presse de M. l'abbé de

n'était point une voix aigre à la manière de Carnot qui se faisait entendre; celle-là était trop acerbe, trop révolutionnaire; il s'était formé dans les deux Chambres une opposition constitutionnelle, autour de laquelle se groupaient les patriotes modérés; ils ne désiraient pas briser Louis XVIII, mais l'entraîner dans les voies de la constitution anglaise avec la plus absolue liberté de tribune et de presse. Ainsi, à la Chambre des pairs, MM. Lanjuinais, Boissy d'Anglas, Lemercier, Lenoir, Laroche, avaient réuni autour d'eux un parti de résistance; à la Chambre des députés, MM. Flaugergues, Durbach-Dumolard, Raynouard, dirigeaient sous des nuances diverses les membres qui composaient l'opposition; tous obtenaient un grand retentissement dans la société. Aucun de ces hommes ne voulait peut-être le renversement des Bourbons ni le retour de l'Empire; dans les deux Chambres, l'on savait tout ce que la paix et la Restauration de l'ancienne famille avaient procuré de bien-être au pays; on eût hésité à toucher l'arche sainte qui protégeait tant d'intérêts.

Le parti patriote avait trop de haines contre l'empereur Napoléon, trop de souvenirs de son despotisme, pour désirer son retour. Son dessein était d'entraîner les Bourbons vers ses idées avec plus ou moins de violence, et s'il ne pouvait y arriver, de rétablir la République, son idole. Il est incontestable que des pensées de bouleverse-

---

Montesquiou; l'école de madame de Staël se séparait un peu de la Restauration.

« Quelle faute, dit madame de Staël, n'était-ce pas faire sentir que ce qui était donné par le roi pouvait être retiré par ses successeurs ! Ce n'est pas tout encore : dans le préambule de la Charte, il est dit : que l'autorité tout entière réside dans la personne du roi... Mais, si les rois sont les maîtres absolus des peuples, ils doivent exiger les impôts et non les demander; mais, s'ils ont quelque chose à demander à leurs sujets, il s'ensuit nécessairement qu'ils ont aussi quelque chose à leur promettre. »

ment dominaient alors certaines têtes patriotes; la faiblesse du gouvernement des Bourbons était visible pour tous; et comme ils inquiétaient les intérêts révolutionnaires, il était naturel que ces intérêts demandassent à l'avenir de nouvelles garanties. En 1814, tous demeurent avec leurs espérances et leurs couleurs plus ou moins tranchées; M. de Lafayette, Fouché, Carnot, travaillent à part pour préparer le triomphe de leur système; ils n'ont plus de foi dans la Restauration, ils ne sont pas précisément arrêtés sur le système qui devra la remplacer; Fouché est encore indécis; il est en rapport tout à la fois avec Eugène de Beauharnais, qu'il sait très protégé à Vienne par l'empereur Alexandre; avec Bernadotte, très mécontent de ce qu'on ne lui a pas tenu les promesses d'Abo; on ne serait même pas éloigné de réaliser l'idée d'une révolution de 1688.

On convient de deux points : l'impossibilité que la branche aînée se maintienne, et la nécessité de pratiquer l'armée pour lui faire arborer la cocarde tricolore. C'est à cette époque qu'il faut reporter les actives intrigues de Fouché pour replacer le gouvernement dans ses mains. Dépité de n'avoir eu qu'une faible action sur le mouvement de 1814, mouvement tout entier resté aux mains de M. de Talleyrand, Fouché s'était dès lors placé à la tête des mécontents qui entouraient la maison de Bourbon ; son caractère essentiellement remuant ne pouvait se résigner en dehors des affaires, et sa réputation de capacité lui était demeurée incontestable. Dès le mois de juin 1814, Fouché avait essayé un rapprochement avec les Bourbons [1], et en même temps qu'il

---

[1] *Lettre de Fouché au comte d'Artois.*
« Monseigneur,
« J'ai voulu rendre un dernier service à l'empereur Napoléon, dont j'ai été dix ans le ministre. Je crois devoir communiquer à Votre Altesse royale la lettre que je viens de lui écrire. Ses intérêts ne peuvent être pour moi une chose indifférente, puisqu'ils

invitait Bonaparte à quitter l'île d'Elbe, pour passer en Amérique, il transmettait cette lettre à M. le comte d'Artois, en ajoutant à cette démarche des offres de services pour la maison de Bourbon. Il avait fait parler au roi, à M. de Blacas; il avait vu M. Dandré à plusieurs reprises, et tout ce qu'il dit parut si vrai, si juste, que Louis XVIII ordonna à son favori de conférer spécialement avec Fouché[1]. Le roi aimait ces petits pourparlers, ces causeries, même avec les révolutionnaires; M. de Blacas avait eu naguère une entrevue avec Barras; ils s'étaient quittés après des témoignages d'une amitié assez sincère, car les Blacas et les Barras étaient parents, tous deux nobles et vieux rochers de Provence. Une lettre existe encore de Fouché, directement écrite au roi : s'il prend le parti de la Révolution, il lui donne de sages conseils sur ce qu'il faut faire pour calmer les passions irritées, et satisfaire l'esprit du pays. Toutefois Fouché ne renonçait pas à ses rapports avec le parti patriote, et lorsqu'il vit que ses tentatives étaient impuissantes auprès des Bourbons, il songea dès lors à des combinaisons nouvelles.

---

ont excité la pitié généreuse des puissances qui l'ont vaincu. Mais le plus grand de tous les intérêts pour la France et pour l'Europe, celui auquel on doit tout sacrifier, c'est le repos des peuples et des puissances après tant d'agitations et de malheurs, et le repos, même alors qu'il serait établi sur de solides bases, ne serait jamais suffisamment assuré, on n'en jouirait jamais, tant que l'empereur Napoléon serait dans l'île d'Elbe. Napoléon sur ce rocher serait pour l'Italie, pour la France, pour toute l'Europe, ce que le Vésuve est à côté de Naples. Je ne vois que le Nouveau-Monde et les États-Unis auxquels il ne pourra pas donner de secousses. »

[1] « Vers la fin de juin 1814 le roi ayant ordonné à M. de Blacas de venir conférer avec moi, j'eus la visite de ce ministre, que je reçus avec froideur : je le savais entouré de personnes qui étaient mes ennemis, et qui ne jouissaient d'aucun crédit dans l'opinion, telles que Savary, Bourrienne, l'ancien préfet de police Dubois, et une certaine madame P****, femme décriée et affichée. Je savais que, tous réunis, ils s'efforçaient de circonvenir et d'égarer M. de Blacas. Le peu de liant de son esprit, son inexpérience des affaires, jointe à l'aversion que m'inspiraient ses entourages, firent qu'il ne put me comprendre et que je ne m'ouvris pas entièrement. Toutefois, comme Louis XVIII allait être instruit que j'avais apporté de la réserve et de la défiance dans mes communications avec son ministre, je pris la plume, et j'écrivis le len-

Empire, république ou royauté, tout convenait à Fouché pourvu qu'il gardât le pouvoir en main, et que les principes révolutionnaires pussent dominer les intérêts et les esprits. Aussi travaille-t-il pour tout le monde; il aperçoit et balance toutes les chances; Bernadotte lui plaît, il le sait patriote mécontent; en 1814, le prince royal de Suède n'a pas été satisfait, on lui avait promis beaucoup de choses, on ne les lui a pas tenues. Eugène est en rapport avec Fouché par M. Mejean; comme il le sait parfaitement bien à Vienne, il espère qu'une fois le mouvement opéré en France, il sera facile de l'appeler au gouvernement. A tous ces choix, il préférerait peut-être M. le duc d'Orléans, parce qu'il y aurait moins de secousse dans la transition, et une réalisation complète des idées gouvernementales : que lui importe au fond le chef, pourvu que la pensée de la Révolution triomphe? En toute combinaison, Fouché ne conspire point, il ne travaille pas avec vulgarité à un complot, à une conjuration; il suit son idée, il la combine d'après les faits et les résultats sans jamais se compromettre ; quand on le con-

---

demain à M. de Blacas une lettre détaillée, bien sûr que le roi en aurait bientôt connaissance. Je lui disais que l'agitation de la France avait pour cause, dans le peuple, la crainte du retour des droits féodaux ; dans les possesseurs des biens d'émigrés, l'inquiétude pour leurs domaines ; dans ceux qui s'étaient prononcés fortement, soit pour la République, soit pour Bonaparte, le doute sur leur sûreté personnelle ; dans l'armée, la perte et le regret de tant d'espérances, de gloire et de fortune ; et enfin, dans les constitutionnels, l'étonnement où les laissait la Charte, dont le roi avait voulu faire une émanation de la puissance héréditaire de son trône. Parmi ces causes, la plus dangereuse était précisément celle dont toute la sagesse du roi et de ses ministres n'aurait pu prévoir ni empêcher entièrement l'action, je veux parler du mécontentement des troupes; et j'en déduisais les motifs : je disais, entre autres, qu'une armée, et une armée surtout formée par la conscription, prend toujours l'esprit de la nation au milieu de laquelle elle vit, et qu'elle finit toujours par être contente avec la nation ou comme elle. J'ajoutais que dans cette cause de mécontentement, se mêlait encore le génie de Bonaparte.« Une nation, observais-je encore, où depuis 25 ans les esprits et les âmes ont été dans une action assez forte pour donner des secousses à l'univers, ne peut pas, sans de longues gradations, rentrer dans un état doux et paisible. Il ne faut donc pas entreprendre d'arrêter son activité; il faut donner à cette

sulte pour prendre part à un complot secret, il répond que son habitude est *de ne jamais travailler en serres chaudes;* Fouché a compris que dans un temps de publicité et d'action incessante des partis, il n'y a que les niais qui conspirent à la manière des mélodrames ; la force la plus énergique d'une conjuration est dans les faits, dans les hommes, dans la marche même des opinions.

Au milieu de ces menées que la faible police des Bourbons surveille à peine, et qu'elle ne sait point réprimer, le parti le plus actif est évidemment le bonapartisme, qui trouve dans quelques salons de Paris son expression la plus vive et la plus colorée. L'Empire était tombé, l'on peut dire, aux acclamations de tous; l'opinion publique avait été même injuste, ingrate envers Napoléon; comme à toutes les époques où le malheur atteint une grande destinée, on avait attaqué l'Empereur en l'accablant de tout le poids des infortunes de la patrie; nul ne parlait plus de Napoléon, si ce n'est quelques serviteurs fidèles ou le soldat qui mourait pour lui. Le parti bonapartiste, subissant la disgrâce de l'Empire, était tombé fort bas ; dans les premiers mois de 1814, on aurait eu quelque peine à

---

activité, devenue dévorante, d'autres aliments; il faut ouvrir et élargir de toutes parts les carrières sans bornes de toutes les industries, de toutes les branches de commerce, de tous les arts, de toutes les sciences et de leurs découvertes, enfin de tout ce qui étend la raison et la puissance de l'homme. Le XIXᵉ siècle commence à peine ; il faut qu'il porte le nom de Louis XVIII, comme le XVIIᵉ siècle porta le nom de Louis XIV. » Je plaidais également la cause de la liberté de la presse et de la liberté individuelle; et je terminais ainsi : « Une multitude de Français dévoués à tous les malheurs des Bourbons, comme ils l'avaient été à leur puissance, sont revenus avec la dynastie de leurs rois ; ils ne peuvent plus prétendre à rentrer dans leurs domaines sans exciter de violentes commotions et une guerre civile. Eh bien ! qu'un des ministres du roi, avec la logique d'un esprit sain et l'éloquence d'une âme qui sent tout ce qu'on doit à de grands malheurs et à de grandes vertus, demande aux deux Chambres une somme annuelle destinée à servir d'indemnité à des infortunes et à des indigences si dignes d'être assistées par une nation héroïque et sensible ; j'en réponds, la proposition, dans les Chambres, serait transformée en loi par acclamation.» (*Extrait des Mémoires attribués à Fouché.*)

se dire bonapartiste. Successivement les fautes de la maison de Bourbon, cette action et cette réaction qui font qu'en France l'on passe continuellement d'une idée, d'une affection à une autre, avaient rendu un peu de vie au parti bonapartiste; puis il se releva tout à fait par la présence des éléments considérables de force qu'il avait encore dans son sein.

L'armée était restée presque entière dévouée à Napoléon; les généraux avaient pu être de bonne foi en prêtant serment à Louis XVIII et en signant d'ardentes adresses sur les fleurs de lys, Henri IV et la bannière blanche; mais le soldat, les officiers, depuis le lieutenant jusqu'au colonel, n'avaient jamais abandonné le souvenir de l'aigle; il excitait dans tous les cœurs comme un saint frémissement; il se mêlait aux idées de jeunesse, à la mémoire des hauts faits, aux merveilles de vingt années; l'armée, tout entière impérialiste, serait une force pour tout mouvement qui prendrait pour chef Bonaparte; le grand Empereur faisait le sujet des conversations du soir dans les casernes; ici on gardait précieusement l'aigle, là les cocardes tricolores. L'armée conservait ainsi le respect d'elle-même; si la majorité des généraux, pressés autour des Bourbons, sollicitaient des faveurs, la croix de Saint-Louis, les cornettes blanches; le soldat, lui, ne voyait que son Empereur et ses aigles; les prisonniers mêmes qui revenaient de Russie, délivrés par la main des Bourbons, ne dissimulaient pas leur amour pour César. On pouvait également compter parmi les plus ardents bonapartistes les officiers à la demi-solde, tous les soldats réformés, tous les employés rejetés sans traitement à la suite des ruines de l'Empire; le gouvernement de Napoléon avait été peut-être celui qui avait satisfait le plus d'existences, et lié le plus de fortunes à la sienne.

Plus d'un cinquième de la France était employé, et l'Empire une fois tombé, ces mécontentements devaient se rallier de nouveau à toute pensée qui pourrait assurer son retour. Les hommes habiles du parti commençaient à comprendre que si l'on parvenait à se rattacher les patriotes, les acquéreurs de biens nationaux, on pourrait, en s'appuyant sur l'armée, sur les sous-officiers et officiers en retraite, parvenir enfin au rétablissement du régime impérial plus libéralement organisé.

Quelques salons, alors à la mode à Paris, secondaient parfaitement ces idées; M. Maret avait gardé une fidélité honorable à la mémoire de Napoléon; son esprit de peu de portée, mélange des naïvetés de 1791 et des formules aristocratiques, avait plus d'une fois compromis l'Empereur avec l'Europe; depuis sa chute il avait cherché à réparer le préjudice porté pendant son règne. M. Maret avait conservé assez de fortune pour tenir un salon; il y voyait beaucoup de monde; tous les gens d'esprit du parti impérial venaient à lui; comme il avait la prétention d'être fort littéraire, il se plaisait avec les gens de lettres. Dans sa vie politique, M. Maret avait fait un grand nombre de fonctionnaires, créé une multitude d'existences; beaucoup avaient été ingrats comme après toutes les chutes; mais quelques-uns avaient gardé souvenir de son obligeance; les disgraciés accouraient dans son salon; là, on formulait librement des plaintes contre les Bourbons, que M. Maret n'avait pas mission de défendre; les fonctionnaires de l'Empire étaient passés de leurs grandes dépenses à des habitudes plus économes, et cela est bien pénible; se restreindre est la plus triste des lois, elle exige la plus philosophique des résignations. Madame Maret avait couvert de sa protection tant de jeunes existences qui débutaient dans la carrière administrative, qu'elle réunissait encore dans son salon ce que la société impériale avait de plus actif et de spirituel ; on y complotait contre la Restauration par la causerie ; on y faisait des jeux de mots, des épigrammes acérées ; tout le parti bonapartiste savait que M. Maret avait les confidences de Napoléon, qu'il entretenait avec lui des rapports suivis par une correspondance dont seul il avait le secret et qu'il dérobait à tous. Madame Maret était dépositaire de beaucoup de ces petits secrets sans conséquence chez une femme, qui aident souvent les grands complots. Elle voyait des amies les plus dévouées à l'Empire, mesdames Lallemand, Junot, Hamelin ; les écrivains les plus en renommée alors, MM. Étienne, Arnaud, Jouy, mécontents de quelques injures ou de quelques oublis de la Restauration.

A coté du salon de madame Maret, se trouvait celui de la duchesse de Saint-Leu, la fille de Joséphine de Beauharnais, qui avait fait les beaux jours de l'Empire. Hortense avait été très bien traitée par Louis XVIII, à ce point que les royalistes railleurs disaient que « le vieux roi était amoureux d'elle. » Hortense avait rappelé son royalisme du Consulat, et le roi, qui alors lui avait promis le tabouret ainsi qu'à madame Bonaparte, en échange du titre consulaire, lui avait conféré le duché de Saint-Leu et la pairie qu'elle avait acceptée pour son fils ; elle était alors engagée dans un triste procès avec son mari ; elle s'était complétement unie à sa mère, qui, avec sa nonchalance de créole, semblait adopter la Restauration[1]. L'empereur Alexandre, qui visita tant de monde pendant son séjour à Paris, était allé voir Joséphine ; elle mourut quelque temps après, et la duchesse de Saint-Leu hérita, pour ainsi dire,

---

[1] Bonaparte ne pardonna point à Hortense d'avoir accepté ce titre des Bourbons.

de son salon et de la cour des Bonaparte. On accourait en foule chez elle; tout ce qu'il y avait de jeune dans le bonapartisme venait s'y retremper; on y faisait des caricatures fort spirituelles, des couplets acerbes; on attaquait le gouvernement par le côté le plus respectable, la vieillesse. L'impérialisme, jeune alors, secouait ces têtes blanchies qui rêvaient follement un passé impossible.

Dans les salons railleurs de madame de Saint-Leu et de M. Maret fut arrêtée l'idée d'une publication fort retentissante alors, qui a perdu aujourd'hui le charme même de la lecture; c'était le *Nain Jaune*, paraissant tous les trois jours sous la simple prétention d'un journal de théâtre. La censure existait sur les feuilles périodiques : le *Nain Jaune* y fut soumis, mais telle était l'incapacité de ceux qui la dirigeaient que le *Nain Jaune* put tout dire [1]; si l'on respectait le roi par l'expression, on attaquait ceux qui l'avaient amené; le *Nain Jaune* inventa le fameux ordre de l'*Éteignoir* avec lequel on put jeter le ridicule sur tout ce qu'il y a de plus sacré, la royauté et la religion; on se moqua des prêtres, on mit sous l'éteignoir tout ce qui était pouvoir et hiérarchie. Sous le prétexte d'attaquer seulement les journaux et le théâtre, le *Nain Jaune* fit passer dans une caricature fort spirituelle toutes les feuilles en revue; il appelait la *Quotidienne* du titre de *Nonne Sanglante*, il donna au *Journal Royal* les épithètes les plus odieuses; les allusions étaient saisissantes. Ainsi est faite l'opinion étroite de la censure; elle sévira contre des niaiseries et laissera passer des monstruosités, pourvu que l'esprit les déguise.

Plus vive et plus mordante qu'un pamphlet parut aussi la moqueuse chanson de M. de Béranger, *le Mar-*

---

[1] M. Harel était un des principaux rédacteurs du *Nain Jaune*. M. Maret le fit préfet dans les Cent Jours.

quis de Carabas ; elle dénonçait la Restauration comme le triomphe du vieux régime. Qu'ils devaient être heureux les enfants de la Révolution, lorsqu'en chœur ils entonnaient sur l'air du *Roi Dagobert* les strophes de M. de Béranger : « Ce marquis qui traitait la France de peuple conquis, ramené vers son vieux castel sur son coursier décharné ! Chapeau bas ! gloire au marquis de Carabas ! » M. de Béranger rappelait toutes les idées qui pouvaient faire impression sur les masses émues ; il opposait les vilains aux nobles, la féodalité du moyen âge à la forte et jeune civilisation : « La marquise avait le tabouret, le gentilhomme seul avait ramené le roi, son fils devait être évêque un jour ; son aîné, le baron, voulait avoir des croix, il en aurait trois ; un gentilhomme ne devait aucun impôt, et pouvait dire son fait ua préfet ; il croyait sa maison plus noble que celle du roi ; le curé, pour faire son devoir, devait remplir pour lui son encensoir ; les prêtres allaient lever la dîme, le peuple porterait le bât féodal, et les tendrons subiraient le droit du seigneur. Chapeau bas, chapeau bas ! gloire au marquis de Carabas ! »

Ces refrains étaient entonnés en chœur dans les cafés, dans les lieux publics, par les officiers à la demi-solde, et même par de jeunes hommes en activité de service. Madame Junot cite dans ses *Mémoires*, comme un trait de vaillance, une mascarade faite en plein jour, au café Tortoni, par le colonel Jacqueminot et deux officiers, comme lui fort impérialistes ; ils se costumèrent en vieux marquis maigres et efflanqués, et demandant, pour trois, une demi-tasse de café, ils y trempèrent modestement leur pain ; et puis, en chœur, ils entonnèrent le chant de M. de Béranger : « Gloire au marquis de Carabas ! » Ainsi était alors l'esprit de l'armée ; elle s'oubliait à ce point d'insulter la misère du pauvre émigré que la Révolution avait dépouillé de sa fortune, et revenu dans la patrie un bâton blanc à la main. Hélas! il faut bien le dire aussi, les prétentions ridicules de quelques ardents royalistes ne donnaient que trop de prise à ces insultes que les forts jetaient au malheur.

Les officiers réformés avaient conservé des rapports avec leurs régiments; ils visitaient les casernes, leur rappelant l'aigle, le drapeau tricolore, les épithètes familières de Napoléon. Déjà avaient paru des symboles qui annonçaient un bien prochain événement : on désignait l'Empereur sous le nom du *Père la Violette*, du *Petit Caporal*; et de vieux soldats répétaient : « que bientôt il paraîtrait sur la Seine, pour chasser à coups de fourche ces prêtres et ces émigrés qui avaient insulté la gloire nationale; » des affiliations mystérieuses dominaient les régiments; la nouvelle en venait de partout. Évidemment un complot se préparait, quel en serait le but, la pensée? Il y avait dans l'armée ce frémissement précurseur des révolutions; jamais peut-être une intelligence plus grande n'avait existé entre les officiers et les soldats. Le maréchal Soult, ministre de la guerre, signalait cet esprit [1]; la fermentation était plus grande dans la garde, qu'on avait éloignée de Paris, pour tenir garnison à Metz et dans les places du Nord; elle envoyait des officiers et des sous-officiers déguisés, afin d'annoncer bientôt l'avènement du *Père la Violette* et le retour de la gloire; on gardait la cocarde tricolore au fond de son schako, l'aigle dans sa giberne; le drapeau blanc, qui partout avait conquis à la France sa position en Europe, le drapeau de Henri IV et de Fontenoy, était un sujet de

[1] Le maréchal Soult se comporta d'une loyale et ferme manière dans son ministère de la première restauration.

risée; l'armée formait comme un corps à part, et ce fut à cette époque que les généraux Lefebvre-Desnouettes, Lallemand et Drouet essayèrent le plan d'une révolution par l'armée, contre la maison de Bourbon. Ce complot se rattachait moins à Napoléon qu'au parti patriote alors dirigé par Fouché; il est certain que le général Lallemand agissait par l'impulsion d'une main inconnue qui n'était pas Bonaparte. Ce complot était dans la tête de Fouché; il rêvait, je le répète, un mouvement militaire qui entraînerait l'armée à prendre le drapeau tricolore; une fois le mouvement accompli, on verrait au profit de qui on le dirigerait; tout était possible : garder Louis XVIII avec des conditions, s'entendre avec Bernadotte, Eugène Beauharnais ou avec M. le duc d'Orléans; la branche cadette des Bourbons s'assurait déjà dans l'armée un parti puissant, qui avait son origine dans la primitive fraternisation militaire de Jemmapes et de Valmy : le maréchal Jourdan, M. de Valence étaient mêlés à toutes ces négociations, et peut-être le général Drouet, dont le nom originaire se liait aux événements de 1792, n'était-il pas sans quelque engagement positif. Avant tout, il fallait remplacer l'ordre de choses; le général Lallemand, le plus avancé dans les idées de Fouché[1], avait une femme spirituelle, active comme une créole, liée avec toutes les femmes du parti bonapartiste, mesdames Junot, Maret, Ney; il ne fut pas difficile de mettre dans ce parti les généraux Desnouettes

---

[1] Le général Lallemand était lié au parti patriote de Fouché; il fallut beaucoup agir auprès de Napoléon dans les Cent Jours pour le décider à une récompense pour lui. « On devait exciter une insurrection parmi les troupes; Desnouettes, à la tête d'un régiment de cavalerie, devait proclamer dans Paris la République et la chute des Bourbons, qui devaient être arrêtés en cas de résistance. Il est certain qu'au commencement du mois de mars, on avait distribué plusieurs milliers d'avertissements portant que le roi serait détrôné et la république établie. Le jour de ce grand événement était fixé au 13 mars. »

et Drouet, qui portaient au cœur les patriotiques souvenirs et les idées de 1789. L'origine et le principe de ce mouvement devait être la garde, qui fraterniserait avec les régiments de ligne pour marcher sur Paris.

On déguisait sous le prétexte d'une révolution ministérielle ce mouvement prétorien. Il s'agissait, disait-on, de renverser les ministres plus encore que le roi ; on reprendrait le drapeau tricolore, sauf à s'entendre après sur le sort de la famille des Bourbons. De plus sinistres projets étaient conçus par les Jacobins, ils ne s'en cachaient pas ; ceux qui avaient justifié le régicide pouvaient tout oser ; l'armée entière devait suivre l'impulsion de la garde ; presque tous les officiers étaient dans le complot, on ne déguisait plus rien à Paris, quelques uns des plus ardents manifestaient haut leur haine contre Louis XVIII. Nul ne pouvait refuser au général Excelmans de la loyauté ; mais il avait un caractère impétueux, ardent, qui avait compromis plus d'une fois l'armée, tout en s'exposant lui-même ; la conduite qu'il tenait à Paris se rattachait évidemment au complot militaire contre les Bourbons. Le maréchal Soult, si ferme, si puissant, organisateur de discipline, lui ordonna, en qualité de ministre de la guerre, de quitter Paris ; le général Excelmans refusa, il menaça même de faire une résistance par la force à cette mesure coërcitive ; avec Napoléon, il n'aurait pas ainsi agi ; quand on est à la face d'un gouvernement faible, que ne peut-on oser ? Traduit devant un conseil de guerre, mollement poursuivi, il fut acquitté, et ce jugement devint un véritable triomphe de parti. On put juger dès lors que le gouvernement n'était plus maître de l'armée ; car, lorsqu'on en est réduit à ne pouvoir obtenir une condamnation contre un subordonné qui vous brave et conspire, tout est perdu, et la Révolution est faite. Alors on vit des officiers se vanter de ne plus porter la décoration de la Légion d'honneur avec l'effigie de Henri IV, et d'autres fouler aux pieds les fleurs de lys de la vieille monarchie.

Ce complot de l'armée était-il indépendant de Napoléon? Cette armée aurait-elle agi sans lui, comme elle agit avec lui et par lui? Ici, il faut bien distinguer : au commencement de 1815, un grand mécontentement existait parmi les patriotes, les acquéreurs de biens nationaux, et ceux-ci pouvaient rêver une révolution sans l'arrivée de Bonaparte, qu'ils détestaient tout aussi bien que les royalistes. Mais l'armée, le parti bonapartiste à proprement parler, les salons de madame Hamelin, de MM. Lavalette et Maret, travaillaient évidemment pour l'Empereur; ils ne voyaient de succès dans un complot qu'avec ce grand nom, c'était le drapeau de ralliement. Le soldat ne comprenait que Napoléon; la République était pour lui une idée historique; on avait vu la pourpre de l'Empereur, pourquoi demanderait-on les faisceaux consulaires ou toute autre forme républicaine?

Sous le point de vue militaire, la conspiration fut spécialement bonapartiste : dès 1814, on voit des émissaires se rendre secrètement à l'île d'Elbe pour porter des paroles et recevoir des indications ou des ordres; un empire comme celui de Napoléon ne tombe pas sans laisser des dévouements qui facilitent les complots; qu'est-ce que la vie pour les âmes qui aiment? On communiquait avec l'île d'Elbe librement; de jeunes hommes, des auditeurs au conseil d'État, des officiers de l'armée y parvinrent sous des déguisements[1]. Quelques-uns ont écrit les périls et les fatigues de leur voyage; presque tous recevaient des

---

[1] Voyez dans M. Fleury de Chaboulon le récit qu'il a attribué à un officier mort à Waterloo.

communications de M. Maret, de M. Lavalette ; ils passaient par Naples ou à travers les montagnes de la Toscane ; leur fidélité était à toute épreuve ; on n'écrivait pas, mais on faisait jouer ce télégraphe de la pensée et du cœur qui se comprend à merveille. Sous prétexte de réformer par économie les officiers et les soldats de sa garde, Napoléon en envoya beaucoup sur le continent ; ceux-ci, émissaires secrets, pénétraient dans les casernes, donnaient de bonnes nouvelles à tous de leur Empereur, ils saluaient les vieux prétoriens au nom de César ; «que faisait-il donc cet Empereur? ses enfants l'appelaient, ne viendrait-il pas? allait-il renoncer à la vie active pour l'existence de l'histoire?» Ainsi, l'on s'exaltait, l'on s'enthousiasmait.

A l'île d'Elbe, Napoléon jouait un rôle de renoncement aux grandes choses pour se renfermer dans la vie exclusivement privée. L'ardeur que naguère il avait apportée à la conquête de l'Europe, il l'appliquait à la culture et à l'amélioration de sa nouvelle résidence[1]. Dans le principe, peut-être secoua-t-il les poignantes empreintes de l'ambition ; mais à mesure que les événements marchaient, de nouveaux projets roulaient dans sa tête, et il ne s'occupa plus d'embellir l'île d'Elbe que pour cacher ses véritables desseins sur la France. Des émissaires fréquents vinrent à Porto-Ferrajo ; le commerce fournissait des relations faciles ; les rapports de l'île avec

---

[1] Voici une notice véritablement pastorale sur le séjour de Bonaparte à l'île d'Elbe.

« Jamais Sa Majesté ne se refusa aux désirs de ses bons Elbois, toutes les fois qu'ils lui montraient à découvert leur âme franche et naïve. Comme les peuples d'Italie, c'est la coutume chez eux de faire des courses de chevaux du pays, et que l'on se figure quels chevaux ! Les habitants élevèrent un jour une espèce d'amphithéâtre sur la route de Porto-Ferrajo à Saint-Martin. Ils attendirent l'Empereur, le supplièrent de présider à leurs jeux, d'occuper avec sa suite les places qu'ils avaient embellies pour lui de fleurs et de feuillages. Sa Majesté assista à toutes les courses, et couronna de sa main le vainqueur.

« Les soldats de la garde dirigeaient de

l'Italie, les côtes du Var, la Toscane, Naples, favorisaient le libre passage des hommes et des dépêches ; Napoléon se confirma dans l'idée d'un retour possible en France, l'objet de son désir. L'ennui le saisissait au cœur sur ce rocher stérile ; il avait repris sa correspondance avec Murat ; il suscitait des craintes dans l'âme facile de Joachim. Pauline Borghèse vint visiter son frère, et madame Lætitia après elle accourut consoler son fils ; et ces deux femmes l'entretinrent peut-être dans des idées de retour et de triomphe. Une visite mystérieuse vint aussi affermir les idées de Napoléon : la dame polonaise qu'il avait aimée dans les jours de mollesse qui précédèrent les funérailles de Prussich-Eylau débarqua dans l'île d'Elbe, et les souvenirs de la grande campagne de Prusse enflammèrent sans doute encore son imagination.

Une police un peu attentive aurait pu savoir tout ce qui se disait entre l'Empereur et les émissaires; officiers de l'armée, confidents intimes de M. Maret, jeunes auditeurs de la duchesse de Saint-Leu, tous accouraient à l'île d'Elbe ; et l'Empereur était l'homme le mieux informé de tout ce qui se passait à Paris et dans l'intérieur de la France. L'art de dissimuler était profond chez lui : dans ses causeries publiques, il se posait comme un homme dont le temps était fini ; il discutait de sang-froid les actes du gouvernement de Louis XVIII. Lorsqu'un étranger, un Anglais surtout, venait à passer dans

---

préférence leurs promenades du côté de la maison de campagne de Sa Majesté. Aux temps des vendanges, ils parcouraient les coteaux, et s'informaient auprès des paysans à qui les vignes appartenaient. — « A l'Empereur. — A l'Empereur ? ah bien ! ce sont les nôtres ; » et ils vendangeaient galment à leur place.

« Ce qui a été entrepris et achevé de travaux pendant dix mois est inconcevable. Le palais de l'Empereur à Porto-Ferrajo était situé sur un rocher, entre le fort Falcone et le fort de l'Étoile, dans le bastion des Moulins. A son arrivée, il consistait en deux pavillons principaux qui servaient de logement aux officiers supérieurs du génie et de l'artillerie. L'Empereur fit décorer l'intérieur des deux pavillons, et

l'île, il aimait à causer avec lui, jetant quelques éloges adroits à la marine et à l'armée britannique, afin de gagner l'estime de ce peuple ; il parlait de Louis XVIII comme l'histoire devait en parler. Dans ses entretiens avec lord Ebrington, dans ses conversations avec le colonel sir Neil Campbell, c'est toujours le même langage ; il déclame contre le gouvernement représentatif : « avoir deux chambres en France, c'est ridicule ; imiter le parlement d'Angleterre, c'est puéril ; où trouver une chambre des communes qui ne sera pas servile ou turbulente? » S'il paraît respecter le roi Louis XVIII, il parle mal des Bourbons en général, des émigrés, des fautes qu'ils ont commises ; « ils n'en ont pas pour trois mois. Quant à lui, il demande qu'on le laisse tranquille, sa vie politique est terminée. »

Le curieux récit que lord Ebrington a fait de son entrevue à l'île d'Elbe peut donner la mesure de la situation d'esprit de Napoléon ou au moins de ce qu'il voulait faire croire à l'Europe : « Ce fut le 6 décembre 1814, a huit heures du soir, dit le noble lord, heure indiquée par la lettre de rendez-vous que le grand-maréchal m'avait adressée, que je me présentai au palais de Porto-Ferrajo. Je fus introduit dans la pièce où se trouvait l'Empereur. Il me fit d'abord quelques questions sur moi, sur ma famille ; puis s'interrompant vivement, il me dit : « — Vous venez de la France ; dites-moi

---

relever le corps de logis qui les réunissait. Ce fut lui qui donna les plans, arrêta les distributions intérieures, régla jusqu'aux détails, jusqu'à la forme des ornements d'une superbe salle qui tenait tout le milieu. De ces fenêtres, il dominait tellement le pays qu'il voyait tout ce qui se passait dans la ville, et qu'aucun bâtiment, quelque petit qu'il fût, ne pouvait entrer dans le port sans qu'il l'aperçût. Cette salle faisait partie des appartements destinés à la princesse Pauline, au premier étage. Sa Majesté occupait le rez-de-chaussée.

« Madame-mère avait une maison particulière dans la ville.

« De vieilles masures entouraient le palais, elles furent démolies ; les rochers furent aplanis, les moulins disparurent.

franchement, sont-ils contents? » — « Comme cela, répondis-je. » — « Cela ne peut pas être autrement, reprit-il, ils ont été trop humiliés par la paix. La nomination du duc de Wellington au poste d'ambassadeur a dû paraître injurieuse à l'armée, ainsi que les attentions particulières que le roi lui témoigne. Si lord Wellington fût venu à Paris comme voyageur, je me serais fait un plaisir d'avoir pour lui les égards dus à son mérite; mais je n'aurais pas été content que vous me l'envoyassiez comme ambassadeur. Il aurait fallu aux Bourbons une femme jeune, jolie et spirituelle pour captiver les Français; c'eût été l'ange de la paix. Ils ont laissé trop prendre d'influence aux prêtres, et l'on m'a dit que le duc de Berry avait dernièrement fait bien des fautes. La meilleure chose pour l'Angleterre eût été le partage de la France; mais tandis que vous lui avez laissé tous les moyens de redevenir formidable, vous avez en même temps humilié la vanité de tous les Français et produit des sentiments d'irritation qui, s'ils ne peuvent pas s'exercer dans quelque contestation extérieure, produiront, tôt ou tard, une révolution ou la guerre civile. Au reste, ajouta-t-il, ce n'est point de la France que l'on me mande tout cela, car je n'ai de nouvelles que par les gazettes ou par les voyageurs. Mais je connais bien le caractère du Français : il n'est pas orgueilleux comme l'Anglais, mais il est beaucoup plus glorieux. La vanité

L'un des deux longs bâtiments qui servaient de logement aux officiers masquait la vue; il fut rasé jusqu'à la hauteur de la terrasse construite devant le château. La partie inférieure fut voûtée, et servit ainsi à augmenter les dimensions de cette terrasse, qui, quoique irrégulière par la disposition du terrain, se trouva former alors une place d'armes suffisante pour y ranger deux bataillons et les passer en revue.

« Non loin du château, une caserne depuis longtemps abandonnée devint, embellie par ses soins, tour à tour salon de réception, salle de bal ou de spectacle ; et les officiers de la garde, les dames d'honneur des princesses y représentèrent une fois *les Fausses Infidélités* et *les Folies amoureuses.* »

est pour lui le principe de tout, et sa vanité le rend capable de tout entreprendre. Les soldats m'étaient naturellement attachés, j'étais leur camarade. J'avais eu des succès avec eux, et ils savaient que je les récompensais bien ; ils sentent aujourd'hui qu'ils ne sont plus rien. Il y a maintenant en France 700,000 hommes qui ont porté les armes ; et les dernières campagnes n'ont servi qu'à leur montrer combien ils sont supérieurs à leurs ennemis. Ils rendent justice à la valeur de vos troupes, mais ils méprisent tout le reste. ».

Napoléon s'adressait ici adroitement à la vanité anglaise. Le noble lord fit quelques observations sur l'aggrandissement excessif du système militaire sous l'Empire, et Napoléon se hâta de répondre : « La conscription produisait environ 300,000 hommes ; je n'en prenais guère plus de la moitié. Aucune classe n'était exempte ; les plus hautes trouvaient des remplaçants au prix de 4,000 francs. Les gens des classes inférieures sentiront maintenant que tous les soldats sortent de leurs rangs, sans avoir les mêmes chances d'avancement que sous moi. Au surplus, tout en ménageant le peuple, je favorisais aussi les jeunes gens des hautes classes qui voulaient servir ; je sais qu'il est dur pour un gentilhomme d'être mis au lit avec un soldat, c'est pour cela que j'avais établi des corps d'élite, tels que les gardes d'honneur. J'ai toujours désiré de rétablir les familles nobles dans leur lustre primitif, et j'avais dans mon armée beaucoup de jeunes gens de l'ancien régime qui se sont bien conduits; j'en avais aussi plusieurs attachés à ma cour ; mais à cet égard j'étais obligé d'agir avec beaucoup de circonspection ; car, toutes les fois que je touchais cette corde, les esprits frémissaient comme un cheval à qui on serre trop les rênes. La France avait besoin d'une aristocratie ; il fallait pour la constituer du temps et des souvenirs qui se rattachassent à l'histoire. J'ai fait des princes, des ducs, et je leur ai donné de grands biens; mais je ne pouvais en faire des gentilshommes, à cause de la bassesse de leur origine : pour remédier à cela je cherchais, autant que possible, à les allier par des mariages aux anciennes familles; et si les vingt ans que je demandais pour la grandeur de la France m'eussent été accordés, j'aurais fait beaucoup; malheureusement le sort en a disposé autrement. Le roi devrait suivre la même marche que moi, au lieu de tant favoriser ceux qui ont été, pendant vingt ans, enterrés dans les greniers de Londres. Je n'ignore pas qu'un roi peut avoir des amis comme un autre homme; mais il faut agir selon les circonstances; et après tout, Paris vaut bien une messe. En Angleterre, le prince peut suivre ses inclinations personnelles en nommant les officiers de sa cour, parce qu'il ne constitue qu'une partie du gouvernement. Il peut être malade, même un peu fou, et les affaires n'en vont pas moins leur train, puisqu'elles s'arrangent entre le ministère et le Parlement. En France, le roi est la source de tout, et on attache la plus grande importance à ses plus petites actions. Il est comme dans un palais de cristal, et tous les yeux sont tournés vers lui. Je considère votre chambre des pairs comme le grand boulevard de l'Angleterre; sa constitution serait bientôt culbutée s'il existait des éléments pour faire une autre chambre des pairs égale, sous tous les rapports, à la première. Mais, en France, je leur ferais quarante chambres des pairs aussi bien que celle qu'ils ont. Elles n'en seraient pas moins sans puissance. »

Il y avait une haute et grande appréciation dans ce point de vue d'aristocratie; Napoléon éprouvait la nécessité de constituer cet élément, il manquait en France,

L'Empereur avait lu la plupart des pamphlets publiés depuis son abdication : « Il y en a qui m'appellent un traître, un lâche ; mais les Français savent bien que je ne suis ni traître, ni lâche. Le parti le plus sage pour les Bourbons serait de suivre, à mon égard, la même règle que j'ai suivie par rapport à eux, de ne pas souffrir qu'on parlât de moi ni en bien ni en mal. » Lord Ebrington lui demanda ce qu'il pensait de l'empereur Alexandre : « C'est, répliqua-t-il, un véritable Grec du Bas-Empire, on ne peut se fier à lui. Il a pourtant de l'instruction et quelques idées libérales ; mais il est si léger, si faux, qu'on ne peut savoir si les sentiments qu'il débite sont sincères, ou si, par un sentiment de vanité, il cherche à se mettre en contraste avec sa position. Je me rappelle que nous eûmes une discussion sur les différentes formes du gouvernement ; Alexandre se prononça pour la monarchie élective. J'étais d'un sentiment tout contraire, car qu'est-ce qui est propre à être élu ? Un César, un Charlemagne, dont on ne trouve pas un par siècle ; de manière que l'élection est, après tout, une affaire de hasard, et la succession vaut mieux que les dés. » (Ici Napoléon donna quelques détails sur son séjour à Tilsitt.) L'empereur d'Autriche a moins de capacité qu'Alexandre, mais plus d'honnêteté ! Je me fierais à lui bien plus qu'à l'autre ; et s'il me donnait sa parole de faire telle ou telle chose, je serais persuadé qu'au moment de la donner il aurait l'intention de la tenir. Quant au roi de Prusse, ses connaissances militaires ne dépassent guère celles d'un caporal. Des trois c'est incontestablement le moins spirituel. L'archiduc Charles est un esprit médiocre, qui, cependant, dans deux ou trois circonstances a fait preuve de talents. »

Ainsi s'exprimait Napoléon dans ses loisirs de l'île

d'Elbe selon ses idées, ses souvenirs, ses ressentiments, de manière à flatter la vanité anglaise. Au reste, il se posait toujours comme un homme fini ; il ornait son petit palais, traçait de grandes routes, ou changeait le nom de Porto-Ferrajo en celui de Cosmopolis, parce qu'il voulait en faire la ville du monde (toujours des idées de grandeur !).

Les choses paraissent si paisibles que le général Koller, commissaire autrichien, ne croit plus sa présence nécessaire; il prend congé du souverain, il quitte l'île d'Elbe; Napoléon l'embrasse, il lui recommande avec les plus grandes instances de lui amener promptement Marie-Louise et le roi de Rome, comme s'il était sans esprit de retour : « il leur prépare un palais dans l'île, avec de beaux jardins pour tous deux; il espère de meilleurs jours dans la vie de famille. » Le général Koller le quitte, et pendant ce temps le colonel Campbell se montre très large dans ses rapports avec Napoléon; sa mission n'est pas de le surveiller, il reste auprès de lui comme ministre plénipotentiaire ; sir Campbell passe incessamment de Livourne à Porto-Ferrajo, et il croit reconnaître qu'on est aise de ses absences ; on l'exclut de la présence de l'Empereur, on se cache de lui ; il peut, il doit s'apercevoir que quelque chose se trame : on achète des armes à Livourne ; il vient incessamment des émissaires de la Toscane, de Rome, de Naples ; sous prétexte de congé, Napoléon a renvoyé 300 de ses grenadiers de l'île d'Elbe; ils ont pour mission de préparer l'armée à son retour.

Tout Porto-Ferrajo est instruit que Napoléon doit partir, c'est le bruit public[1] : « Où va-t-il ? quelle est la

---

[1] Les Bourbons mettaient tant d'insouciance à garder l'île d'Elbe, qu'ils retirèrent même la croisière française ; quelques frégates n'y étaient plus que pour la forme.

destination de son drapeau? On ne prépare pas une expédition de 1,200 hommes, on ne les tient pas prêts à partir, sans que les nouvelles circulent dans une île de quelques lieues de tour, et ici se présentent plusieurs questions historiques : à quelle époque Napoléon conçut-il le dessein de ressaisir le sceptre et la couronne? qui le détermina à tant hâter son départ? enfin, une ou plusieurs puissances fermèrent-elles les yeux pour le laisser traverser le canal de Piombino et la Méditerranée? L'esprit de retour était de vieille date, Napoléon en signant le traité de Fontainebleau ne renonça que passagèrement à ses espérances de ressaisir la couronne. Il baissa la tête devant l'orage pour attendre des jours meilleurs; il ne déguisa cet esprit de retour ni à M. Maret, ni à ses confidents les plus intimes. Si extérieurement il manifestait un dégoût de la couronne, une fatigue de régner, ce n'était là qu'une manière de voiler son âme, de déguiser ses desseins; il parlait en philosophe, il agissait comme César, tout prêt à ressaisir le pouvoir à la première circonstance; il ne cessa pas un seul moment d'être en correspondance avec le parti puissant qui minait le gouvernement de la Restauration.

S'il précipita son dessein de retourner en France, c'est qu'il reçut deux sortes d'avis, l'un par la voie de Paris, l'autre par celle de Vienne. A Paris on lui écrit de hâter son retour, s'il ne voulait pas voir éclater un mouvement qui se ferait sans lui. Le parti patriote conspirait contre Louis XVIII, l'armée était décidée; il y aurait une révolution : s'il n'était pas présent à Paris, elle se ferait au profit de tout autre, Bernadotte, Eugène ou le duc d'Orléans. Le nom de l'Empereur était cher aux soldats, mais il fallait qu'il se hâtât de venir, s'il ne voulait pas qu'un autre prît sa place. D'ailleurs, le passage serait fermé à la flotte au premier avis, et dès lors la France lui échappait. Napoléon n'ignorait pas non plus ce qui se passait à Vienne; il était en correspondance avec Murat, et par les ambassadeurs napolitains, le prince Campo-Chiari et le prince Carriati, il savait qu'on avait résolu de l'enlever de l'île d'Elbe pour le transporter à Sainte-Hélène; on lui écrivait aussi les dissidences des cabinets, et peut-être encore l'imminence d'une guerre : « en ce cas, il fallait agir promptement, l'Europe ne serait pas en mesure de lutter contre lui; on lui donnerait le temps d'armer, et alors il ne craindrait plus personne; à Vienne, on était trop préoccupé pour songer à lui. » Tel était l'avis de ses émissaires; ils ne se trompaient que sur un seul point, c'est que le retour de Napoléon en France allait apaiser tous les différends : les cabinets ne formeraient plus qu'une ligue, car tous le redoutaient également.

Voici maintenant un grand doute : n'y eut-il pas complicité au moins de l'Angleterre dans le retour de Napoléon? Aucun indice positif ne reste; mais il est certain que l'Angleterre ne vit pas ce retour sans une certaine joie; les débats à Vienne prenaient une tournure qui ne plaisait point à lord Castlereagh; il fallait un grand trouble pour donner cours à de nouvelles idées, pour enlever à chacune des puissances quelques-unes de leurs prétentions. On ne songerait plus aussi vivement à la Saxe, à la Pologne, à l'Italie, lorsqu'on verrait Napoléon, une fois encore, maître du trône de France; l'Angleterre, qui avait été la puissance absorbante en Europe pendant toute l'époque impériale, voyait trop grandir la Russie; elle devait ressaisir le premier rang, et pour cela une lutte avec Napoléon était peut-être indispensable. Toutes ces causes peuvent faire croire que les croisières fermèrent les yeux sur le passage de Bonaparte; le colonel Campbell était à Livourne, une dame célèbre y donna un bal le jour même du départ de Napoléon, évidemment pour tromper la surveillance. «D'ailleurs, répétait l'envoyé anglais, Bonaparte est souverain, il peut agir et se mouvoir comme bon lui semble; les escadres ne pouvaient l'arrêter, le pavillon de l'île d'Elbe n'était-il pas indépendant?» Si l'on fut complice, il y eut une haute et fatale pensée politique de l'Angleterre; si l'on fut négligent, on eut pour excuse la souveraineté de Napoléon. Ce n'était pas un captif, mais un Empereur.

CHAPITRE VI.

DÉBARQUEMENT DE NAPOLÉON. ITINÉRAIRE JUSQU'A GRENOBLE.

Préparatifs de l'embarquement. — Ordres secrets de l'Empereur. — La traversée. — Rédaction des proclamations et décrets. — Le golfe Juan. — Le champ d'oliviers. — Premier campement. — Antibes et le général Corsin. — Esprit du pays que traverse l'Empereur. — Les montagnards. — Marche rapide sur Gap. — Le pont de la Saulce. — Sisteron. — Premières proclamations imprimées. — Émissaires de Bonaparte. — Fermentation à Grenoble. — Défection du colonel Labédoyère. — Le général Marchand. — Le préfet, M. Fourier. — Entrée de Napoléon à Grenoble. — Ses décrets. — Ses conversations avec M. Champollion-Figeac. — Tendance patriotique de ses actes.

26 Février au 10 Mars 1815.

Les premiers jours du mois de février se passèrent à l'île d'Elbe dans la méditation et les préparatifs de l'expédition merveilleuse conçue par l'Empereur, qui hasardait moins qu'on ne le croit généralement dans ses combinaisons politiques ou militaires ; il les réfléchissait longtemps d'avance, en arrangeait tous les éléments de manière à obtenir un succès immanquable. S'il croyait à la fortune et à la destinée, pour lui ce culte avait ses règles; il ne tentait pas le sort sans garanties [1]. Dès qu'il eut décidé son retour en France, il dut examiner naturellement la route qu'il allait suivre jusqu'à Paris, le but de ses pensées, le terme de ses efforts: débarquer en Provence, c'était folie; les haines étaient vives et profondes contre lui dans toutes les terres qui s'étendent de Marseille à Orange. Il pouvait traverser la Toscane, sans doute; mais alors violant la neutralité, il se mettait en guerre avec toute l'Europe; l'Italie d'ailleurs était bien gardée par les Autrichiens.

En feuilletant attentivement les cartes de Cassini village par village, Napoléon choisit lui-même le lieu de son débarquement dans l'un de ces golfes qu'abritent les montagnes des Alpes; de là, il pouvait s'élancer à vol d'aigle sur ces pics agrestes [2] : la plupart des paysans étaient acquéreurs de biens nationaux et plus ou moins compromis dans les jours de la Révolution française; ils étaient, en un mot, ce qu'on appelait des patriotes; il n'éprouverait donc pas d'obstacle jusqu'à Gap; arrivé là, il pouvait marcher sur Grenoble, où se trouvaient des troupes très disposées à saluer le drapeau tricolore. Parfaitement au courant du personnel de l'armée, il avait des états très exacts des officiers [3], aucun ne résisterait à son ascendant, quelques-uns même étaient

---

[1] « Dans un cas comme celui-ci, disait Napoléon, il faut penser lentement et agir vite. J'ai longtemps pesé et considéré très mûrement ce projet. Il est inutile que je vous parle de la gloire et des avantages que nous recueillerons si nous réussissons. Si nous échouons, pour des militaires habitués depuis l'enfance à contempler la mort sous toutes les formes, le sort qui nous attend n'est pas effrayant. Nous y sommes familiers et nous la méprisons, car plus de mille fois nous avons vu en face celle qu'un revers peut nous causer. »

[2] J'ai parcouru en 1834, village par village, tout l'itinéraire de Napoléon de Cannes à Grenoble ; il y a des souvenirs encore présents de son passage.

[3] Voyez les détails sur le séjour de l'île d'Elbe dans le récit de lord Ebrington.

ouvertement dans la conspiration : tel était, par exemple, le jeune et noble colonel Labédoyère, à la tête de son régiment alors à Chambéry. Des émissaires lui furent directement envoyés ; au premier signal il avait promis d'aller joindre les aigles, pour ne plus les quitter qu'à la mort. Les étapes de l'Empereur étaient marquées jour par jour pour arriver jusqu'à Lyon. Ainsi il jouait presque à jeu sûr, connaissant les populations qu'il allait traverser, les régiments que l'on pourrait lui opposer : il n'hésita donc plus, le succès ne dépendait désormais que de l'heureuse traversée de sa petite flottille de l'île d'Elbe à la côte de France.

Le 26 février, à une heure après midi, les troupes de l'île d'Elbe reçurent l'avis de se tenir prêtes ; l'ordre ne portait pas autre chose ; le capitaine du brick l'*Inconstant* reçut aussi un paquet cacheté, qu'il ne devait ouvrir qu'en mer ; tous, officiers et soldats, ignoraient le but de leur destination. S'il y avait de la joie, il y avait aussi de l'inquiétude. Les troupes s'étaient réunies à trois heures sur les quais de Porto-Ferrajo, sous le commandement des généraux Drouot, Cambronne et Bertrand ; peu nombreuses, elles étaient parfaitement composées : 400 grenadiers de la garde qui avaient conservé le vieux costume de la grande armée ; 500 hommes d'infanterie pris dans tous les régiments ; des chasseurs corses, troupes agiles et de montagnes, secrètement recrutés ; 200 flanqueurs, la plupart choisis parmi les habitants de l'île d'Elbe ; enfin 400 chevau-légers polonais, aux costumes brillants, et qui formaient comme l'escorte d'honneur ; en tout 1100 hommes environ, intrépides, et qui tous en partant avaient fait le sacrifice de leur vie dans la plus aventureuse des expéditions. L'Empereur et ses 400 grenadiers s'embarquèrent sur le brick l'*Inconstant*. Napoléon montrait un air calme, confiant et attentif aux moindres accidents, gracieux pour le soldat[1]; les autres troupes de l'expédition se groupaient dans les navires destinés à former le convoi autour du brick de guerre au pavillon impérial. A cinq heures du soir, l'embarquement commença, à sept heures il était fini; l'Empereur fit dire aux habitants : « qu'il allait sur les côtes de Barbarie pour détruire les pirates, qui, de temps immémorial, dévastaient l'île d'Elbe. » En pleine nuit, un coup de canon donna le signal du départ, et la petite flottille se déploya en dehors de Porto-Ferrajo; le temps était calme. A deux lieues en mer, le capitaine de l'*Inconstant* décacheta ses instructions; il vit que la destination de la flottille était pour le golfe Juan, et mit le cap dans la direction de la Provence.

Dès ce moment, il ne fut plus possible de cacher le but que l'Empereur se proposait : « Officiers et soldats de ma garde, s'écria-t-il, nous allons en France! » Et à ces paroles, des cris de *vive l'Empereur!* se firent entendre. L'impression fut momentanément enthousiaste; puis elle devint triste, incertaine; on avait confiance en l'Empereur, mais n'y avait-il pas quelque folie à s'élancer en si petit nombre sur les côtes de France? n'allait-on pas s'exposer à une nouvelle catastrophe comme à Moscou, à Leipsick, en débarquant au milieu d'un peuple qui naguère

---

[1] « Napoléon, en mettant le pied dans son navire, s'était écrié comme César : *Le sort en est jeté!* Sa figure était calme, son front serein; il paraissait moins occupé du succès de son entreprise que des moyens d'arriver promptement au but. Les yeux du comte Bertrand étincelaient d'espérance et de joie; le général Drouot était pensif et sérieux; Cambronne paraissait peu se soucier de l'avenir, et ne s'occupait que de bien faire son devoir; les vieux grenadiers avaient repris leur air martial et menaçant; l'Empereur causait et plaisantait sans cesse avec eux; il leur tirait les oreilles, les moustaches; leur rappelait leurs dangers, leur gloire. »

avait abandonné l'Empereur à sa mauvaise fortune? Jusque-là beaucoup d'officiers croyaient qu'ils allaient à Naples pour seconder la cause de Murat, et cette idée offrait moins de dangers dans son exécution. Enfin, la confiance entière revint, le caractère français prit le dessus; on quittait le séjour monotone de l'île d'Elbe, où l'on avait tant rêvé la France, et c'était quelque chose déjà; pour ces hommes de guerre, mieux valait un danger que l'ennui, et chacun reprit sa gaieté.

Pendant ce temps, l'Empereur, renfermé dans la grande cabine, écrivait des proclamations adressées aux Français et à l'armée. Ces proclamations courtes, belles d'images, devaient porter la date du golfe Juan[1]. S'abandonnant avec toute liberté à ses souvenirs amers, Napoléon commençait par dénoncer au monde la défection d'Augereau, le vieux républicain d'Italie, qui avait tristement insulté l'Empereur déchu; « la défection d'Augereau et de Marmont avait livré la France! » (comme s'il avait été possible de la sauver après Moscou et Leipsick!). Napoléon rappelait avec ostentation le souvenir des grandes journées qui devaient éternellement marquer dans l'histoire; il ne disait pas un mot de son abdication à Fontainebleau; son séjour à l'île d'Elbe, il le considérait comme un exil volontaire; tout ce qui était fait sans la volonté du peuple était nul; ses droits, ceux de sa famille, étaient assurés par le consentement de la

---

[1] *Proclamation au peuple français.*
Au golfe Juan, le 1ᵉʳ mars 1815.

« Français,

« La défection du duc de Castiglione livra Lyon sans défense à nos ennemis; l'armée dont je lui avais confié le commandement était, par le nombre de ses bataillons, la bravoure et le patriotisme des troupes qui la composaient, à même de battre le corps d'armée qui lui était opposé, et d'arriver sur les derrières du flanc gauche de l'armée ennemie qui menaçait Paris.

« Les victoires de Champ-Aubert, de Montmirail, de Château-Thierry, de Vauchamps, de Mormans, de Montereau, de Craonne, de Reims, d'Arcis-sur-Aube et

France, en dehors tout était illégitime ; il fallait à la France un gouvernement de son choix ; nul ne consentirait à recevoir son souverain d'une main étrangère. « Lorsque Charles VII rentra à Paris, ajoutait Napoléon, et renversa le trône éphémère de Henri VI, il reconnut tenir le trône de la vaillance de ses braves, et non d'un prince-régent d'Angleterre. » Ces dernières paroles s'adressaient à Louis XVIII, et faisaient allusion au discours que le roi exilé avait adressé au prince-régent d'Angleterre, comme un témoignage de reconnaissance pour l'appui qu'il lui avait prêté ; l'Angleterre avait le plus fermement soutenu le droit des Bourbons durant la révolution française, et le vieux roi recherchait son alliance. Napoléon, écho du parti militaire et patriote, savait à quelles passions et à quelles idées il s'adressait. Toutefois, ce qui dut vivement frapper les hommes sérieux qui s'associaient à cette expédition aventureuse, c'est que Napoléon ajoutait à son titre d'Empereur des *etc.* qui indiquaient qu'il n'avait point renoncé encore à cet esprit de conquête et d'invasion ; la France ne lui suffisait pas.

Dans sa proclamation spéciale à l'armée, Napoléon parlait un langage plus familier, mieux en rapport avec le soldat ; c'était presque à des camarades que ses paroles s'adressaient ; il revenait sur la trahison des maréchaux Marmont et Augereau, deux hommes sortis de leurs rangs ;

---

de Saint-Dizier, l'insurrection des braves paysans de la Lorraine, de la Champagne, de l'Alsace, de la Franche-Comté et de la Bourgogne, et la position que j'avais prise sur les derrières de l'armée ennemie, en la séparant de ses magasins, de ses parcs de réserve, de ses convois et de tous ses équipages, l'avaient placée dans une situation désespérée. Les Français ne furent jamais sur le point d'être plus puissants, et l'élite de l'armée ennemie était perdue sans doute ; elle eût trouvé son tombeau dans ces vastes contrées qu'elle avait si impitoyablement saccagées, lorsque la trahison du duc de Raguse livra la capitale et désorganisa l'armée. La conduite inattendue

c'était flatter agréablement le sentiment de l'armée que de lui dire : « qu'elle n'avait pas été vaincue, mais trahie. » L'Empereur savait la haine que les soldats avaient pour les royalistes, les émigrés, les gentilshommes qui avaient suivi leur prince en exil (comme si eux-mêmes, soldats de l'île d'Elbe, n'étaient pas des émigrés, seulement dans un autre ordre d'idées). Cette haine du soldat contre les émigrés, Napoléon la rappelait pour obtenir en sa faveur des sympathies. « Cependant il ne voulait plus de conquêtes ; il fallait oublier qu'on avait été les maîtres du monde ; nul ne devait se mêler de nos affaires ; il fallait arracher la cocarde blanche, et arborer la cocarde tricolore, qu'on avait glorieusement portée dans les grandes journées avec les aigles d'Ulm et d'Austerlitz ; les Bourbons étaient les ennemis des gloires nationales, l'étranger nous avait imposé ces princes ; les vétérans de Sambre-et-Meuse, du Rhin et d'Italie étaient traités en rebelles, leurs cicatrices étaient flétries. « Soldats, ajoutait Napoléon, venez vous ranger sous les drapeaux de votre chef ; son existence ne se compose que de la vôtre ; son intérêt, son honneur, sa gloire, ne sont autres que votre intérêt, votre honneur et votre gloire. La victoire marchera au pas de charge ; l'aigle, avec les couleurs nationales, volera de clocher en clocher jusqu'aux tours de Notre-Dame ; vous pourrez montrer avec honneur vos cicatrices ; vous pourrez alors vous vanter de ce que vous

---

de deux généraux, qui trahirent à la fois leur patrie, leur prince et leur bienfaiteur, changea le destin de la guerre. La situation désastreuse de l'ennemi était telle qu'à la fin de l'affaire qui eut lieu devant Paris, il était sans munitions par la séparation de ses parcs de réserve.

« Dans ces nouvelles et grandes circonstances, mon cœur fut déchiré, mais mon âme resta inébranlable. Je ne consultai que l'intérêt de la patrie, je m'exilai sur un rocher au milieu des mers. Ma vie vous était et devait encore vous être utile. Je ne permis pas que le nombre de citoyens qui voulaient m'accompagner partageassent mon sort ; je crus leur présence utile à la France, et je n'emmenai avec moi qu'une poignée de braves nécessaires à ma garde.... »

aurez fait, vous serez les libérateurs de la patrie. Dans votre vieillesse, entourés et considérés de vos concitoyens, ils vous entendront avec respect raconter vos hauts faits, vous pourrez dire avec orgueil : « Et moi aussi je faisais partie de cette armée qui est entrée deux fois dans les murs de Vienne, dans ceux de Rome, de Berlin, de Madrid, de Moscou ; qui a délivré Paris de la souillure que la trahison y avait empreinte. » Honneur à ces braves soldats, la gloire de la patrie ! et honte aux Français criminels, dans quelque rang que la fortune les ait fait naître, qui combattirent vingt-cinq ans avec l'étranger pour déchirer le sein de la patrie[1] ! »

Une certaine grandeur antique dominait dans ces proclamations, habilement rédigées ; œuvre personnelle de l'Empereur, elles durent parler aux soldats et remuer profondément leurs entrailles ; nul ne savait mieux que lui s'adresser aux glorieuses sympathies de l'armée. Ce n'était pas assez, l'Empereur dicta une adresse que les généraux, officiers et soldats de la garde impériale devaient envoyer à leurs camarades à mesure qu'ils avanceraient en France ; c'était le langage familier du soldat au soldat, un style admirablement approprié à l'intelligence et aux passions des camps : « les grenadiers de l'île d'Elbe avaient conservé l'Empereur, et ils le ramenaient à l'armée » ; ils l'annonçaient dans une longue diatribe contre les Bourbons, développement, en langage

---

[1] *Proclamation à l'armée.*
Au golfe Juan, le 1ᵉʳ mars 1815.
« Soldats !
« Nous n'avons pas été vaincus ! deux hommes sortis de nos rangs ont trahi nos lauriers, leur pays, leur prince, leur bienfaiteur.
« Ceux que nous avons vus pendant vingt ans parcourir toute l'Europe pour nous susciter des ennemis, qui ont passé leur vie à combattre contre nous dans les rangs des armées étrangères en maudissant notre belle France, prétendraient-ils commander et enchaîner nos aigles, eux qui n'ont jamais pu en soutenir les regards ? Souffrirons-nous qu'ils héritent du fruit de nos glorieux travaux ; qu'ils s'emparent de nos honneurs, de nos biens ; qu'ils calomnient

soldatesque, des proclamations de l'Empereur; tout ce qui avait été fait sans le consentement du peuple et de l'armée était illégitime : « Soldats, officiers en retraite, vétérans de nos armées, venez avec nous conquérir le trône, palladium de nos droits; et que la postérité dise un jour : Les étrangers, secondés par des traîtres, avaient imposé un joug honteux à la France; les braves se sont levés, et les ennemis du peuple, de l'armée ont disparu, et sont rentrés dans le néant! Soldats, la générale bat, nous marchons, courez aux armes! Venez, venez nous rejoindre, joindre notre Empereur et nos aigles tricolores! » Cette adresse portait les noms des généraux Cambronne et Drouot, et de tous les officiers qui composaient la petite armée. Napoléon fit faire cercle autour de lui, et demanda ceux des officiers et sous-officiers qui avaient la plus belle écriture; on se mit à l'œuvre, plus de cent copies furent rapidement faites; on relisait chaque phrase, on les commentait; elles furent généralement approuvées, car elles répondaient aux espérances des soldats dévoués à la fortune de César.

La navigation ne fut troublée par aucun accident capable de menacer l'avenir de l'expédition. Quand on doubla le cap Saint-André de l'île d'Elbe, le vent faiblit, la mer devint calme; à la pointe du jour on n'avait fait que six lieues, tous commençaient à s'inquiéter : ne serait-il pas prudent de retourner à Porto-Ferrajo? Napoléon ordonna de continuer la route, on était à ce point de

notre gloire? Si leur règne durait, tout serait perdu, même le souvenir de ces immortelles journées; avec quel acharnement ils les dénaturent! ils cherchent à empoisonner ce que le monde admire, et s'il reste encore des défenseurs de notre gloire, c'est parmi ces mêmes ennemis que nous avons combattus sur le champ de bataille.

« Soldats! dans mon exil j'ai entendu votre voix; je suis arrivé à travers tous les obstacles et tous les périls; votre général, appelé au trône par le choix du peuple et élevé sur vos pavois, vous est rendu; venez le joindre... »

tout oser. « Si les bâtiments sont trop chargés, s'écria-t-il, qu'on jette tous les effets à la mer. Le conseil de retourner à l'île d'Elbe est pusillanime, la France n'est-elle pas là-bas à la pointe de nos épées? » Le 27 février, à quatre heures du soir, à la hauteur de Livourne, une frégate parut à cinq lieues sous le vent, portant le pavillon à fleurs de lys; elle fila majestueusement au large. Puis on signala un brick de guerre, le *Zéphir*, qui vint comme en se jouant dans les eaux, parlementer avec le navire qui portait l'Empereur et sa fortune. Le capitaine Andrieux, commandant du *Zéphir*, demanda des nouvelles de Bonaparte, et ce fut l'Empereur lui-même qui répondit : « qu'il se portait à merveille. » Les grenadiers avaient caché leurs bonnets à poil; tous, couchés à plat ventre, laissaient le pont vide pour ne donner aucun soupçon [1].

Le vent continuait à fraîchir, les voiles s'enflèrent dans cette belle mer Méditerranée, admirable bassin où l'eau est si bleue et les vagues si transparentes. Dès le 29 au soir, l'on aperçut les hautes tours d'Antibes [2]; à la vue de la terre, des cris de joie se firent entendre, et Napoléon ordonna une dernière lecture de ses proclamations, en y ajoutant quelques mots pour les soldats des 7e, 8e et 9e divisions militaires, les garnisons d'Antibes, de Toulon et

---

[1] « Cependant l'Empereur donna l'ordre aux soldats d'ôter leurs bonnets, et de se cacher sous le pont, préférant passer à côté du brick sans se laisser reconnaître, et se réservant, en cas de besoin, de lui faire changer de pavillon. A six heures du soir les deux bricks passèrent bord à bord; et leurs commandants, qui se connaissaient, s'adressèrent mutuellement la parole; celui du *Zéphir* demanda des nouvelles de l'Empereur; et l'Empereur lui répondit lui-même, avec le porte-voix, qu'il se portait à merveille.

« La nuit n'avait pas été totalement perdue, car pendant l'obscurité, les soldats et les matelots avaient été mis aux flancs du brick, et l'avaient entièrement repeint, de jaune et gris qu'il était, en blanc et noir, afin d'échapper à l'observation de ceux qui connaissaient le bâtiment. »

[2] On aperçut au loin les côtes d'Antibes. Aussitôt l'Empereur et ses braves saluèrent la terre de la patrie des cris de *vive la France! vive les Français!* et reprirent au même instant la cocarde tricolore. »

de Marseille. A ce moment décisif, on put apprécier le caractère divers des trois lieutenants de l'Empereur, attachés à sa fortune. Le grand-maréchal Bertrand jouait sa vie, plein d'espérance et de joie; le général Drouot était pensif et sérieux ; le général Cambronne remplissait son devoir avec fermeté, mais sans enthousiasme. L'Empereur, les yeux fixés sur une carte, consulta les officiers de marine sur le meilleur point à choisir pour le débarquement; et l'avis unanime fut qu'il fallait éviter la forteresse d'Antibes, aborder près de Cannes, pour de là prendre la grande route de Grasse à travers les montagnes de Provence et du Dauphiné.

Lorsque le voyageur suit la belle route de Fréjus à Nice, il trouve, à deux postes, la petite ville de Cannes, riche de ses vins et de ses haras ; comme dans la campagne de Civitta-Vecchia à Rome, les bords de la Méditerranée vers Nice offrent des champs agrestes où les chevaux bondissent en liberté; là, se trouve un petit golfe abrité par les îles Sainte-Marguerite, et qui porte le nom de Napoule ou de Juan; tout à côté s'élèvent des forêts d'oliviers, bordures grisâtres qui se mêlent à l'oranger sur toute la rivière de Gènes. C'est vers cette côte isolée et d'un abord facile que Napoléon résolut de débarquer. La flottille si légère sous l'escorte du brick de guerre entra voiles déployées, le 1er mars, à 5 heures de l'après-midi, dans le golfe Juan [1]; Napoléon jeta immédiate-

---

[1] « Le 1er mars, à trois heures, en entra dans le golfe Juan. Le général Drouot, et un certain nombre d'officiers et de soldats, montés sur la felouque la *Caroline*, abordèrent avant l'Empereur, qui se trouvait encore à une assez grande distance du rivage. Au même moment, ils aperçurent à la droite un gros navire, qui leur parut (à tort) se diriger à toutes voiles sur le brick ; ils furent subitement saisis de la plus violente inquiétude ; ils allaient et venaient, témoignant, par leurs gestes, leurs pas précipités, l'émotion et la crainte dont ils étaient agités. Le général Drouot ordonna de décharger la *Caroline* et de voler à la rencontre du brick. En un instant, canons, affûts, caissons, bagages, tout fut jeté sur le sable ; et déjà les grenadiers et les braves marins de la garde faisaient force de rames, lorsque des acclamations, parties

ment une avant-garde pour sonder le terrain et voir si aucun obstacle ne s'opposait au campement de l'expédition; conduites par le général Drouot, les troupes débarquèrent sans résistance. L'Empereur aborda quelques instants après dans le canot du brick : les marins attachèrent leur frêle embarcation à un pied d'olivier, ce qui fut d'un bon présage ; l'Empereur, qui croyait aux fatalités, comme tous ceux qui ont une grande destinée, le fit remarquer aux généraux et aux soldats « Cela nous portera bonheur [1]. » Dans la soirée des bivouacs furent établis par cette petite troupe, comme la veille des grandes journées d'Austerlitz et de Wagram ; Napoléon dissimulait son inquiétude par des paroles vives, spirituelles, par ces mots qu'il savait si bien dire, ces jugements qu'il savait si bien porter ; jamais il ne fut plus familier dans ses rapports intimes avec les soldats ; il avait besoin d'eux, il les caressait ; quelle ne devait pas être sa force d'âme quand il jetait ainsi sa destinée au vent ?

L'expédition était tout entière en péril ; une tentative d'embauchage venait d'échouer ; l'avait-on trompé ? Dès son débarquement, son coup d'œil militaire lui avait signalé la place d'Antibes, comme la première

---

du brick, vinrent frapper leurs oreilles et leurs regards éperdus : c'était l'Empereur. Soit prudence, soit impatience, il était descendu dans un simple canot. Les alarmes cessèrent, et les grenadiers, les bras tendus vers lui, l'accueillirent au milieu des plus touchantes démonstrations de dévouement et de joie. A cinq heures il mit pied à terre. Je lui ai entendu dire qu'il n'éprouva jamais une émotion aussi profonde. »

(*Récit de M Fleury de Chaboulon.*)

[1] « Les chevaux avaient été débarqués un peu plus bas, de sorte que le bivouac ayant été levé, Napoléon et sa suite se rendirent à pied en cet endroit. L'Empereur marchait seul, et il interrogea quelques paysans qu'il rencontra. Jermanousky et les autres généraux suivaient, chacun portant sa selle. Lorsqu'on arriva aux chevaux, le grand-maréchal Bertrand refusa d'en prendre un : il dit qu'il marcherait. Drouot suivit son exemple. Cambronne et Molat furent montés. L'Empereur donna alors au colonel Jermanousky quelques poignées de napoléons, et lui dit d'acheter des chevaux pour l'usage du moment. Le colonel en acheta quinze aux paysans, sans marchander ; ils furent attelés à trois piè-

base de toute opération ; il crut nécessaire de s'en emparer ; la ruse lui était familière, il donna ordre à un détachement de vingt-cinq hommes de la garde de se rendre sans armes dans Antibes[1] ; là, se donnant comme déserteurs de l'île d'Elbe, ils parleraient aux soldats de leur Empereur et des vieilles gloires, et l'on pourrait avoir la place sans coup férir. Ce projet ne put s'exécuter : bientôt on apprit au bivouac du golfe Juan que le général Corsin, qui commandait à Antibes, avait fait arrêter ces déserteurs, et baisser les ponts-levis de la place. Une seconde tentative fut faite, on vint lire les proclamations au pied des remparts : le général Corsin menaça de tirer le canon; il fallut bientôt renoncer à l'espoir d'occuper Antibes, et c'était fatal pour la grande entreprise.

Cependant les choses étaient trop avancées pour reculer. Après un moment d'inquiétude et d'hésitation, le signal d'une marche en avant fut donné, et l'on prit la route de Grasse. Le pays qu'allait traverser l'Empereur avec ses compagnons de fortune offre un long espace de

---

ces de canon qu'on avait amenées de l'île d'Elbe, et à un carrosse dont la princesse Pauline avait fait présent à son frère. La nouvelle arriva qu'on avait échoué à Antibes. « Nous avons fait un mauvais début, dit l'Empereur, mais il ne nous reste d'autre parti à prendre que de marcher le plus vite possible et de nous emparer des défilés avant que l'on ne soit instruit de notre arrivée. » La lune se leva et Napoléon avec sa petite armée se porta en avant à onze heures. Ils marchèrent toute la nuit ; les paysans des villages qu'ils traversèrent ne disaient rien ; ils regardaient, levaient les épaules et secouaient la tête quand on leur disait que l'Empereur était de retour. A Grasse, ville de 6,000 habitants, tout était en alarmes, sur le bruit que des pirates avaient fait un débarquement. Les boutiques et les croisées étaient fermées, et malgré la cocarde nationale et les cris de *vive l'Empereur!* la foule, dans les rues, laissa passer la troupe sans donner aucun signe d'approbation ou d'improbation. Ils firent halte pendant une heure sur une hauteur près de la ville, et les soldats commençaient à se regarder les uns les autres avec l'air du doute et du mécontentement, lorsque tout à coup ils virent venir à eux un corps de bourgeois portant des provisions et criant *vive l'Empereur!* Dès ce moment tous les habitants de la campagne parurent satisfaits du débarquement de l'Empereur, et sa marche fut plutôt un triomphe qu'une invasion. » (*Récit de M. Hobhouse.*)

[1] «Vous allez vous rendre sur-le-champ

contrées agrestes et incultes ; c'est la chaîne des Alpes qui s'étend depuis Nice jusqu'à Grenoble. Ces contrées forment un pays à part en France; les habitants appartiennent à cette origine allobroge, dont parle César : comme tous les montagnards, ils sont d'une nature robuste et courageuse, avec cet amour d'égalité qui tient du caractère helvétique. Du golfe Juan jusqu'à Grenoble, il n'est pas de grandes cités ; une fois qu'on a quitté le Var et Grasse, l'on s'élève sur les Alpes par Sisteron, Gap, La Mure et Vizille, jusqu'à Grenoble. Ces contrées paisibles ont peu de communication avec le reste de la France, elles paient l'impôt, fournissent leur tribut de conscription; les journaux seuls agissent sur elles et forment leurs opinions. La Révolution française avait laissé là de longues empreintes, il y avait de nombreux acquéreurs de biens nationaux, des protestants surtout, fils de ces montagnards qui firent les guerres religieuses au XVIe siècle. Ces hommes s'étaient rattachés au drapeau tricolore avec autant d'ardeur que les Cévennes, de vieilles haines huguenotes [1] existaient contre les Bourbons; l'Empereur avait donc bien choisi son itinéraire à travers ces montagnes ; il en raisonnait parfaitement avec ses généraux. Quant à l'armée, il la connaissait dans tout son personnel; s'il pouvait éprouver quelques mécomptes, il devait à la fin

sous les murs d'Antibes : vous remettrez ou ferez remettre au général Corsin cette dépêche. Vous n'entrerez pas dans la place, on pourrait vous y garder ; vous attirerez les soldats, vous leur lirez mes proclamations, vous les haranguerez. «Ne savez-vous donc pas, leur direz-vous, que votre Empereur est là, que les garnisons de Grenoble et de Lyon viennent le prendre au pas de charge? Qu'attendez-vous? Voulez-vous laisser à d'autres l'honneur de se réunir à lui avant vous, l'honneur de marcher les premiers à son avant-garde? Venez saluer nos aigles, nos drapeaux tricolores; l'Empereur et la patrie vous l'ordonnent : venez ! »

[1] Il faut étudier dans ces montagnes, comme dans les Cévennes, la véritable histoire de la huguenoterie en France; c'est là que j'ai pris les meilleures empreintes pour l'explication de nos guerres huguenotes des XVIe et XVIIe siècles.

réussir. Sa route était semée d'émissaires liés au complot; ce n'était pas seulement des soldats, des officiers en demi-solde, mais des médecins, des négociants, qui préparaient pour ainsi dire les voies à la marche de l'Empereur, rapide comme une surprise.

Le 2 mars, on était à Grasse; l'Empereur s'y arrêta quelques heures de nuit à peine, et se mit immédiatement en route pour la montagne qui commence au bourg de Castellane. Le 5, il était à Barème, il avait fait presque trente lieues, marchant sans se reposer; ses grenadiers le suivaient avec une ardeur digne des temps héroïques; quelques-uns, les pieds meurtris, étaient portés sur les brancards; les plus jeunes, les plus vigoureux, se précipitaient à l'avant-garde. Il y avait beaucoup plus d'étonnement que d'acclamations parmi les habitants; les émissaires avaient bien le soin d'annoncer les desseins de l'Empereur, et, selon son usage, il faisait semer les bruits qui pouvaient lui rendre le peuple favorable. La conscription et l'esprit de conquête lui avaient fait un grand tort : « désormais il ne serait plus qu'un prince aussi pacifique que les Bourbons; il s'engageait à abolir les droits réunis »; et comme son nom faisait craindre une guerre générale, Napoléon assurait qu'il ne venait pas tout seul; l'Autriche était avec lui [1], Murat le suivait avec 80,000 hommes; le congrès de Vienne avait déclaré les Bourbons exclus du trône. Il parlait à des peuples crédules, à des montagnards illétrés; tout

---

[1] Voici le prétendu traité d'alliance conclu entre Bonaparte et François II, dans l'île d'Elbe, en octobre 1814, et qu'on faisait circuler dans les montagnes : « Sa Majesté Apostolique s'engage à fournir à l'empereur Napoléon 100,000 hommes aussitôt que celui-ci aura débarqué en France; et, en retour, Napoléon devra fournir deux cents millions de subsides à Sa Majesté Apostolique, qui s'engage à ne poser les armes qu'après la reconnaissance faite par tous les monarques de la légitimité des droits de Napoléon à la couronne de France. » C'était absurde, mais on y croyait.

cela avait son retentissement. Et d'ailleurs, Napoléon, entouré de patriotes, n'était plus le despote, mais le citoyen; il parlait à quelques-uns des plus ardents du retour de la République et des héroïques pages de ses annales.

A Sisteron, il fut en pleine montagne; il se hâta d'envoyer une compagnie pour occuper le passage formidable de la Saulce, pont suspendu entre les montagnes et la Durance. Quand il vit que ce défilé n'était point gardé, il dut croire une fois encore à sa fortune; dix hommes auraient pu y arrêter une armée. De Sisteron à Gap, la route si pierreuse fut traversée par les vétérans au pas de course, on avait besoin de saluer une ville. A Gap, on se trouvait dans un chef-lieu de département; on s'y arrêta quelques heures pour prendre des mesures d'administration, imprimer les proclamations du golfe Juan, les répandre dans la campagne afin de la soulever pour la cause impériale : il fallait parler aux paysans du Dauphiné, aux acquéreurs de biens nationaux, pour flétrir les Bourbons, et les émissaires de l'Empereur lui ayant dit : « qu'il ne pourrait exalter ces montagnards qu'en leur tenant le langage de la Révolution française », il substitua dans tous les actes le mot *citoyens* à celui de *Français* [1], car citoyen ferait espérer le retour de la démocratie. Le 6 mars, dans une adresse aux ha-

---

[1] Voici sa proclamation aux montagnards et aux habitants des départements des Hautes et Basses-Alpes :

« Citoyens !

« J'ai été vivement touché de tous les sentiments que vous m'avez montrés ; vos vœux seront exaucés, la cause de la nation triomphera tout entière !!! Vous avez raison de m'appeler votre père : je ne vis que pour l'honneur et le bonheur de la France. Mon retour dissipe toutes vos inquiétudes, il garantit la conservation de toutes les propriétés, l'égalité entre toutes les classes; et les droits dont vous jouissez depuis vingt-cinq ans, et après lesquels nos pères ont tous soupiré, forment aujourd'hui une partie de votre existence.

« Dans toutes les circonstances où je pourrai me trouver, je me rappellerai toujours, avec un vif intérêt, tout ce que j'ai vu en traversant votre pays. »

Signé, Napoléon.

bitants des Hautes et Basses-Alpes, Bonaparte s'efforça de réveiller les idées de patriotisme et de révolution; « pourquoi venait-il en France? dans quel dessein avait-il arboré le drapeau tricolore ? c'était pour défendre et protéger les intérêts et les idées de 1789; il remerciait les citoyens des sentiments que partout il avait trouvés, son but était de reconnaître et de grandir tous les droits acquis par 25 ans de révolution; il ne voulait en France que la liberté et l'égalité. » A tous, Napoléon parlait des propriétés nationales, menacées par les Bourbons; désormais, la Révolution française trouverait son représentant à la tête de la société. Répandues jusque dans les plus petits villages, ces proclamations étaient commentées par les officiers en demi-solde, par les soldats en retraite, par les vieux patriotes qui avaient en haine le gouvernement des Bourbons; tous créaient ainsi des auxiliaires à la marche en avant de Bonaparte.

L'Empereur était trop militaire, trop habitué aux grands coups qui en finissent avec les gouvernements, pour ne pas porter son attention presque exclusive sur l'armée; c'est d'elle qu'allait dépendre la réussite de son expédition. Jusqu'ici aucun régiment de ligne ne s'était montré; on avait traversé des pays sans troupes; la garnison de Gap se composait à peine d'une compagnie qui avait fait retraite sur Grenoble. Rien n'était décidé jusqu'à la première défection, et Napoléon l'attendait avec une impatience mêlée d'inquiétude. Le colonel Labédoyère, jeune et brillant officier, âme exaltée, cœur brûlant, appartenait à une famille de bonne magistrature, connue sous le nom de Huchet de Labédoyère; chef de bataillon au moment de la Restauration, il devait aux Bourbons et à ses alliances de famille le grade de colonel du 7ᵉ régiment de ligne, alors en garnison à

Chambéry. Par les traités de 1814, la Savoie était restée à la France, et Chambéry formait un arrondissement du département du Mont-Blanc. Dès la fin de 1814, le colonel Labédoyère, assidu au salon de la duchesse de Saint-Leu, avait pris des engagements avec Napoléon; il était parmi ces jeunes officiers qui se raillaient de la cocarde blanche dans les réunions bonapartistes; triste exemple, manière malheureuse de se dégager des serments prêtés au gouvernement établi! Plus d'un émissaire de Bonaparte s'était rendu auprès de lui, et comme les généraux Lefebvre-Desnouettes et Lallemand, il devait donner le signal d'une insurrection militaire contre la dynastie régnante.

D'après le plan arrêté, Labédoyère devait quitter Chambéry à la première nouvelle du débarquement de Napoléon, et se rendre auprès de lui à marches forcées; les officiers partageaient les opinions du colonel, et tout laissait espérer que ce mouvement de Bas-Empire gagnerait bientôt toute la garnison de Grenoble et l'armée [1]. Le commandant de cette place importante était alors le général Marchand, et le préfet M. Fourier, le savant qui avait suivi Bonaparte dans les campagnes d'Égypte, et rédigé la préface du grand œuvre de l'Institut. Le général Marchand n'était point dans le complot, et dès qu'il apprit l'approche de Bonaparte, il manifesta hautement le dessein de garder la place pour le roi. A cet effet, il dirigea vers Vizille quelques forces disponibles, un bataillon d'infanterie, une compagnie du génie, une batterie d'artillerie, en tout 7 ou 800 hommes; c'était

---

[1] Je dois à l'obligeance de M. Champollion-Figeac, témoin oculaire, tous les détails sur l'arrivée et le séjour de Bonaparte à Grenoble. Intimement lié avec M. Fourier, le préfet de l'Isère, M. Champollion avait été initié à la plupart des mesures administratives de cette époque.

un simple poste de reconnaissance, avec ordre de se replier sur Grenoble, tandis que les troupes de la division se grouperaient dans la place pour en défendre l'accès. Cette avant-garde détachée par le général Marchand devait ainsi rencontrer la première les troupes de l'expédition de Bonaparte, avant même Labédoyère. Quand il s'agit d'une grande défection, le premier pas est tout, un bataillon entraîne une armée; il était donc de la plus haute importance pour l'Empereur de faire prendre la cocarde tricolore à cette avant-garde qui marchait contre lui sous le drapeau blanc. Ce fut sur la route de Vizille que le général Cambronne rencontra les premiers postes des troupes détachées de Grenoble; la garde voulut parlementer avec ces soldats, mais l'officier qui les commandait ne permit pas ces communications qui pouvaient compromettre sa responsabilité; et si l'on ne tira pas sur le général Cambronne, on resta du moins encore fidèle au drapeau fleurdelisé.

Cambronne, surpris et presque effrayé, expédia un aide-de-camp à Napoléon, pour lui dire ce contre-temps : « aucune défection ne venait à eux; » Cambronne en était fort affecté, que deviendrait le complot bonapartiste si les soldats restaient fidèles à leur serment envers les Bourbons[1]? L'Empereur ne pouvait réussir que par un grand parjure de toute l'armée. En recevant cette dépêche son œil s'assombrit; reculer n'était plus possible, il fallait un acte d'éclat, une démonstration de courage; il n'hésita plus et, la poitrine découverte, il s'élance et vient se poser devant les soldats chargés de l'arrêter; il savait tout l'effet produit par sa présence; il connaissait le personnel de tous ces

---

[1] Il leur envoya le chef d'escadron Roul, elles refusèrent de l'entendre. Napoléon se tournant vers le général Bertrand, lui dit : « Z... m'a trompé ; n'importe, en avant! »

PREMIÈRE DÉFECTION DE L'ARMÉE (7 MARS 1815).

soldats, nul n'oserait tirer sur lui ; il le leur dit tout haut, en se mettant en face des vieux grenadiers. Il est là, lui, Napoléon, au pied d'un arbre [1], dans ces montagnes agrestes des Alpes, avec le costume des bivouacs d'Austerlitz, d'Iéna, de Wagram ; il se présente au premier peloton et, d'une voix vivement émue, il leur dit : « Camarades, me reconnaissez-vous ? » — « Oui, sire, » disent les soldats. » — « Me reconnaissez-vous, enfants ? ajoute-t-il encore : je suis votre Empereur; tirez sur moi si vous l'osez, tirez sur votre père ; voilà ma poitrine. » A ces mots, le soldat ne se contient plus ; ici se renouvelle une de ces scènes d'enthousiasme que l'on vit plus d'une fois dans les grandes batailles ; les soldats ne connaissent plus rien, ni ordre, ni discipline; ils se précipitent aux pieds de leur Empereur; on retrouve comme par enchantement des cocardes tricolores et un drapeau ; la plupart des soldats avaient gardé les aigles dans leurs schakos ; ces nobles signes apparaissent, et cette avant-garde, qui était venue pour combattre Napoléon, se trouve bientôt dans ses rangs, pour le défendre jusqu'à la mort.

Cet exemple, cet entraînement enthousiaste devait fatalement marquer dans l'histoire des gouvernements et des armées; c'était un souvenir de Bas-Empire, à l'époque où les légions faisaient les empereurs; désormais quelles garanties restaient aux gouvernements et aux nations, si les armées pouvaient se prononcer pour un prince plutôt que pour un autre? Les générations futures devaient se ressentir de ce mauvais principe jeté

---

[1] Cet arbre est en pleine conservation ; j'ai visité le lieu de la scène, mais c'était en été, en plein soleil de juin 1835, et le 7 mars 1815 les Alpes étaient encore humides, neigeuses, et le soleil bien brumeux. Je n'ai pu qu'imparfaitement apprécier l'effet de ce bivouac.

au monde. Mais qui peut dominer l'enthousiasme? il était prodigieux ce grand prestige d'un homme qui entraîne avec lui toute une armée; son front était comme une plaque d'aimant, il attirait l'acier.

Pendant ce temps, le colonel Labédoyère, parti de Chambéry, s'avançait à marches forcées pour rejoindre son Empereur; s'élançant sans ordres, sans instructions [1], où allait-il? on l'ignorait; en traversant Grenoble, il avait logé chez un des partisans les plus prononcés de Napoléon; quelques instants après il fit battre le rappel, et conduisit au pas de course ses soldats sur la route de Vizille. Des murailles de Grenoble on put voir bientôt un grand tumulte, des cris se firent entendre, l'insurrection militaire fut à son comble, des acclamations de *vive l'Empereur!* partirent de tous les rangs.

Rien n'arrête le colonel Labédoyère, ni les remontrances des aides-de-camp du général Marchand, ni les paroles du préfet; au mépris de ses serments, il vole au-devant de son Empereur, comme un fou, comme un enfant enthousiaste; il le salue de son épée [2]. L'Empereur l'accueille, l'embrasse; il est tout joyeux, tout satisfait; l'exemple est maintenant donné par l'armée, la défection ne s'arrêtera pas; il n'hésite plus à marcher sur Grenoble; il veut faire son entrée le soir même.

Le général Marchand et le préfet, M. Fourier, s'étaient concertés pour conserver la place au gouvernement qu'ils

---

[1] M. Champollion vit des murailles de Grenoble ce grand mouvement au dehors; il en aperçut bientôt la portée.

[2] Le colonel Labédoyère arriva bientôt à la tête d'une partie du 7e régiment de ligne qui était composé du 112e et de plusieurs autres régiments. Lui et sa troupe étaient accourus des remparts de Grenoble dans l'après-midi; il tira un aigle de sa poche, le posa sur une perche, et l'embrassa devant les soldats qui se mirent à crier *vive l'Empereur!* Il ouvrit ensuite une caisse de tambour qui était remplie de cocardes nationales, et les fit distribuer à son régiment. »

avaient juré de défendre ; c'était agir en gens d'honneur, l'histoire doit le reconnaître ; mais pouvaient-ils dominer l'entraînement d'une révolution militaire? Le général Marchand avait visité la garnison; dans une revue, il put s'apercevoir qu'elle était travaillée, et que le même esprit qui avait entraîné Labédoyère se manifestait parmi les officiers et les soldats. En vain il ordonne de fermer les portes de la ville, pour la défendre en cas d'attaque; en vain le préfet veut-il haranguer la garde nationale; ces tentatives impuissantes échouent. A Grenoble, le parti patriote et impérialiste était en majorité, on ne pouvait refuser la ville à Napoléon; la garnison était prête à se révolter. Dans les casernes, sur les places publiques, partout on tenait le même langage, c'était un fait accompli; Napoléon était attendu pour le même soir; tous le savaient, son logement était marqué, et le soldat recevait les exhortations royalistes avec des sourires moqueurs et un air incrédule qui annonçaient la défection. Sur les remparts, l'œil de l'artilleur n'apercevait qu'une chose, l'Empereur (le vieil artilleur aussi) qui arrivait par la route de Vizille; défendre Grenoble était impossible, les soldats auraient brisé les portes. C'est alors que M. Fourier quitta la ville, et que le général se disposa, par un mouvement de loyauté, à donner sa démission.

Presqu'à la nuit close, Napoléon était sous les murs de Grenoble, dans le chemin couvert qui précède la route de Vizille; il sourit en voyant la porte fermée : « Ah! Marchand fait donc la mauvaise tête! et pourquoi donc cela? pourquoi le préfet et le commandant ne sont-ils pas ici? » Une foule enthousiaste se précipitait derrière la porte; soldats, habitants, parlementaient avec lui. « Nous n'avons pas les clefs, disaient-ils, elles sont chez le général Marchand; nous allons nous faire passage. » Napoléon impatienté, debout contre la porte, avec sa tabatière à la main, en frappait la boiserie de chêne ferrée, comme si ses faibles coups allaient la renverser. Enfin, des ouvriers vinrent; on scia une des planches, on enleva un panneau, et la porte fut ouverte aux acclamations de tous.

Napoléon fit son entrée de nuit, au milieu de quelques flambeaux; il n'alla point loger à la préfecture, mais à l'*hôtel du Cheval-Blanc,* que tenait un de ses anciens de la garde. Il savait l'effet que devaient produire toutes ses démarches; le soir, on l'entoura, on le pressa; il demanda le préfet, on lui dit qu'il s'était retiré: « Quoi! Fourier, dit-il, s'est donc fait bourbonien? ah! c'est curieux! » Sur l'heure le général Marchand lui envoya sa démission de commandant de Grenoble, et il la reçut avec quelques murmures. Puis, il demanda quelqu'un, un secrétaire auquel il pût dicter ses décrets, ses instructions; on lui indiqua alors le bibliothécaire de la ville, homme de science et de renommée, M. Champollion-Figeac. Il le manda à deux reprises différentes, et quand il vint, la conversation s'engagea sur Grenoble. Dans les entretiens qu'il avait eus sur la route, Napoléon avait pu s'apercevoir que l'esprit des peuples se manifestait dans un sens plus révolutionnaire qu'impérialiste. On ne l'acceptait plus ni comme conquérant, ni comme prince absolu, mais comme le représentant armé des idées 1789 et 1792, comme dictateur démocratique tout au plus. Les Bourbons avaient habitué les peuples aux formes constitutionnelles; pour réussir, il fallait adopter ces mêmes idées, caresser ces principes, en un mot appliquer au profit de la Révolution les résultats du gouvernement représentatif. C'est dans ce sens que les conversations avec M. de Champollion se continuèrent plusieurs heures. Napoléon, qui avait brisé tous les principes de liberté, s'en montrait alors le partisan très prononcé, et les décrets qu'il dicta de Grenoble se ressentirent de cette position nouvelle qu'il allait prendre. Il venait de recevoir les félicitations des autorités constituées ; il avait parlé de ses droits, mais aussi il avait avoué ses fautes : « Il avait trop aimé la guerre, il ne la ferait plus ; il revenait pour rendre les droits à la nation ; il voulait être moins son souverain que son premier citoyen. » Ensuite, il ajouta quelques-unes de ces assertions qu'il avait semées sur la route : « Il aurait pu venir avec 80,000 hommes, Murat les lui aurait donnés ; son beau-père et les Autrichiens lui avaient offert une armée, il avait refusé ; il voulait tout devoir au peuple. » Tout cela était faux, mais il fallait rassurer les esprits dans ce moment décisif [1].

A Grenoble il rendit trois décrets fort importants pour la marche des affaires. Le premier portait que tous les actes du gouvernement seraient désormais intitulés de son nom et de ses formules ; le second organisait les gardes nationales des cinq départements des Hautes et Basses-Alpes, du Mont-Blanc, de la Drôme et

---

[1] Voici dans quels termes patriotiques il parlait aux habitants de Grenoble :

« *Aux habitants du département de l'Isère.*

« Lorsque, dans mon exil, j'appris tous les malheurs qui pesaient sur la nation, que tous les droits du peuple étaient méconnus, et qu'il me reprochait le repos dans lequel je vivais, je ne perdis pas un moment. Je m'embarquai sur un frêle navire ; je traversai les mers au milieu des vaisseaux de guerre de différentes nations ; je débarquai sur le sol de la patrie, et je n'eus en vue que d'arriver avec la rapidité de l'aigle dans cette bonne ville de Grenoble, dont le patriotisme et l'attachement à ma personne m'étaient particulièrement connus.

« Dauphinois ! vous avez rempli mon attente. J'ai supporté, non sans déchirement de cœur, mais sans abattement, les malheurs auxquels j'ai été en proie il y a un

de l'Isère; enfin, il confiait la place de Grenoble au patriotisme de ces mêmes gardes nationales.

L'empreinte révolutionnaire se voit encore dans la proclamation qu'il adresse aux Grenoblois : comme aux habitants de Gap, il leur donne le titre de citoyens, il ne leur parle que des droits du peuple, de l'égalité et de la liberté. Ce n'est plus ici l'Empereur de 1810, à l'époque de son mariage; il s'est modifié, il caresse la Révolution qui lui impose sa force et son esprit. Sera-t-il dominé par elle, ou bien enchaînera-t-il encore une fois cette souveraine populaire, qu'il avait foulée aux pieds en ceignant le bandeau impérial?

---

an. Le spectacle que m'a offert le peuple sur mon passage m'a vivement ému; si quelques nuages avaient pu arrêter la grande opinion que j'avais du peuple français, ce que j'ai vu m'a convaincu qu'il était toujours digne de ce nom de grand peuple, dont je le saluai il y a plus de vingt ans.

« Dauphinois! sur le point de quitter vos contrées pour me rendre dans ma bonne ville de Lyon, j'ai senti le besoin de vous exprimer toute l'estime que m'ont inspirée vos sentiments élevés. Mon cœur est tout plein des émotions que vous y avez fait naître; j'en conserverai toujours le souvenir. »

Napoléon.

CHAPITRE VII.

PRÉPARATIFS DU GOUVERNEMENT ROYAL CONTRE BONAPARTE.

Surprise et sentiments divers à la nouvelle du débarquement de Bonaparte. — Sécurité. — Résolution du conseil. — Départ du comte d'Artois et du duc d'Orléans pour Lyon. — Ordres aux Préfets. — Estafette au duc d'Angoulême à Bordeaux. — [Convocation des Chambres. — Mise hors la loi de Bonaparte. — Rapprochement entre les patriotes et les royalistes. — Salon de madame de Staël. — M. Benjamin Constant. — Adresses des pouvoirs. — Conspiration militaire. — Les généraux Drouet, Lefebvre-Desnouettes et Lallemand. — Démission du maréchal Soult. — Le général Clarke, ministre de la guerre — Formation des camps de résistance. — Les volontaires royaux. — Les jeunes hommes. — Les écoles. — Les patriotes. — M. de Lafayette. — Adresse des armées. — Le maréchal Ney et Louis XVIII. — État de l'opinion.

5 au 12 Mars 1815.

Le 5 mars au matin, une dépêche télégraphique, transmise par le préfet de Toulon aux autorités de Lyon, annonça le débarquement de Bonaparte au golfe Juan. Une seconde dépêche, un peu plus détaillée, émanée du maréchal Masséna, gouverneur de Toulon (8ᵉ division militaire), ajoutait : « que Bonaparte était débarqué à la tête de 1,000 à 1,100 hommes, ramassis de toutes armes, troupes déjà débandées et qui se dirigeaient dans les montagnes du Dauphiné. » La même dépêche annonçait : « que les mesures étaient prises, et le maréchal se faisait fort d'arrêter Bonaparte avec les troupes qui étaient dans son gouvernement, à moins qu'il ne se jetât dans les Alpes Piémontaises; car on devait alors respecter les frontières de S. M. Sarde. »

Si les hommes qui dirigeaient le gouvernement de la Restauration avaient bien connu le caractère de Bonaparte et son habileté intrépide, ils auraient jugé qu'une telle entreprise supposait une grande complicité. Napoléon n'était pas un imprudent ou un fou; tous les plans de sa vie partaient d'une pensée pour aboutir à un résultat de pouvoir et de conquête; s'il débarquait sur le territoire français, c'est qu'il avait des chances de réussite dans les éléments qui composaient la société, parmi les mécontents du système nouveau, et surtout dans les rangs des soldats, qui n'avaient jamais perdu la mémoire de leur Empereur. Ces raisonnements simples, ces conjectures naturelles, furent à peine aperçues; on aima mieux juger, comme tous les pouvoirs paresseux : « que Bonaparte avait fait une folie; » il s'était jeté en insensé dans les mains du gouvernement du roi; faut-il le dire même? il y eut un instant de joie parmi les plus chauds partisans de la cause royaliste : on se félicitait de ce que Bonaparte venait se livrer lui-même aux mains des fidèles serviteurs des Bourbons; on lui avait fait un trop bon parti à l'île d'Elbe; sa position là était compromettante, c'était trop de l'avoir laissé avec le titre d'Empereur, des revenus, une principauté; et tout cela pour un usurpateur! « il venait donc, disaient-ils, se livrer comme un fou à

ILLUSION DES ROYALISTES (MARS 1815).

la force et à la majesté du roi ; il ne fallait plus être clément envers lui. » Ainsi sont toujours les pouvoirs et les partis ; ils vivent d'illusions. Malheureusement cette sécurité était partagée par quelques-uns des princes, et le duc de Berry, plein du désir de faire ses premières armes, contribuait à répandre la plus profonde sécurité parmi les royalistes, à ce point de souhaiter une occasion de lutte personnelle contre Bonaparte. Il s'en expliquait avec ses officiers les plus dévoués ; il témoigna une joie presque enfantine au colonel de son régiment, M. de Talhouet, qui lui répondit : « Monseigneur, je connais l'empereur Napoléon pour avoir eu l'honneur de servir dix ans auprès de lui ; son débarquement est une chose grave ; je ne puis que répéter à votre Altesse royale que je crains une catastrophe. » Alors les esprits étaient trop exaltés pour tenir compte des avertissements.[1]

A la vérité, dans les premiers moments on ne savait pas la route qu'allait prendre Bonaparte ; allait-il rejoindre Murat, se faire un parti en Italie ? Les dépêches des préfets des Hautes et Basses-Alpes n'étaient point parvenues encore. Tout ce que l'on savait, le télégraphe l'avait dit. M. de Montesquiou avait mis beaucoup d'incurie dans son département ; une lettre de M. de Boutilhier, préfet du Var, qui annonçait depuis dix jours des tentatives

---

[1] Voici la curieuse note publiée par le gouvernement, trois jours après la nouvelle.

Paris, 7 mars 1815.

« Bonaparte s'est évadé de l'île d'Elbe, où l'imprudente magnanimité des souverains alliés lui avait donné une souveraineté pour prix de la désolation qu'il avait si souvent portée dans leurs États. Cet homme qui, en abdiquant le pouvoir, n'a jamais abdiqué son ambition et ses fureurs ; cet homme, tout couvert du sang des générations, vient au bout d'un an, écoulé en apparence dans l'apathie, essayer de disputer, au nom de l'usurpation et des massacres, la légitime et douce autorité du roi de France. A la tête de quelques centaines d'Italiens et de Polonais, il a osé mettre le pied sur une terre qui l'a réprouvé pour jamais ; il veut tenter de rouvrir les plaies encore mal fermées qu'il nous a faites, et que la main du roi cica-

d'embauchage sur la garnison d'Antibes, n'avait pas même été décachetée. Seulement des nouvelles de Marseille disaient : « que toute la Provence soulevée marchait contre Napoléon ; » dans aucun pays la haine n'était plus vive, plus profonde. Le ministre de l'intérieur, M. de Montesquiou, envoya partout des instructions aux préfets, pour organiser le dévouement des populations, et lever les gardes nationales décidées à courir sus à l'Empereur. On ne pouvait croire encore au grand parjure de l'armée, à cette désertion absolue du drapeau. Le maréchal Soult se montra loyalement dévoué à la cause qu'il devait soutenir tant que cette cause ne s'abandonna pas elle-même. En politique, on doit défendre un gouvernement tant que celui-ci ne s'abdique pas ; quand il renonce à sa force, pourquoi se sacrifier en pure perte ? Il faut laisser ces dévouements exaltés à la chevalerie des principes ; notre société indifférente ne les comprend plus. Il y a quelque chose au-dessus du souverain, c'est le pays.

Ce fut d'abord une indicible confusion parmi les hommes du gouvernement. Chacun avait son projet en tête, sa manie de prendre le Corse, l'échappé de l'île d'Elbe ; le délire était extrême ; les princes, les ministres croyaient qu'il n'y avait qu'à opposer des masses de troupes et de gardes nationales pour étouffer ce Bonaparte. Les hom-

---

trise chaque jour. Quelques pratiques ténébreuses, quelques mouvements dans l'Italie, excités par son aveugle beau-frère, ont enflé l'orgueil du lâche guerrier de Fontainebleau. Il s'expose à mourir de la mort des héros, Dieu permettra qu'il meure de la mort des traîtres. La terre de France l'a rejeté ; il y revient, la terre de France le dévorera.

« Sur quels amis peut-il donc s'assurer ? Est-ce sur les pères et les frères de ceux qu'il poussait par milliers à ses barbares et lointaines expéditions, sur ces magistrats qu'il abreuvait d'avanies, ces juges qu'il insultait sur leur tribunal ? Sur quels partisans ? Est-ce sur les généraux dont il s'efforçait d'obscurcir la gloire pour faire briller la sienne de tout l'éclat qu'il leur dérobait, sur ces généraux qu'il délia de leurs serments, et qui garderont mieux

mes graves seuls connaissaient les périls de la situation ; ils savaient que le contact de ces troupes avec leur vieil Empereur était mortel pour la maison de Bourbon. Les princes de la famille royale durent donner l'exemple du courage et de l'activité dans la crise. M. le comte d'Artois reçut ordre de partir pour Lyon ; premier membre de la famille, héritier de la couronne, il devait se jeter à la face du péril. Ce prince avait acquis une certaine popularité par la franchise et la grâce incontestable de ses manières. Représentant du vieux parti royaliste, il pouvait le mettre en action dans les provinces, et opposer ainsi ses comités à la conspiration bonapartiste. On lui adjoignit M. le duc d'Orléans pour donner à la résistance une empreinte plus nationale. Nul ne l'ignorait, le duc d'Orléans avait des rapports étendus avec les patriotes ; il était mis en avant par Fouché et le parti révolutionnaire comme le dénouement naturel de la crise. Ainsi, M. le comte d'Artois devait réveiller le dévouement et la foi royaliste, et M. le duc d'Orléans devait invoquer les idées de 1789. Par ce moyen, on pouvait soulever tous les partis contre Bonaparte, et l'arrêter dans ses projets. On adjoignit à ces deux princes le maréchal Macdonald, qui devait spécialement parler à l'armée. Macdonald, l'homme le plus ferme, le plus loyal, avait donné à Napoléon des preuves admirables de sa fidélité ; une fois l'abdication de Fontainebleau accom-

---

que lui ceux qu'ils ont faits depuis ? Est-ce enfin sur cette armée dont il se disait le père, quand elle le nommait son bourreau ; sur cette armée qu'il abandonnait dans la détresse et qu'il laissait périr pour se débarrasser des murmures ; cette armée qu'il ne payait plus, et qui voit aujourd'hui sa solde assurée et treize mois d'arrière acquittés comme par enchantement, au milieu des désordres où le roi trouva les finances à son retour ? Ah ! toutes les classes le réprouvent, tous les Français le repoussent avec horreur, et se réfugient dans le sein d'un roi qui ne nous a pas apporté la vengeance, mais l'amour, mais la miséricorde, mais l'oubli du passé ! Cet insensé ne pourrait donc trouver de partisans en France que parmi ces artisans éternels des troubles et des révolutions. Mais nous ne voulons plus de révolution,

plie, il avait pris noblement parti pour les Bourbons, et un serment prêté, il ne le violait pas ; symbole et expression de l'armée de Moreau, il devait rallier autour de lui des militaires mécontents de l'Empire. Macdonald, Lecourbe, Dessolles, étaient de vieux républicains qui n'avaient au cœur aucun dévouement personnel pour Bonaparte. Tous trois furent employés, Macdonald auprès du comte d'Artois et du duc d'Orléans ; Dessoles eut le commandement général de la garde nationale de Paris, et Lecourbe dut conduire une division de l'armée qui opérerait en Bourgogne ; on pouvait compter sur eux.

M. le duc d'Angoulême et la princesse, fille de Louis XVI, n'étaient point à Paris lors de la dépêche télégraphique qui annonça le débarquement de Bonaparte. Tous deux étaient allés célébrer l'anniversaire du 12 mars à Bordeaux, époque solennelle où le drapeau blanc avait été arboré, jour désiré dans le Midi, si ardent pour la restauration de la famille exilée. L'enthousiasme était grand, tout le Languedoc et la Guyenne s'exaltaient dans les fêtes. Au milieu donc de l'enthousiasme des Bordelais, M. le duc d'Angoulême reçut une dépêche pressante et les ordres du roi pour organiser un soulèvement contre Bonaparte. Madame devait rester à Bordeaux, y préparer la résistance, prendre l'offensive s'il le fallait à l'aide du Poitou et la Vendée.

et la juste rigueur de l'ordonnance du roi suffit pour éventer ceux que nous venons de signaler. Ils désigneront vainement des victimes pour leur 7eulatés, un seul cri sera le cri de toute la France : *Mort au tyran ! vive le Roi !* Et qui ne voit ici à découvert les voies de cette providence dont Bonaparte méconnut la main lorsqu'elle le conduisait sur les mers ? Cet homme qui, débarqué à Fréjus contre tout espoir, nous semblait alors appelé de Dieu pour rétablir en France la monarchie légitime ; cet homme, entraîné par sa noire destinée, et comme pour mettre le dernier sceau à la Restauration, revient aujourd'hui pour périr comme un rebelle sur cette même terre où il fut reçu il y a quinze ans en libérateur par un peuple abusé, et détrompé depuis par douze ans de tyrannie. »

Madame, caractère mâle, altier, ne demandait qu'à prendre une place héroïque, digne d'elle et de son aïeule Marie-Thérèse; habituée au malheur dès l'enfance, elle ne le redoutait plus. Elle se fût placée à la tête d'une armée ou d'un parti pour raffermir la monarchie ébranlée; ce rôle lui paraissait tout naturel. On ne pouvait refuser à M. le duc d'Angoulême le noble instinct de ce qui est bon et juste; il avait ce cœur d'honnête homme qui ne comprend pas la défection à un serment, et ne sait pas séparer l'honneur du patriotisme, nuance profonde dans les sociétés modernes; fils soumis, admirateur de sa femme, il n'était pas à la hauteur d'une guerre civile qui demandait le déploiement d'une grande énergie. Puis aux époques molles, indifférentes, qui peut compter sur les dévouements des peuples pour une dynastie? les tempêtes emportent une race; une autre vient qu'on reçoit sans enthousiasme et qu'on abandonne à son tour; le prestige est détruit, les froides consciences se font une philosophie rationnelle qui réduit la patrie à l'idée matérielle du sol. M. le duc et madame la duchesse d'Angoulême devaient trouver de bruyantes acclamations dans le Midi; mais ces imaginations brûlantes se découragent presque aussitôt qu'elles éclatent; des milliers d'hommes pouvaient se réunir et se disperser en quelques semaines. D'après les ordres du roi, M. le duc d'Angoulême quitta Bordeaux pour se rendre directement à Marseille, qui devait être le foyer d'une insurrection contre Bonaparte.

M. le duc de Bourbon recevait une autre mission pour la Vendée; on envoyait le grand nom de Condé au milieu du Bocage pour en réveiller l'énergie. La catastrophe du duc d'Enghien avait altéré le caractère de

M. le duc de Bourbon : indifférent à tout ce qui se passait autour de lui, il lui manquait l'aptitude, l'activité pour préparer une guerre civile et la pousser au milieu des paysans armés ; on devait craindre que le duc de Bourbon perdît cette pauvre tête affaiblie par la plus grande infortune qui puisse atteindre un père ; il n'avait plus aucun goût pour la France depuis la funèbre nuit de Vincennes ; et on ne lui pardonnait pas cette douleur, car il y a quelque chose d'épouvantable dans les partis politiques, c'est qu'ils n'amnistient pas le mal qu'ils ont fait : le grand grief contre la duchesse d'Angoulême ne venait-il pas de ce qu'on avait jeté son père à l'échafaud ? Comme on croyait qu'elle n'oubliait pas ce crime, la révolution la surveillait dans les moindres de ses gestes, de ses paroles ; on aurait voulu supprimer les pleurs de ses yeux. Il en était de même de M. le duc de Bourbon, il était impuissant au milieu de la génération belliqueuse, parce qu'on le croyait préoccupé de venger la mort de son fils ; le nom de Condé ne réveillait plus dans l'armée les grands souvenirs de Rocroy, la révolution les avait effacés ; Condé, qui le dirait ? ne rappelait plus que la pensée de l'émigration affaiblie et ridicule, tant les idées étaient bouleversées !

M. le duc de Berry n'avait pas de popularité dans l'armée, il s'y était même tristement compromis ; ce n'est pas que le prince n'eût d'excellentes intentions ; il s'entourait des généraux qui venaient à lui avec un entraînement qu'on aurait pu singulièrement qualifier ; mais le duc de Berry avait de la brusquerie, de l'emportement, peu d'instruction militaire[1]. Il avait fait des fautes, et

---

[1] M. le duc de Berry s'instruisait avec ardeur ; chaque jour il faisait manœuvrer un de ses régiments de cavalerie sous le commandement de M. de Talhouet.

les partis les exagéraient encore; les opinions hostiles s'emparent généralement d'un homme dans une dynastie et elles en font le bouc émissaire de leurs récriminations; elles choisissent toujours le plus fort, le plus jeune et le plus rempli d'espérances; elles ont besoin de tarir une source, elles sont habiles en cela. Le roi confia néanmoins à M. le duc de Berry le commandement de ce qu'on appela l'armée de réserve, qui dut se former à Fontainebleau et Essonne. Elle devait se composer de plusieurs divisions de cavalerie, de quinze mille hommes d'infanterie, auxquels se joindraient la maison du roi et ce qu'on appela les volontaires royalistes.

J'ai besoin de m'expliquer sur l'esprit et la formation de ce corps de volontaires, destiné à suivre la bannière des Bourbons. L'Empire avait si profondément pesé sur la liberté et l'intelligence, qu'une certaine fraction de la génération jeune et forte s'était placée dans l'opposition. La conscription avait décimé les hommes de dix-sept à vingt-cinq ans; ils n'avaient respiré qu'avec la Restauration; les écoles de droit et de médecine, toutes les professions libérales, avaient salué la chute de l'Empire avec transport, comme la fin du despotisme; Bonaparte était pour les jeunes hommes l'expression de la guerre et du pouvoir absolu; ils étaient moins dévoués aux Bourbons qu'ennemis de la conscription et fatigués de la guerre. Les professeurs voulurent imiter en France ce que les écoles allemandes avaient fait en 1813; ils firent des discours, agitèrent le drapeau; il y eut des enrôlements volontaires parmi les étudiants et même parmi les jeunes hommes du commerce, ce qui peut surprendre aujourd'hui; nombreux d'abord, ces dévouements s'amoindrirent à mesure que la cause des Bourbons était plus menacée; on fit des processions de drapeaux, des démonstrations tumultueuses, bientôt elles-mêmes balancées par d'autres opinions qui levaient la bannière contraire.

Dans ce tumulte d'une première surprise, des pouvoirs furent confiés aux chefs supérieurs de l'armée ; qui n'aurait eu confiance en eux quand leur démonstration était si vive? De toutes parts venaient des adresses ; le maréchal Soult avait parlé un langage de fermeté et de dévouement, il lui fut partout répondu par les chefs de corps et les officiers : ces adresses existent encore comme un triste témoignage de l'instabilité des consciences [1] ; Louis XVIII témoigna surtout une haute confiance aux maréchaux Ney et Mortier. Ney avait montré une vive indignation en apprenant la tentative de Bonaparte ; le maréchal n'avait pas une haute portée d'esprit, sa bravoure tenait à son caractère ; terrible, impétueux sur le champ de bataille, le brave des braves manquait d'intelligence ; il était faible et pusillanime, enthousiaste et découragé ; se disant compromis en 1814 avec Napoléon, il croyait lui avoir payé sa dette en insistant pour le traité du 11 avril, et lorsqu'il apprit son débarquement, il ne vit plus là qu'un acte de fou, une tentative de guerre civile ; et c'est ce qui explique ses paroles incroyables au roi Louis XVIII, en prenant congé de lui : « Je vous ramènerai Bonaparte dans une cage de fer [2]. » Louis XVIII, toujours plein de convenances, en éprouva de la peine ; il dit à plusieurs reprises à M. le duc de Duras et au prince de Poix : « Que vient de me dire le maréchal Ney, qu'il ramènera son ancien camarade dans une cage de fer ! Cela n'est pas bien. » Toutefois, ce mot retentit

---

[1] C'est une triste lecture que celle du *Moniteur* du mois de mars 1815.

[2] Le maréchal avoua ces mots dans son procès.

parmi les royalistes : on eut toute confiance dans le maréchal Ney ; on croyait qu'il ramènerait captif le Corse, le tyran ; on ne parla plus que de lui, de sa fidélité et de sa cage de fer.

Le maréchal Mortier reçut un commandement pour le nord de la France ; Augereau dut rester en Normandie ; on expédia des pleins pouvoirs à Masséna en Provence. Les maréchaux montrèrent presque tous un grand dévouement ; Berthier demeura capitaine des gardes de la compagnie Wagram, le maréchal Marmont conserva la compagnie de Raguse ; et certes, il faut leur rendre cette justice, que tous virent le retour de Bonaparte avec une peine secrète. Les conspirateurs n'étaient point parmi eux, ils étaient sincères quand ils s'exprimaient contre Napoléon ; presque tous vieillis, ils ne voulaient plus de la guerre, et la proclamation du maréchal Soult, qui fut moins son ouvrage que l'improvisation ardente d'un homme d'esprit du parti royaliste [1], ne peut être attribuée qu'à une double cause : d'abord, le ministre de la guerre de Louis XVIII, avant sa démission, devait parler de Bonaparte comme l'auraient fait les Bourbons eux-mêmes ; puis, les maréchaux étaient d'un avis unanime pour la conservation du gouvernement de Louis XVIII ; ils croyaient leurs devoirs remplis envers Napoléon depuis l'abdication de Fontainebleau, son retour était pour eux un événement importun qui allait tourmenter leur existence noblement acquise au prix de leur sang.

Des mesures furent également prises dans l'ordre légal et civil ; une ordonnance convoqua les Chambres, elle fut rendue sur le conseil de M. Lainé dont la pensée fonda

---

[1] On affirme qu'elle est de M. Michaud.

mentale était d'opposer le gouvernement représentatif au despotisme militaire de Napoléon, la tribune à l'épée. Tout le parti libéral en France était alors hostile à l'Empire; la société de madame de Staël, si favorablement traitée par Louis XVIII[1], avait donné l'impulsion à la résistance; M. Benjamin Constant, M. le duc de Broglie, M. Lanjuinais, s'étaient réunis pour se prononcer complétement contre la tentative du soldat couronné; ils n'étaient certes pas admirateurs du gouvernement de 1814, mais il leur semblait que le despotisme s'était incarné dans Bonaparte; on avait assez de l'Empire et de ses sabres traînants. Les constitutionnels jugèrent qu'ils avaient une cause à défendre autour de Louis XVIII et de la Charte. Deux jours après qu'on eut reçu la nouvelle du débarquement à Cannes, MM. de Lafayette, de Broglie, d'Argenson et de Constant s'assemblèrent chez M. Lainé, président de la Chambre des députés, alors dans la confidence du roi. Quoique le duc de Richelieu ne fût pas présent à cette entrevue, il entra dans leur plan, afin de prévenir une catastrophe. La première proposition, qui venait d'une portion du ministère, fut le renvoi d'une grande partie des membres du cabinet, MM. de Montesquiou, Dambray, Ferrand, comme un préliminaire absolument nécessaire pour regagner la confiance du peuple, qui avait été perdue par des mesures maladroites. Le maréchal Soult n'échappait pas même à ces exigences des constitutionnels, on voulait le remplacer par un ministre de la guerre jouissant de quelque popularité, et par l'envoi de commissaires du parti patriote à tous les corps de l'armée et de la garde natio-

---

[1] Elle avait reçu deux millions pour un prêt fait par M. Necker à Louis XVI. Tant d'autres avaient perdu dans ce naufrage!

nale. Les constitutionnels ne voulaient pas forcer le roi à choisir un ministre qui ne lui plairait pas; jamais ils ne pensèrent au duc d'Otrante ni à aucun autre régicide. Il est probable qu'on aurait proposé MM. de Lafayette et de Richelieu, afin de convaincre le peuple qu'il avait quelque chose à défendre. On fit circuler à Paris et dans les provinces des proclamations conçues dans le style de 1789. M. Lainé fit une liste de trente ou quarante nouveaux pairs pris dans le parti populaire, et la Chambre des députés devait être complétée par cent quatre-vingts nouveaux membres, choisis parmi les hommes de la première Assemblée constituante : M. de Constant devait être aussi nommé conseiller d'État, commissaire royal près la Chambre des députés.

En toute hypothèse, M. Lainé donna le conseil de convoquer les Chambres immédiatement pour s'appuyer sur leur concours; M. de Montesquiou rédigea l'ordonnance dans l'esprit d'une très grande modération [1], et les circulaires aux préfets furent libéralement conçues sous l'influence de M. Guizot. Par une dernière ordonnance, acte de défense et d'audace, Louis XVIII mettait hors la loi Bonaparte et ses adhérents, comme perturbateurs du repos public; il ordonnait de leur courir sus, car ils ramenaient la guerre civile dans le sein de la pa-

---

[1] *Convocation des Chambres* (6 mars 1815).

« Nous avions, le 31 décembre dernier, ajourné les Chambres pour reprendre leurs séances au 1er mai. Pendant ce temps, nous nous attachions à préparer les objets dont elles devaient s'occuper. La marche du congrès de Vienne nous permettait de croire à l'établissement général d'une paix solide et durable, et nous nous livrions sans relâche à tous les travaux qui pouvaient assurer la tranquillité et le bonheur de nos peuples. Cette tranquillité est troublée; le bonheur peut être compromis par la malveillance et la trahison. La promptitude et la sagesse des mesures que nous prenons en arrêtera les progrès. Plein de confiance dans le zèle et le dévouement dont les Chambres nous ont donné des preuves, nous nous empresserons de les rappeler auprès de nous. »

trie. Cette hardiesse était certes un peu puérile dans la tête du vieux roi; Louis XVIII dans sa chaise royale, presque impotent, ordonnait de *courir sus* à un empereur qui, dans ses grandes enjambées, avait traversé le monde en conquérant de Madrid à Moscou! Mais Louis XVIII avait la haute opinion de son droit, le sentiment surtout des malheurs que le succès de Bonaparte attirerait sur la France; cela pouvait paraître ridicule dans les caricatures dirigées contre la Restauration; mais le droit a bien sa légitimité dans l'histoire du monde; il ne faut pas que la force soit tout [1].

Tandis que le gouvernement du roi et le parti royaliste s'agitaient ainsi pour se défendre contre l'invasion inattendue de Bonaparte, les différentes opinions hostiles à la maison de Bourbon étaient dans une incessante alternative d'espérance et de crainte. Il faut distinguer à cette époque plusieurs conspirations qui, agissant parallèlement, eurent chacune leur influence sur les Cent Jours. La première, purement patriote, était née parmi les partisans des idées de 1792; les républicains mécontents voulaient renverser Louis XVIII, et pour cela ils s'adressaient, je l'ai dit, à tous les prétendants, à Bernadotte, au prince Eugène; le plus grand nombre dé-

---

[1] *Proclamation du Roi au peuple français.*

«Au château des Tuileries, le 11 mars 1815.

« Après vingt-cinq ans de révolution, nous avions, par un bienfait signalé de la providence, ramené la France à un état de bonheur et de tranquillité. Pour rendre cet état durable et solide, nous avions donné à nos peuples une Charte qui, par une constitution sage, assurait la liberté de chacun de nos sujets. Cette Charte était, depuis le mois de juin dernier, la règle journalière de notre conduite, et nous trouvions dans la Chambre des pairs et dans celle des députés tous les secours nécessaires pour concourir avec nous au maintien de la gloire et de la prospérité nationale. L'amour de nos peuples était la récompense la plus douce de nos travaux, et le meilleur garant de leurs heureux succès. C'est cet amour que nous appelons avec confiance contre l'ennemi qui vient souiller le territoire français, qui veut y renouveler la guerre civile! C'est contre lui que toutes les opinions doivent se réunir! Tout ce qui aime sincèrement la patrie, tout ce qui

siraient briser le gouvernement établi, puis l'on verrait ce que l'on substituerait aux Bourbons. Tous les partis s'adressaient à Fouché, qui les écoutait tous pour faire, triompher une seule idée, le principe révolutionnaire et lui, Fouché, au pouvoir. A bien prendre, l'idée de Fouché était pour la régence de Marie-Louise, se posant, lui, comme premier ministre, dirigeant les affaires publiques. Il se rattachait à cette idée, parce qu'il y trouvait, avec l'avantage de gouverner au nom de la régence, la possibilité de diviser les alliés, en gagnant l'Autriche. Il comptait beaucoup alors sur M. de Metternich, que d'anciennes relations lui avaient rattaché; au reste, Fouché se serait arrangé avec tout pouvoir qui lui aurait fait une grande position.

Le parti purement bonapartiste avait choisi pour théâtre le salon de madame de Saint-Leu. La conduite de celle qui portait naguère le nom de reine Hortense avait été politiquement équivoque durant la Restauration; elle avait accepté de Louis XVIII le titre de duchesse de Saint-Leu érigé en duché-pairie; et puis dans son hôtel, rue de Cerutti, elle avait reçu tous les bonapartistes les plus exaltés; c'est là que le colonel Labédoyère et M. de Flahaut étaient venus prendre leurs inspirations impérialistes. (Et c'était ce même colonel Labédoyère qui avait mené

---

sent le prix d'un gouvernement paternel et d'une liberté garantie par les lois, ne doit plus avoir qu'une pensée, de détruire l'oppresseur qui ne veut ni patrie, ni gouvernement, ni liberté ! Tous les Français, égaux par la constitution, doivent l'être aussi pour la défendre. C'est à eux tous que nous adressons l'appel qui doit les sauver, tous ! Le moment est venu de donner un grand exemple; nous l'attendons de l'énergie d'une nation libre et valeureuse : elle nous trouvera toujours prêt à la diriger dans cette entreprise, à laquelle est attaché le salut de la France. Des mesures sont prises pour arrêter l'ennemi entre Lyon et Paris. Nos moyens suffiront si la nation lui oppose l'invincible obstacle de son dévouement et de son courage. La France ne sera point vaincue dans cette lutte de la liberté contre la tyrannie, de la fidélité contre la trahison, de Louis XVIII contre Bonaparte. »

son régiment à Bonaparte!) Le parti bonapartiste se liait mystérieusement à une conspiration militaire qui marchait néanmoins indépendante : conspiration éclatant alors, et qui fut sur-le-champ réprimée : je veux parler du complot des généraux Lefebvre-Desnouettes, Lallemand et Drouet. Ces généraux, maintenus par les Bourbons dans leur emploi, avaient prêté serment ; tous trois avaient reçu la croix de Saint-Louis, et à genoux ils avaient juré de défendre le roi à la pointe de leur épée. Tel est l'entraînement de l'esprit de parti, qu'au commencement de 1815 ces généraux avaient déjà résolu un mouvement militaire pour renverser Louis XVIII et sa famille [1].

Après la paix de 1814, on avait groupé les troupes dans les départements du Nord ; les places fortes étaient les meilleurs séjours militaires, la garde même y était cantonnée, et ce fut là que se trama la conspiration. Le projet des généraux mécontents était de faire arborer le drapeau tricolore par toute l'armée, la garde en donnerait l'exemple ; on se porterait en masse sur

---

[1] Une note rédigée de la main de Fouché est curieuse à consulter sur la cause de ce mouvement révolutionnaire. Elle fut publiée quelques jours avant le complot.

« La faction royaliste marche. Dominant les conseils, les chambres législatives et les administrations départementales, elle désorganise, elle humilie cette armée qui a vaincu l'Europe, et que l'Europe admire ! Elle frappe et spolie toutes les classes du peuple ! Elle prépare la ruine des propriétaires des biens nationaux, le rétablissement de la dîme, des corvées, enfin du régime féodal ! Déjà elle honore les crimes de lèse-nation, et signale comme coupables de lèse-majesté royale des millions de citoyens ! A la face du ciel et des hommes, elle a osé maudire notre héroïque révolution comme une rébellion de vingt-cinq ans à expier par l'obéissance absolue ! Vous l'avez entendue inviter humblement le roi à retirer la Charte, à ne s'entourer que d'hommes légitimes, de Francs régénérés ; maintenant elle proclame que toute constitution est un régicide ; elle proteste formellement contre cette Charte qui lui est si odieuse, et dans laquelle le monarque trouvait un titre à la reconnaissance publique. La faction a déployé l'étendard de la révolte ; elle a ses clubs, ses orateurs, ses bandes armées, qui publient que le monde n'a pas, comme le roi, promis de tout oublier, et que ce monde est impatient de rompre le silence. Enfin, elle médite une double infamie, d'interdire le monarque et de frapper les patriotes par une *Saint-Barthélemy*. Le trône a vu l'audace de l'aristocratie avec une sincère douleur, avec une véritable indignation ; mais parmi les rebelles, il a reconnu des serviteurs long-

Paris, et là on renverserait le gouvernement du roi. Ce plan, indépendant de Bonaparte, ne tenait pas essentiellement à son apparition en France; mais comment supposer qu'un projet militaire pût s'accomplir sans lui? Fouché, qui n'était pas étranger à ce complot, redoutait Bonaparte; et cependant, comment l'éviter dans un triomphe de soldats?

Ce projet d'insurrection militaire eut un commencement d'exécution; les troupes furent mises en mouvement par les ordres des généraux Lefebvre-Desnouettes et Lallemand, beaucoup marchaient sur Paris sans savoir pourquoi. Dès Compiègne, il se mit de l'hésitation parmi quelques chefs; la présence d'esprit de plusieurs colonels, la noble résistance de M. de Talhouet, la fidélité de ceux qui se rappelèrent leur serment de chevalier, empêchèrent la trahison de réussir. Les généraux Lallemand, Lefebvre-Desnouettes et Drouet prirent la fuite, la conspiration fut manquée, et l'on put croire à Paris que la fortune n'avait point entièrement abandonné les Bourbons[1]. La résis-

temps fidèles : le trône use d'indulgence, et les rebelles se croient autorisés. Vous le savez, de quelque côté que le monarque paraisse se retourner, il emporte et précipite la balance. A l'aspect de la contre-révolution triomphante, la nation ne se sentira-t-elle pas transporter d'horreur? Qu'elle ne voie plus à son tour, dans les hommes de l'émigration, que des individus condamnés par ses lois; dans ceux qui se proclament les seuls royalistes, les fidèles Vendéens, que des fanatiques armés contre la plus sainte des causes; enfin, dans l'étendard des lys, que le signe qu'elle a si longtemps combattu comme le signe de la rébellion... Oui, quand le drapeau redevenu national est revendiqué par le parti contre-révolutionnaire, le parti de la Révolution, qui comprend au moins les trois quarts de la France, est provoqué à reprendre le sien ! N'oublions pas que les trois couleurs, aujourd'hui proscrites, doivent être aussi agréables au trône que le ruban de la Vendée; elles étaient celles du bon et magnanime Henri IV; Louis XIV les a arborées; elles brillent encore dans les armoiries du gouvernement. Ressaisissons aussi ces droits, premiers gages de notre indépendance, et que nous avions cru pouvoir échanger contre des trophées; ils doivent revivre aujourd'hui. Ne sait-on pas qu'il n'appartient qu'à des mains glorieuses de voiler la statue de la Liberté? »

[1] Il paraît constant aujourd'hui que la conjuration Lallemand se liait aux projets de Fouché, qui avait lui-même rédigé la proclamation. Cette proclamation fut un moment aux mains de M. Maret.

tance du général Corsin à Antibes, le peu de succès de l'insurrection militaire, furent salués comme d'heureux présages, l'espoir revint dans les cœurs.

La marche de ces conspirations avait jeté quelque défaveur sur le ministère du maréchal Soult; les patriotes l'accusaient de s'être trop intimement uni aux royalistes, par son adresse à l'armée et sa souscription au monument de Quiberon. Les ardents bourboniens lui reprochaient au contraire de servir Napoléon. Le maréchal, en plaçant toute une armée en échelons depuis la Bourgogne jusqu'à Grenoble au mois de février 1815, n'avait fait qu'exécuter les ordres qui lui arrivaient de Vienne par l'organe de M. de Talleyrand : cela était fait dans la pensée d'une guerre prochaine sur les Alpes pour résister au projet de Murat, ou bien pour appuyer le traité éventuel de la triple alliance d'Angleterre, d'Autriche et de France; les ardents voyaient dans cette mesure une manière de favoriser Bonaparte, et de marquer pour ainsi dire ses étapes jusqu'à Paris. Dans cette circonstance, le maréchal crut devoir offrir loyalement sa démission ; elle fut acceptée, et on désigna pour lui succéder le général Clarke, qui avait laissé dans l'armée impériale une haute réputation de fermeté et de rigueur militaire. Le général accepta sans hésiter, et son premier soin fut de traduire devant des commissions militaires les généraux Lefebvre-Desnouettes, Lallemand, Drouet, et tous les hommes compromis dans la défection des régiments du Nord. Mais dans ces jours de faiblesse et de désorganisation politique, qui eût osé avoir la main assez ferme pour sévir? Les commissions militaires agirent avec une lenteur inouïe; on prolongea le jugement, et l'impunité la plus grande fut donnée à tous les complots et à tous les conspirateurs.

Paris en était le centre ; on avait vu accourir déjà M. de Lafayette pour s'aboucher avec les hommes les plus avancés de son parti. Dans toutes les crises publiques, l'arrivée de M. de Lafayette est comme l'annonce d'une révolution ; il ressemble à ces oiseaux de l'Océan qui indiquent la tempête; et lorsque la tempête éclate, ils n'ont pas la force d'en soutenir le bruit et de lutter contre les flots; ils se réfugient sur les pics des rochers que battent les vagues ; et ce rocher, pour M. de Lafayette c'était sa terre de La Grange. Il était donc venu voir à Paris ce qu'il y avait à faire pour le triomphe de ses illusions chéries ; ennemi de Bonaparte, il en voyait le retour avec douleur ; il n'aimait pas davantage les Bourbons de la branche aînée, mais il les croyait assez faibles pour laisser dominer sous leur égide les idées de 1789 ; avec Bonaparte, il n'y avait point de transaction, c'était le despotisme pur, absolu ; une commission militaire, et M. de Lafayette allait à la plaine de Grenelle ; avec les Bourbons, au contraire, on pouvait obtenir de leur faiblesse des concessions considérables, et, en toute hypothèse, sous leur règne il était très commode de conspirer. Le penchant de M. de Lafayette était pour les utopies de 1791 ; on devait avant tout repousser l'empereur Napoléon, et M. de Lafayette venait offrir son conseil et son appui. Il vit beaucoup à Paris M. de Constant, madame de Staël, M. Lainé, le duc de Broglie ; on cherchait à aviser aux moyens de prévenir la crise fatale qui allait compromettre la paix et la liberté. Quant à Fouché[1], il travaillait

---

[1] Voici comment parle Fouché dans les *Mémoires* écrit sur ses notes :

«Ce fut mon ancien collègue Thibaudeau qui le premier me révéla les progrès de la refaction de l'île d'Elbe, dont il était le principal agent. Je vis qu'il n'y avait pas de temps à perdre; je jugeai d'ailleurs que Napoléon servirait de point de ralliement à l'armée, sauf à le culbuter ensuite, ce qui me parut d'autant plus facile que l'Empereur n'était plus à mes yeux qu'un homme usé, dont le premier rôle ne pouvait pas

pour tous et sur tout; dans sa légèreté moqueuse, il traitait M. de Lafayette de niais, mais il voulait le faire servir à ses desseins ; il ne négligeait en un mot aucun des éléments qui pouvaient concourir au triomphe d'un système qui placerait tous les intérêts révolutionnaires sous sa main.

Ces premiers jours de la quinzaine de mars furent un temps de crise pour les bonapartistes, et une époque d'enthousiasme tumultueux pour les partisans des Bourbons. La prudence commandait la plus grande dissimulation aux hommes qui attendaient Bonaparte et le drapeau tricolore ; le gouvernement et la force publique étaient encore aux mains des Bourbons ; la police voulait donner preuve de zèle : quand un gouvernement va tomber, souvent il lui prend de ces résolutions de désespoir ; les royalistes annonçaient chaque jour des exécutions rigoureuses, mais ils n'en faisaient rien : ce parti, qui agit si peu habituellement, parle beaucoup. On proclamait une Saint-Barthélemy contre les partisans de Bonaparte, tels que MM. Réal, Maret, Thibaudeau, les amis et les invités du salon de la duchesse de Saint-Leu, et on ne touchait pas un cheveu de leurs têtes ; on annonçait la prochaine arrivée des Vendéens de M. La Rochejacquelein et des violences contre les conspirateurs. Beaucoup de jeunes hommes, des officiers en demi-solde s'étaient montrés avec des violettes à leur boutonnière,

---

être joué une seconde fois. Je consentis alors que Thibaudeau fît des ouvertures aux affidés de Napoléon, et je fis admettre aux conférences Régnault de Saint-Jean-d'Angely, Cambacérès, Davoust, S*, B*. L*, C*, B* de la M, M* de D ; mais j'exigeai des concessions et des garanties, refusant de me joindre à ce parti si leur chef, abju-

rant le despotisme, n'adoptait pas un système de gouvernement libéral. Notre coalition fut cimentée par la promesse d'un partage égal de pouvoirs, soit dans le ministère, soit dans le gouvernement provisoire, au moment de l'explosion.

« Cependant il se formait des affiliations ; des hommes influents contractaient entre

et c'était un signe de proscription ; on revit quelque chose de semblable aux querelles des Roses rouge et blanche, sanglantes dans l'histoire d'Angleterre. La crainte se manifestait parmi les bonapartistes, depuis surtout que le complot Lefebvre-Desnouettes avait été déjoué ; on redoutait les commissions militaires, on parlait hautement d'assassinats ; la peur exagérait les dangers, car les Bourbons étaient trop faibles pour essayer quelque chose de décisif ; ils s'agitaient dans des acclamations bruyantes, on organisait avec beaucoup de tapage les volontaires royalistes ; les registres de ces dévouements existent encore, les signataires s'élèvent à plus de 17,000, mais combien peu parurent aux jours de péril! Les écoles de droit et de médecine figurent pour un grand nombre. On serait étonné dans les rangs du parti libéral de voir les noms qui y sont inscrits.

En toute hypothèse, ce qu'il faut constater, c'est que le retour de Bonaparte fut vu avec crainte par la classe bourgeoise et intelligente ; on y aperçut une cause de troubles et un véritable danger européen ; on était fatigué de conscriptions et de guerres, de sacrifices ; si le bas peuple, avide de changements, si la partie militaire de la nation, purent saluer avec joie le retour de Na-

eux des engagements politiques. Il me parut bientôt évident que l'État marchait vers une crise, et que les adhérents de Napoléon s'étaient coalisés pour la faire éclore. Mais aucun succès n'était possible sans ma coopération ; je n'étais rien moins que décidé à l'accorder à un parti contre lequel je couvais de longs ressentiments. On revint plusieurs fois à la charge; divers plans me furent proposés, tous tendaient à détrôner le roi et à proclamer ensuite, soit un prince d'une autre dynastie, soit une république provisoire. Un parti militaire vint me proposer de déférer la dictature à Eugène Beauharnais. J'écrivis à Eugène, croyant la partie déjà liée ; je n'en reçus qu'une réponse vague. Dans l'intervalle, tous les intérêts de la révolution vinrent se grouper autour de moi et de Carnot, dont la lettre au roi produisit une sensation qui accusait de plus en plus l'impéritie du ministère. L'affaire d'Excelmans vint ajouter à la conviction qu'un parti considérable, dont le foyer était à Paris, voulait rétablir Napoléon et le gouvernement impérial. »

poléon, la bourgeoisie paisible, les intérêts s'inquiétèrent. La guerre semblait prête à surgir; il y avait dans le vaste flanc du cheval de bataille de l'Empereur le germe des sinistres perturbations. Que ferait l'Europe? aurait-on à lutter de nouveau contre une coalition? fallait-il espérer que quelques-unes des puissances se détacheraient de la cause générale pour seconder les idées de Bonaparte? A ce moment donc tous les yeux se portèrent sur Vienne.

CHAPITRE VIII.

LE CONGRÈS DE VIENNE AU DÉBARQUEMENT DE NAPOLÉON.

Situation des affaires à Vienne au mois de février 1815. — Inquiétudes sur l'île d'Elbe. — Surveillance des projets de Murat par l'Autriche et l'Angleterre. — Nouvelle du débarquement de Bonaparte. — L'empereur Alexandre. — Les dépêches de sir Ch. Stewart. — Crainte d'un retour au Bas-Empire. — Plan du prince de Metternich. — La légation française. — Propositions officielles dans le congrès. — Causes de la déclaration du 13 mars. — Unité des résolutions. — Développement des armées. — Excitation du peuple allemand. — Forces militaires. — L'Autriche. — L'Angleterre. — Les Pays-Bas. — La Russie. — La Prusse. — La Confédération germanique. — La Sardaigne. — La Suisse. — Coalition générale.

15 Février au 15 Mars 1815.

Les différends diplomatiques soulevés au congrès de Vienne sur les questions de partage territorial, paraissaient prêts à se résoudre dans des traités définitifs. Les concessions mutuellement consenties par la Russie, l'Autriche et la Prusse avaient amené des résultats plus favorables au maintien de la paix européenne. Alexandre s'était résigné à céder quelques districts de la Pologne; la

Prusse se contentait à son tour d'un large fragment de la Saxe, sans absorber toute la monarchie de Frédéric-Auguste. L'Angleterre avait cherché des indemnités dans une constitution plus large et plus forte du Hanovre et et du royaume des Pays-Bas. L'Autriche obtenait des additions considérables en Italie, et restait maîtresse des belles terres qui s'étendent des embouchures du Cattaro jusqu'à la rive droite du Pô. Enfin, la France elle-même trouvait une situation diplomatique plus forte et plus élevée par le rétablissement des Bourbons en Espagne, l'agrandissement de la monarchie piémontaise, avec l'espérance plus ou moins prochaine de replacer une branche de sa maison sur le trône de Naples en reconstituant le pacte de famille [1].

Les grandes questions du congrès touchant ainsi à leur fin, il ne restait plus que les discussions de détails; Alexandre et le roi de Prusse allaient prendre congé de l'empereur François et quitter Vienne, après avoir résolu quelques points d'administration et de politique, lorsque des rumeurs parvinrent au congrès sur les desseins de Bonaparte et sur de nouvelles tentatives qu'il pourrait oser bientôt contre le continent à peine pacifié. Les premiers mots sur les projets de Bonaparte étaient venus de

---

[1] Le prince de Talleyrand, dans un entretien qu'il avait eu avec l'empereur Alexandre, avait sollicité une déclaration d'après laquelle Murat n'eût été considéré par les puissances européennes que comme un usurpateur. Il avait même témoigné sans détour qu'il ne ratifierait point les arrangements au sujet de la Pologne et de la Saxe, avant que cette déclaration n'eût été donnée; et Alexandre, sans s'exprimer positivement, avait répondu en termes propres à faire naître des espérances. Mais lorsqu'il fallut traiter la question de Naples avec la cour de Vienne, le prince de Talleyrand rencontra plus d'obstacles. L'intention secrète de l'Autriche, indépendamment de son alliance avec Murat, paraissait être de séparer Naples de la Sicile. La séparation pouvait avoir lieu, soit dans le cas où Murat resterait à Naples, et où un fils de ce monarque resterait en Sicile. La séparation pouvait avoir lieu, soit dans le cas où Murat resterait à Naples, et Ferdinand en Sicile, soit dans celui où Ferdinand reviendrait à Naples, et où un fils de ce monarque régnerait en Sicile. Plusieurs insinuations

Toscane; le grand-duc, qui par sa situation était le plus exposé aux tentatives de l'île d'Elbe, dénonçait les incessantes correspondances entretenues en Italie et en France par les agents bonapartistes. De nombreux renseignements et de nouvelles plaintes étant parvenus aux hommes d'État qui composaient le congrès, par la voie de la France, on résolut de prendre un parti contre Napoléon. Le voisinage de l'île d'Elbe paraissait à tous un danger ; le plénipotentiaire de Portugal, M. de Palmela, offrit une des îles des Açores, comme lieu de séjour pour Bonaparte ; l'Angleterre, à son tour, avait proposé Sainte-Lucie ou Sainte-Hélène ; le traité du 11 avril, qui assurait l'île d'Elbe à Napoléon, n'était plus défendu que par l'empereur Alexandre, qui croyait sa parole engagée; peut-être y voyait-il un moyen de contenir la France et l'Autriche par la présence d'un danger toujours menaçant pour l'Italie et les Alpes.

Cette question, au reste, était un simple accessoire dans les actes importants du congrès de Vienne qui arrivait à sa fin ; on était dans les fêtes, dans les galas de cour, lorsque le prince de Metternich reçut le soir du 7 mars une dépêche de Livourne annonçant le départ subit et secret de Napoléon de l'île d'Elbe; le

---

avaient été faites à ce sujet à la cour de Palerme, et elles avaient été rejetées. Le prince Léopold de Sicile lui-même, qui devait être le plus intéressé au succès de ce plan, ne songeant qu'à la gloire de sa maison et à l'intégrité de la monarchie napolitaine, s'y était montré contraire.

Le prince de Talleyrand ayant renouvelé, en faveur de Ferdinand IV, ses pressantes instances auprès du prince de Metternich, celui-ci avait répondu verbalement: « que l'empereur, son maître, était lié par des traités avec le roi Murat; qu'en se déclarant contre lui, il pourrait en résulter en Italie des mouvements qui augmenteraient les embarras de la cour de Vienne, et l'obligeraient à y porter des troupes dont la présence était nécessaire sur d'autres points ; qu'ainsi, il ne fallait songer à traiter l'affaire de Naples que lorsqu'on aurait réglé les objets d'une importance plus générale, tels que l'affaire de Pologne et de Saxe. »

Le prince de Talleyrand se tournant alors du côté du premier plénipotentiaire anglais, lord Castlereagh, lui avait adressé, le 15 dé-

grand-duc de Toscane, informé le premier de cet événement, avait expédié un courrier à l'empereur [1]. La dépêche ne disait point le lieu vers lequel Bonaparte se dirigeait, quels étaient ses desseins et ses moyens de réussite. Où allait se porter cet homme extraordinaire avec sa troupe aventureuse, et quelle pensée roulait-il dans sa tête puissante? On sut seulement à Vienne qu'après s'être procuré une forte somme d'argent par l'entremise de sa famille, il s'était placé à la tête d'un millier d'hommes, tous déterminés à tenter la fortune par un rude coup de main.

Cette nouvelle se répandit bientôt; une inquiète rumeur éclatait de tous côtés parmi les souverains et les ministres. M. de Metternich vient trouver immédiatement l'empereur Alexandre pour lui communiquer ces dépêches; on est plein d'anxiété, on s'interroge: « Les uns disent que Bonaparte se rend à Naples, mais que pourra-t-il tenter avec les Napolitains? Les hommes sérieux ne doutent pas que le but des efforts de Napoléon ne soit la France. Le *petit homme* (c'est le nom qu'on donne familièrement à Bonaparte dans le congrès) a-t-il des complices? est-ce le résultat d'une conjuration? va-t-il seul, comme un aventurier, tenter la fortune? » Le 8 mars on reçoit de nouvelles dépêches par la voie de la Sardaigne; le congrès est fixé sur le point du débarquement; ce n'est pas Naples, ni l'Italie, mais la France elle-même; Napoléon, a pris terre au

---

cembre, une note portant: « que ce serait un objet de reproche et en même temps de honte éternelle, si le droit de souveraineté sur un ancien et beau royaume comme celui de Naples étant contesté, l'Europe, réunie en congrès général, en sanctionnait en quelque sorte l'usurpation par son silence, et paraissait approuver l'opinion que le droit le plus juste était celui de la force; que l'Angleterre n'avait qu'une chose à faire, qui était de déclarer au congrès qu'elle avait toujours reconnu Ferdinand pour légitime souverain du royaume de Naples; que la reconnaissance d'un droit ne renfermait naturellement d'autre obligation que celle de ne rien faire à ce droit, mais non pas celle de combattre pour sa défense »

[1] La nouvelle du débarquement de Bonaparte arrivait à Vienne, lorsque le prince

golfe Juan, s'est jeté dans les montagnes et marche sur Gap. Le 11, l'on reçoit des nouvelles plus positives de la défection du colonel Labédoyère et de la soumission de Grenoble; c'est une estafette de Turin qui annonce ces fatales nouvelles. Il y a donc un complot, on n'en peut plus douter; l'armée défectionne, et cette circonstance vient frapper vivement l'empereur Alexandre, qui jusqu'ici s'est montré le plus favorable à l'exécution du traité du 11 avril [1].

Ce qui se passe est une révolte militaire : des soldats se déclarent contre le gouvernement établi, des régiments se mêlent de politique ; l'idée des légions de Rome dégénérée vient à la pensée du Czar; Byzance et Saint-Pétersbourg ont plus d'un rapport! « Il n'y a plus de sécurité pour les gouvernements européens, si les soldats peuvent les renverser par un caprice. » M. de Talleyrand, qui sait que cette idée frappe et inquiète l'empereur Alexandre, la développe dans plus d'une note; il est incessamment en rapport avec le prince de Metternich et le duc de Wellington, son opinion à lui est qu'il faut arrêter Bonaparte par une grande manifestation ; il ne faut pas seulement qu'une puissance se déclare isolément contre l'entreprise, toutes doivent se prononcer dans la grande croisade contre le principe conquérant et insurrectionnel que représente Napoléon ; et pour arriver à ce résultat, on doit agir fortement et avec unanimité; il n'y a pas de paix possible avec lui. Il est surtout urgent de convaincre la France et l'Europe

de Metternich, le duc de Wellington et le prince de Talleyrand se rendaient à Presbourg, en qualité de députés du congrès, pour faire connaître au roi de Saxe les résolutions prises à son sujet.

[1] L'empereur Alexandre, irrité au plus haut degré, dit : « qu'il sentait qu'il avait fait une faute en consentant, par **générosité**, au traité du 11 avril, mais qu'il s'en laverait en exposant dans cette nouvelle guerre son dernier homme et son dernier écu. »

que les puissances, complétement d'accord, sont indissolublement unies dans le but commun qu'elles se proposent; il faut éteindre le principe turbulent et militaire, la révolte des baïonnettes; on invite M. de Metternich à prendre l'initiative, et voici pourquoi : Napoléon répand sur sa route de faux bruits qui pourraient laisser croire à la complicité du cabinet de Vienne; il a jeté dans les montagnes du Dauphiné la nouvelle qu'il arrivait soutenu par 100,000 Autrichiens; il a eu l'audace de faire circuler le texte d'un traité qui lui assurait l'appui de l'Autriche moyennant 200 millions de subsides qu'on paierait à François II; cela est absurde, mais enfin il est urgent de détruire les illusions que les partis pourraient avoir en France.

Donc l'Autriche doit prendre l'initiative de l'acte qui va mettre Bonaparte hors du droit des gens, comme violateur du traité qui l'a relégué à l'île d'Elbe. Et comme il n'est encore qu'à Grenoble, comme il est possible d'arrêter, par une grande manifestation de force et de volonté, le dessein factieux des hommes qui pourraient rêver le renversement, on prononce l'urgence d'une déclaration commune et solennelle. Le 12 mars, l'initiative est prise par le prince de Metternich[1]; avec sa parole calme et modérée, il expose les faits de la situation dans le comité des huit puissances; selon lui, « il serait utile dans la conjoncture actuelle de se prononcer sur un événement qui ne pouvait manquer de faire une grande sensation dans toutes les parties de

---

[1] Le prince de Metternich prenant la parole, le 12 mars, dans la conférence du comité des huit puissances, dit : « qu'il serait digne des puissances et utile, dans la conjoncture actuelle, de se prononcer sur un événement qui ne pouvait manquer de faire une grande sensation dans toutes les parties de l'Europe; que Napoléon Bonaparte, en quittant l'île d'Elbe et en débarquant en France avec des hommes armés, s'était ouvertement constitué ennemi et perturbateur du repos public]; que, comme tel, il

l'Europe. Napoléon, en quittant l'île d'Elbe et en débarquant en France avec des hommes armés, s'est constitué ennemi et perturbateur du repos public. En conséquence, les puissances doivent déclarer le maintien du traité de Paris, en même temps qu'elles sont prêtes, en cas de besoin, à fournir au roi de France les secours qui lui paraîtraient nécessaires pour rétablir la tranquillité publique. » Cette proposition avait été concertée avec M. de Talleyrand de manière à ne blesser en rien la France, sa liberté et son indépendance, en la séparant du perturbateur militaire : il ne s'agissait que de Napoléon Bonaparte, le seul que l'Europe mît au ban des nations, comme cela se pratiquait dans le vieux droit féodal de la Germanie.

Une déclaration solennelle, sous la date du 13 mars, fut la conséquence de ces conférences [1] ; l'esprit de l'Europe se manifestait sous la forme la plus absolue : « Bonaparte, y disait-on, s'est privé de la protection des lois ; il vient de manifester, à la face de l'univers, qu'il ne pouvait y avoir avec lui ni paix ni trêve ; il s'est livré à la vindicte publique. Les puissances doivent employer tous les moyens pour que la paix générale ne soit point troublée par un attentat qui plongerait encore les peuples dans l'abîme des révolutions ; quoiqu'elles fussent persuadées que la

---

n'était plus sous la protection d'aucun traité ni d'aucune loi ; que les puissances signataires du traité de Paris se trouvaient particulièrement appelées à déclarer à la face de l'Europe que tel était le jugement qu'elles portaient sur ce fait, en ajoutant que le traité de Paris, et tout ce qui avait été réglé et stipulé à la suite de ce traité, serait invariablement maintenu, et que toutes les puissances étaient prêtes, en cas de besoin, à fournir au roi de France les secours que S. M. T. C. pourrait juger nécessaires pour rétablir la tranquillité publique, dans les suppositions peu probables qu'elle fût troublée par cette entreprise insensée. »

[1] *Déclaration de Vienne.*

« Les puissances qui ont signé le traité de Paris, réunies en congrès à Vienne, informées de l'évasion de Napoléon Bonaparte et de son entrée à main armée en France,

France entière, se ralliant autour de son souverain légitime, ferait rentrer dans le néant la tentative d'un délire criminel, les puissances s'engageaient à fournir les ressources nécessaires et à faire cause commune contre tous ceux qui entreprendraient de troubler la paix du monde. » Cette déclaration unanime ne pouvait plus laisser de doute sur les résolutions ultérieures qui seraient prises par les cabinets ; on voulait arrêter la conjuration bonapartiste, s'il était temps encore, détruire les illusions et les mensonges sur le maintien de la paix, empêcher les bruits que Napoléon pouvait répandre d'un concours et d'une alliance avec un ou plusieurs cabinets ; l'on déclarait hautement que si le gouvernement établi en 1814 était renversé, ce n'était pas contre quelques puissances isolées seulement que les bonapartistes auraient à combattre, mais contre toutes ; ils auraient à lutter avec l'Europe sans répit et sans traité possible.

Cependant les cabinets n'étaient pas sans avoir de vives appréhensions ; cette inquiétude est parfaitement décrite dans une suite de dépêches de sir Charles Stewart, l'ambassadeur anglais à Vienne ; sir Charles, frère de lord Castlereagh, le tient parfaitement au courant des moindres incidents du congrès. « Si j'avais été libre, dit-il, d'agir à ma volonté ou chargé de quelque responsabilité, j'aurais certainement expédié un courrier pour l'Angleterre

---

doivent à leur propre dignité et à l'intérêt de l'ordre social une déclaration solennelle des sentiments que cet événement leur a fait éprouver.

« En rompant ainsi la convention qui l'avait établi à l'île d'Elbe, Bonaparte détruit le seul titre légal auquel son existence se trouvait attachée. En reparaissant en France avec des projets de trouble et de bouleversement, il s'est privé lui-même de la protection des lois, et a manifesté à la face de l'univers qu'il ne saurait y avoir ni paix, ni trêve avec lui.

« Les puissances déclarent en conséquence que Napoléon Bonaparte s'est placé hors des relations civiles et sociales, et que, comme ennemi et perturbateur du repos du monde, il s'est livré à la vindicte publique.

« Elles déclarent en même temps que,

aussitôt que la nouvelle du retour de Napoléon arriva dans cette capitale, afin de vous faire connaître la sensation que cet événement y a produite, ainsi que les conjectures auxquelles il a donné lieu, et l'effet probable qu'il aura sur les négociations encore pendantes au congrès. Toutefois, il est probable qu'avant le départ de cette lettre, la certitude de la destinée de cet homme extraordinaire mettra fin à plusieurs de mes hypothèses; mais je n'en persiste pas moins à croire qu'il ne sera pas sans intérêt pour vous d'apprendre ce qui se fait ici. L'aide-de-camp de lord Burghersh (le capitaine Aubin) arriva à Vienne le jour d'une fête à la cour. Ce fut lui qui le premier proclama cette importante nouvelle; et Metternich en fut si alarmé, qu'il voulut la tenir secrète, ne fût-ce que pendant la soirée, afin de ne pas répandre une tristesse soudaine sur la représentation du théâtre de la cour. Mais comme la populace de la ville et les cabarets étaient en possession de la nouvelle, il reconnut bientôt qu'il lui était de toute impossibilité de la tenir cachée. Le même jour on tint une conférence qui eut, je crois, pour objet de décider quelques affaires relatives au roi de Saxe. On y discuta le grand événement, et j'appris qu'on avait conçu l'idée d'une conférence des huit puissances pour y faire une sorte de déclaration de guerre générale contre Buonaparte. Je ne sais pas si l'on pensa ensuite qu'il vaudrait

---

fermement résolues de maintenir intact le traité de Paris du 30 mai 1814, et les dispositions sanctionnées par ce traité, et celles qu'elles ont arrêtées ou qu'elles arrêteront encore pour le compléter et le consolider, elles emploieront tous leurs moyens et réuniront tous leurs efforts pour que la paix générale, objet des vœux de l'Europe et but constant de leurs travaux, ne soit pas troublée de nouveau, et pour la garantir de tout attentat qui menacerait de replonger les peuples dans les désordres et les désordres des révolutions.

« Et, quoique intimement persuadées que la France entière, se ralliant autour de son souverain légitime, fera incessamment rentrer dans le néant cette dernière tentative d'un délire criminel et impuissant, tous les souverains de l'Europe, animés des mêmes sentiments, et guidés par les mêmes prin-

mieux différer cette déclaration jusqu'à ce que l'on sût où se trouverait précisément l'ennemi, ou si l'on trouva imprudent de sonner le tocsin si promptement; mais on me dit qu'on avait abandonné cette idée, et que le duc de Wellington, Metternich et Talleyrand étaient partis hier pour continuer leurs négociations avec le roi de Saxe, comme si rien n'était arrivé. Il serait difficile de vous décrire l'impression que la nouvelle a produite sur les personnes de la cour. Il y en a qui expriment en plaisantant leur surprise de ce que les Anglais l'aient laissé échapper de l'île d'Elbe, dont la garde leur était confiée; d'autres s'en sont ouvertement réjouis comme d'un accident heureux qui mettrait fin à tous les différends; d'autres ont craint de voir une guerre civile se déclarer en France, et que la réapparition de Napoléon dans ce pays ne fût que l'avant-coureur de nouveaux massacres et d'une nouvelle conflagration; d'autres enfin ont conjecturé que Bonaparte avait fait cause commune avec Murat pour recouvrer le royaume d'Italie. Il est trop vrai cependant que l'expédition en apparence aventureuse de l'île d'Elbe cause partout une terreur que les plus grands efforts ne sauraient cacher. J'apprends que tous les grands hommes ont ri en lisant la dépêche de lord Burghersh; mais je crois que le sourire n'a pas tardé à faire place aux plus vives alarmes. Lord Wellington n'a pas vu l'empereur

---

cipes, déclarent que si, contre tout calcul, il pouvait résulter de cet événement un danger réel quelconque, ils seraient prêts à donner au roi de France et à la nation française, ou à tout autre gouvernement attaqué, dès que la demande en serait formée, les secours nécessaires pour rétablir la tranquillité publique, et à faire cause commune contre tous ceux qui entreprendraient de la compromettre.

« La présente déclaration, insérée au protocole du congrès réuni à Vienne, dans sa séance du 13 mars 1815, sera rendue publique.

« Fait et certifié véritable par les plénipotentiaires des huit puissances du traité de Paris.

« A Vienne, le 13 mars 1815. »
(Suivent les signatures, dans l'ordre alphabétique des cours.)

avant le bal et le spectacle de la cour; le duc, m'a-t-on dit, est très mécontent des expressions de l'empereur de Russie. Mais on a cru que c'était le moment d'oublier tout ressentiment particulier, et de se rallier contre l'ennemi commun. L'empereur a déclaré que, si le Phénix allait renaître de ses cendres en Europe, nous devions tous, quels que fussent nos différends, nous réunir plus fermement que jamais contre tous les efforts que tenterait Napoléon, et qu'il fallait faire la plus grande diligence pour terminer au plus tôt possible toutes les négociations relatives au traité de Paris. Lorsque l'empereur s'approcha de Talleyrand, et plaisanta sur l'oiseau qui s'était échappé de sa cage, ce qui n'aurait pas eu lieu, disait-il, si la France avait payé les sommes stipulées par le traité, on dit que Talleyrand demanda en riant si S. M. I. voudrait payer en mars ce qu'elle ne devait qu'au mois de mai. Il me semble que Talleyrand s'est montré particulièrement joyeux depuis la nouvelle. Je ne connais point les sentiments de La Besnardière, le bras droit de la chancellerie française; et quant à M. Dalberg, il était malade. Je pense que tous redoutent le parti opposé au gouvernement en France. Ce parti est divisé, il est vrai, mais Buonaparte est peut-être assez adroit pour le réunir. L'Impératrice Marie-Louise a été profondément émue, et a déclaré qu'il fallait que Napoléon fût frénétique pour

Autriche.	Le prince de Metternich, le baron de Wessenberg.	Portugal.		Le comte de Palmella, Saldanha, Lobo.
		Prusse.		Le prince de Hardenberg; le baron de Humboldt.
Espagne.	P. Gómez, Labrador.			
France.	Le prince de Talleyrand, le duc de Dalberg, La Tour-du-Pin, le comte Alexis de Noailles.	Russie.		Le comte de Razumowski, le comte de Stackelberg, le comte de Nesselrode.
Grande-Bretagne.	Wellington, Clancarty, Cathcart, Stewart.	Suède.		Löwenheim.

compromettre ainsi les intérêts de son fils, sans espérance certaine de succès¹. Ses domestiques, en apprenant cette nouvelle, se sont livrés aux plus extravagantes démonstrations de joie. »

Le lendemain nouvelle dépêche de sir Ch. Stewart sur les plans formés à Vienne : « Quant à la marche que Napoléon a suivie, ou aux plans qu'il a formés, on fait là-dessus une foule de conjectures; on croit que s'il agit de concert avec Murat, Naples sera le point où de grandes forces pourraient être assemblées en peu de temps; mais est-il probable que Murat veuille s'unir avec lui maintenant? Ce serait une véritable folie, et Murat a certainement une bien meilleure chance en restant fidèle à l'Autriche, qui est favorablement disposée pour lui, et aux autres puissances, qui le laissent jouir paisiblement de sa couronne, que s'il les forçait à se déclarer contre lui ; il faut ajouter à cela l'incertitude sur le motif qui a pu engager Napoléon à reparaître sur la scène, et la nécessité pour le roi de Naples d'obéir en tout à la direction de son ancien maître. Il serait impossible de croire que Murat eût voulu le séduire, et le livrer après qu'il serait tombé en son pouvoir, afin de s'affermir lui-même sur son trône ; ce serait une trop grande trahison ; il en est cependant qui aiment mieux admettre un pareil fait que de croire que Murat ait consenti à faire cause commune en Italie avec Napoléon. Les Autrichiens sont naturellement alarmés à l'idée de voir la guerre ravager de nouveau l'Italie, et cependant bien des personnes disaient que si Bonaparte y débarquait, cette circonstance leur

---

¹ On ne peut nier que la mission du congrès n'eût pour objet de pacifier l'Europe. Or, du moment qu'il fut avéré que Bonaparte cherchait, de l'île d'Elbe, à remuer l'Italie, toutes les puissances pensèrent qu'il était dangereux de laisser Parme en patrimoine à son fils ; mais ce pays fut conservé à Marie-Louise.

fournirait le meilleur prétexte pour se débarrasser de leur engagement avec Murat, à qui l'empereur a donné une promesse autographe de le maintenir sur le trône. Après les spéculations sur l'Italie, la conjecture la plus répandue, c'est que Napoléon serait retourné en France; tout le monde s'accorde à regarder une telle tentative comme téméraire et comme pouvant faire couler beaucoup de sang et allumer la guerre civile dans le pays. Quant à l'effet immédiat que cet événement pourrait produire sur les négociations du congrès, on dit qu'il les amènerait promptement à une conclusion définitive. Toutefois je ne partage pas cette opinion. Il ne faut pas s'attendre à ce qu'un esprit indécis et théorique comme celui de mon ami Metternich adopte tout à coup une marche droite et ferme, au lieu d'attendre les événements, comme c'est sa coutume. Si nous considérons les questions de l'Italie, par exemple, on le trouvera prêt à combattre un ennemi aussi redoutable que Napoléon, et les autres questions resteront non décidées; je doute fort que cette situation inquiétante nous abrège le chemin pour arriver à une pacification générale. L'arrangement qui avait été pris pour Parme pourrait devenir plus précaire, si Napoléon n'était point considéré dans le traité comme enfermé dans l'île d'Elbe, ce qui me paraît évidemment contraire à la vérité. Hier soir, Schwartzenberg a reçu la nouvelle que Bonaparte avait débarqué à Cannes, qu'il avait d'abord tenté de prendre terre à Antibes, mais qu'il en fut empêché et se dirigea vers Cannes. Les lanciers polonais arrêtèrent M. de Monaco, et après l'avoir interrogé sur l'esprit qui régnait en France, ils le remirent en liberté. M. de Monaco se rendit aussitôt à Nice, et y répandit la nouvelle du grand événement. L'empereur de Russie en a reçu la communication de Schwartzenberg, pendant qu'il était à la maison de campagne du prince d'Esterhazy. Aussitôt l'empereur, le roi et toutes les dames prirent des cartes, et les ayant déployées sur la table, cherchèrent à deviner les diverses entreprises que pourrait faire la grosse bête sauvage, comme ils l'appelaient tous; et, en effet, ils semblaient tous aussi effrayés que si un animal féroce s'était échappé de sa cage. L'ambassade française paraît saisie d'un grand effroi. Je sais qu'elle n'a que deux courriers par lesquels elle ose envoyer ses dépêches. On assure que lorsqu'on dit à Talleyrand qu'il était possible que les vaisseaux de guerre français se fussent entendus avec Bonaparte avant son départ de l'île d'Elbe, ce diplomate commença à trembler. Je pense toutefois que cette anecdote est là une invention des partisans secrets de Napoléon. [1] »

Ainsi s'exprima dans une de ses dépêches sir Charles Stewart, le frère de lord Castlereagh, et ce document m'a paru le plus curieux pour signaler l'esprit et la tendance du congrès de Vienne. Tous les cabinets avaient les yeux fixés sur les progrès et le développement de l'insurrection militaire dont Bonaparte était le chef; cette entreprise inquiétait vivement le prince de Metternich; tous les ministres connaissaient Bonaparte, ses talents militaires, l'activité de son génie; si quelques esprits le croyaient usé, d'autres ne dissimulaient pas le parti qu'il pouvait tirer d'une nation aussi puissante, aussi forte que la France; c'était une guerre à recommencer sur des bases plus actives, plus formidables peut-être, que celle que l'on venait d'accomplir. La seule apparition de Bonaparte eut donc pour effet de suspendre momentanément les derniers débats qui devaient clore le congrès; elle effaça les nuances, pour amener la résolution unanime

---

[1] Cette dépêche de lord Stewart est datée de Vienne, 9 mars 1815.

d'une guerre fortement conduite, et les questions accessoires furent presque aussitôt abandonnées pour s'occuper de la grande crise du moment.

L'Autriche était à son tour inquiétée par l'attitude que venait de prendre Murat en Italie [1]; pour M. de Metternich, il était démontré que Joachim avait résolu la guerre; son armée s'élevait à plus de 60,000 hommes, et déjà ses avant-postes s'échelonnaient pour envahir les États romains. Le pape s'était retiré des légations. Les troupes napolitaines, molles et insubordonnées, ne pouvaient être redoutables pour les Allemands, soldats énergiques, qui dans tous les temps avaient refoulé les Italiens, les Lombards, les Napolitains, ou les habitants des Abruzzes; mais une marche en avant de Murat en Italie serait peut-être soutenue par les sociétés secrètes; et tandis qu'il trouverait appui à Florence, à Milan, et même jusqu'à Alexandrie, Napoléon pourrait paraître sur les Alpes, et réveiller encore les anciens ferments de l'esprit révolutionnaire. Dans toutes les hypothèses, la prise d'armes de Murat appelait la diversion d'un corps nombreux d'Autrichiens, qui serait ainsi annulé dans une campagne contre la France, si tant il y a qu'elle devait être commencée. Le prince de Metternich, alors plein d'hésitation, n'osait se mouvoir dans une sphère trop décidée, car toute combustion en Europe lui faisait sérieusement peur; l'Autriche n'aspirait plus qu'à conserver le beau lot que le congrès lui avait fait dans le grand partage.

A Vienne, on s'occupait déjà d'organiser les contin-

---

[1] Le 25 et le 26 février, la cour de Vienne remit aux légations de France et de Naples, près du congrès, une note portant : « que Sa Majesté Impériale était décidée à maintenir la tranquillité de l'Italie, et à regarder comme ennemie toute puissance qui y ferait marcher des troupes. »

gents militaires, comme si la guerre eût été imminente; par une fatalité que Napoléon n'avait point prévue, presque tous les cabinets étaient encore sur le pied de guerre, et ces forces, que les puissances voulaient s'opposer les unes aux autres, pouvaient être dirigées en moins de trois mois contre Napoléon. L'Allemagne, au sein de laquelle se tenait le congrès, loin d'être désarmée, était encore toute en fermentation à la suite de ce mouvement national qui, en 1813, lui avait mis les armes à la main. Dès les premières nouvelles du débarquement de Bonaparte, les haines allemandes se réveillèrent contre lui, et le roi Frédéric-Guillaume se mit de nouveau en rapport avec M. de Stein, les généraux Blücher, Gneisenau, tous les vieux patriotes qui pouvaient prêter aide et appui à la cause germanique. On y détestait les souvenirs de l'occupation française; la mémoire du despotisme de Napoléon n'était point effacée, on le revoyait revenir encore avec une crainte secrète; entre la Germanie et le nouveau Charlemagne, il y avait une haine à mort, et les Witikinds ne manquaient pas. La landwehr se tint prête à la première convocation, et les cabinets purent compter sur le concours actif de l'Allemagne.

La première puissance qui devait entrer en lutte dans cette grave circonstance, c'était évidemment la Grande-Bretagne. Bien des bruits circulaient sur l'événement de l'île d'Elbe: avait-elle fermé les yeux pour amener de nouveau un trouble en laissant passer Bonaparte à travers la Méditerranée? c'était possible, mais cela ne changeait pas sa position vis-à-vis de Bonaparte une fois maître de la France: à aucun prix elle ne pouvait traiter avec lui, le plus haineux de ses ennemis; l'Angleterre pouvait se servir de Bonaparte comme d'un instrument de trouble en Europe, jamais elle ne l'aurait admis et reconnu comme un souverain [1], si elle le jetait comme un brandon de discorde pour ressaisir sa supériorité européenne menacée, Napoléon triomphant, elle dut reprendre les armes. Le duc de Wellington quitta immédiatement Vienne, pour se rendre dans les Pays-Bas, afin d'y organiser les troupes réunies de l'Angleterre, de la Hollande et de la Belgique en armée d'observation; la Grande-Bretagne, depuis sa paix avec les États-Unis, pouvait disposer de forces considérables dans les Pays-Bas. Lord Castlereagh fut appelé bientôt à développer devant le Parlement toutes les idées qui avaient triomphé au congrès de Vienne; si l'expédition de Bonaparte réussissait en France, les communes voteraient unanimement des subsides pour l'augmentation de la marine et des forces de terre. En toutes hypothèses, l'Angleterre devait se disposer à tenir le premier rang dans une campagne.

Lors du débarquement de Napoléon, la Russie avait son pied de guerre le plus formidable; son armée était concentrée en Pologne, en face de l'armée autrichienne massée en Moravie. L'empereur Alexandre, qui se croyait un peu coupable du débarquement de Bonaparte, parce qu'il l'avait toujours soutenu à Vienne, se déclara hautement dans l'obligation : « d'offrir toutes ses forces à l'alliance pour briser le trône usurpé. » Et puis, je le répète, l'idée d'une révolte et d'un manque de foi dans l'armée française lui paraissait un affreux exemple pour lui, qui dans l'histoire de Russie trouvait tant de souvenirs identiques. Il fallait donc réprimer à tout prix ce mouvement audacieux, et quand M. de Metternich lui

---

[1] C'est sous le prétexte de n'avoir point reconnu Bonaparte comme souverain que le plénipotentiaire de la Grande-Bretagne n'avait jamais voulu signer le traité de Fontainebleau, qui assurait la principauté de l'île d'Elbe à Napoléon.

en parla avec une certaine crainte, Alexandre répondit :
« qu'il jetterait dans la croisade européenne les 500,000
hommes dont il disposait, pour en finir avec un tumulte de prétoriens; comme il était coupable du mal,
il voulait être le premier à le réparer. » Il rassura par
ces paroles vives M. de Metternich, qui, avec sa sagacité
habituelle et presque toujours hésitante, envisageait
toutes les conséquences possibles et malheureuses d'une
nouvelle guerre contre Napoléon.

Ce n'est pas que l'Autriche n'eût aussi des forces considérables à jeter dans une grande lutte; elle pouvait,
indépendamment d'une armée d'observation portée à
80,000 hommes en Italie, disposer encore de 250,000
soldats avec 500 pièces de canon, qu'elle ferait pénétrer par la Suisse ou par le Bas-Rhin. Mais le caractère
de M. de Metternich n'aimait pas les moyens extrêmes;
s'il se laissait peu séduire par toutes ces idées de régence
et d'influence autrichienne sur la France que Fouché
pouvait lui offrir, il ne se laissait pas non plus entraîner
par les illusions de quelques diplomates envisageant l'entreprise de Napoléon comme une folie; il voyait le danger réel, la longueur de la lutte, et la puissance des
éléments dont Bonaparte allait disposer. La France n'était-elle pas toujours la France?

La Prusse était bien plus en avant que l'Autriche dans
les idées de répression ; elle commençait à devenir la
véritable puissance allemande, elle en épousait les passions et les idées, et depuis le morcellement de la Saxe,
elle tendait, en se pénétrant de l'esprit germanique, à dominer toutes les destinées de l'Allemagne. Or, il faut bien
le remarquer, l'esprit allemand n'était pas satisfait du
traité conclu en 1814; la haine de Bonaparte et de la
France vivait entière ; il s'était formé depuis quelque

temps une école politique très avancée dans les idées germaniques, et qui considérait le traité de 1814 comme une véritable faute, un tort porté à la patrie; pour ceux-ci, tout ce qui parlait la langue allemande était enfant de la Germanie. Selon ces patriotes exaltés, c'était par des usurpations, vieilles comme Louis XIV et Louis XV, que l'Alsace et la Lorraine faisaient partie de la France; tôt ou tard, elles devaient rejoindre leur mère-patrie comme des terres usurpées, des fiefs momentanément séparés; l'Austrasie et la Neustrie ne pouvaient être confondues. Plusieurs écrits avaient paru en ce sens dans les universités, et M. de Gagern avait développé cette théorie d'une manière brillante dans des notes fort bien rédigées [1]. Mécontents du traité de 1814, les patriotes allemands voyaient donc avec une satisfaction secrète un trouble qui pourrait nécessairement amener une modification à ces traités, qu'ils considéraient comme très défavorables à leur nationalité. Dans une guerre heureuse contre Napoléon, ils pourraient obtenir l'Alsace et la Lorraine, les évêchés que la France leur avait arrachés; le Rhin tout entier leur reviendrait comme le fleuve de la patrie.

Les forces militaires de la Confédération étaient considérables; l'Autriche et la Prusse s'étaient proposé un grand objet dans l'organisation de la Confédération germanique. Sous la ferme diplomatie de Richelieu, de

[1] « Le plénipotentiaire de Nassau, le baron de Gagern, homme énergique, disait : « que s'il y avait de grandes monarchies, elles étaient nécessaires pour balancer d'autres monarchies également grandes; que toutefois la France était la première de toutes par ses ressources intérieures, qui étaient telles, que l'Europe entière, réunie contre elle, était à peine un adversaire assez puissant; que la France était entourée d'un triple rang de places fortes qu'elle n'avait point acquises ou conquises par des voies légitimes, mais que ses intrigues et les discordes de l'Allemagne lui avaient données dans le cours des derniers siècles; que l'Alsace était en première ligne parmi les provinces que son astuce lui avait mises entre les mains. — Je me suis

Louis XIV, et même de Napoléon, un coup fatal avait été porté à l'unité allemande par la division qu'on était parvenue à jeter dans son sein. Les rois, les grands-ducs avaient fait des traités spéciaux ; on avait vu la Bavière, la Saxe, le Wurtemberg, se rattacher comme vassalités à Bonaparte, de manière à porter le désordre dans la constitution germanique. Le congrès s'était efforcé de renouer ces liens par un pacte général ; l'Allemagne ne formerait plus qu'un tout avec son armée, ses éléments de force, son gouvernement par une diète ; aucun prince ne pourrait faire un traité séparé contraire à la confédération ; l'Allemagne aurait désormais une personnification dans une assemblée qui maintiendrait son caractère de nation ; on rétablirait la délibération antique ; s'il n'y avait plus d'empereur, il y aurait au moins une nationalité embrassant l'ensemble de la constitution ; grand résultat obtenu pour la paix et pour la guerre. Les *avulsa imperii* pouvaient ensuite se rattacher à la mère commune.

A l'Allemagne se liait le royaume des Pays-Bas, tout récemment formé ; comme grand-duc de Nassau, prince de Luxembourg, le roi Guillaume faisait partie de la Confédération germanique, mais la création de ce royaume était essentiellement anglaise, et l'œuvre de prédilection du parti tory ; en aucun cas l'Angleterre n'aurait mis Anvers dans des mains hostiles, et comme elle

assez prononcé, ajoutait le baron de Gagern, sur la paix de Paris, rédigée dans des termes préjudiciables à l'Allemagne. Toutefois, on avait l'intention de ménager l'amour-propre des Français, en étendant encore leurs limites. On voulait replacer les Bourbons sur le trône, sous des auspices favorables, et on espérait qu'une conduite si magnanime consoliderait la paix et affermirait la tranquillité. Il n'en a pas été ainsi. Le mortel qui a réuni, au plus haut degré, l'audace, la méchanceté et la perfidie s'est replacé sur le trône, et nous menace de nouveau ; que dis-je ? sa seule existence est une menace. Nous la repousserons les armes à la main. L'union qui règne entre nous, l'amitié de toutes les puissances et de tous les peuples qui partagent nos sentiments,

allait prendre la plus grande part à la guerre contre Napoléon, le royaume des Pays-Bas fournirait un contingent considérable dans la prochaine campagne. La maison d'Orange, marchant de concert avec les Anglais, formerait la tête d'une armée du Nord, pénétrant par la Flandre; le duc de Wellington essaierait dans la Belgique la même stratégie qu'il avait accomplie aux Pyrénées; il attaquerait par le nord comme il avait attaqué par le midi; il avait jugé que là se porteraient les premiers coups de la guerre.

Dans cette coalition générale, l'attitude du Danemarck et de la Suède pourrait être incertaine, mais l'hésitation ne serait pas longue; le Danemarck avait trop perdu par sa fidélité à l'alliance de Napoléon, pour ne pas être dégoûté d'une politique si aventureuse; se séparer de la coalition eût été pour le roi une chute complète, il ne l'eût point osé pas plus que la Saxe; en supposant le triomphe momentané de Napoléon, sa ruine ne pouvait être qu'une question de temps; son entreprise n'inspirait aucune confiance, on ne le croyait pas capable de la mener à bout contre toute l'Europe soulevée; si une coalition de tous contre un peut être une injustice et souvent une lâcheté, elle doit au moins rester victorieuse. Bernadotte, mécontent de la conduite des alliés envers lui en 1814, aurait en vain voulu garder la neutralité dans cette nouvelle crise; il savait bien qu'il

---

nous encouragent dans cette lutte périlleuse. Si nos armes sont bénies, si les armées françaises sont défaites, et si les forteresses tombent, nous sommes autorisés à espérer un plus heureux résultat que celui de la paix de Paris. Il est de notre devoir de le vouloir, de le dire, de le proclamer hautement, et de travailler pour le repos de nos enfants. Convenons cependant que si la partie saine de la nation, revenue à elle-même pendant qu'il en est temps encore, se délivre sans que nous ayons besoin de verser notre sang, les choses devront res er au point où elles étaient au 30 mai 1814; mais si la force des armes décide en notre faveur, qu'il ne soit plus question d'une paix comme celle de Paris. » *(Note de M. de Gagern.)*

ne pouvait pas se maintenir seul dans une situation précaire, il devait s'appuyer ou sur l'Angleterre ou sur la Russie; en 1814, il n'avait point été satisfait d'Alexandre, les promesses d'Abo n'avaient point été tenues, Napoléon allait lui tendre la main. Mais le trône de Suède tenait au cœur de Bernadotte; on lui disputerait cet héritage s'il osait garder la neutralité ou se prononcer pour Napoléon. Laissez marcher les événements! Qui sait? l'on verrait reparaître Bernadotte sur un champ de bataille si les alliés lui en imposaient l'obligation; il avait pris goût pour la société des rois, il voulait s'y maintenir; plus habile que Murat, il n'exposerait pas sa couronne par un coup de tête. Jusqu'à ce moment Bernadotte était entièrement absorbé par les récentes conquêtes de la Norwége; il rattachait à la Suède cette dépouille du Danemarck.

Dans le grand conflit qui se préparait contre Napoléon, en Europe, il n'y avait pas une seule neutralité à espérer; la Suisse elle-même entrerait dans l'alliance; on lui présentait la crise européenne comme un fait exceptionnel qui ne blessait en rien sa neutralité; Napoléon déclaré perturbateur du repos public, on devait courir sus, comme au représentant d'un pouvoir hors du droit des gens; et, dans cette guerre universelle, la Suisse ne pouvait garder un rôle neutre et pacifique; il fallait qu'elle se prononçât pour la cause générale. Le congrès venait de régler d'une manière très large les affaires helvétiques; on avait fait de grandes concessions territoriales aux cantons; on promettait à Bâle la démolition d'Huningue[1], et, par ce moyen surtout, l'Autriche avait lié le conseil de Berne au système allemand. Il en était de

---

[1] La Suisse réclamait aussi le canton de Ferney et quelques districts sur le Jura.

même du Piémont, constitué en royaume de Sardaigne, avec ses frontières des Alpes, ses forteresses de Coni et d'Alexandrie, et son port de Gênes, admirablement fortifié. La Sardaigne, monarchie toute neuve, formée des débris de l'Empire, était, par la nature des choses, hostile à Napoléon; le congrès avait invité Victor-Amédée à organiser une forte armée; la maison de Carignan, essentiellement militaire, digne gardienne de l'héritage d'Eugène de Savoie, était capable d'entrer en lutte avec un développement de forces considérable. Menacés par les Français, les États du roi de Sardaigne devaient nécessairement se jeter dans la ligue européenne; l'Autriche profiterait de ce changement dans la politique de la maison de Savoie, l'alliée naturelle de la France.

Au midi, Bonaparte n'aurait pas plus d'auxiliaires qu'au nord; l'Espagne, toujours ardente et fougueuse contre lui, ne lui pardonnerait rien; le rétablissement de Ferdinand VII avait jeté parmi ce peuple une énergie nouvelle; il avait demandé le roi absolu; les Cortès venaient d'être brisées et la pierre de la constitution broyée par les *serviles*. Une armée espagnole paraîtrait sur les frontières des Pyrénées au premier signal du congrès de Vienne [1]. L'effervescence populaire permettait à l'Espagne de disposer de 80,000 soldats, troupes sobres et disciplinées; l'Angleterre fournirait des subsides à l'Espagne comme à d'autres époques; et pendant que le duc de Wellington paraîtrait en Flandre à la tête d'une armée hollando-belge et anglaise, au midi l'on reverrait les généraux Castanos et Béresford s'élancer des Pyrénées sur les provinces méridionales de la France.

---

[1] Le manifeste de Ferdinand VII, œuvre de M. de Cevallos, n'était qu'une longue diatribe contre Napoléon.

La ligue serait donc commune, universelle. Il faut bien le remarquer, depuis la Révolution française, il n'est pas de guerre contre la France qui ne se change et ne s'élève bientôt à une coalition; les cabinets se prononcent et s'unissent contre elle au premier éclat des batailles. Cela tient à plusieurs causes : d'abord au principe dévorant que la Révolution française a jeté au monde, et qui ne peut vivre avec aucun système ancien, avec les royautés surtout ; ensuite, à la jalousie qu'inspire la France par sa supériorité morale et matérielle, par les ressources immenses qu'elle déploie, et qui lui permettent de lutter glorieusement seule contre tous. Cette situation est grave, parce que chaque guerre peut devenir une catastrophe, chaque événement n'a pas de portée fixe qu'on puisse d'avance établir ; et l'apparition de Bonaparte sur le continent fut le signal d'une de ces prises d'armes formidables qui en finissent souvent avec l'histoire des peuples.

CHAPITRE IX.

MARCHE DE BONAPARTE DE GRENOBLE A FONTAINEBLEAU.

Esprit bonapartiste de Grenoble à Lyon. — Les émissaires. — Les troupes. — Le peuple. — Idée patriotique. — Esprit de Lyon. — M. le comte d'Artois. — M. le duc d'Orléans. — Le maréchal Macdonald. — Défection des régiments. — Bonaparte à Lyon. — Décrets et organisation révolutionnaires. — Dissolution des Chambres. — Première idée du champ-de-mai. — Départ des princes pour Roanne. — Le comte d'Artois et M. Baude, sous-préfet. — Bonaparte en Bourgogne. — Conversations avec les autorités. — Envois d'émissaires de Paris. — Dispositions du soldat. — Arrivée du maréchal Ney à Auxerre. — Le préfet, M. Gamot. — Causes de la défection. — Actes du maréchal à Lons-le-Saulnier. — Les généraux Lecourbe et de Bourmont. — Marche à travers la Bourgogne jusqu'à Fontainebleau. — Conversation politique de Bonaparte.

8 au 19 Mars 1815.

La marche extraordinaire de Bonaparte, qui excitait une si vive, une si profonde inquiétude en Europe, se développait avec un ordre, une précision, une promptitude admirables. On aurait dit que chaque gîte était préparé dans les terres du domaine impérial. Napoléon à Grenoble se trouvait en face d'une population patriote et d'une armée enthousiaste; la revue qu'il passa sur la place d'Armes avait révélé à quel point le soldat portait le dévouement à l'Empereur. Ce régiment d'artillerie qui le saluait là était le même régiment de La Fère, dans les rangs duquel il avait servi [1]. Bonaparte comptait déjà autour de lui 6,000 hommes, un parc d'artillerie, quelques compagnies du génie, et à l'aide de ces régiments compromis, il pouvait tenter son mouvement militaire sur Lyon, la seconde cité du royaume.

Il se passait quelque chose d'extraordinaire dans cette marche, c'est qu'en avant de l'Empereur des agents pleins de zèle, des émissaires jusque-là inconnus préparaient l'enthousiasme et la révolution impériale comme un événement national. Ce n'étaient point seulement des soldats, mais des médecins, des négociants qui exerçaient sur la campagne cette puissance mystérieuse opérant par une sorte de télégraphe magique; ces hommes devançaient toujours l'Empereur de dix à quinze lieues, pénétraient dans les casernes, préparaient les soldats à arborer la cocarde tricolore et à reprendre l'aigle qui lançait la foudre; dans chaque ville, ils connaissaient les partisans de la cause impériale; une fois maîtres de l'esprit de la garnison, ils offraient des banquets aux officiers; on échangeait des paroles ardentes, et lorsqu'ensuite on annonçait l'arrivée du *Père la Vio-*

---

[1] Après la revue, Napoléon adressa ces paroles au 4ᵉ d'artillerie (régiment de La Fère) : « C'est parmi vous, leur dit-il, que j'ai fait mes premières armes. Je vous aime tous comme d'anciens camarades; je vous ai suivis sur le champ de bataille, et j'ai toujours été content de vous; mais j'espère que nous n'aurons pas besoin de vos ca- nons Il faut à la France de la modération et du repos. L'armée jouira, dans le sein de la paix, du bien que je lui ai déjà fait et que je lui ferai encore. Les soldats ont retrouvé en moi leur père; ils peuvent compter sur les récompenses qu'ils ont méritées. »

lette, du *Petit Caporal*, tout était préparé pour le recevoir. Les soldats accouraient frémissant d'enthousiasme autour de leur Empereur en saluant son image; c'était un lien qui se formait tout seul; il eût été aussi difficile de le dénouer que la chaîne des temps et le souvenir des grandes journées.

La tendance politique des populations du pays qu'allait traverser Bonaparte depuis Grenoble jusqu'à Lyon, était la même que celle des montagnes des Hautes et Basses-Alpes. Le Dauphiné s'était montré, à toutes les époques, très dévoué aux actes de la Révolution française; ce n'était point de l'impérialisme à proprement parler, c'est-à-dire ce dévouement frénétique du soldat, muet devant la parole et la volonté d'un homme, son dictateur, son glorieux maître; mais la population était patriote, c'est-à-dire ennemie des émigrés, peu soumise aux prêtres; et les paysans avaient acquis la plupart des terres des anciens nobles. Pour conquérir l'assentiment de ces masses, on leur avait présenté Napoléon comme l'enfant de la Révolution française, l'ennemi lui-même du vieux régime, qu'il avait pourtant contribué à restaurer. Bien des patriotes avides croyaient qu'il ne s'agissait que de ramener la double époque de la révolte des serfs au moyen âge, et du pillage des manoirs au temps des Pastoureaux; ou bien ce temps de 1792, où se consomma le dépouillement des prêtres et des nobles au profit des paysans; au premier signal, le fermier aurait couru sur le grand possesseur de terres, presque partout partisan des Bourbons et de l'ordre monarchique.

L'esprit de Lyon n'était pas le même que celui de la campagne du Dauphiné; si la troupe indisciplinée des canuts pouvait saluer avec enthousiasme le retour de l'Empereur, si ces bras robustes aimaient à soutenir un prince fort, un dictateur, un despote, la société élégante et propriétaire avait à Lyon d'autres principes. Sans doute, à la place Bellecour, Napoléon aurait eu plus d'un partisan : il avait beaucoup fait pour la grande cité commerciale; après les désastres de la Révolution française, c'était lui, Consul, qui avait posé la première pierre de la place Bellecour; Lyon, ville essentiellement pieuse, devait la restauration du culte à Bonaparte qui lui avait donné son oncle pour archevêque; mais là, comme partout, la société riche, cultivée, issue de l'ancienne aristocratie, était décidément portée pour les Bourbons, et c'était avec quelque raison que M. le comte d'Artois y plaçait l'espérance plus ou moins fondée d'une résistance au mouvement bonapartiste; des témoignages de sympathies avaient éclaté dans les hautes classes, et partout on parlait de résistance, en se disposant à couper les ponts, à barricader les points susceptibles d'occupation militaire [1].

M. le comte d'Artois, de concert avec le duc d'Orléans et le maréchal Macdonald, s'était occupé à exciter le zèle, et à maintenir le peuple dans l'obéissance, et le soldat dans le devoir; hélas! l'aspect de ces troupes devait complétement effacer les illusions que l'on pouvait s'être faites de leur dévouement aux Bourbons. Dans de fréquentes revues, M. le comte d'Artois avait cherché à leur parler du roi, du drapeau blanc, et les soldats étaient restés muets, le front assombri, ou bien un sourire moqueur errait sur leurs lèvres [2]; ils semblaient dire : « que cette cause n'était pas la leur », ils avaient d'autres souvenirs, un autre culte, d'autres couleurs, d'autres

---

[1] Le maréchal Macdonald se conduisit avec une loyauté à l'épreuve.

[2] Les soldats avaient même repoussé les dons d'argent.

chefs; la politesse affectée des officiers supérieurs envers M. le comte d'Artois semblait révéler une résignation momentanée, le respect au malheur, la pitié pour une cause perdue, et bientôt la nécessité inflexible ou la joie enthousiaste d'aller offrir leur épée à Napoléon. La grâce parfaite de M. le comte d'Artois, sa phrase chevaleresque n'allaient pas à ces soldats habitués aux dures et glorieuses paroles de Napoléon; c'était la voix d'un gentilhomme parlant aux hommes forts des camps. Les prétoriens murmuraient de ce que l'on hésitait tant à les conduire à la face de leur César pour reprendre leur place sous ses enseignes militaires; cet esprit était si ardent qu'il allait jusqu'à faire refuser l'exécution des ordres pour la résistance; les soldats n'attendaient que l'approche de l'Empereur pour lui donner une nouvelle preuve de cet amour exalté que l'armée avait voué au chef qui l'avait conduite si souvent à la victoire.

Bientôt on put reconnaître au frémissement des troupes que l'homme extraordinaire s'approchait de Lyon; il était parti de Grenoble après la grande revue et comme porté par les soldats; jusque là il avait voyagé à cheval ou à pied à travers les montagnes; depuis, il emprunta la calèche d'un de ses aides-de-camp. Les paysans prévenus par les émissaires bonapartistes se groupaient autour de lui; il leur parlait admirablement la langue du peuple [1]. A chaque relais, il recevait des soldats déguisés qui lui disaient l'état de Lyon, l'esprit des régiments; lorsqu'il fut bien certain que les troupes étaient disposées en sa faveur et que les casernes n'attendaient que l'approche des aigles, il envoya deux escadrons de hussards en éclaireurs dans le faubourg de

---

[1] Récit de M. Fleury de Chaboulon.

la Guillotière, tandis qu'il faisait passer le Rhône à quelques troupes d'avant-garde, pour couper s'il était possible la retraite à M. le comte d'Artois, au duc d'Orléans et au maréchal Macdonald, sur les deux routes de Bourgogne et du Bourbonnais. Ces précautions étaient inutiles.

Lyon ne pouvait résister longtemps, les princes l'avaient quitté, et le noble maréchal Macdonadl avait en vain essayé de maintenir par tous les moyens les troupes dans la fidélité à leur serment. M. le comte d'Artois et le duc d'Orléans avaient pris la route du Bourbonnais; à Roanne, ils furent reçus par M. Baude, jeune sous-préfet; et bien que partisan des idées impérialistes, M. Baude garda au prince une louable fidélité; il ne lui déguisa rien sur le danger de sa cause; les bateliers de la Loire et de la Saône étaient très exaltés pour l'Empereur; M. le comte d'Artois se montra fort gracieux, mais résigné à sa fortune, le prince aimait la vérité et M. Baude la lui dit tout entière[1]. Le maréchal Macdonald n'avait pas immédiatement suivi les princes; à l'aspect des hussards, les habitants de la Guillotière avaient crié *vive l'Empereur!* les troupes haletantes de joie s'étaient unies à ce cri, et quand le maréchal Macdonald vit la triste tournure des affaires, il monta à cheval, suivi d'un seul aide-de-camp, et courut sur la route de Roanne; poursuivi, il eût été arrêté par deux hussards, si son aide-de-camp ne l'en eût débarrassé.

Au bruit de cette fuite rapide des princes, l'empereur Napoléon fit son entrée à Lyon, une des villes de France où son nom était le plus populaire, le plus connu des masses. Les ovations ne lui manqueraient

---

[1] C'est de M. Baude que je tiens les détails de cette entrevue.

pas; les troupes furent ivres de joie, le peuple se joignit à elles, et Napoléon vint loger en grande pompe à l'archevêché[1]; il était tout ravi, le succès semblait couronner son entreprise, et comment douter que l'aigle désormais ne volât de clocher en clocher jusqu'aux tours de Notre-Dame?... Le voici dans la seconde ville du royaume, cité de près de 150,000 âmes; il avait daté des décrets de Grenoble, tous empreints de l'esprit révolutionnaire, il eut hâte d'en signer quelques-uns sous la date de Lyon, comme pour constater qu'il avait repris le pouvoir dans toute sa force et qu'il régnait une seconde fois sur la France.

A Lyon, il venait d'être rejoint par de nombreux émissaires qui l'avaient parfaitement informé de l'esprit de la capitale et des provinces. On ne voulait plus de conquêtes, la guerre faisait peur, son ambition était ce que redoutait le plus le parti patriote; les Bourbons avaient habitué le peuple à la liberté, les formes représentatives prenaient racine dans le pays. Il fallait donc accorder au moins autant que Louis XVIII; ainsi

---

[1] *Paroles de Napoléon aux autorités de Lyon.*

« J'ai été entraîné par la force des événements dans une fausse route; mais instruit par l'expérience, j'ai abjuré cet amour de la force si naturel aux Français, qui a eu pour la France et pour moi tant de funestes résultats! Je me suis trompé en croyant que le siècle était venu de rendre la France le chef-lieu d'un grand Empire; j'ai renoncé pour toujours à cette haute entreprise : nous avons assez de gloire; il faut nous reposer..... Ce n'est point l'ambition qui me ramène en France, c'est l'amour de la patrie. J'aurais préféré le repos de l'île d'Elbe aux soucis du trône, si je n'avais su que la France était malheureuse, et qu'elle avait besoin de moi En mettant le pied sur notre chère France, j'ai fait le vœu de la rendre libre et heureuse; je ne lui apporte que des bienfaits. Je reviens pour protéger et défendre les intérêts que notre Révolution a fait naître; je reviens pour concourir, avec les représentants de la nation, à la formation d'un pacte de famille qui conservera à jamais la liberté et les droits de tous les Français. Je mettrai désormais mon ambition et ma gloire à faire le bonheur de ce grand peuple duquel je tiens tout. Je ne veux point, comme Louis XVIII, vous octroyer une Charte révocable; je veux vous donner une constitution inviolable, et qu'elle soit l'ouvrage du peuple et de moi. »

le voulaient les patriotes, et Bonaparte ne pouvait régner que par eux ; on voulait une constitution libre et nationale, et il devait avant tout reconnaître et proclamer la souveraineté du peuple.

Aussi le voit-on tout occupé, dès qu'il arrive à Lyon, d'imprimer cet esprit aux actes de son gouvernement. Dans cette ville, il se croit déjà le maître de la souveraineté, il en exerce tous les droits, il dissout de sa volonté propre la Chambre des pairs et celle des députés[1] ; les considérants de ces décrets révèlent l'esprit qu'il veut donner à son gouvernement. S'il brise la Chambre des pairs, c'est qu'elle est composée d'hommes qui, ayant porté les armes contre la France, ont intérêt au rétablissement de la féodalité et à l'annulation des ventes des biens nationaux. S'il dissout la Chambre des députés, c'est qu'elle a adhéré au rétablissement de la noblesse féodale, et qu'elle a fait payer par la France les dettes de l'étranger : n'a-t-elle pas donné aux Bourbons le titre de légitimes, et proclamé bons Français les émigrés ? Ainsi, tous ces pouvoirs sont dissous, frappés de mort par le dictateur armé. Enfin, comme couronnement de ces mesures, l'Empereur con-

---

[1] Voici quelques-uns de ces décrets datés du 13 mai 1815.
Premier décret.
« Art. 1er. La Chambre des pairs est dissoute.
« 2. La Chambre des communes est dissoute. Il est ordonné à chacun des membres, convoqué et arrivé à Paris depuis le 7 mars dernier, de retourner, sans délai, dans son domicile.
« 3. Les collèges électoraux des départements de l'Empire seront réunis à Paris dans le courant de mai prochain, *en assemblée extraordinaire du Champ-de-Mai*, afin de prendre les mesures convenables pour corriger, modifier nos constitutions, selon l'intérêt et la volonté de la nation, et en même temps pour assister au couronnement de l'Impératrice, notre très chère et bien-aimée épouse, a celui de notre très cher et bien-aimé fils.
« 4. Notre grand-maréchal, faisant fonctions de major-général de la grande armée, est chargé de prendre les mesures nécessaires pour la publication du présent décret. »
Signé, Napoléon.
Deuxième décret.
« Art. 1 r. Tous les émigrés qui n'ont pas été rayés, amnistiés ou éliminés par nous

voqua les colléges électoraux des départements de l'Empire en assemblée extraordinaire du champ-de-mai. Au champ-de-mai, l'on modifierait la constitution, et les députés des colléges électoraux assisteraient au couronnement de l'Impératrice et du roi de Rome. Napoléon veut toujours faire croire qu'en bonne harmonie avec l'Autriche, il vient avec la promesse de la paix ; Marie-Louise le rejoindra dans sa bonne ville de Paris, avec son fils bien-aimé ; ce bruit, on le propage par des écrits et des révélations préparées.

L'Empereur ne cesse de soulever les haines contre l'émigration parmi les acquéreurs des biens nationaux ; tous les émigrés qui n'ont point été rayés par les gouvernements révolutionnaires devront quitter le territoire de la France ; si on les saisit, ils seront jugés et condamnés selon les lois de la Convention, qui portent la peine de mort; le séquestre sera mis sur leurs propriétés. Par un troisième décret, il abolit la noblesse, tout en maintenant les titres nouveaux, parce qu'il sait la susceptibilité des gentilshommes de la nouvelle école ; il ne veut pas heurter ses partisans à Paris qui tiennent à leurs principautés, à leurs titres de ducs et de

ou par les gouvernements qui nous ont précédé, et qui sont rentrés en France depuis le 1er janvier 1815, sortiront sur-le-champ du territoire de l'Empire.

« 2. Les émigrés qui, quinze jours après la publication du présent décret, se trouveront sur le territoire de l'Empire, seront arrêtés et jugés conformément aux lois décrétées par nos assemblées nationales, à moins, toutefois, qu'il ne soit constaté qu'ils n'ont pas eu connaissance du présent décret, auquel cas ils seront simplement arrêtés et conduits par la gendarmerie hors du territoire.

« 3. Le séquestre sera mis sur tous leurs biens, meubles et immeubles. Les préfets et officiers de l'enregistrement feront exécuter le présent décret aussitôt qu'ils en auront connaissance ; et, faute par eux de le faire, ils seront responsables des dommages qui pourraient en résulter pour notre trésor national. »

Troisième décret.

« Art. 1er. La noblesse est abolie, et les lois de l'Assemblée constituante seront mises en vigueur.

« 2. Les titres féodaux sont supprimés ; les lois de nos assemblées nationales seront mises en vigueur.

« 3. Les individus qui ont obtenu des ti-

comtes; il n'hésite pas à frapper un Montmorency, premier baron chrétien; mais le comte Merlin, le comte Réal, c'est différent. Un dernier décret épure l'armée de tous les officiers de l'émigration, ils doivent quitter les insignes de leurs grades; tous les changements dans l'ordre judiciaire sont déclarés non avenus; le séquestre est apposé sur les biens de la famille des Bourbons; les propriétés qui appartiennent à la Légion d'honneur, aux hospices, aux communes, héritages des émigrés, doivent être restituées à ces établissements, au préjudice des droits primitifs de propriété. La maison du roi et les Suisses sont licenciés; les ordres antiques de Saint-Michel, de Saint-Louis, du Saint-Esprit, sont complétement abolis.

Triste et fatale réaction! Quel exemple ne donnait pas l'Empereur lui-même au cas où les Bourbons seraient une seconde fois restaurés? Dans ces grandes et rapides secousses politiques, les vengeances sont-elles jamais utiles à une cause? Ces décrets de Lyon, en dehors de tous les principes, dissolvaient les Chambres, établissaient le séquestre; quelques dispositions du dicta-

---

tres nationaux comme récompense nationale, et dont les titres-patentes ont été vérifiés au conseil du sceau, continueront à les porter.

« 4. Nous nous réservons de donner des titres aux descendants des hommes qui ont illustré le nom français dans les différents siècles, soit dans le commandement des armées de terre et de mer, dans les administrations civiles ou judiciaires, soit enfin dans les sciences et arts et dans le commerce, conformément à la loi qui sera promulguée sur cette matière. »

Quatrième décret.

« Art. 1er. Tous les généraux et officiers de terre et de mer, dans quelque grade que ce soit, qui ont été introduits dans nos armées depuis le 1er avril 1814, qui étaient émigrés, ou qui, n'ayant pas émigré, ont quitté le service au moment de la première coalition, quand la patrie avait le plus grand besoin de leurs services, cesseront sur-le-champ leurs fonctions, quitteront les marques de leur grade, et se rendront au lieu de leur domicile.

« 2. Défenses sont faites au ministre de la guerre, aux inspecteurs aux revues, aux officiers de la trésorerie et autres comptables de rien payer pour la solde de ces officiers, sous quelque prétexte que ce soit, à dater de la publication du présent décret. »

teur suffisaient pour abolir la noblesse antique, épurer les armées et les tribunaux, déclarer dissoute la maison du souverain et abolir les ordres militaires. En politique il ne faut jamais violer les principes, parce que tôt ou tard l'heure de la réaction peut sonner !

Les décrets de Lyon formulaient tout entier le système qui allait prévaloir dans les Cent Jours ; ce n'était plus l'Empereur aristocrate, puissant dictateur, il était désormais placé sous la domination des principes et des hommes de la Révolution française ; il cessait d'être à l'aise, cette atmosphère lui pesait ; s'il voulait se servir de la Révolution comme d'un piédestal, et des idées libérales comme d'un point d'appui, il étouffait sous leur poids désorganisateur. Napoléon, avec les principes de 1789, était une anomalie ; c'était le lion enveloppé d'une maille d'acier. Sa préoccupation à ce moment était toujours sa marche militaire sur Paris [1], le seul point qui l'inquiétât, car il avait appris le départ de Ney et le mouvement offensif que le maréchal était chargé d'opérer contre lui ; il connaissait Ney, faible, hésitant et si facile à entraîner dans des voies opposées.

Le maréchal Ney, parti de Paris après son entrevue si chaude avec Louis XVIII, s'était porté en avant, bien résolu, je crois, de s'opposer aux progrès de Napoléon ; sur la route, il s'exprimait avec chaleur et franchise contre son ancien chef, qu'il vou-

---

[1] L'Empereur crut indispensable, en quittant Lyon, de s'adresser une fois encore aux habitants :

« Au moment de quitter votre ville pour me rendre dans ma capitale, j'éprouve le besoin de vous faire connaître les sentiments que vous m'avez inspirés ; vous avez toujours été au premier rang dans mes affections. Sur le trône et dans l'exil, vous m'avez toujours conservé les mêmes sentiments ; le caractère élevé qui vous distingue vous a mérité toute mon estime. Dans des moments plus tranquilles, je reviendrai pour m'occuper de vos manufactures et de votre ville.

« Lyonnais, je vous aime. »

Signé, Napoléon.

lait ramener au roi dans une cage de fer; il arriva le second jour à Auxerre, à la préfecture, chez M. Gamot, son beau-frère[1]; là, il eut la première conférence sérieuse sur les affaires publiques. M. Gamot était franchement napoléonien; les Bourbons avaient été si indulgents qu'ils avaient laissé la majorité des préfets de l'Empire dans les positions administratives. Une causerie de M. Gamot avec Ney fit naître les incertitudes dans l'esprit du maréchal; le préfet n'était pas sans doute dans la conspiration bonapartiste, mais ses affections et ses goûts étaient si prononcés pour Napoléon, qu'il devait facilement ébranler le maréchal dans sa résolution de fidélité aux Bourbons. M. Gamot lui fit connaître le peu de solidité du gouvernement de Louis XVIII, les mille chances de succès qu'avait Bonaparte. Sans volonté de se réunir à l'Empereur, Ney se mit en route fortement ému; à son arrivée à Châlons, il trouva déjà les régiments sans cocarde, qui poussaient des cris d'enthousiasme pour leur Empereur[2]. Il leur parla des Bourbons, ils l'écoutèrent en silence, et beaucoup de soldats déclarèrent qu'ils ne voulaient plus servir cette cause; lui, le maréchal Ney, voulait-il les conduire à Napoléon? alors ils le suivraient : sans cela, ils ne voulaient plus l'accompagner.

A mesure qu'il avançait, cet esprit se manifestait davantage; or, le maréchal Ney n'avait pas la fermeté nécessaire dans une semblable crise; le voilà lui-même

---

[1] Récit de M. Fleury de Chaboulon, qui accompagnait l'Empereur.

[2] « On peut dire que c'était une digue renversée... Je conviens que cela est difficile à expliquer... C'est l'effet de toutes les assertions des agents de Bonaparte. Le préfet de Bourg m'avait manifesté une grande terreur, tout paraissait perdu. J'ai eu tort, sans doute, de lire la proclamation, mais j'ai été entraîné par les événements. La preuve que le 13 même j'étais fidèle au roi, résulte des lettres que j'ai écrites ce jour-là aux maréchaux Suchet et Oudinot. »

(*Interrogatoire du maréchal Ney.*)

pressé par les émissaires de Bonaparte, il en vient de tous côtés. « L'Empereur, disent-ils, n'a aucune rancune contre lui, et il lui tend les bras; il est d'accord avec l'étranger : plus de guerre, les idées nationales vont triompher! » A ces paroles ardemment répétées, le maréchal perd la tête, et laissons-le raconter lui-même les circonstances de sa triste et fatale défection : « J'ai en effet, dit le maréchal Ney, baisé la main du roi, S. M. me l'ayant présentée en me souhaitant un bon voyage. Le débarquement de Bonaparte me paraissait si extravagant, que j'en parlais avec indignation, et que je me servis en effet de cette expression de *cage de fer*. Dans la nuit du 13 au 14 mars, époque jusqu'à laquelle je proteste de ma fidélité au roi, je reçus une proclamation toute faite par Bonaparte. Je la signai. Avant de lire cette proclamation aux troupes, je la communiquai aux généraux de Bourmont et Lecourbe [1]. De Bourmont fut d'avis qu'il fallait se joindre à Bonaparte, que les Bourbons avaient trop fait de sottises, qu'il fallait les abandonner. C'était le 14 à

---

[1] Cette pièce avait été dictée par l'Empereur lui-même et envoyée au maréchal.
ORDRE DU JOUR.
Le maréchal prince de la Moskowa aux troupes de son gouvernement.
« Officiers, sous-officiers et soldats !
« La cause des Bourbons est à jamais perdue ! la dynastie légitime que la nation française a adoptée va remonter sur le trône ; c'est à l'empereur Napoléon, notre souverain, qu'il appartient seul de régner sur notre beau pays ! Que la noblesse des Bourbons prenne le parti de s'expatrier encore, ou qu'elle consente à vivre au milieu de nous, que nous importe ? La cause sacrée de la liberté et de notre indépendance ne souffrira plus de leur funeste influence. Ils ont voulu avilir notre gloire militaire ; mais ils se sont trompés. Cette gloire est le fruit de trop nobles travaux pour que nous puissions jamais en perdre le souvenir.

« Soldats ! les temps ne sont plus où l'on gouvernait les peuples en étouffant tous leurs droits ; la liberté triomphe enfin, et Napoléon, notre auguste Empereur, va l'affermir à jamais. Que désormais cette cause si belle soit la nôtre et celle de tous les Français ! que tous les braves que j'ai l'honneur de commander se pénètrent de cette grande vérité.

« Soldats ! je vous ai souvent menés à la victoire ; maintenant je veux vous conduire à cette phalange immortelle que l'empereur Napoléon conduit à Paris, et qui y sera sous peu de jours ; et là, notre espérance et notre bonheur seront à jamais réalisés. *Vive l'Empereur !* »
Lons-le-Saulnier, le 18 mars 1815.
Le maréchal d'Empire,
Signé, Prince de la Moskowa.

midi que je fis la lecture de cette proclamation à Lons-le-Saulnier, mais elle était déjà connue. Avant le 15, je n'écrivis ni ne dépêchai personne à Bonaparte. J'avais même envoyé des gendarmes déguisés recueillir des renseignements sur la marche, les forces et les dispositions de ses troupes; j'avais rassemblé les officiers de chaque régiment, et après leur avoir rappelé leur devoir, j'ajoutais que si je voyais de l'hésitation, je prendrais moi-même le fusil du premier grenadier pour m'en servir, et donner l'exemple aux autres. »

Le témoignage de M. de Bourmont est un peu opposé à celui du maréchal Ney sur cette triste défection : « Les dispositions des troupes étaient bonnes, dit M. de Bourmont, lorsque le maréchal me fit appeler. « Eh bien, mon cher général, me dit-il, vous avez lu ces proclamations de Bonaparte que l'on répand partout? elles sont bien faites. » — « Oui, lui répondis-je, il y a plusieurs phrases qui peuvent produire un grand effet sur la troupe; celle-ci, par exemple : *la victoire marche au pas de charge!* Il faut bien prendre garde qu'elle ne circule dans l'armée. » — « Eh! mon ami, l'effet est produit, dans toute la France c'est de même : tout est fini. » En ce moment le général Lecourbe entra, et le maréchal continua : « Je suis bien aise de vous revoir, mon cher général; je disais à Bourmont que tout est fini : il y a trois mois que nous sommes tous d'accord. Si vous aviez été à Paris, vous l'auriez su comme moi. Le roi doit avoir quitté Paris; s'il ne l'a pas quitté il sera enlevé. Mais malheur à qui ferait du mal au roi! c'est un bon prince qui n'a fait de mal à personne. Il sera conduit à un vaisseau, et embarqué pour l'Angleterre. » — « C'est-à-dire qu'il sera seulement détrôné, lui dis-je. » — « Il le faut, et nous n'avons rien de mieux à faire que d'aller à Bonaparte. »

DÉFECTION DU MARÉCHAL NEY (15 MARS 1815).

Le maréchal démentit ce récit avec chaleur : « J'étais dans ma chambre, la tête baissée sur cette fatale proclamation ; je la leur montrai. Bourmont ne me dit que ces mots : « Je suis parfaitement de votre avis. Il n'y a pas d'autre parti à suivre. » Lecourbe reprit : « Il y a longtemps qu'une rumeur circule, mais cette proclamation par qui vous a-t-elle été envoyée ? » Il ne s'agit pas de cela, lui dis-je, je vous demande votre avis. » Aucun d'eux ne me dit : Qu'allez-vous faire ? Vous allez sacrifier votre gloire. Ils se retirèrent, et Bourmont fit lui-même rassembler les troupes sur la place, et la fatale proclamation fut lue. Elle annonçait, cette proclamation : « que la cause des Bourbons était à jamais perdue. » A peine relevé des pieds de Louis XVIII, le maréchal Ney profanait le serment qu'il avait fait ; l'homme qu'il voulait amener hier dans une cage de fer, il le saluait aujourd'hui comme son grand Empereur : « Napoléon était la dynastie légitime, il lui appartenait de régner sur le pays ; la noblesse des Bourbons devait prendre le parti de s'expatrier ; les droits du peuple seraient respectés, les gloires relevées ; Napoléon allait régner par la liberté, et Ney enfin avait hâte de conduire ses soldats à ces immortelles légions que l'Empereur guidait vers Paris. » Datée de Lons-le-Saulnier, le 15 mars, cette proclamation était ainsi publiée sept jours après que le maréchal avait proféré d'odieuses paroles contre Napoléon ; c'était la faute de son caractère, la suite de cet entraînement qui le poussait à des opinions toujours mobiles. L'enthousiasme des soldats était à son comble ; on vit alors un triste spectacle qui pesa plus tard fatalement sur l'esprit et la discipline de l'armée. Des régiments venaient sans colonel, des sous-officiers conduisaient des corps entiers ; les dragons du roi vinrent à Napoléon, sans chefs, conduits par des maréchaux-de-logis; quand les officiers ne voulaient point reprendre l'aigle, les soldats les chassaient. Je le répète, il y avait ici du Bas-Empire, et la bataille de Waterloo se ressentit de ce relâchement de la discipline régulière et forte.

On s'avançait vers Auxerre [1], et dans cette antique cité, l'Empereur descendit officiellement à la préfecture. Le premier préfet qui donna cet exemple d'une réception souveraine, ce fut M. Gamot, le beau-frère du maréchal Ney; la Restauration l'avait conservé dans son poste; il avait prêté serment au roi, et il reçut l'Empereur comme son maître. Dans sa joie splendide, il para les appartements des portraits de l'Impératrice, du roi de Rome; on aurait pu se dire encore aux grands jours de l'Empire, car Napoléon eut sa réception du soir, et il se livra à toute sa verve contre les Bourbons. Il revint sur leur cour : elle ressemblait à celle du roi Dagobert.

Puis il se plaignit à M. Gamot que Ney n'arrivait pas; il avait envoyé sa proclamation, le maréchal avait-il quelque pudeur de se présenter à Napoléon? La transition était trop brusque et trop rapide. Ce fut sur l'invitation du général Bertrand que Ney vint à l'Empereur, qui le caressa beaucoup et lui jeta cette flatterie habituelle : « Ney, vous êtes toujours le brave des braves. » Le maréchal se confondit en expli-

---

[1] A Mâcon, l'un des adjoints du maire harangua Napoléon; quand il eut fini, l'Empereur lui dit : « Vous avez donc été bien étonné d'apprendre mon débarquement? » — « Ah! parbleu, oui, répondit l'orateur; quand j'ai su que vous étiez débarqué, je disais à tout le monde : Il faut que cet homme-là soit fou; il n'en réchappera pas. » Napoléon ne put s'empêcher de rire de cette naïveté. « Je sais, lui dit-il, en souriant malicieusement, que vous êtes tous un peu sujets à vous effrayer; vous me l'avez prouvé dans la dernière campagne; vous auriez dû vous conduire comme l'ont fait les Châlonnais; vous n'avez point soutenu l'honneur des Bourguignons. »

cations sur sa conduite faible et pusillanime : il fut très parleur, comme un homme qui n'est pas à l'aise. « Les journaux avaient annoncé un tas de mensonges (ce fut l'expression de Ney); sa ligne avait été celle d'un bon soldat, d'un bon Français ; c'est pour la patrie qu'il avait versé son sang. » Le maréchal Ney fut assez malheureux pour parler contre les Bourbons et ce roi dont il venait de baiser la main. Selon lui, « les Bourbons étaient jaloux des gloires de l'armée ; un vieux maréchal comme lui avait été obligé de recevoir la croix de Saint-Louis et de ployer le genou pour prêter le serment de loyauté devant le duc de Berry; » et si nous en croyons un admirateur de Bonaparte [1], il ajouta une épithète grossière et déplorable en parlant du prince qui plus d'une fois l'avait accueilli à sa table avec une cordiale amitié. L'aveuglement alla bien loin, puisque Ney osa dire : « Sire, si vous n'étiez venu les chasser, nous allions les chasser nous-mêmes. » Paroles véritablement inexplicables.

Le maréchal eut plus tard à raconter dans un fatal interrogatoire son entrevue avec Napoléon, et voici son récit : « Bonaparte m'a parlé de sa causerie avec le général Koller, et de son dîner à bord d'un vaisseau anglais. Nous étions une quinzaine à table. Il annonça que son affaire était une affaire de longue combinaison : Cambronne, Labédoyère, Bertrand étaient à ce dîner. Il ne nous parla pas avec détail de ce qui s'était passé à Paris pendant son absence. Il en était très bien informé. Il savait, par exemple, ce qui s'était passé à la fête de l'Hôtel-de-Ville, me faisant remarquer que les maréchaux n'y avaient pas eu de place. Il parla de la cérémonie funèbre du 21 janvier. Il me demanda des nouvelles de plusieurs personnes. Ce fut lui qui m'annonça la disgrâce de Soult et la remise de

---

[1] M. Fleury de Chaboulon.

son épée au roi. » A Auxerre, les communications avec Paris devinrent très fréquentes; les bonapartistes, les patriotes, avaient semé la route d'émissaires qui annonçaient heure par heure ce qui se faisait dans la capitale. L'Empereur s'en inquiétait beaucoup; il continuait à interroger tous ceux qui avaient vu et touché Paris. Il le faisait d'une manière vive et pressante; il s'informait de tout, il questionnait avec sa rapidité habituelle les agents qu'on lui envoyait des salons de sa capitale : « Qu'a-t-on fait aux Tuileries ? demanda-t-il à un émissaire de M. Maret. — On n'y a rien changé, sire, on n'a même point encore ôté les aigles. — Ils ont dû trouver que je les avais bien fait arranger? — Je le présume, Sire. On a dit que le comte d'Artois, aussitôt son arrivée, avait été parcourir les appartements et qu'il ne se lassait point de les admirer. — Je le crois bien. Qu'ont-ils fait de mes tableaux? — On en a fait enlever quelques-uns; mais celui de la bataille d'Austerlitz est encore dans la salle du conseil. — Et le spectacle? — On n'y a point touché; on ne s'en sert plus. — Que fait Talma? — Mais, sire, il continue à obtenir et à mériter les applaudissements du public. — Je le reverrai avec plaisir. Avez-vous été à la cour? Oui, sire, j'ai été présenté. — On dit qu'ils ont tous l'air de nouveaux parvenus, qu'ils ne savent point dire un mot, ni faire un pas à propos. Les avez vous vus en grande cérémonie? — Non, sire, mais je puis assurer à votre majesté qu'on n'est pas plus sans façon chez soi qu'aux Tuileries; on y entre en bottes crottées, en frac de ville et en chapeau rond. — Mais à quoi donc toutes ces vieilles ganaches dépensent-elles leur argent? car on leur a tout rendu! Et le roi, quelle mine a-t-il? — Il a une assez belle tête. — Sa monnaie est-elle belle? —

Votre majesté peut en juger : voici une pièce de vingt francs. — Comment! ils n'ont point refait de louis? cela m'étonne; (en tournant et retournant la pièce) il n'a point l'air de se laisser mourir de faim; mais voyez, ils ont ôté *Dieu protège la France*, pour remettre leur *Domine, salvum fac regem*. Voilà comme ils ont toujours été : tout pour eux, rien pour la France. Où est Maret? où est Caulaincourt? où est Lavalette? où est Fouché? — Ils sont tous à Paris. — Et Molé? — Il est également à Paris ; je l'ai aperçu, il n'y a pas longtemps, chez la reine Hortense. — Avons-nous autour d'ici quelques hommes qui m'aient été attachés de près? — Je l'ignore, Sire. — Il faudra voir cela, et les faire venir ; je serai fort aise de connaître à fond l'esprit du jour, et d'être un peu remis au courant des affaires. Que fait Hortense? — Sire, sa maison est toujours le rendez-vous des hommes qui savent apprécier la grâce et l'esprit ; et la reine, quoique sans trône, n'en est pas moins l'objet des égards et des hommages de tout Paris. — Elle a fait une grande sottise de se donner en spectacle aux tribunaux. Ceux qui l'ont conseillée étaient des maladroits. Pourquoi aussi a-t-elle été demander le titre de duchesse? — Mais, Sire, elle ne l'a point demandé ; c'est l'empereur Alexandre... — Peu importe ! elle ne devait pas plus le recevoir que le demander. Il fallait qu'elle s'appelât madame Bonaparte ; ce nom-là en vaut bien un autre. Quel droit, d'ailleurs, avait-elle de faire de son fils un duc de Saint-Leu et un pair des Bourbons? La garde nationale de Paris a-t-elle un bon esprit? — Je ne puis l'affirmer ; mais je suis sûr, du moins, que si elle ne se déclare pas pour votre Majesté, elle n'agira pas contre elle. — Je le suppose aussi. Que croit-on que les étrangers penseront de mon retour? — On croit que l'Autriche se rapprochera de votre Majesté, et que la

Russie verra la disgrâce des Bourbons sans regret. — Comment cela? — On prétend, Sire, qu'Alexandre a été mécontent des princes pendant son séjour à Paris ; que la prédilection du roi pour l'Angleterre, et l'hommage qu'il a rendu de sa couronne au prince-régent, lui a déplu. — C'est bon à savoir. A-t-il vu mon fils? — Oui, Sire; on m'a assuré qu'il l'avait embrassé avec une tendresse vraiment paternelle, et qu'il s'était écrié : « Il est charmant ; ah! comme on m'a trompé ! » — Que voulait-il dire? — On lui avait assuré, dit-on, que le jeune prince était rachitique et imbécile. — Les misérables! Cet enfant est admirable ; il a tous les symptômes d'un homme à grand caractère ; il fera honneur à son siècle. Est-il vrai qu'on ait tant fêté Alexandre à Paris? — Oui, Sire; on ne faisait attention qu'à lui : les autres souverains avaient l'air de ses aides-de-camp. — Au fait, il a beaucoup fait pour Paris ; sans lui, les Anglais l'auraient ruiné, et les Prussiens brûlé. Il a bien joué son rôle.... (en souriant). Si je n'étais Napoléon, je voudrais être Alexandre. »

Ces interrogatoires, Napoléon aimait à les répéter sur toutes choses, sur les hommes comme sur les événements. Il parlait du Czar Alexandre et de Talma ; Talma, le grand mime qui reproduisait les temps de Rome, des cirques et des empereurs.

Quand Napoléon quitta Auxerre, il était certain qu'il entrerait sans obstacle à Paris ; en s'informant de l'esprit de la garde nationale, il avait bien pensé que cette institution, admirable pour la protection de l'ordre, ne consentirait jamais à se compromettre pour défendre la cause royaliste jusqu'à faire le service de la troupe de ligne. Que pouvaient être pour l'Empereur les préparatifs de défense essayés par les Bourbons? ces moyens portaient dans leurs flancs mêmes le principe d'une dislocation perpétuelle ; car il ne pouvait pas y avoir de défense sérieuse sans troupes de ligne, et cette troupe quittait les Bourbons par une défection incessante. On formait un corps de résistance, et le lendemain il s'effaçait ; on joignait ensemble la garde nationale, l'armée, la maison du roi ; et bientôt la troupe de ligne laissait de vastes trouées en désertant le drapeau blanc. L'Empereur ne pouvait et ne devait donc trouver aucune résistance dans sa marche rapide sur Paris ; il avait pour lui l'administration, le soldat, les postes, la police ; les Bourbons avaient voulu se coucher *dans son lit sans changer les draps*, ils avaient cru qu'une restauration consistait simplement à prendre les proportions du régime impérial, en les plaçant sous le panache de Henri IV. Par le fait, l'esprit de Napoléon était encore partout ; cette facilité de reconquérir la couronne lui était bien connue, et dès ce moment il mit beaucoup de prix à ce qu'aucune goutte de sang ne fût répandue [1] ; aucun combat ne devait s'engager. Il avait pour but de prouver à l'étranger l'unanimité qui l'avait accueilli pour le saluer de nouveau empereur ; l'Europe n'aurait ainsi aucun prétexte pour la guerre, n'était-ce pas le vœu des Français qui l'appelait ? Son retour était comme une grande surprise ; en vingt jours il avait fait 240 lieues l'arme au bras.

Le 18 mars au soir, Napoléon, parti d'Auxerre, parut impatient d'arriver à Fontainebleau ; ce palais qu'il avait quitté depuis moins d'un an, dans la triste circonstance de son abdication, il le revoyait encore une fois, et en

---

[1] *Lettre de Napoléon au général Cambronne.*

« Général Cambronne, je vous confie ma plus belle campagne ; tous les Français m'attendent avec impatience ; vous ne trouverez partout que des amis. Ne tirez point un seul coup de fusil ; je ne veux pas que ma couronne coûte une goutte de sang aux Français. »

Napoléon.

remontant ce perron historique, il dut se souvenir des derniers adieux adressés à sa garde. Ce baiser avait retenti dans cette courte séparation ; l'Empereur avait gardé la mémoire de ses soldats, et les soldats celui de leur Empereur. L'aigle allait de nouveau planer sur ces vieilles et belles troupes ; le drapeau tricolore ombragerait leurs fronts ; aucun lien n'était assez puissant pour les retenir sous les fleurs de lys ; le panache de Henri IV était vieux, le drapeau de Fontenoy était usé : ils s'en moquaient ces jeunes hommes ; mais eux aussi, leurs idées, leur aigle vieilliraient à leur tour, et, génération ingrate envers leurs pères, ils trouveraient des fils ingrats envers eux-mêmes ; leur temps de décadence viendrait !

CHAPITRE X.

ESPRIT ET MESURES DU GOUVERNEMENT DES BOURBONS

JUSQU'AU DÉPART DE LOUIS XVIII.

Fausse sécurité sur Bonaparte. — L'esprit patriotique opposé à l'esprit impérialiste. — Résolution arrêtée chez M. Lainé. — Rapports avec M. de Lafayette. — La société de madame de Staël. — Premières séances des Chambres. — Actes des députés. — Conseil de Fouché. — L'abbé de Montesquiou. — La préfecture de police et M. de Bourrienne. — Accroissement de l'inquiétude. — Séance royale. — Serment à la Charte. — Conseil pour organiser une lieutenance générale en faveur de M. le duc d'Orléans. — Les idées de 1789. — Article de M. de Constant contre Bonaparte. — Divers projets soumis au roi. — Louis XVIII ne veut pas quitter Paris. — Projet de se retirer à Lille ou à Dunkerque. — Le maréchal Mortier. — Le Roi à Lille. — Le comte d'Artois. — La maison du roi. — Le duc de Berry. — Ordonnances datées de Lille. — Louis XVIII quitte la France.

12 au 25 Mars 1815.

Paris, ville toute d'illusions, soumise à l'action de la police et des partis, était comme suspendue dans des alternatives de crainte et d'espérance depuis la dépêche télégraphique du golfe de Juan; on connaissait dès le 12 mars l'arrivée de Bonaparte à Grenoble, la défection du colonel Labédoyère, événement bien grave et dont toute la portée n'était pas comprise. Depuis on avait répandu le bruit : « que Bonaparte, complétement défait entre Bourgoing et Lyon, par le duc d'Orléans et le maréchal Macdonald, s'était réfugié dans les montagnes du Piémont; » un officier de la maison du roi, en grande tenue, avait paru au balcon des Tuileries pour annoncer cette bonne nouvelle. Il y eut alors d'éclatantes joies parmi les royalistes; cette victoire improvisée devait encourager les partisans exaltés des Bourbons; tout n'était donc point fini pour eux, et la Bourse vit ses cours s'élever dans des proportions considérables. Bientôt, la nouvelle fut démentie par l'arrivée triste et subite du comte d'Artois, du duc d'Orléans et du maréchal Macdonald. Dans leur audience obtenue de Louis XVIII, ils ne dissimulèrent pas la défection absolue de l'armée, le mauvais esprit des populations de la Bourgogne ; Bonaparte était entré dans Lyon; la seconde ville de la France était au pouvoir de celui que les écrivains de partis dénonçaient au monde comme un usurpateur en fuite.

Comment arrêter cette marche triomphale des aigles et ce mouvement irrésistible qui entraînait les soldats et les chefs ? une résistance toute royaliste était-elle possible ? L'avis de M. Lainé prévalut alors dans les conseils : on voulut opposer dans toute sa vigueur, l'opinion patriotique à l'insurrection du soldat, les idées de 1789 aux émotions impérialistes ; il fallait se placer au centre des intérêts nouveaux, en invoquer les éléments, pour les jeter comme un obstacle aux bonapartistes. Il y eut une conférence secrète chez M. Lainé[1], où assistèrent

---

[1] M. de Broglie m'a dit qu'il ne s'agit dans cette conférence que d'un plan qui aurait eu pour objet le changement du ministère Blacas.

MM. de Broglie, Flaugergues, Durbach, Benjamin Constant, et M. de Lafayette lui-même ; tous agissaient alors sous l'influence des idées de madame de Staël, avec ses haines contre l'Empire ; ils voulaient organiser un mouvement de résistance et préserver le pays, envahi par l'impérialisme ; les hommes d'intelligence se révoltaient contre les partisans du sabre. M. Benjamin Constant se chargea d'exposer ces doctrines dans une succession d'articles insérés au *Journal des Débats*, et M. Comte, qui avait dirigé *le Censeur Européen* dans le sens des idées de 1789, prit aussi l'engagement de développer les doctrines de la Révolution, en les opposant au despotisme de Bonaparte. On voulait s'appuyer de la pensée constitutionnelle pour repousser le joug menaçant du glorieux soldat ; on espérait aussi par ce moyen détacher les amis de Moreau dans l'armée et les séparer des partisans de Bonaparte ; au milieu de cette division, jetée dans les camps, les partisans de la cause royaliste pourraient triompher.

On ne peut dire le décousu, le désordre qui se manifestait dans les idées et les actes des ministres et des partisans de Louis XVIII ; c'était à chaque moment de nouveaux projets, des plans de campagne, des utopies étranges. On changeait de résolution vingt fois par jour ; du découragement on passait à l'exaltation ; comme tous les gouvernements qui tombent, la Restauration avait ses vertiges ; M. de Blacas demeurait plein de sécurité ; M. Dandré, esprit fin, investigateur, n'avait pas des habitudes de police assez rouées, et tout ce qu'il envoyait d'ailleurs d'indications et de vérités à M. de Blacas [1] tom-

---

[1] Le témoin le plus curieux à entendre sur les derniers temps du gouvernement royal est évidemment M. de Vitrolles, homme d'esprit et de tact par excellence.

bait sous le boisseau. Il y avait deux ou trois conseils de ministres par jour; M. de Montesquiou faisait le libéral et le constituant, le général Clarke répondait de l'armée; M. Beugnot multipliait les jeux d'esprit. Le seul homme d'une capacité active, M. de Vitrolles, n'avait pas une autorité assez grande dans le conseil pour dominer ; il avait voulu s'emparer auprès de Louis XVIII du rôle de secrétaire d'État de la Restauration, il échoua devant l'influence toute puissante de M. de Blacas.

A ce moment les Chambres arrivaient sur la convocation du roi [1]; M. Lainé, qui présidait les députés, réunit d'abord une centaine de membres; il put juger de leur dévouement au roi, et la majorité adopta les idées de l'opposition constitutionnelle pour soutenir les Bourbons. La session devait être rapide au milieu de si graves circonstances, il fallait agir presqu'à vol d'aigle, car on avait en face l'ennemi le plus hardi, le plus entreprenant. Le 11 mars, la Chambre commença ses délibérations. M. Lainé lui exposa dans un rapide aperçu les travaux qu'elle avait accomplis, et ceux qui

---

[1] Comme toujours, les adresses ne manquaient pas, en voici quelques-unes.

Adresse de la Chambre des pairs au Roi, présentée par M. Dambray, à la tête d'une grande députation (9 mars 1815).

« Sire, les pairs de France apportent au pied de votre trône le nouvel hommage de leur respect et de leur amour.

« L'entreprise désespérée que vient de tenter cet homme qui fut longtemps l'effroi de l'Europe n'a pu troubler la grande âme de Votre Majesté; mais, Sire, vous avez dû prendre des mesures fermes et sages pour la tranquillité publique. Nous admirons à la fois votre courage et votre prévoyance. Vous assemblez autour de vous vos fidèles Chambres. La nation n'a point oublié qu'avant votre heureux retour l'orgueil en délire osait les dissoudre et les forcer au silence, tant qu'il craignait leur sincérité ! Telle est la différence du pouvoir légitime et du pouvoir tyrannique.

« Sire, vos lumières vous ont appris que cette Charte constitutionnelle, monument de votre sagesse, assurait à jamais la force de votre trône et la sécurité de vos sujets. La nation, reconnaissante, se presse autour de vous. Nos braves armées et les chefs illustres qui les commandent vous répondent sur leur gloire qu'une tentative si folle et si criminelle sera sans danger. Les gardes nationales, qui maintiennent avec

restaient à faire pour achever le grand œuvre de la monarchie constitutionnelle. « L'événement qui venait de surgir était de nature à troubler ces délibérations ; l'homme du despotisme se montrait encore ; celui qui avait tourmenté la patrie par quinze ans de guerres meurtrières osait tenter une entreprise criminelle, il fallait l'arrêter par le mouvement régulier et libéral de la nation ; » et ici M. Lainé développa toute la pensée de résistance que les patriotes avaient arrêtée dans leur conférence intime.

M. l'abbé de Montesquiou fit ensuite à la Chambre l'historique de tous les événements jusqu'à l'arrivée de Bonaparte à Lyon ; l'illusion était si complète qu'on ne croyait pas au succès possible de l'usurpateur ; hélas ! on parlait encore du dévouement de l'armée, de la sincérité des généraux, du serment du maréchal Ney au roi ; « il fallait, disait M. de Montesquiou, assurer des récompenses à tous ceux qui avaient dignement sauvé la patrie et la liberté. » Bientôt une proposition formelle fut faite pour décerner des dotations nationales ; puis, comme au temps de la République française, et à l'imi-

tant d'énergie l'ordre dans nos villes et dans nos campagnes, ne souffriront pas qu'il y soit troublé.

Celui qui fait de honteux calculs sur la perfidie pour nous apporter la guerre civile trouvera partout union et fidélité, et dévouement sans bornes à votre personne sacrée.

« Jusqu'ici, une bonté paternelle a marqué tous les actes de votre gouvernement. S'il fallait que les lois devinssent plus sévères, vous en gémiriez sans doute ; mais les deux Chambres, animées du même esprit, s'empresseraient de concourir à toutes les mesures que pourraient exiger la gravité des circonstances et la sûreté de l'État. »

Réponse du roi.

« Je suis très sensible aux sentiments que m'exprime la Chambre des pairs.

« Le calme qu'on veut bien remarquer en moi, je le trouve dans la certitude de l'amour de mon peuple, dans la fidélité de mes armées et dans le concours des deux Chambres. Quant à la fermeté, je la puiserai toujours dans le sentiment de mes devoirs. »

Adresse au roi, présentée par M. Lainé, au nom des députés présents à Paris. (Du 9 mars 1815.)

« Sire, l'intérêt de la patrie, celui de la couronne, tout ce qui est cher à la nation, l'honneur, la liberté, nous appellent autour

tation du parlement anglais, les deux Chambres votèrent des subsides pour ceux qui, dans la crise, avaient montré un peu de fidélité; les garnisons d'Antibes et de La Fère reçurent un vote officiel qui déclara: « qu'elles avaient bien mérité de la patrie pour avoir déjoué les complots de l'usurpateur; » les maréchaux Mortier et Macdonald obtinrent aussi un vote de gratitude. Bientôt, comme dans tous les gouvernements qui ont hâte d'en finir, les propositions et les scrutins se succédèrent; la Chambre voulut payer l'arriéré de la Légion d'honneur, acquitter ses dotations; on ne parla plus des économies que la paix devait procurer, mais des moyens de repousser la crise qui pouvait amener une fois encore l'Europe sur notre territoire. Ces derniers actes de la Chambre étaient destinés à attirer aux Bourbons une portion de l'armée; les assemblées politiques s'imaginent toujours avoir une grande action par la parole sur les soldats; illusion! les soldats en finissent avec les assemblées par des coups d'État ou des coups de main; elles leur sont antipathiques; les armées parlementaires se résument en Cromwell.

---

du trône pour le défendre et en être protégés. Les représentants du peuple français sentent qu'on lui prépare le sort humiliant réservé aux malheureux sujets de la tyrannie.

« Si quelques mains françaises osent s'armer du glaive de la guerre civile, nous sommes sûrs que les chefs illustres et les soldats de nos armées, qui ont si longtemps défendu la France contre ses ennemis extérieurs, prêteront encore à leur pays le secours de leur épée. Les gardes nationales seront leurs nobles émules, et ce beau royaume ne donnera pas à l'Europe étonnée le honteux spectacle d'une nation trahie par ses propres enfants.

« Quelles que soient les fautes commises, ce n'est pas le moment de les examiner. Nous devons tous nous réunir contre l'ennemi commun, et chercher à rendre cette crise profitable à la sûreté du trône et à la liberté publique.

« Nous vous conjurons, Sire, d'user de tous les pouvoirs que la Charte constitutionnelle et les lois ont mis entre vos mains. Les Chambres, que votre confiance a convoquées, ne manqueront ni au monarque, ni au peuple français; elles seront, Sire, vos fidèles auxiliaires, pour donner au gouvernement la force nécessaire au salut de l'État. »

La conspiration militaire ne s'arrêtait pas un moment, les impérialistes se raillaient des Chambres ; Bonaparte les avait dissoutes par le décret de Lyon. Le 17 mars, un courrier apporta la fatale nouvelle de la défection du maréchal Ney, et la copie de la proclamation inouïe qu'il avait adressée à son armée. Il faut dire, à l'honneur de tous les partis, que ce passage si rapide d'un camp à l'autre, que cette trahison si malheureuse des serments de la veille, excitèrent un sentiment général d'indignation ; le caractère du maréchal Ney en reçut une atteinte profonde ; il n'y avait pas d'excuses pour lui : le roi ne lui avait pas demandé ses déplorables paroles contre Napoléon, et puis il fallait assez se respecter soi-même pour se démettre d'un commandement quand on ne pouvait plus tenir un serment de fidélité prêté en de tels termes ; car les entraînements ont des bornes.

Il n'était plus permis d'en douter, toute l'armée passait sous l'aigle, et le drapeau blanc était abandonné par ces légions qui avaient juré de le défendre [1]. Il restait un dernier parti aux Bourbons, celui d'opposer la Charte, toujours la Charte, cette feuille de papier mort, à l'énergique mouvement militaire. Il y a des hommes qui s'imaginent que les constitutions offrent une force lors-

---

[1] J'éprouve quelque pitié pour le caractère humain en voyant les proclamations ardemment royalistes des généraux de l'armée. Celle du général Pacthod est du 10 mars ; la proclamation du général Decaen est du 12. Rapp, Miollis, Belliard offraient leurs services à la cour le 15. Le *Moniteur* du 19 contient une adresse signée par le général Letort, tué à Fleurus le 16 juin suivant. Voici ce qu'écrivait le général Maison :

Première division militaire.

ORDRE DU JOUR.

« Le gouverneur donne communication aux troupes de la 1re division militaire de la proclamation et de l'ordonnance du roi du 6 mars.

« En apprenant que Napoléon Bonaparte ose remettre le pied sur le sol de la France, dans l'espoir de nous diviser, d'y allumer la guerre civile et d'accomplir ses projets de vengeance, il n'est aucun de nous qui ne se sente animé de la plus profonde indignation.

« N'est-ce donc pas assez que le délire de son ambition nous ait entraînés dans toutes les parties de l'Europe, ait soulevé

que, nées d'hier, elles n'ont reçu ni la sanction du temps ni la puissance des habitudes ; les partis n'en tiennent compte pas plus que les pouvoirs ; ils les mettent de côté par un coup d'État, ils les tuent à coups de baïonnettes ou à coups de décrets, qu'importe ! Il était donc puéril de vouloir opposer la Charte à la marche militaire de prétoriens décidés à en finir avec cette résistance ; l'homme qui avait accompli le 18 brumaire ne se serait pas fait scrupule de jeter encore une fois les députés par les croisées, et la Charte aurait été mise de côté comme la Constitution directoriale. Jamais les principes constitutionnels n'ont sauvé un gouvernement vigoureusement attaqué.

Quand on veut s'appuyer sur un parti, il faut aller franchement à lui ; et Fouché, qui fut consulté par les Bourbons à l'approche du péril, imagina un vaste plan, qui seul, disait-il, pouvait lutter avec Napoléon. Fouché voulait que les Bourbons fissent un appel aux hommes et aux idées de 1792 contre Bonaparte ; à savoir : « on nommerait M. le duc d'Orléans lieutenant-général du royaume avec des pleins pouvoirs ; le ministère de M. de Blacas serait renvoyé en masse, et trente pairs devraient être élus parmi toutes les notabilités du parti jacobin ; la garde nationale organisée serait placée sous le commandement de M. de Lafayette, comme elle l'était en 1789, et celui-ci offrait son appui à Louis XVIII dans le cercle de ses principes. Enfin les Chambres

tous les peuples contre nous, perdu les provinces que la valeur française avait conquises avant qu'il ne fût connu dans nos rangs, ouvert enfin à l'étranger le royaume et la capitale ? Il veut aujourd'hui armer les Français contre les Français, troubler notre paix intérieure, détruire toutes nos espérances, et nous ravir encore une fois la liberté et la Charte constitutionnelle que Louis-le-Désiré nous a rendues. Non ! soldats, non ! nous ne le souffrirons pas ; nos serments, notre honneur en sont les garants sacrés, et nous mourrons tous, s'il le faut, pour le Roi et la patrie. *Vive le Roi !* »

Le gouverneur de la première division militaire, pair de France.

Signé, comte Maison.

déclareraient la patrie en danger, en proclamant la guerre nationale contre Napoléon[1]. » Ce parti violent pouvait-il convenir à la maison des Bourbons ? Indépendamment de ce qu'on pouvait douter de son succès en face d'un mouvement militaire si bien organisé (les Brutus étaient bien petits, et le César bien grand!), les Bourbons n'auraient-ils pas succombé dans cette lutte en s'appuyant sur le parti révolutionnaire ? Pouvaient-ils vivre, eux, comme dynastie, avec le système de M. de Lafayette pour appui? n'était-ce pas une manière d'arriver à une révolution de 1688, que le parti patriote pouvait déjà espérer? car à cette époque, comme à toutes les autres, la branche d'Orléans avait des chances d'un grand succès dans les éléments même de la société nouvelle et comme une solennelle transaction.

Au milieu de ces circonstances difficiles, on s'arrêta à un tiers-parti qui fut conseillé par M. Royer-Collard, l'abbé de Montesquiou, M. Becquey et M. Dandré lui-même. Entre l'opinion révolutionnaire de Fouché et l'exaltation de M. le comte d'Artois, il s'était formé à cette époque ce que j'appellerais un parti mixte et constitutionnel, qui voulait la Charte de 1814 avec ses conséquences et ses développements nécessaires. Ce parti comptait des intelligences éminentes, MM. Royer-Collard, Camille Jordan, Guizot, Pasquier; dévoués aux Bourbons avec sincérité, ils voulaient préparer l'alliance de la liberté et de la légitimité de race, projet immense pour le développement de l'intelligence d'un peuple. L'hérédité, c'est la force ; la liberté, c'est le progrès ;

---

[1] Fouché, dans un rendez-vous qui eut lieu chez la princesse de Vaudemont, conseilla de nommer le duc d'Orléans régent du royaume. On éloigna le duc d'Orléans, devenu plus suspect depuis le conseil donné par Fouché, en l'envoyant commander au Nord.

et avec ces deux éléments, une civilisation va loin. Cette école conseilla donc une démarche solennelle devant la Chambre des députés, un serment à la Charte qui lierait le trône à la nation. Pendant l'année 1814, les partis avaient presque toujours mis en doute la volonté du roi pour le maintien de la Charte constitutionnelle; en vain Louis XVIII l'avait donnée, on ne le croyait pas sincère; on lui supposait la volonté de détruire l'œuvre qu'il avait lui-même conçue, et que M. Dambray avait appelée maladroitement une ordonnance de réformation; la Charte paraissait un produit hétérogène, imposé par le Czar Alexandre à l'instigation du parti libéral. Ces sentiments de répugnance étaient spécialement attribués à M. le comte d'Artois; le parti qui entourait le prince n'aimait pas la Charte; quelques-uns de ses amis, pairs de France, ne l'avaient pas jurée[1], et M. de Villèle avait écrit une protestation contre le pacte improvisé; quelques mots malheureux étaient échappés aux ministres, et on s'était hâté de prononcer le mot d'ordonnance révocable; « la Charte, disait-on, n'était que cela. » Il parut donc très politique aux hommes sérieux de la Restauration, au parti constitutionnel, d'entraîner le roi et la famille royale à une séance solennelle; tous les Bourbons présents à Paris vinrent au palais de la Chambre pour accomplir ce vœu du parti constitutionnel; les ducs de Berry et d'Orléans, le prince de Condé, étaient placés derrière le roi et M. le comte d'Artois, comme pour s'associer à sa pensée.

Les paroles de Louis XVIII furent graves et affligées; il rappelait que Bonaparte venait apporter en

---

[1] MM. de Polignac, de Fitzjames ne jurèrent la Charte qu'en 1816.

France les troubles de la guerre civile et les fléaux de la guerre étrangère; maître de Paris, il replacerait la patrie sous son joug de fer; il venait détruire la Charte constitutionnelle que le roi considérait comme son plus beau titre dans la postérité. « Je jure ici de la maintenir, s'écria le vieux monarque, d'une voix accentuée quoique faible; rallions-nous autour d'elle, qu'elle soit notre étendard sacré à tous. » Et alors, M. le comte d'Artois, avec cette parole vive, ardente, chevaleresque, que tous les partis lui reconnaissaient, s'écria : « Sire, permettez que j'unisse ma voix et celle de notre famille aux sentiments que vous venez d'exprimer; oui, Sire, c'est au nom de l'honneur que nous jurons tous fidélité à Votre Majesté et à la Charte constitutionnelle qui assure le bonheur des Français. » L'enthousiasme fut grand dans la Chambre des députés; des cris immenses partirent de tous les côtés, et dans son adresse la majorité, forte de l'assentiment du roi, demanda : « que le gouvernement fût confié à des hommes d'énergie et de liberté, seuls capables de sauver le pays; » Napoléon fut dénoncé comme l'ennemi du repos public. Il y eut du courage civique dans plus d'un membre de la Chambre, et l'on cita le dévouement romain de M. Lainé, qui osa braver la dictature militaire de Napoléon. A quoi tout cela pouvait-il aboutir?

La question constitutionnelle était entièrement subordonnée au parti que prendrait l'armée; se prononcerait-elle pour la Chambre? Il s'agissait d'un mouvement prétorien, et les chaises curules seraient brisées; les Bourbons s'étaient liés à la Chambre et à la Charte; cela était bien pour réveiller quelques velléités de patriotisme; mais il fallait s'adresser à l'armée par le peuple, et Louis XVIII, au sortir de la séance royale, écrivit de sa main une proclamation destinée à parler au cœur et à l'intérêt du soldat, démarche sans portée quand on examinait d'où elle venait et où elle allait : voyez-vous un pauvre vieillard aux cheveux blancs s'adresser à la génération mâle et forte de l'armée ? voyez-vous un écrivain élégant, un peu prétentieux, cherchant, par quelques phrases académiques, à lutter contre les proclamations vigoureuses, les adresses soldatesques de Napoléon ? le vieux Priam se prenait corps à corps avec l'Achille grec ; la lutte était démesurée, et cependant le roi de France, plein de son droit, la tenta sans balancer. L'original de cette adresse à l'armée existe encore[1] ; Louis XVIII parlait avec dignité aux officiers et aux soldats : « Il avait répondu de la fidélité de l'armée à l'Europe ; si Napoléon triomphait, plus de 300,000 étrangers fondraient immédiatement sur la France : « Vous qui suivez en ce moment, disait le roi, d'autres drapeaux que les miens, je ne vois en vous que des enfants égarés ; abjurez donc votre erreur, et venez vous jeter dans les bras de votre père ; et, j'y engage ici ma foi, tout sera mis sur-le-champ en oubli. Comptez sur les récompenses que votre fidélité et vos services vous auront méritées. »

Cette proclamation faisait allusion au projet adopté par la Chambre des députés, et qui déclarait nationale la

---

[1] *Le Roi à l'armée française.*

« Officiers et soldats, j'ai répondu de votre fidélité à toute la France ; vous ne démentirez pas la parole de votre roi. Songez que si l'ennemi pouvait triompher, la guerre civile serait aussitôt allumée parmi nous, et qu'à l'instant même plus de 300,000 étrangers, dont je ne pourrais plus enchaîner les bras, fondraient de tous les côtés sur notre patrie ! *Vaincre ou mourir pour elle*, que ce soit là notre cri de guerre !

« Et vous, qui suivez en ce moment d'autres drapeaux que les miens, je ne vois en vous que des enfants égarés. Abjurez donc votre erreur, et venez vous jeter dans les bras de votre père ! et, j'y engage ici ma foi, tout sera sur-le-champ mis en oubli !

« Comptez tous sur les récompenses que votre fidélité et vos services vous auront méritées.

« Ce 18 mars 1815. »

Signé, Louis.

guerre contre Napoléon : tous les Français devaient se lever contre lui ; toute créance serait suspendue pour les citoyens qui prendraient les armes, tous conserveraient leur traitement ; le temps de guerre serait compté aux étudiants, comme dans les universités de Prusse lors de la guerre pour l'indépendance ; des récompenses nationales seraient accordées ; la campagne compterait triple pour les soldats ; une médaille serait frappée à l'honneur de ceux qui combattraient pour le roi, la patrie et la liberté ; enfin, quatre jours étaient accordés pour le repentir aux rebelles qui avaient pris les armes [1]. » Efforts impuissants d'une assemblée représentative contre l'énergie des soldats ! Le mouvement militaire marchait à ses fins, il devait réussir. Rien ne pouvait l'empêcher, César était porté en triomphateur sur les bras de ses légionnaires. Le Parlement avait-il pu lutter contre Cromwell et ses têtes rondes ?

Ainsi tout dépendait encore de l'armée ; celle de Grenoble avait passé à Napoléon ; à Lyon, même exemple ; Ney avait défectionné en Bourgogne. Restait l'armée de réserve confiée à M. le duc de Berry, et réunie à Essonne ; elle consistait surtout en de vastes corps de cavalerie que dirigeaient les généraux Kellermann, de Girardin, Oudinot. Il n'était pas difficile de voir à l'aspect

---

[1] *Projet de résolution proposé par M. le général Augier, et adopté par la Chambre.*

« Art. 1er. La guerre contre Bonaparte est déclarée guerre nationale.

« 2. Tous les Français sont appelés à prendre les armes contre l'ennemi commun. Tous les jeunes gens non mariés faisant partie de la garde nationale, tous les employés dans les ministères et dans les administrations qui marcheront à la voix de l'honneur et de la patrie conserveront leur traitement, outre la solde affectée, et reprendront leur place à leur retour.

« 3 Il pourra être sursis par les tribunaux civils et de commerce à toutes poursuites pendant un mois contre ceux qui prendront les armes pour la défense de la patrie ; toute prescription demeure, pendant un mois, suspendue tant à leur égard qu'à celui des créanciers.

« 4. Le temps d'études sera compté, pour tous les étudiants qui ont pris ou prendront les armes, comme s'ils étaient présents.

« 5. Tous les citoyens sont requis d'ar-

de ces régiments qu'ils étaient fatalement travaillés par l'esprit bonapartiste; le général de Girardin, qui avait parcouru les divers escadrons, avait trouvé partout ce mauvais esprit; si quelques officiers conservaient la fidélité au serment, la masse des soldats murmuraient les plus sinistres paroles. Des menaces étaient jetées aux généraux, et dans une revue la moitié des rangs passèrent spontanément aux drapeaux de l'Empereur. En vain on multipliait les caresses et les éloges aux soldats : le roi leur avait parlé personnellement; une ordonnance incorpora les régiments de la garde dans la maison du roi; toutes ces mesures restaient impuissantes; pas une poitrine ne criait *vive le roi!* toutes s'épanouissaient aux rayons du trône impérial.

Le 19 mars au matin, les nouvelles les plus sinistres vinrent de tout côté aux Tuileries. Bonaparte, arrivé à Fossart (d'après les dépêches du sous-préfet), devait coucher le soir à Fontainebleau. M. de Vitrolles transmettait d'heure en heure ces dépêches au château; sur la route, les régiments accouraient au-devant de Napoléon, ou le précédaient. Aucune troupe n'était restée fidèle; cette défection désorganisait le camp et les postes avancés de M. le duc de Berry, car chacun sait la confusion que met dans les rangs une défection spontanée, et le lendemain

rêter les embaucheurs et tous autres agents de Bonaparte.

« 6. Des récompenses nationales et des avancements seront accordés à l'armée; il sera également accordé des récompenses à tous les citoyens qui dans cette circonstance se dévoueront à la défense de la patrie et du trône.

« 7. Cette campagne comptera triple pour l'avancement et les retraites.

« 8. Il sera frappé une médaille dont seront décorés tous les militaires et tous les citoyens qui auront combattu dans cette campagne, pour la patrie, le roi et la liberté publique.

« 9. Tous discours tenus dans les réunions ou lieux publics, tous placards ou autres écrits qui auraient pour objet de porter atteinte à l'irrévocabilité que la Charte constitutionnelle garantit pour la vente des biens nationaux, ou d'inspirer des craintes et des inquiétudes aux acquéreurs et possesseurs de ces biens, ou enfin de provoquer le rétablissement des biens

l'Empereur pouvait être à Paris. Dans cette crise imminente, les royalistes s'agitaient d'une façon bien stérile : le désordre était partout; on faisait un bruit inouï de mesures, de violences, et on n'aboutissait à rien. Aux Tuileries c'était à ne plus s'entendre; on s'usait en ordres et en contre-ordres. La peur commençait à s'en mêler; on songeait à ses passe-ports dans ce sauve-qui-peut général. Comme organisation administrative, on avait rétabli la préfecture de police, pour la confier à M. de Bourrienne, l'ancien secrétaire de Bonaparte, en opposition avec M. Dandré. M. de Bourrienne « se faisait fort, disait-il, de contenir et d'effrayer le parti impérialiste à Paris; il le connaissait bien, il l'avait vu à son origine du Consulat. Le caractère de M. de Bourrienne le portait plutôt à faire des affaires d'argent qu'à dompter une situation; il exploitait un événement, rarement il le dominait. On vit des choses étranges : M. de Bourrienne voulut faire arrêter les meneurs du parti bonapartiste, il en avait les moyens et les éléments. Mais quand les choses s'en vont, à quoi peut servir la violence? Quand on presse un ressort usé, il se brise.

Ainsi, M. de Bourrienne proposait d'arrêter Fouché, M. Maret, la duchesse de Saint-Leu, et de les envoyer tous au château de Saumur, au milieu des Vendéens,

---

féodaux, de la dîme et des rentes seigneuriales, seront considérés comme attentats ou complots tendant à exciter la guerre civile entre les citoyens.

« En conséquence, les auteurs et complices de ces discours, placards ou écrits, seront punis de la peine de réclusion. Si les coupables ou complices sont fonctionnaires publics, la peine du bannissement sera prononcée contre eux.

« 10. Tout citoyen, quel que soit son état, qui serait actuellement engagé dans la révolte, et qui, dans le délai de quatre jours après la publication de la présente, ferait la déclaration de repentir, et renouvellerait son serment de fidélité devant une autorité publique, rentrera dans ses grades, titres, places et pensions.

« 11 sera pris dans le budget de 1815 des moyens pour assurer des indemnités aux militaires qui ont perdu leurs dotations. »

et de désorganiser ainsi d'avance le futur gouvernement impérial. Pour cela, il fallait plus de force, plus d'énergie que n'en avaient généralement les Bourbons; et les idées de M. de Bourrienne furent étouffées avant que de naître; il y eut quelques mandats décernés, mais ils ne reçurent pas d'exécution. Fouché se déroba aux perquisitions du préfet de police, en cherchant un abri momentané chez la duchesse de Saint-Leu. Des circonstances fort étranges avaient précédé l'arrestation de Fouché; il est certain qu'il avait vu la veille M. le comte d'Artois, et qu'il avait pris avec lui des engagements d'une nature fort sérieuse. Avec qui Fouché n'en prenait-il pas? Il lui avait dit en lui baisant la main : « Monseigneur, sauvez le roi, je sauverai la monarchie. » Singulier propos d'un régicide, promesse curieuse dans la bouche où elle était placée. L'ordre d'arrêter Fouché fut tout personnel à M. de Bourrienne.

Une chose non moins curieuse dans ce mouvement désordonné d'un pouvoir qui tombe, ce fut la publication d'un article furieux de haine, publié dans le *Journal des Débats* par M. Benjamin de Constant [1]. L'école de madame de Staël avait déclaré ses antipathies; elle jurait haine à Napoléon, et cet article en était l'expression. « L'homme qui nous menace, disait M. de Constant [2], le 19 mars, veille de l'entrée de Bonaparte à Paris, a fait tout envahir; il enlevait les bras à l'agriculture, il faisait croître l'herbe dans nos cités commerçantes, il traînait aux extrémités du monde l'élite de la nation, pour l'abandonner ensuite aux horreurs de la famine et aux rigueurs des frimas; par sa seule volonté, douze

---

[1] Journal des *Débats*, 19 mars 1815.
[2] Il est certain que l'article de M. de Constant ne fut pas absolument désintéressé.

cent mille hommes ont péri sur la terre étrangère sans secours, sans aliments, sans consolations, désertés par lui après l'avoir défendu de leurs mains mourantes. Il revient aujourd'hui pauvre et avide, pour nous arracher ce qui nous reste encore. Les richesses de l'univers ne sont plus à lui, ce sont les nôtres qu'il veut dévorer. Son apparition, qui est pour nous le renouvellement de tous les malheurs, est pour l'Europe un signal de guerre. Les peuples s'inquiètent ; les puissances s'étonnent. Les souverains, devenus nos alliés par son abdication, sentent avec douleur la nécessité de redevenir nos ennemis. Aucune nation ne peut se fier à sa parole ; aucune, s'il nous gouverne, ne peut rester en paix avec nous. Du côté du roi est la liberté constitutionnelle, la sûreté, la paix ; du côté de Bonaparte, la servitude, l'anarchie et la guerre. Nous jouissons, sous Louis XVIII, d'un gouvernement représentatif, nous nous gouvernons nous-mêmes ; nous subirions sous Bonaparte un gouvernement de Mameloucks ; son glaive seul nous gouvernerait. Et qu'il me soit permis de relever une erreur qui sans doute n'affaiblirait pas les cœurs intrépides et les résolutions courageuses, mais qui pourrait ébranler les esprits incertains et les âmes vulgaires : on a dans nos journaux parlé de la clémence que promettait Bonaparte, et l'on s'est rassuré par cette clémence. Mais cette promesse n'existe pas ; j'ai lu ces proclamations d'un tyran déchu qui veut ressaisir le sceptre. Les mots de clémence et d'amnistie ne s'y trouvent pas plus que ceux de constitution et de liberté ! Quelques paroles, jetées dédaigneusement sur les écrits qui ont paru depuis le 31 mars, semblent, il est vrai, offrir à ceux qui ont attaqué la tyrannie renversée, la garantie du mépris ; mais ces paroles ne contiennent aucun engagement; elles laissent le champ libre à toutes les vengeances. Les proclamations de Bonaparte ne sont point celles d'un prince qui se croit des droits au trône; elles ne sont pas même celles d'un factieux qui s'efforce de tenter le peuple par l'appât de la liberté : ce sont les proclamations d'un chef armé qui fait briller son sabre pour exciter l'avidité de ses satellites, et les lancer sur les citoyens comme sur une proie. C'est Attila, c'est Gengiskan; plus terrible et plus odieux, parce que les ressources de la civilisation sont à son usage; on voit qu'il les prépare pour régulariser le massacre et pour administrer le pillage; il ne déguise pas ses projets, il nous méprise trop pour daigner nous séduire. Et quel peuple, en effet, serait plus digne que nous d'être méprisé, si nous tendions nos bras à ses fers ? Après avoir été la terreur de l'Europe, nous en deviendrions la risée; nous reprendrions un maître que nous avons nous-mêmes couvert d'opprobre. Il y a un an, nous pouvions nous dire entraînés par l'enthousiasme ou trompés par la ruse; aujourd'hui, nous avons proclamé que nos yeux étaient ouverts, que nous détestions le joug de cet homme. C'est contre notre vœu connu, déclaré, répété mille fois, que nous reprendrions ce joug effroyable; nous nous reconnaîtrions nous-mêmes pour une nation d'esclaves; notre esclavage n'aurait plus d'excuse, notre abjection plus de bornes [1]. » Ainsi parlait M. de Constant la veille même de l'arrivée de Napoléon à Paris.

Il n'y avait plus à hésiter, la question allait se présen-

---

[1] Cet article de M. de Constant, si curieusement haineux, était l'expression de l'école de madame de Staël; c'était le développement du mot de Corinne, le *Robespierre à cheval*; les esprits de tribune, de discours et de littérature ne pouvaient comprendre cette tête forte et gouvernementale de Napoléon.

ter nette; les Bourbons défendraient-ils la capitale? oseraient-ils une résistance contre Bonaparte jusque dans les Tuileries? ou bien se résignaient-ils encore une fois aux amertumes de l'exil, et à fuir loin de cette France qu'ils touchaient à peine? Il faut rendre cette justice à Louis XVIII, qu'il n'hésita pas un seul moment, son parti était pris; il déclara : « qu'il resterait à Paris pour voir Bonaparte face à face. » Par la majesté du roi malheureux, il voulait en imposer à celui qu'il appelait l'usurpateur. Cette idée n'eut pas de grands partisans; on vivait dans un siècle tout matériel; croire qu'un roi aux cheveux blancs, un Bourbon, en imposerait à une génération militaire forte et moqueuse, c'était une illusion; Bonaparte aurait fait chasser Louis XVIII par ses grenadiers, il aurait eu un otage de plus, voilà tout. Les révolutionnaires agissaient avec plus de vigueur que les Bourbons; ils avaient coupé la tête à un roi, ils ne s'arrêteraient pas devant la captivité d'un autre prince. Puis, compter sur une résistance de Paris, c'était se tromper encore. La garde nationale, il est vrai, était favorable aux Bourbons; la bourgeoisie voyait avec tristesse le retour de la guerre et du despotisme militaire; mais cette résistance n'aurait eu d'efficacité que dans le cas où la troupe de ligne se serait réunie à la bourgeoisie. Que pouvaient en effet quelques volontaires royalistes, vieillards gentilshommes, ou jeunes gens des écoles?

Le second projet, que favorisait le parti constitutionnel, c'était le départ du roi[1]; non point pour l'étranger,

---

[1] Le roi avait déclaré qu'il ne quitterait point les Tuileries. « S'il veut m'y attendre, dit Napoléon, j'y consens; mais j'en doute fort. Il se laisse endormir par les fanfaronnades des émigrés, et quand je serai à vingt lieues de Paris, ils l'abandonneront comme les nobles de Lyon ont abandonné le comte d'Artois. Que pourrait-il faire d'ailleurs

c'eût été une sorte d'abdication de la couronne; mais pour une grande ville de l'intérieur, la Vendée, le Midi, ou même les provinces du Nord, comme Lille ou Dunkerque, restées fidèles aux Bourbons. On se réunirait dans une de ces villes fortes, comme sous Charles VII, à Bourges, quand l'Anglais occupait Paris ; puis on attendrait des jours meilleurs. Une nouvelle émigration faisait peur : fuir loin de la patrie, Louis XVIII ne le voulait pas; il avait un sang-froid courageux qui savait s'exposer aux dangers sans forfanterie ; il repoussait le parti de son frère le comte d'Artois, qui voulait que l'on se retirât en Belgique jusqu'à la décision des souverains. A Lille, Louis XVIII ferait des ordonnances, opposerait son pouvoir à celui de l'usurpateur ; il ne voulait passer la frontière qu'à la dernière extrémité.

Parmi les projets qui furent discutés dans le dernier conseil de Louis XVIII, il en est trois qui appelèrent plus spécialement l'attention : l'un, fort ridicule, était proposé par M. de Blacas ; le roi en carrosse dans toute la majesté souveraine, suivi des Chambres, à cheval, devait aller processionnellement à la face de Bonaparte pour lui signifier la loi qui le mettait hors du droit des gens. Le projet tomba de lui-même sur une simple observation de M. de Vitrolles : « Si le roi passe par la porte d'Italie, dit-il, Bonaparte n'a qu'à faire son entrée par la barrière d'Issi, et vous en serez pour votre procession constitutionnelle. » Le second projet était de M. le maréchal Marmont, qui

---

avec les vieilles poupées qui l'entourent ? un seul de nos grenadiers, avec la crosse de son fusil, en culbuterait une centaine. La garde nationale crie de loin : quand je serai aux barrières, elle se taira. Son métier n'est point de faire la guerre civile, mais de maintenir l'ordre et la paix intérieure. La majorité est bonne; il n'y a de mauvais que quelques officiers ; je les ferai chasser. Retournez à Paris : dites à mes amis de ne point se compromettre, et que dans dix jours mes grenadiers seront de garde aux Tuileries. Allez.» (Paroles de Napoléon à un témoin oculaire.)

offrait de tenir pendant quinze jours aux Tuileries et d'en soutenir le siège au besoin; c'était impraticable. Quant à M. de Vitrolles, son projet se liait à la province; il proposait au roi de quitter Paris, pour se rendre à La Rochelle, au centre d'un mouvement vendéen et méridional; La Rochelle avait servi de point central à la ligue huguenote dans le xviie siècle, elle servirait également d'appui à la résistance royaliste. Le temps pressait trop pour qu'on pût s'occuper de tels desseins, et le seul projet arrêté, ce fut la mission donnée à M. de Vitrolles d'organiser un gouvernement provincial dont le centre serait Toulouse.

Le 19 au soir, on dut quitter Paris; dans la journée, le roi avait passé la revue de la garde nationale, et le nombre des volontaires fut bien petit[1]. On avait en vain harangué la troupe de ligne; il y avait beaucoup de dévouement dans la bourgeoisie, mais de ce dévouement mou, craintif, qui jamais n'a préservé une cause. Par-dessus tout, on remarquait un morne silence ou des murmures dans la troupe; le camp d'Essonne était parti pour rejoindre l'Empereur, la maison du roi et les volontaires seraient écrasés au premier choc; fallait-il exposer Paris en résistant à ces vétérans de vingt batailles qui exaltaient l'Empereur dans leur ivresse? Nul ne pouvait se faire illusion sur le peu de succès d'une résistance. Le départ de la famille royale fut donc décidé; Louis XVIII l'annonça au dîner à ses fidèles, et ce fut un triste spectacle que cette retraite des Bourbons abandonnant le soir, à minuit, le palais des Tuileries. Des larmes abondantes coulaient de tous les yeux royalistes; qu'allait devenir la patrie? une fois déjà l'étranger était venu fouler son sein, le reverrait-on encore? le régime militaire reviendrait-il

---

[1] A Vincennes, les volontaires n'étaient pas 500.

avec ses gloires et son despotisme, et toutes les calamités qu'il avait jetées sur la France? Louis XVIII, toujours calme, rassura ses amis en leur adressant à tous, quelques mots touchants puis il monta dans un grand carrosse de cour, et huit chevaux l'entraînèrent sur la route d'Abbeville.

Le matin du 20 mars, Paris était comme sans gouvernement; on quittait le régime de la Restauration, on n'était pas encore sous le système impérial. Atterrés par le départ de la famille royale, les fidèles en étaient à demander des passe-ports et des chevaux de poste; les administrations étaient désertées par les chefs; les ministres se disposaient à suivre le roi; le Corps diplomatique même reçut fort tard la notification du départ de Louis XVIII; M. de Jaucourt, en l'absence de M. de Talleyrand, prévint les ambassadeurs du nouvel exil imposé à Louis XVIII [1].

Cette journée du 20 mars, si curieuse et si fatale pour la maison de Bourbon, attestait une grande vérité politique, la facilité de renverser un pouvoir qui n'a pas pris ses racines naturelles dans un pays. Les Bourbons avaient voulu vivre sous la force de l'impérialisme et des habitudes de l'administration bonapartiste, et tout cela n'avait pas eu de durée. Rois de la vieille France, ils devaient en réveiller les éléments, ou si l'on veut en invoquer les ombres. Qu'arriva-t-il? c'est qu'au fond il n'y avait pas de changement. Quand l'Empereur parut, tout se trouva comme il l'avait laissé, et ceci explique la fatalité du 20 mars. A midi la famille royale était à Ab-

---

[1] « Le soussigné, ministre d'État, chargé *ad interim* du portefeuille des affaires étrangères, a reçu ordre d'informer M.... que les circonstances obligent Sa Majesté de quitter la capitale. Le roi verra avec plaisir les membres du corps diplomatique accrédités à sa cour se rassembler à Lille, où elle a l'intention de se rendre, sans cependant prétendre contraindre la détermination de ceux qui préféreraient retourner près de leurs gouvernements respectifs.

« Le soussigné a l'honneur, etc. »

Signé, le comte de Jaucourt.

Paris, le 19 mars 1815.

beville, et le soir même à Lille, la capitale de la Flandre, que Louis XIV, son grand aïeul, avait donnée à la monarchie. A Lille, la population était fidèle, les Flamands dévoués à la dynastie des Bourbons, mais on ne pouvait pas plus compter sur les régiments de la garnison que sur les troupes de Lyon, de la Bourgogne et de Paris. En vain le duc d'Orléans et le maréchal Mortier avaient cherché à les animer contre Napoléon; toutes souhaitaient ardemment saluer de nouveau leur aigle. Le roi passa des revues, interrogeant les chefs des corps, les officiers; les maréchaux Macdonald et Mortier, qui l'accompagnèrent avec fidélité, exprimèrent quelques inquiétudes sur l'esprit du soldat : « on ne pouvait compter sur la garnison », telle fut leur réponse inflexible. Il faut rendre justice à ces maréchaux, tous deux d'une loyauté à l'épreuve et d'un noble caractère, ils témoignèrent jusqu'au bout le dévouement à Louis XVIII; ils entourèrent sa personne, ils le soutinrent de leurs épées. Dans l'abaissement de tant de consciences, dans l'oubli de tant de serments, j'aime à retrouver quelques traces du devoir.

A Lille, le roi établit pour quelques jours le siège du gouvernement; deux ordonnances furent signées par lui [1] contre le régime que Bonaparte allait établir

---

[1] *Ordonnance de Louis XVIII, datée de Lille, le 23 mars 1814.*

« La trahison de presque tous les corps de l'armée destinée à défendre la patrie rendant indispensable de changer entièrement les mesures que nous avions cru devoir prendre; voulant prévenir de nouveaux malheurs dont nos peuples sont menacés par la présence de Napoléon Bonaparte sur le territoire français; considérant que la conscription a été abolie par le 12e article de la Charte constitutionnelle, et que le recrutement de l'armée de terre et de mer n'a pu être encore déterminé par une loi; vu l'article 14 de ladite Charte qui met à notre disposition toutes les forces de terre et de mer; considérant que par le même article de la Charte, il nous appartient de faire et de publier les ordonnances et les règlements nécessaires à la sûreté de notre royaume; que nous avons été solennellement invité par la Chambre des pairs et par la Chambre des députés des départements, dans leur adresse du 17 de ce mois, à faire usage de cette autorité dans toute son étendue; considérant enfin qu'à

dans son royaume : la première déclarait nul tout décret qui prélèverait l'impôt; « les contribuables devaient refuser de payer ; les préfets ne devaient pas obéissance ; on rendait responsables les receveurs-généraux de tous payements qu'ils pourraient faire, de tous deniers qu'ils pourraient livrer. » La seconde ordonnance déclarait libres les conscrits que l'usurpateur pourrait réunir sous les drapeaux. Plus de conscription, plus d'impôts, c'était là un mode de résistance assez habilement combiné pour les populations royalistes. Ces ordonnances du roi, signées à Lille, devaient trouver de l'écho dans quelques provinces de France, et cependant telle était la puissance de la centralisation, qu'un mouvement contre Paris était bien difficile ; maître de la capitale, Napoléon le serait par le fait de la France ; souverain d'un vaste empire, il enverrait ses ordres, fidèlement exécutés sur tous les points. Que pouvait être Louis XVIII, roi de Lille et de la Flandre ? Les temps de Charles VII, roi de Bourges, étaient loin; alors les provinces étaient tout, la loyauté chevaleresque, les principes religieux dominaient les âmes. La Révolution avait réduit les provinces à une sorte d'assujettissement moral; elle avait accoutumé les citoyens à des changements perpétuels de pouvoir,

---

tous les pouvoirs dont nous investissent dans les temps ordinaires notre titre royal et la Charte constitutionnelle viennent se réunir, dans une crise si périlleuse, tous ceux que le danger, la confiance, la volonté de la nation et le vœu exprimé par ses représentants nous imposent le devoir d'exercer.

« A ces causes, nous avons ordonné et ordonnons ce qui suit :

« Art. 1er. Il est défendu à tout Français, soit qu'il ait fait précédemment partie de nos troupes, soit qu'il n'ait point servi, d'o-
béir à aucune prétendue loi de conscription, de recrutement, ou à tout ordre illégal quelconque qui émanerait de Bonaparte, et de tous corps ou autorités politiques, civils et militaires qu'il pourrait appeler ou établir, ou qui lui auraient obéi depuis le 1er mars 1815, ou obéiraient à l'avenir. »

Autre ordonnance (même date).

« Art. 1er. Il est défendu à tous nos sujets qui se trouveraient momentanément sous la domination de Napoléon Bonaparte de payer au gouvernement impérial aucune espèce d'impôt direct ou indirect, sous quel-

qui ne laissaient plus de force au serment politique.

Etait-on bien sûr de Lille? Les habitants resteraient fidèles au roi, sans doute ; le vieux monarque recevait partout les témoignages d'une foi loyale ; mais 6,000 hommes de garnison dominaient la place ; des émissaires, envoyés de Paris, s'étaient répandus dans les casernes par les ordres du général Excelmans, chargé de poursuivre celui qu'on appelait déjà le comte de Lille ; ils avaient parlé de Napoléon, l'Empereur glorieux qui ramenait la victoire. Les soldats murmurèrent haut : « Voulait-on livrer Lille à l'étranger? » c'était le motif ou le prétexte. Louis XVIII et les royalistes ne pouvaient rester dans ces murailles, exposés aux excès d'une rébellion militaire ; des ordres arrivés par estafette au préfet, M. Siméon, portaient d'arrêter le roi et sa famille. Rester à Lille était une imprudence ; la maison du roi, les malheureux volontaires, sans ordre, sans guide, sans direction, s'étaient égarés par de faux avis dans les campagnes de Flandre. Jamais fuite militaire n'avait plus ressemblé à un pêle-mêle ; poursuivis par des escadrons détachés, ces vieillards, ces jeunes hommes, aux habitudes élégantes, restaient traqués dans les routes, exposés à tous les dangers : se présentaient-ils devant une ville, on les repoussait impitoyablement ; l'esprit de l'Empereur dominait les garnisons de la frontière ; l'aigle volait de clocher en clocher, comme l'avait annoncé la

---

que dénomination que ce soit, à quelque époque que cet impôt ait été établi, soit qu'il l'ait été légalement par le concours des deux Chambres et de notre autorité, ou par tout autre corps politique illégalement convoqué, ou par la violence d'une autorité arbitraire, soit civile, soit militaire.

2. « Il est également défendu à tous préfets, inspecteurs des finances, receveurs-généraux et particuliers, payeurs, directeurs des contributions directes ou indirectes, des douanes ou de l'enregistrement, et généralement à tous les comptables dépendant du ministère des finances, de verser les fonds qu'ils pourraient lever ou avoir en mains, dans les caisses dites impériales. »

proclamation du golfe Juan; encore quelques heures, et M. Siméon lui-même devrait exécuter les ordres impitoyables de Paris ou donner sa démission. Les maréchaux Macdonald et Mortier vinrent tristement annoncer au roi la situation des casernes : ils croyaient indispensable que Louis XVIII quittât la France; dans six heures, on ne répondait plus de la garnison, elle pouvait se livrer à des excès et retenir le roi captif.

Le départ fut brusque, précipité; on se hâta de passer la frontière belge, parce qu'il n'y avait plus de sûreté pour la tête blanchie de Louis XVIII; la révolte était partout; les esprits agités par les idées de gloire et de révolution ne voulaient plus de ce gouvernement mou, incertain, qui avait néanmoins, assuré la paix et le repos de la patrie. Le roi quittait donc encore une fois la France, il revoyait l'exil, et pouvait-il attendre et espérer une seconde restauration? Cette marche si facile de Bonaparte à travers la France, cette chute si rapide des Bourbons, ne produiraient-elles pas une triste influence sur les cabinets de l'Europe? n'allait-on pas en conclure que la Restauration était incompatible avec les nouvelles mœurs de la France? Le but de Louis XVIII fut alors de convaincre l'Europe : « que ce n'était point la France qui était accourue vers Bonaparte, mais une armée qui avait manqué à ses serments, de vieux prétoriens insensés qui regrettaient le règne militaire. »

M. le comte d'Artois et le duc de Berry passèrent la frontière presqu'en même temps que Louis XVIII. M. le duc d'Orléans, qui avait suivi les aînés de sa maison avec une parfaite loyauté, demeura le dernier sur le territoire, et eut plusieurs entretiens avec les maréchaux Macdonald et Mortier sur les tristes conséquences de la nouvelle situation politique de la France. Il écrivit aux deux maréchaux[1] pour leur témoigner son vif regret de quitter sa patrie ; son devoir impérieux l'appelait encore auprès de sa famille, il les laissait libres de suivre l'inspiration de leur bon jugement. Arrivé à Gand, le prince fit démentir le bruit répandu à dessein par les bonapartistes : « qu'il avait délié l'armée des serments de fidélité envers les Bourbons ; » il déclara qu'il n'en avait ni le pouvoir, ni la volonté ; et cela était exact.

Le siége du gouvernement des Bourbons fut désormais placé à Gand ; dans cette ville antique des métiers, Louis XVIII y fixa sa résidence royale, et aussitôt on se groupa autour de lui ; les ministres accrédités des puissances vinrent l'y rejoindre. Dès lors, s'il y eut un gouvernement à Paris, il y eut aussi un pouvoir à Gand ; le droit d'une dynastie antique fut opposé à la force matérielle d'un homme supérieur qui disposait violemment des hautes destinées de la France.

---

[1] *Lettre du duc d'Orléans au maréchal Mortier, datée de Lille, 24 mars.*

« Je vous remets en entier, mon cher maréchal, le commandement que j'avais été si heureux d'exercer avec vous dans le département du Nord. Je suis trop bon Français pour sacrifier les intérêts de la France parce que de nouveaux malheurs me forcent à la quitter ; je pars pour m'ensevelir dans la retraite et l'oubli. Le roi n'étant plus en France, je ne puis plus transmettre d'ordres en son nom, et il ne me reste qu'à vous dégager de l'observation de tous les ordres que je vous avais transmis, en vous recommandant de faire tout ce que votre excellent jugement et votre patriotisme si pur vous suggéreront de mieux pour les intérêts de la France, et de plus conforme à tous les devoirs que vous avez à remplir. »

CHAPITRE XI.

L'EMPEREUR A PARIS. ORGANISATION DE SON GOUVERNEMENT.

Napoléon à Fontainebleau. — Messages de Paris. — M. Lavalette. — Nouvelle du départ du roi. — Itinéraire d'Essonne à Paris. — Aspect de la capitale. — Entrée furtive de Napoléon. — Les Tuileries. — Ivresse militaire et du parti bonapartiste. — Causeries du soir. — Formation du ministère. — Parti patriote. — Fouché. — Carnot. — Refus de M. Molé. — M. de Caulaincourt. — M. Maret. — Les autres ministres. — Le conseil d'État. — Plan de gouvernement. — Fusion des partis bonapartiste et patriote. — Refus de service. — Changement dans les positions. — MM. de Montalivet et Molé. — Le général Savary. — Napoléon et les soldats. — Revues du Carrousel — Adresses des ministres et du conseil d'État. — Déclaration de principes. — Embarras de Napoléon. — Faute de n'avoir point saisi la dictature.

18 au 24 Mars 1815.

L'aspect de Fontainebleau, après une émigration de onze mois, n'avait pas produit sur Napoléon une impression de tristesse, ou soulevé dans son âme de mélancoliques souvenirs ; les intimes confidents qui entouraient sa personne parurent même s'étonner de sa gaieté presque enfantine en parcourant les appartements décorés par le Primatice et les jardins magnifiquement dessinés. On aurait dit qu'il avait complétement oublié la scène de l'abdication, ces drapeaux voilés, ces soldats en pleurs, les commissaires des alliés entourant sa personne; il causa légèrement sur tout ce qui se passait autour de lui, parlant comme un simple amateur de ces admirables paysages, de ces belles pièces d'eau où se mirent les cygnes, et de cette forêt immense, qui se dessine comme une masse noire sur l'horizon. L'Empereur voulait montrer sa pleine sécurité.

C'est que Napoléon avait de vifs sujets de contentement et de joie qui absorbaient toutes les autres impressions; depuis son arrivée à Fontainebleau, les émissaires de Paris se succédaient avec rapidité, on ne se gênait plus; aux premières terreurs du parti bonapartiste avait succédé une pleine confiance, une véritable ivresse; le 20 au matin étaient arrivés à Fontainebleau les émissaires de M. Lavalette, des courriers de madame Hamelin annonçant à Napoléon le départ du roi et de la famille des Bourbons; les Tuileries étaient vides; on n'attendait plus que lui pour en remplir la grande place : « qu'il se hâtât de venir, le gouvernement tomberait dans ses mains sans résistance, et il n'y avait plus qu'à se porter rapidement sur la capitale. »

La situation de Paris le 20 mars au matin était curieuse [1]; il n'y avait plus d'autorité constituée; le

---

[1] Le 21, la première ligne du *Moniteur* était ainsi conçue : « Le roi et les princes sont partis dans la nuit. » Puis il continuait ainsi : « S. M. l'Empereur est arrivé ce soir dans son palais des Tuileries. Il est entré à Paris à la tête des mêmes troupes qu'on avait fait sortir ce matin pour s'opposer à son passage. L'armée qui s'était formée depuis son débarquement, n'avait pas pu dépasser Fontainebleau. Sa Majesté a passé sur sa route la revue de plusieurs corps de troupes. Elle a marché constamment au milieu d'une immense population qui partout se portait au-devant d'elle. »

drapeau blanc flottait encore aux Tuileries, mais aucun défenseur ne se groupait autour de cette enseigne de la vieille monarchie ; à deux heures, le général Excelmans la fit brusquement enlever et remplacer par le drapeau tricolore ; tout cela s'exécuta en silence, sans acclamations et sans joie. M. Réal allait en même temps prendre possession de la police ; M. de Lavalette se rendait aux Postes pour en expulser M. Ferrand [1], il se fit accompagner par le général Sébastiani, sous le simple prétexte de savoir des nouvelles ; mais par le fait les postes furent sous sa main. Madame Ferrand se jeta en vain à ses genoux afin d'obtenir des chevaux pour son mari ; M. de Lavalette refusa en disant qu'il était sans pouvoirs. Ces interrègnes d'autorité se sont souvent reproduits dans l'histoire politique de Paris.

Des dépêches pressantes et multipliées de ses amis déterminèrent Napoléon à modifier son itinéraire et à précipiter sa marche sur Paris ; il avait décidé d'abord qu'il coucherait à Essonne, et partant de là le 21 mars, il devait faire son entrée à en plein jour, précédé d'un long cortége, comme un prince arrivant d'un long voyage et attendu par son peuple. Il changea l'ordre de sa marche ; il dut arriver le soir à Paris, la nuit même s'il le fallait ; plusieurs motifs le déterminèrent : d'a-

---

[1] M. de Lavalette avait pris possession de l'hôtel des Postes le 20 mars au matin, et il avait adressé à tous les directeurs la circulaire suivante :

« L'Empereur sera à Paris dans deux heures et peut-être avant La capitale est dans le plus grand enthousiasme ; et, quoi qu'on puisse faire, la guerre civile n'aura lieu nulle part. *Vive l'Empereur !*

Le conseiller d'État, directeur général des postes.

Signé, Lavalette.

M. de Lavalette avait fait appeler les chefs de division et expédié un courrier à Fontainebleau avec une lettre pour Napoléon ; il avait mis obstacle au départ de M. Ferrand, directeur-général sous le gouvernement légitime ; il avait suspendu le départ de tous les journaux, et particulièrement du *Moniteur* et de toutes les dépêches ministérielles.

bord, il devait paraître aux Tuileries en toute hâte pour empêcher les patriotes de former un gouvernement provisoire sans lui, ce qui aurait embarrassé considérablement le parti bonapartiste; le second motif venait de ce qu'on n'était rien moins que certain du bon esprit de la population bourgeoise de Paris; la capitale était triste, fatalement préoccupée, elle ne voyait point l'arrivée de l'Empereur avec joie, car Napoléon c'était la guerre, c'était recommencer ces vingt années de travaux pénibles, de sueurs, de tristesse, dont la génération actuelle portait la fatale empreinte; une entrée solennelle n'aurait été accueillie que du bas peuple et des soldats. Que fallait-il d'abord? s'emparer du gouvernement; la popularité viendrait après les actes par la puissance et l'éclat du nom de l'Empereur.

Napoléon partit de Fontainebleau à deux heures; avec la rapidité habituelle de ses voyages, le trajet ne devait pas durer plus de quatre heures; la route est belle, et l'on savait comment l'Empereur aimait à marcher dans l'espace. On mit pourtant sept heures pour faire ce trajet. A chaque relais, Napoléon recevait les estafettes de Paris, des généraux accouraient au-devant de lui pour presser sa main glorieuse, des troupes se précipitaient avec ivresse sur son passage; il fallait saluer les drapeaux, donner à tous des encouragements, des espérances, lire les dépêches, préparer les éléments d'un nouveau système. Enfin je le répète, Napoléon ne voulait point entrer de jour; il avait crainte de la tiédeur parmi la bourgeoisie, du peu d'éclat de cette entrée souveraine; les cris des soldats ne lui suffisaient pas : s'il était glorieux de sa propre armée, il voulait donner à son triomphe une empreinte civile, et la tristesse était au cœur de la bourgeoisie. A huit heures du soir, quelques voitures de l'Empereur touchèrent la barrière. Le temps était froid comme il arrive souvent au 20 mars; on traversa rapidement Paris, quelques cris retentirent çà et là, mais aucune manifestation éclatante ne se fit entendre. Quand l'horloge des Tuileries marqua huit heures quarante minutes, les voitures entrèrent dans la cour, toute remplie d'une foule enthousiaste de jeunes hommes, d'officiers. Ici les transports éclatèrent avec violence, la joie la plus vive se manifesta; les officiers, les soldats réunis en groupes, enlèvent Napoléon de sa voiture et le portent sur leurs bras à travers la foule brillante d'épaulettes, jusque sur les marches du grand escalier; c'était de l'ivresse, du délire, quelque chose qui ressemblait à l'amour des légions pour Germanicus; les bougies brillaient d'un éclat de fête, et l'Empereur se trouva transporté dans les salons, où les femmes de la cour impériale, parées de dentelles, de bouquets de violettes, l'accueillirent avec transport; il fut accablé de baisers, on pressait les lèvres sur ses habits, on embrassait ses mains, ses joues[1]; jamais rien de semblable en histoire. A côté de la silencieuse attitude de Paris, des craintes de la guerre, de la suspension rapide, fatale et prompte de toutes les affaires, on voyait cette ovation soldatesque, à l'éclat resplendissant des glaces et des lustres; les épées s'agitaient, et les chapeaux sur les épées; les cris énergiques de *vive l'Empereur!* faisaient éclater les vitres du palais, veuf des Bourbons. Ainsi marche la fortune capricieuse; comme la mort dans l'Écriture, elle dit ces paroles fatales : « Aujourd'hui pour toi, demain pour moi. »

La difficulté en politique n'est pas de renverser un gou-

---

[1] La Bibliothèque du Roi possède une collection de gravures très curieuses sur les ovations des Cent Jours.

vernement, mais d'en constituer un nouveau ; le jour de triomphe pour un pouvoir est beau comme le lever du soleil ; le lendemain, les embarras commencent ; se maintenir est plus difficile que la victoire ; souvent le succès est une surprise, la durée seule c'est la vie et la force. Maître des Tuileries, Napoléon fut plus embarrassé qu'à Grenoble et à Lyon ; la machine du gouvernement était dans ses mains, il fallait l'organiser de manière à satisfaire les partis et à rallier la France. Mandé aux Tuileries, Fouché, qui avait immédiatement senti la force de sa position personnelle, ne s'était point gêné de s'en expliquer, même dans les salons ; on lui avait entendu dire tout haut, avant d'être reçu par l'Empereur : « Cet homme-là nous est venu trop tôt, il fallait d'abord nous laisser organiser notre affaire, prendre le drapeau tricolore, établir un gouvernement provisoire ; dans tout cela, Bonaparte aurait pris sa place naturelle ; nous nous serions arrangés avec l'Europe, tandis que sa présence va tout brouiller[1]. » Quand il fut admis auprès de l'Empereur, Fouché se posa avec fermeté, car il était comme le représentant d'un parti nécessaire au gouvernement de l'Empereur.

On a déjà distingué dans ce livre le double mouvement qui avait préparé la chute des Bourbons : l'un était patriote, c'est-à-dire s'appuyait sur les idées de 1789, tout à fait en dehors de Napoléon ; l'autre, au contraire, exclusivement bonapartiste, ne voyait pas de réussite possible sans l'épée de l'Empereur ; c'était un culte à sa personne, une ivresse pour ses actes ; il n'y avait pas à discuter, il allait admirer et obéir. Le 20 mars était le résultat de

---

[1] Je tiens ceci d'un témoin oculaire qui fut très étonné d'entendre Fouché s'exprimer si hautement.

l'alliance et de la fusion des deux principes; Napoléon s'appuyait sur les idées révolutionnaires, et ces idées se concentraient dans la souveraineté de Napoléon désormais inséparables; tel était le programme, et Fouché mit un grand art en l'exposant à l'Empereur. Ces principes de liberté et d'impérialisme n'étaient-ils pas entre eux incompatibles? le caractère du souverain n'était-il pas en opposition avec ces théories inapplicables et ces restrictions que l'école de 1789 mettait sans cesse au pouvoir? comment le parti patriote aurait-il pleine confiance dans ce dictateur qui brisa de son épée toutes les constitutions? De là, résultait donc une difficulté première, deux tendances inconciliables que l'esprit de Fouché ne pouvait vaincre et dominer. On se mesura dans cette conversation, sans se donner des marques de confiance; Bonaparte fit ses conditions; Fouché, à son tour, posa les siennes; « il désirait le ministère des affaires étrangères, afin de négocier plus facilement avec l'Europe dans toutes les combinaisons qui pourraient se présenter. Napoléon voulut le renfermer dans les attributions de police et se réserver l'extérieur; la police était un pouvoir assez grand, et en vérité, mettre les négociations avec les cabinets dans les mains de Fouché, c'était se livrer pieds et poings liés au mouvement européen. Par la nature de son esprit, le nouveau ministre devait dominer le gouvernement en entier : il ne voulait pas de limites, pas de restrictions; le caractère de Fouché était de négocier avec tout le monde en demandant des gages à tous les partis.

Une première circonstance de son avénement dut vivement frapper l'Empereur : lui, auprès de qui les dévouements, les ambitions accouraient en foule, ne trouva d'abord que des refus, des résistances parmi les fonctionnaires qui avaient naguère entouré sa personne. La crainte paraissait être dans les âmes, le découragement produit par une première chute arrêtait l'ambition dans ses rêves les plus enivrants; on n'avait plus la même confiance dans l'étoile de l'Empereur, elle avait terriblement pâli depuis 1814. Le soir, Napoléon avait fait venir M. Cambacérès, naguère si ébloui de sa puissance; il lui offrit le ministère de la justice; le croirait-on? M. Cambacérès refusa d'abord; esprit faible, tremblant, il avait peur des Cent Jours : à l'intérieur, il craignait les passions ardentes, dévastatrices, que cet événement pouvait soulever parmi le peuple; à l'extérieur, il ne croyait pas un arrangement possible avec les cabinets; la coalition de l'Europe lui paraissait imminente, et son esprit prévoyant apercevait déjà qu'il y aurait pour l'Empereur impossibilité de résistance. Enfin il n'accepta le ministère de la justice qu'à la condition expresse de se placer en dehors de tout mouvement politique, et de ne prendre aucune part aux actes actifs du gouvernement [1].

Une autre résistance étonna l'Empereur, ce fut celle de M. de Caulaincourt; il l'avait mandé immédiatement aux Tuileries et il lui offrit le portefeuille des affaires étrangères. Quelque dévoué que M. Caulaincourt fût à sa personne, il déclara avec instance qu'il n'accepterait pas; M. de Caulaincourt savait trop l'Europe pour concevoir le moindre doute sur l'unanimité des puissances soulevées contre Napoléon [2] : bientôt les armées paraîtraient en masse, les négociations seraient interdites; la déclaration du 15 mars était connue; si on la taisait encore afin d'entraîner quelques hommes crédules, elle était

---

[1] C'est une chose curieuse à noter; prendre une place parut alors un sacrifice.

[2] M. de Caulaincourt demanda à servir de son grade de lieutenant-général.

un fait certain pour M. de Caulaincourt; le négociateur de Châtillon était trop habitué aux protocoles européens pour en nier l'authenticité. Le soir même, l'Empereur fit appeler aux Tuileries M. Molé, et il eut avec lui une longue conférence. Un trait caractéristique de cette conversation, c'est que l'Empereur avoua sincèrement à M. Molé qu'il lui serait bien difficile de résister à l'Europe et aux factions de l'intérieur; le péril était grand. M. Molé ne lui déguisa rien à son tour; il s'exprima avec ce ton respectueux et ferme qui l'avait toujours fait remarquer : « autant il avait été frappé des merveilles de la marche du golfe Juan, autant il désespérait actuellement de la cause impériale. M. Molé s'excusa sur son peu d'habitude des affaires diplomatiques de l'Empire; il n'en connaissait ni la portée ni le personnel; au fond, il n'avait pas confiance, il croyait le drame fini : les grandes choses ne se recommencent pas deux fois; mortes, elles ne sont plus que de l'histoire. Napoléon voulut aussi lui faire accepter l'intérieur comme mieux approprié à sa capacité. M. Molé refusa encore; il en exprima les motifs en termes précis; les idées révolutionnaires que les Cent Jours voulaient faire prévaloir ne convenaient pas à l'esprit d'ordre et d'organisation de M. Molé[1].

Qui le dirait? les refus s'étendirent plus loin encore. M. Maret, la personnification de l'Empereur, fit quelques difficultés avant d'accepter la secrétairerie d'Etat; nul, certes, n'avait préparé plus activement les Cent Jours, nul, au moins, ne les avait plus désirés, et il se trouvait qu'une fois l'œuvre accomplie, il n'osait pas la mettre en action; elle lui faisait peur, et ce sentiment était bien

---

[1] L'Empereur, loin de s'en fâcher, convint de plusieurs de ces vérités avec M. Molé. Il n'était pas à l'aise avec les révolutionnaires.

partagé. Il fallut donc pour M. Maret, comme pour MM. Cambacérès et de Caulaincourt, que l'Empereur leur commandât d'accepter les portefeuilles. Le soir du 20 mars trois places ministérielles seulement furent remplies : la police par Fouché, la justice par Cambacérès et la secrétairerie d'État par M. Maret.

Dans la nuit, d'autres nominations furent arrêtées. Fouché était un gage pour les patriotes, mais son nom ne répondait pas assez à la situation militaire du parti jacobin; il fallait un souvenir qui parlât vivement à la Révolution de 1793 ; Carnot, régicide, un des votants contre l'Empire, n'avait repris du service qu'en 1815; sa défense d'Anvers était un fait d'armes d'un certain mérite ; on le disait l'organisateur des quatorze armées de la République, et son *Mémoire au roi* avait rempli de troubles trois mois de la Restauration; désigné par le parti patriote, Napoléon lui donna avec quelque répugnance une place dans le conseil ; jamais il ne l'aurait accepté pour ministre de la guerre, car il voulait rester maître du mouvement des troupes, et il n'avait pas foi dans la capacité de Carnot, qu'il croyait (à tort peut-être) fort limitée. Il lui offrit donc le ministère de l'intérieur avec une grande position dans le pays; l'organisation des gardes nationales allait donner lieu à des mouvements très actifs au ministère de l'intérieur, Carnot se placerait à leur tête ; il avait du patriotisme, de l'énergie, et, comme gage donné à l'Empire, Napoléon lui fit accepter le titre de comte; le jacobin austère, le puritain du Consulat devint ainsi le *comte Carnot* : l'ennemi des nobles devint noble: les révolutions ne sont jamais qu'un déplacement; quelques pauvres se font riches, quelques roturiers nobles, quelques petits deviennent bien orgueilleux, et avec cela ils disent que le peuple a gagné. La justice historique doit remarquer que Carnot fit peu de cas de ce titre de comte; il dut s'en expliquer même avec ses amis, et une lettre fut alors écrite dans laquelle, en rappelant les principes du Comité de salut public, il se hâta de dire pourquoi il avait accepté le titre de comte. Souvent en politique les alliances se symbolisent par les titres; Napoléon, en se confiant à Carnot, faisait un pas vers la République, et Carnot, en acceptant le titre de comte, faisait un acte d'adhésion au système impérial. Les mots expriment les idées; les positions politiques sont souvent des gages de partis [1].

Dans la journée du 24 mars, on mit la dernière main aux arrangements ministériels; Napoléon parvint à vaincre les répugnances de M. de Caulaincourt; il lui imposa le portefeuille des affaires étrangères, Carnot accepta définitivement l'intérieur. Le ministère de la guerre fut confié au maréchal Davoust, le rude administrateur de Hambourg. Pendant la Restauration, Davoust avait été en disgrâce; Louis XVIII, qui n'aimait pas les gentilshommes infidèles à leur nom, n'avait pardonné ni à M. de Davoust, ni à M. de Grouchy, ni à M. de Pontécoulant, leur participation active à la révolution française. Que le peuple et les bourgeois se fussent faits patriotes, Louis XVIII l'admettait : ceux-ci pouvaient, ils devaient désirer un changement, et le triomphe surtout de l'égalité; mais que des nobles pussent manquer aux Bourbons, chefs des gentilshommes, c'est là ce qu'il ne pardonnait pas. Davoust accepta le portefeuille; car il n'y a rien d'empressé et de dévoué à un système qui naît comme les gens compromis avec le système qui meurt. Enfin, le ministère de la marine fut donné à M. Decrès;

---

[1] La correspondance de Carnot, dans les Cent Jours, a été publiée; il avait besoin de se justifier auprès des jacobins.

c'était un poste presque inutile, car du jour où Napoléon reprenait le sceptre, il ne pourrait sortir des ports un seul navire sans tomber aux mains des Anglais. M. Decrès n'avait point cessé d'être cet administrateur, ce marin médiocre, qui ne s'était maintenu dans son département que par ses complaisances aux vues et aux idées, même absurdes, de Napoléon. Il y eut dans tout l'ancien personnel ministériel de l'Empire des changements et des modifications inexplicables. Si MM. Gaudin et Mollien reprirent les finances et le trésor, M. de Montalivet changea son titre de ministre de l'intérieur pour celui de simple intendant de la liste civile [1]; c'était bien descendre, mais les Cent Jours ressemblaient-ils à l'Empire? Le général Savary, cédant la police à Fouché, reprenait son titre de commandant-général de la gendarmerie, fatalement célèbre sous le Consulat; le vieux maréchal Moncey était jeté en disgrâce. M. de Champagny, autrefois aux relations extérieures dans les époques de Wagram et de la paix de Vienne, descendait jusqu'à l'administration du garde-meuble. M. Molé, grand-juge sous l'Empire, à qui Napoléon avait offert deux portefeuilles, devenait simple directeur des ponts-et-chaussées, et encore par dévouement à l'Empereur et pour ne point l'abandonner dans cette grande crise; chacun s'effaçait le plus possible; on acceptait une position, parce qu'il en fallait une pour se sauver du double reproche d'ingratitude et d'indifférence patriotique; mais on choisissait la plus chétive, la plus inaperçue.

Ce qui était vrai pour les hautes situations le devenait plus encore pour les places secondaires. Sous l'Empire, une préfecture était sollicitée avec une vive ardeur, et

---

[1] Toutes ces nominations parurent du 20 au 25 mars.

obtenue avec reconnaissance. Un préfet, le représentant de l'Empereur, était l'homme puissant de chaque département, l'image et le symbole du pouvoir, et qui ne se serait glorifié d'une telle mission ? Il n'en fut pas ainsi dans les Cent Jours. Le premier soin de Napoléon, à son arrivée à Paris, avait été de composer une liste de préfets sur des indications rapides et à l'aide de son admirable mémoire. Des noms nouveaux du salon de M. Maret ou de la duchesse de Saint-Leu recevaient des récompenses. Carnot avait mêlé quelques patriotes aux noms les plus zélés pour l'Empire. La liste fut improvisée au plus vite dans une seule nuit; elle était une grande fusion [1]. Les disgraciés d'autres temps obtenaient du service : on voyait reparaître M. Frochot, que la conspiration Malet avait perdu dans l'esprit de l'Empereur; il obtenait les Bouches-du-Rhône. Le nom de M. de Tournon se mêlait à celui de M. Combes-Sieyès, qui prenait le ti-

[1] La liste fut plusieurs fois remaniée; il y eut des refus, des démissions. Enfin l'Empereur l'arrêta définitivement, et voici le choix des préfets :

Ain,	Baude.	Creuse,	Chaillou.
Aisne,	Miroud.	Dordogne,	Didelot.
Alber,	Rambuteau.	Doubs,	Derville - Maleschard.
Hautes-Alpes,	Dumolard.	Drôme,	Desgouttes.
Basses-Alpes,	Peliet.	Eure,	Rouillé-d'Orfeuil.
Ardèche,	Arnault	Eure-et-Loir,	Rolland de Villarceau.
Ardennes,	Girod de Viennay.	Finistère,	Chasal.
Ariège,	Bessières.	Gard.	Roggieri.
Aube,	Rœderer.	Haute-Garonne,	Lameth
Aude,	Descorches.	Gers,	Treilhard.
Aveyron,	Marceau.	Gironde,	Fauchet.
Bouches-du-Rhône,	Frochot.	Hérault,	Maurice Duval.
Calvados,	Richard.	Ille-et-Vilaine,	Méchin.
Cantal,	Lesseps.	Indre,	Mallarmé.
Charente,	Duval.	Indre-et-Loire,	Miramon.
Charente-Inférieure,	Boissy-d'Anglas.	Jura,	Doazan
Cher,	Rivet.	Landes,	Harel.
Corrèze,	Camille Périer.	Loir-et-Cher,	Christiani.
Corse,	Guibega.	Loire,	Tribert.
Côte-d'Or,	Savoye-Rollin.	Haute-Loire,	Bergonie.
Côtes-du-Nord,	Devismes.	Loire-Inférieure,	De Bonnaire.

tre de chevalier! le régicide Jean Debry était à côté de M. de Vaussay, et M. d'Houdetot était inscrit près du girondin M. Fauchet, l'ami de Camille Desmoulins, l'ancien administrateur de Florence sous Elisa. Parmi les préfets désignés, il y eut encore beaucoup d'hésitations et de refus; la liste ne put être définitivement arrêtée, car les démissions venaient de toutes parts. Au reste, le système des Cent Jours paraissait se compléter par la fusion des patriotes et des impérialistes, des hommes de la Révolution et de l'Empire.

A Paris, par exemple, l'administration fut confiée à deux hommes de nuances essentiellement différentes : on donna la préfecture de police à M. Réal, et la préfecture de la Seine à M. de Bondy. M. de Chabrol, l'ancien préfet, administrateur distingué, s'était trop compromis par son dévouement aux Bourbons pour qu'on pût le replacer; chef du conseil municipal, il avait dû s'associer

Loiret,	Leroi.	Pyrénées-Orient.,	Roujoux fils.
Lot,	Petit de Beauverger.	Bas-Rhin,	Jean Debry,
Lot-et-Garonne,	Rouen des Malets.	Haut-Rhin,	D'Angosse.
Lozère,	Dunod de Charnaye.	Rhône,	Fourier.
Maine-et-Loire,	Galéazzini.	Haute-Saône,	Esnou de St-Gérand.
Manche,	De Bossi.	Saône-et-Loire,	Ducolombier.
Marne,	Bourgeais-Jessaint.	Sarthe,	Delagarde.
Haute-Marne,	Jerphanion.	Seine,	De Bondy.
Mayenne,	Devilliers du Terrage.	Seine-Inférieure,	Girardin.
Meurthe,	Bouvier-Dumolard.	Seine-et-Marne,	De Plancy.
Meuse,	Flavigny.	Seine-et-Oise,	Delattre.
Mont-Blanc,	Viefville des Essarts.	Deux-Sèvres,	Busche.
Morbihan,	Julien.	Somme,	Pongeart du Limbert.
Moselle,	Ladoucette.	Tarn,	Sainte-Suzanne.
Nièvre,	La Bergerie.	Tarn-et-Garonne,	Aubernon
Nord,	Dupont-Delporte.	Var,	Defermon
Oise,	Basset de Châteaubourg.	Vaucluse,	Heim (Alexandre).
		Vendée,	Boullé.
Orne,	Lamadeleine.	Vienne,	Prouveur.
Pas-de-Calais,	Roujoux père.	Haute-Vienne,	De Vaussay.
Puy-de-Dôme,	Rogniat.	Vosges,	Cahouet.
Basses-Pyrénées,	Combes-Sieyès.	Yonne.	Gamot.
Hautes-Pyrénées,	Eusèbe Dupont.		

à son esprit en signant une proclamation ardente et loyale pour soutenir la cause de Louis XVIII [1]. M. Pasquier, lié, en 1814, au mouvement de M. de Talleyrand, fut sollicité, par M. de Lavalette surtout, de faire une démarche auprès de l'Empereur; on lui offrit de rentrer au conseil d'État; il n'accepta pas, il subit l'exil que l'Empereur lui avait infligé, sans haine comme sans ressentiment. Il céda les ponts-et-chaussées à M. Molé, son ami politique depuis le Consulat [2]. Le caractère de M. de Bondy et de M. Réal était différent; M. Réal était au fond jacobin, mais jacobin assoupli, qui s'était très bien accommodé du régime impérial; il s'était posé comme le surveillant de Fouché qu'il n'aimait pas; Fouché le lui rendait bien; c'était un esprit fin, procédurier comme un vieux procureur du Châtelet; il avait rendu d'immenses services de police à Napoléon sous le Consulat. M. Taillepied de Bondy, esprit doux, modéré, appartenait à l'ancienne bourgeoisie de Paris; c'était un prévôt des marchands dans le sens absolu du mot.

Le ministère, le conseil d'État, furent organisés dans les deux jours qui suivirent l'avénement du gouvernement impérial; et ce qui marquait la différence des temps, c'est qu'à peine installé, chacun voulut faire du bavardage et de la métaphysique; au lieu de ressaisir fortement le pouvoir, au lieu d'aider l'Empereur dans le développement de son énergie, toutes les autorités s'empressaient de rédiger des *déclarations de principes constitutionnels*. Qu'aurait dit Napoléon à l'époque de sa puissance et de sa splendeur, si les ministres, dans une adresse, avaient exposé publiquement la théorie de leur

---

[1] Cette proclamation fut très adoucie par M. de Chabrol, esprit essentiellement modéré dans sa longue administration.

[2] M. Pasquier écrivit une seule fois à l'Empereur dans les *Cent Jours* : c'était pour se plaindre de son exil. M. Molé fit une démarche active pour le faire cesser; il réussit.

système? Il les aurait brisés de son regard : il n'y avait pas alors d'autre système que le sien ; à lui la tête, aux autres le bras. Depuis, tout était bien changé! Il y eut une adresse des ministres que Cambacérès vint porter à l'Empereur; dans cette pièce, toute empreinte de l'idéologie de 1789, on disait : « que Napoléon était appelé à constituer les idées libérales; une juste Révolution avait renversé du trône les Bourbons; les affections qu'on leur portait étaient éteintes, la lutte d'un petit nombre contre tous était impuissante, la cause du peuple avait triomphé, les citoyens sont égaux devant la loi; l'Empereur devait tout oublier, même qu'il fut le maître des nations. Point de guerre au dehors, point de réactions au dedans, point d'actes arbitraires; sûreté des personnes, des propriétés; libre circulation de la pensée, » tels étaient les principes que les ministres exposaient à Napoléon. Curieuse adresse, qui témoigne les changements qui s'étaient opérés dans l'opinion, même autour du trône ; l'Empereur devenu le prince des idées libérales, le protecteur de la libre pensée, lui l'ennemi des assemblées, le vigoureux champion de la dictature! et c'est Cambacérès qui parlait ainsi, le vieux conventionnel devenu archi-chancelier de l'Empire, et qui, par un changement subit, évoquait toutes les pensées de la Constituante autour de l'homme extraordinaire qui menait tout par sa pensée! Napoléon répondit quelques phrases courtes et sévères qui se résumaient dans ceci : « tout à la nation, tout pour la France[1]. »

Le conseil d'État, naguère hautement administratif, se

---

[1] *Réponse de l'Empereur à l'adresse des ministres*

« Les sentiments que vous m'exprimez sont les miens. *Tout à la nation et tout pour la France*, voilà ma devise.

« Moi et ma famille, que ce grand peuple a élevés sur le trône des Français, et qu'il y a maintenus malgré les vicissitudes et les tempêtes politiques, nous ne voulons, nous ne devons et nous ne pouvons jamais réclamer d'autres titres. »

chargea de rédiger une sorte de dissertation politique sur les principes du nouveau gouvernement. Développant les maximes des assemblées nationales, il établit les théories du pouvoir impérial tel que les Cent Jours l'avaient modifié : « la souveraineté était dans le peuple, seule source légitime du pouvoir ; en 1789, la nation avait reconquis ses droits ; l'assemblée nationale établit une monarchie constitutionnelle ; la résistance des Bourbons les avait fait proscrire. Bonaparte se trouvait porté au pouvoir par trois actes solennels; pendant vingt-deux ans, les Bourbons cessèrent de régner en France; ils étaient devenus étrangers à nos mœurs, à notre gloire ; l'ennemi avait envahi la France, la minorité des sénateurs renversa le trône impérial, l'abdication de Bonaparte n'eut pour objet que d'éviter la guerre civile et l'effusion du sang français ; cette abdication n'avait pu briser les liens solennels entre le peuple et l'Empereur ; en revenant en France, il reprenait ses droits, il consacrait tous les principes libéraux, la liberté individuelle et de la presse, les cultes, la responsabilité des ministres, une assemblée représentative ; le vœu du peuple français lui imposait le devoir de reprendre la couronne[1]. »

Cette adresse du conseil d'État, œuvre de M. Defermont, n'était-elle pas, comme la déclaration des ministres, en opposition profonde avec le caractère et l'éducation politique de l'Empereur ? Dans sa pensée, tous ces principes étaient faux ; au temps de sa puissance,

---

[1] *Réponse de l'Empereur à l'adresse du conseil d'État.*

« Les princes sont les premiers citoyens de l'État. Leur autorité est plus ou moins étendue, selon l'intérêt des nations qu'ils gouvernent. La souveraineté elle-même n'est héréditaire que parce que l'intérêt des peuples l'exige. Hors de ces principes, je ne connais pas de légitimité!

« J'ai renoncé aux idées du grand Empire, dont depuis quinze ans je n'avais encore que posé les bases ; désormais le bonheur et la consolidation de l'Empire français seront l'objet de toutes mes pensées. »

LA DÉCLARATION DU CONSEIL D'ÉTAT (26 MARS 1815). 267

Napoléon avait fait bon marché de la souveraineté du peuple, en la confisquant à son profit; dans sa pensée rien ne se ferait de haut que par la dictature; il avait haine des bavards et des assemblées publiques; qu'y avait-il de commun entre lui et la presse? Les journaux libres lui paraissaient un dissolvant pour toute société; il n'avait pas foi en un pays ainsi gouverné; il subissait une nécessité de position par une grande hypocrisie passagère comme la nécessité; les Bourbons nous avaient habitués aux mollesses du gouvernement représentatif, à la tribune et à tous les parlages d'avocats.

C'était tuer la force politique de Napoléon que de lui faire subir de telles formes gouvernementales; ainsi était le temps; le vent poussait aux idées libérales; on laissait à l'Empereur quelques fantaisies de palais et de cour; il pouvait reprendre ses chambellans, son cérémonial, reconstituer sa maison et même celle de l'impératrice Marie-Louise; mais les patriotes comptaient le dominer, le pousser même violemment à leurs idées; les ministres, le conseil d'État voulaient l'enlacer sous les principes, et le forcer dans ses habitudes et son caractère. La déclaration du conseil n'avait que ce but; elle ne fut pas d'un bon effet: trois conseillers d'État, MM. Molé, d'Hauterive et Chauvelin, refusèrent de la signer, moins par dévouement aux Bourbons que par haine des principes anarchiques qu'elle exprimait. M. Molé eut à expliquer le soir même, auprès de l'Empereur, les motifs de son refus, et il déclara: « que, dévoué tout entier aux principes d'ordre et de monarchie, il ne voulait pas donner son adhésion à des idées désorganisatrices. » L'Empereur poussa quelques soupirs, et lui dit: « Hélas! vous avez bien raison; mais ils le veulent ainsi, ils m'entraînent, je ne suis plus maître. »

A peine Fouché est-il installé au ministère, que par la tendance de son esprit il veut absorber le pouvoir; il laisse à Carnot la stérile organisation des gardes nationales et le maniement absolu des idées philantropiques; quant à lui, il veut se donner la presse, l'esprit public, la direction politique du gouvernement, en un mot, les éléments d'action et de force [1]. Un décret abolit la censure, en même temps il rattache la direction générale de la librairie au ministère de la police; par ce moyen, Fouché se réservait la surveillance de tous les journaux; la presse lui paraissait un immense moyen d'action sur le pays; c'était par elle qu'il dominerait les opinions, et il en savait toute la puissance. Les journaux, libres de droit, furent, par le fait, sous la direction de ses bureaux. Il organisa dans l'Empire sept grandes lieutenances de police; tous les commissariats généraux étant supprimés, les lieutenants furent dévoués aux idées de Fouché; ils centralisaient l'action du gouvernement; ils purent et durent savoir l'état des opinions et des partis; ils ne correspondaient qu'avec le ministère, maître par ce moyen d'une bonne statistique morale du pays. Enfin, si dans l'ordre de la hiérarchie les préfets dépendaient du ministère de l'intérieur, Fouché se garda bien d'en laisser la direction absolue à Carnot; et pour centraliser le gouvernement, il leur adressa une circulaire dans laquelle, selon l'usage,

---

[1] MINISTÈRE DE LA POLICE GÉNÉRALE. *Circulaire aux préfets*, du 31 mars 1815.

« Monsieur le Préfet, il m'a paru nécessaire de déterminer le but et la nature des relations qui vont s'établir entre vous et moi.

« Les principes de la police ont été subvertis; ceux de la morale et de la justice n'ont pas toujours résisté à l'influence des passions; tous les actes d'un gouvernement né de la trahison ont dû porter l'empreinte de cette origine. Ce n'était pas seulement par des mesures publiques qu'il pouvait flétrir les souvenirs les plus chers à la nation, préparer des vengeances, exciter des haines, briser les résistances de l'opinion, établir la domination des priviléges, et anéantir la puissance tutélaire des lois Ce gouvernement, pour accomplir ses intentions, a mis en feu les ressorts secrets d'une tyrannie subalterne, de toutes les tyrannies la plus insupportable. On l'a vu

il détaillait les principes sur lesquels devait reposer la police; Fouché, comme tous les révolutionnaires, parlait sans cesse de morale et de principes, de patriotisme et d'honneur; il se résumait enfin en demandant le concours des préfets pour connaître tous les faits d'une certaine portée dans chaque département. L'important pour lui était de bien savoir la France, d'en juger et d'en balancer les opinions, afin de dresser une grande carte politique qui pourrait le mettre à même d'agir avec efficacité dans toute crise imminente et il croyait que cette circonstance se produirait bientôt.

Ainsi, Napoléon aux Tuileries était déjà enlacé par mille liens; il n'avait plus ses hommes sous sa main; ses fidèles étaient incertains, exigeants; le pouvoir lui échappait. Aux yeux du vieux parti jacobin, Napoléon n'était qu'un dictateur provisoire, qu'un général des forces militaires, dont on se débarrasserait un peu plus tard; le brider était la pensée de Fouché; aussi l'Empereur n'est-il pas à l'aise, il étouffe sous les mains qui le pressent, son génie n'a plus ses vastes ailes pour s'élancer dans l'immensité; tous les cœurs sont desséchés; les intrigues se croisent, se neutralisent. La patrie n'est qu'un but secondaire pour les hommes politiques; elle est tout au contraire pour le soldat; c'est lui qui a préparé le retour de l'Empereur, c'est le sous-lieutenant

s'entourer de délateurs, étendre ses recherches sur le passé, pousser ses mystérieuses inquiétudes au sein des familles, effrayer par des persécutions clandestines, semer les inquiétudes sur toutes les existences, détruire enfin, par ses instructions confidentielles, l'appareil imposteur de ses promesses et de ses déclamations.

« De pareils moyens blessaient les lois et les mœurs de la France; ils sont incompatibles avec un gouvernement dont les intérêts se confondent avec ceux des citoyens.

« Chargée de maintenir l'ordre public, de veiller à la sûreté de l'Etat et à celle des individus, la police, avec des formes différentes, ne peut avoir d'autre règle que celle de la justice; elle en est le flambeau, mais elle n'en est pas le glaive. L'une prévient ou réprime les délits que l'autre ne peut punir ou ne peut atteindre; toutes deux sont instituées pour assurer l'exécution des lois et non pour les enfreindre; pour ga-

qui a fait la révolution du 20 mars. Aussi avec quelle joie Napoléon se retrouve-t-il au milieu des vieux compagnons de ses victoires! il aime les grandes revues du Carrousel, il s'y complaît, il est là dans son centre. Les grenadiers qui l'ont accompagné de l'île d'Elbe jusqu'à Fontainebleau, viennent d'arriver; leurs pieds sont couverts de nobles meurtrissures; ils portent leurs souliers en lambeaux, leurs vêtements sont déchirés; sur leurs traits basanés on voit la trace des fatigues; la sueur a ruisselé sur leurs fronts, ils ont fait le trajet du golfe Juan à Paris en vingt jours, cela tient du prodige; Napoléon reconnaissant les a tous décorés; ils portent fièrement la croix sur la poitrine, leurs yeux suivent l'Empereur, leur père à tous. Les régiments refluent de tous côtés; l'armée qui naguère suivait le duc de Berry a demandé l'honneur de passer la revue de Napoléon; il traverse ses rangs à cheval; il salue toutes les aigles, il se souvient de chaque numéro de régiment; il semble interroger les yeux des vieux soldats. Si son corps est appesanti, fatigué, vieilli, sa tête est belle comme une médaille antique, elle révèle de grandes et mélancoliques destinées. Après avoir parcouru tous les rangs il met pied à terre, fait former les bataillons en carrés, et d'une voix forte et accentuée, César dit à ses prétoriens : « Soldats ! je suis venu avec six cents hommes en France, parce que

---

rantir la liberté des citoyens et non pour y porter atteinte ; pour assurer la sécurité des hommes honnêtes et non pour empoisonner la source des jouissances sociales.

« Ainsi, Monsieur, votre surveillance ne doit pas s'étendre au-delà de ce qu'exige la sûreté publique ou particulière, ni s'embarrasser dans les détails minutieux d'une curiosité sans objet utile, ni gêner le libre exercice des facultés humaines et des droits civils par un système violent de précautions que les lois n'autorisent pas, ni se laisser entraîner par des présomptions vagues et des conjectures hasardées, à la poursuite de chimères qui s'évanouissent au milieu de l'effroi qu'elles occasionnent. Votre correspondance, réglée sur les mêmes principes, doit sortir de la routine de ces rapports périodiques, de ces aperçus superficiels et purement moraux, qui, loin

NAPOLÉON ET LES SOLDATS (MARS 1815).   271

je comptais sur l'amour du peuple et sur les souvenirs des vieux soldats. Je n'ai pas été trompé dans mon attente. Soldats! je vous en remercie. La gloire de ce que nous venons de faire est toute au peuple et à vous : la mienne se réduit à vous avoir connus et appréciés. Soldats! le trône impérial peut seul garantir les droits du peuple, et surtout le premier de nos intérêts, celui de notre gloire. Soldats! nous allons marcher pour chasser de notre territoire ces princes auxiliaires de l'étranger. La nation non seulement nous secondera de ses vœux, mais elle suivra notre impulsion. Le peuple français et moi, nous comptons sur vous ; nous ne voulons pas nous mêler des affaires des nations étrangères; mais malheur à qui se mêlerait des nôtres ! » Des acclamations bruyantes qui tenaient du délire se firent entendre. Un long frémissement courut à travers ces baïonnettes étincelantes.

Napoléon ménageait à l'armée une autre grande scène militaire. Au moment où il achevait ces paroles, il fait avancer sur la place du Carrousel le général Cambronne, à la tête du bataillon sacré qui avait accompagné l'Empereur à l'île d'Elbe; il portait les anciennes aigles de la garde, les étendards qui pendaient en lambeaux. Un roulement de tambours se fait entendre, l'Empereur veut parler de nouveau, il fait signe, et d'une voix émue il dit : « Voilà les officiers du bataillon qui m'a accompa-

d'instruire et d'éclairer l'autorité, répandent autour d'elle les erreurs, les préventions, une sécurité fausse ou de fausses alarmes.

« Je ne demande et ne veux connaître que des faits, des faits recueillis avec soin, présentés avec exactitude et simplicité, développés avec tous les détails qui peuvent en faire sentir les conséquences, en indiquer les rapports, en faciliter le rapprochement.

« Vous remarquerez toutefois que, resserrée dans d'étroites limites, votre surveillance ne peut juger l'importance des faits qu'elle observe. Tel événement, peu remarquable en apparence dans la sphère d'un département, peut avoir un grand intérêt dans l'ordre général par ses liaisons avec des analogues que vous n'avez pu connaître. C'est pourquoi je ne dois rien ignorer de ce qui se passe d'extraordinaire, ou selon le cours habituel des choses.

gné dans mon malheur; ils sont tous mes amis, ils étaient chers à mon cœur! Toutes les fois que je les voyais, ils me représentaient les différents régiments de l'armée; car, dans ces six cents braves, il y a des hommes de tous les régiments. Tous me rappelaient ces grandes journées dont le souvenir est si cher, car tous sont couverts d'honorables cicatrices reçues à ces batailles mémorables. En les aimant, c'est vous tous, soldats de toute l'armée française, que j'aimais. Ils vous rapportent ces aigles, qu'elles vous servent de ralliement. En les donnant à la garde, je les donne à toute l'armée. La trahison et des circonstances malheureuses les avaient couvertes d'un voile funèbre; mais grâce au peuple français et à vous, elles reparaissent resplendissantes de toute leur gloire. Jurez qu'elles se trouveront toujours partout où l'intérêt de la patrie les appellera! Que les traîtres et ceux qui voudraient envahir notre territoire n'en puissent jamais soutenir les regards!» Alors ce furent encore des cris d'amour, des expressions difficiles à décrire. « Nous le jurons! nous le jurons! » et ces nobles et dignes phalanges auraient suivi l'Empereur jusqu'aux limites du monde.

L'histoire doit le dire, cet Empereur n'était plus le même; ce n'était plus le général libre, fier et spontané, qui ne prenait conseil que de ses propres inspirations pour diriger la France et le monde. Le malheur avait

---

« Telle est, Monsieur, la tâche simple et facile qui vous est imposée.

« La France, réintégrée dans la jouissance de ses droits politiques, replacée dans toute sa gloire, sous la protection de son Empereur, la France n'a plus de vœux à former et plus d'ennemis à craindre. Le gouvernement trouve dans la réunion de tous les intérêts, dans l'assentiment de toutes les classes, une force réelle à laquelle les ressources artificielles de l'autorité ne peuvent rien ajouter. Il faut abandonner les errements de cette police d'attaque qui, sans cesse agitée par le soupçon, sans cesse inquiète et turbulente, menace sans garantir, et tourmente sans protéger. Il faut se renfermer dans les limites d'une police libérale et positive, de cette police d'observation qui, calme dans sa marche, mesurée dans ses recherches, ac-

FAUSSE POSITION DE L'EMPEREUR (MARS 1815). 275

passé comme un ouragan, dans cette âme puissante; il était sous le coup d'une surveillance inquiète, attentive des partis; on lui avait interdit la dictature, la conquête, tout ce qui pouvait produire de grandes choses. L'Empereur des batailles était obligé de parler sans cesse de la paix, et de s'exprimer sur ses temps glorieux comme sur une époque de jeunesse et de folie. D'après le témoignage d'un de ses secrétaires, on l'entendait fredonner des couplets à la mode sous le Consulat : « S'il est un temps pour la folie, il en est un pour la raison. [1] » Était-ce là le Bonaparte du 18 brumaire, le Napoléon d'Austerlitz? A chaque homme sa sphère, à chaque imagination sa destinée; si vous coupez les serres à l'aigle, que lui restera-t-il? l'épervier pourra attaquer et dépecer impunément l'oiseau alourdi, qui n'aura même plus la fierté de son regard. En tout, Bonaparte est embarrassé; quand les corps politiques viennent à lui, il leur débite des maximes libérales, qui sont en dehors de sa vie : « il a renoncé au grand Empire, la souveraineté est dans le peuple, il n'est que le premier soutien de l'État; les rois n'existent que pour les nations; le trône impérial n'est établi que pour consolider les intérêts de la Révolution; le peuple français est le seul souverain. » Est-ce là le langage naturel de Bonaparte? Qu'y a-t-il de commun entre sa belle et fière nature et ces non-sens?

---

tive dans ses poursuites, partout présente et toujours protectrice, veille pour le bonheur du peuple, pour les travaux de l'industrie pour le repos de tous.

« Ne cherchez dans le passé que ce qui est honorable et glorieux à la nation, ce qui peut rapprocher les hommes, affaiblir les préventions, et réunir tous les Français dans les mêmes idées et les mêmes sentiments

« J'aime à croire, Monsieur, que je serai puissamment secondé de vos lumières, de votre zèle, de votre patriotisme, et de votre dévouement à l'Empereur.

« Agréez, Monsieur le Préfet, l'assurance de ma considération distinguée.

« Le ministre de la police générale. »
Signé, le duc d'Otrante.

[1] M. Fleury de Chaboulon.

Que devait faire une âme si superbe pour consolider l'œuvre du 20 mars? Au lieu de se perdre en vaines paroles, au lieu de s'abîmer dans des dissertations sur le droit des pouvoirs et la liberté politique, il fallait vivement et fortement saisir la dictature; maître du soldat, Bonaparte devait se dire le représentant armé du peuple, et en vertu de ce grand pouvoir, il devait se précipiter aux frontières et proclamer le principe en vertu duquel il ressaisissait l'autorité; pour lui, il n'y avait que cela de possible, c'était le seul moyen de sauver sa fabuleuse entreprise. La dictature est le remède des crises; plus les circonstances sont graves, plus il faut d'énergie pour s'en préserver. L'Empereur fit donc une lourde faute; ce n'était pas les principes de 1789 qu'il devait invoquer, ceux-ci préparent l'anarchie et les gouvernements faibles à la façon de M. de Lafayette; la force qu'il devait invoquer, c'était la démocratie. Il y avait là-dedans le principe d'une dictature toute trouvée, car les jacobins furent les grands dictateurs de l'époque révolutionnaire.

CHAPITRE XII.

RÉSISTANCE DES PROVINCES ROYALISTES AU POUVOIR DE BONAPARTE.

Paris et les provinces. — La centralisation. — Tentatives pour la secouer. — Provinces dévouées aux Bourbons. — Le Midi. — Le Languedoc. — La Provence. — La Guyenne. — La Vendée. — La duchesse d'Angoulême à Bordeaux. — Projet d'un grand gouvernement dans le Midi. — M. de Vitrolles. — La garnison de Bordeaux. — Le général Clauzel. — Attitude de Madame à Bordeaux. — Défection de la garnison. — Établissement du gouvernement provincial. — Marseille et la Provence jusqu'à Avignon. — Soulèvement contre Bonaparte. — Organisation des volontaires royalistes. — Armée d'observation des Hautes et Basses-Alpes. — Marche du duc d'Angoulême sur Valence. — Hésitation et crainte du parti bonapartiste. — Première défection des troupes. — Arrivée du général Grouchy. — Capitulation de Pont-Saint-Esprit. — Elle n'est pas ratifiée. — Ordre de l'Empereur. — Pacification du Midi. — M. le duc de Bourbon en Vendée. — Soumission de Marseille. — Le drapeau tricolore universellement arboré.

10 Mars au 10 Avril 1815.

La marche de Napoléon sur Paris fut si rapide, qu'elle jeta l'étonnement et l'effroi au milieu des provinces émues ou soulevées pour la cause royaliste. A toutes les époques, la supériorité de Paris avait excité de vives jalousies; sous la vieille monarchie, chaque province avait sa capitale, riche de ses institutions, de son commerce, de ses souvenirs, de son histoire ; admirable système, qui faisait que chacune d'elles avait sa métropole, sa langue, son parlement : Toulouse, Aix, Bordeaux, Bourges, Lyon, Lille, pouvaient rivaliser avec Paris, qui ne devait son luxe et son éclat qu'à la résidence des rois à Versailles. La Révolution avait bouleversé tous ces rapports ; la centralisation avait frappé l'esprit provincial. A plusieurs reprises, on avait vu des protestations de la France contre la tyrannie de Paris, et le soulèvement départemental de la Gironde ne fut, à vrai dire, qu'une dernière protestation contre ce grand tout absorbant, source de vie et de mort. Si la Retsauration, en 1814, avait eu la force et la volonté de favoriser l'esprit provincial, si elle avait recréé l'influence des vieilles capitales des provinces, qui sait? peut-être elle se fût sauvée au moyen de la reconstitution de cette société par ses bases. Elle aima mieux se jeter aux bras de la Révolution, et le géant l'étouffa.

A la nouvelle du retour de Bonaparte, l'esprit de la province se réveilla tout entier ; et l'on vit dans quelques localités un soulèvement de peuple tel qu'on eût pu le comparer aux époques les plus énergiques de la guerre civile. La Guyenne, le Languedoc, la Provence, prirent spontanément les armes, et s'organisèrent avec un certain ordre et une grande énergie, pour marcher sous le drapeau blanc [1]. Appelés par l'aniversaire du 12 mars, le duc et la duchesse d'Angoulême s'étaient rendus à Bordeaux, la ville qui la première avait pris la couleur blanche et proclamé la Restauration ; là, ils appri-

---

[1] Le général Jarry, chef d'état-major du maréchal Masséna en 1814, très dévoué à la révolution française, m'a dit qu'il n'avait rien vu de semblable à l'enthousiasme royaliste de 1815 dans tous les départements du Midi.

rent le débarquement de Bonaparte ; le duc d'Angoulême reçut les ordres du roi pour prendre le commandement supérieur du Midi. Le prince se rendit immédiatement en Provence, tandis que la duchesse restait à Bordeaux pour organiser le mouvement politique et militaire qui devait résister à Napoléon. Le caractère de la princesse, si ferme, si énergique, correspondait à l'esprit, aux passions même de ces beaux pays au soleil brûlant. La cause des Bourbons pouvait disposer là d'une population jeune et brave, organisée en volontaires, et qui offrirait son bras et sa vie à la duchesse d'Angoulême. A Bordeaux, on comptait des hommes de dévouement qui, à la tête de professions libérales et paisibles, proposaient néanmoins d'organiser une ligue dans le Midi, comme au temps de la Gironde : tels étaient MM. de Peyronnet, de Martignac, Ravez, tous appartenant à la courageuse école de M. Lainé [1], sorte de patriotisme royaliste ; la Gironde avait encore ses nobles enfants, et lorsqu'il s'agit d'un mouvement provincial, elle ne manqua pas à cet appel historique.

La duchesse d'Angoulême peut exalter toutes les âmes avec quelques paroles ; des corps de volontaires royalistes furent spontanément organisés, Bordeaux et son département donnèrent seuls près de 15,000 hom-

---

[1] A Bordeaux, M. Lainé avait publié l'acte courageux qu'on va lire :
Protestation de M. Lainé, président de la Chambre des Députés.
« Au nom de la nation française, et comme président de la Chambre des représentants, je déclare protester contre tous décrets par lesquels l'oppresseur de la France prétend prononcer la dissolution des Chambres. En conséquence, je déclare que tous les propriétaires sont dispensés de payer des contributions aux agents de Napoléon Bonaparte, et que toutes les familles doivent se garder de fournir, par voie de conscription ou de recrutement quelconque, des hommes pour sa force armée. Puisqu'on attente d'une manière aussi outrageante aux droits et à la liberté des Français, il est de leur devoir de maintenir individuellement leurs droits; depuis longtemps dégagés de leur serment envers Napoléon Bonaparte, et liés par leurs vœux

mes de gardes nationales. Dans cet enthousiasme des esprits, et pour opérer avec efficacité, il fallait le concours des troupes de ligne; plusieurs régiments étaient à Bordeaux, ils formaient la garnison de Blaye et de Château-Trompette, la vieille forteresse détruite; dès son arrivée, la duchesse d'Angoulême, les passant en revue, avait paru fort contente de leur esprit et du dévouement des officiers; elle s'en félicitait comme d'une conquête pour sa royale cause. L'aspect des gardes nationales, les opinions ardentes des volontaires, avaient empêché les opinions bonapartistes de se faire entendre. Hélas! cette disposition dura peu. A l'aide des troupes de ligne, le plan de Madame était de se porter en masse, par la Guyenne, sur la Vendée, de tendre la main au duc d'Angoulême par Toulouse et le Pont-Saint-Esprit; les idées de l'ancien camp de Jalés étaient revenues dans les esprits; le plan de la Gironde était retrouvé.

M. le duc d'Angoulême s'était rapidement porté vers le Midi; Marseille l'avait accueilli avec enthousiasme; partout où passait le prince, les protestations les plus éclatantes s'étaient manifestées; en moins de dix jours, 12,000 gardes nationaux furent levés dans les seuls départements des Bouches-du-Rhône et du Var; les conseils généraux se déclarèrent en permanence, des sup-

et leurs serments à la patrie et au roi, ils se couvriraient d'opprobre aux yeux des nations et de la postérité s'ils n'usaient pas des moyens qui sont au pouvoir de chaque individu. L'histoire, en conservant une reconnaissance éternelle pour les hommes qui, dans tous les pays libres, ont refusé tout secours à la tyrannie, couvre de son mépris les citoyens qui oublient assez leur dignité d'hommes pour se soumettre à ses misérables agents; c'est dans la persuasion que les Français sont assez convaincus de leurs droits pour m'imposer le devoir sacré de les défendre que je fais publier la présente protestation, qui, au nom des honorables collègues que je préside, et de la France qu'ils représentent, sera déposée dans les archives, à l'abri des atteintes du tyran, pour y avoir recours au besoin. »

Bordeaux, ce 28 mars 1815.

Signé, Lainé.

pléments d'impôts furent votés ; on arma avec dévouement ; il ne s'agissait plus que de mettre de l'ordre et de la discipline dans ces masses. M. le duc d'Angoulême avait visité Toulon, il y trouva le maréchal Masséna, très disposé à le seconder ; les troupes de ligne paraissaient bonnes ; le duc d'Angoulême, qui s'était fait accompagner de MM. de Rivière et d'Escars, adopta le projet qui lui fut présenté d'une fusion de généraux mécontents avec les officiers royalistes. C'est ainsi que l'on vit paraître sous le même drapeau, le comte d'Escars, émigré, et le général Monnier, vieux républicain retiré dans une terre auprès d'Avignon [1] ; les généraux Ernouf, Loverdo et Gardanne durent prendre des commandements sous les ordres du duc d'Angoulême ; on adopta le système de mêler également la troupe de ligne aux gardes nationales et aux volontaires royalistes, afin de maintenir les uns par les autres dans une mutuelle obligation de dévouement et de discipline.

Le plan d'opérations arrêté entre le prince et les généraux fut simple et parfaitement combiné ; l'armée, composée environ de 12 à 14,000 hommes, devait former deux grandes divisions, qui, partant du point central d'Aix, marcheraient sur des lignes parallèles, l'une d'Avignon sur Valence, l'autre par les montagnes de Gap sur Grenoble ; Lyon était le but que l'on se proposait d'atteindre, tandis que les volontaires bordelais et de la Guyenne opéreraient également vers ce centre ; rien n'était plus facile que de se mettre en communication, par le Bourbonnais royaliste, avec la Vendée et la Bretagne, et ainsi la guerre provinciale éclatait avec une grande unanimité. Dans cette combinaison, Tou-

---

[1] Il fut nommé pair de France, par Louis XVIII, en 1815.

louse devenait le siège du gouvernement royaliste pour le midi de la France. Au moment où les Bourbons allaient quitter Paris, M. de Vitrolles obtint la mission considérable d'établir cette espèce de royauté méridionale pour les Bourbons. J'ai déjà dit l'incontestable habileté de M. de Vitrolles; il reçut de la main de Louis XVIII des pleins pouvoirs soit pour organiser la résistance, soit pour se mettre en communication avec le duc et la duchesse d'Angoulême. M. de Vitrolles était parti en toute hâte [1], et à travers mille difficultés, il parvenait à Toulouse. Son plan était largement combiné : en même temps que les opérations militaires se lieraient à la Vendée et à la Bretagne, on aurait pu convoquer à Toulouse les Chambres des pairs et des députés, opposer la province à Paris, et détruire ainsi l'œuvre de la Révolution, en reconstituant ces grands centres provinciaux qui faisaient autrefois la force et la puissance de la France.

Dans ce plan, comme dans celui de la duchesse d'Angoulême à Bordeaux, il fallait pouvoir compter sur l'appui et le concours des régiments de ligne; jamais, en aucun cas, la garde nationale et les volontaires royalistes n'auraient été assez forts, assez disciplinés, assez habitués à la guerre, pour résister aux vieilles troupes de l'Empire qui avaient vu cent batailles et conquis les capitales de l'Europe; et, en supposant même le courage, l'égalité dans les habitudes militaires, rien n'entraîne à une désorganisation plus fatale dans les armées que les défections subites qui arrivent et qui font de larges trouées dans les cadres. Le duc d'Angoulême avait passé en revue

---

[1] Louis XVIII avait remis à M. de Vitrolles un petit billet pour la duchesse d'Angoulême, et des pleins pouvoirs de commissaire extraordinaire.

les régiments, proposé des récompenses; les serments étaient répétés dans les rangs de la ligne; on agitait les épées. En ces temps de mobilité que pouvait être un serment ? Les choses marchaient trop vite, et bientôt le triste signal de la défection allait être donné. Le même esprit régnait partout dans la troupe, le drapeau blanc leur pesait sur le front; des émissaires répandus dans les casernes rappelaient aux soldats l'histoire de leurs campagnes et de leur Empereur bien-aimé; résisteraient-ils longtemps au désir de rejoindre les aigles, et les royalistes pouvaient-ils compter sur des hommes qui avaient en face le symbole de leur grandeur? Tous devaient abandonner le duc d'Angoulême, même le maréchal Masséna, qui avait répété ses serments aux Bourbons avec une expression de franchise provençale.

L'Empereur arrivait à Paris, lorsqu'il apprit le mouvement royaliste des provinces méridionales; comme il en connaissait la portée, il résolut immédiatement de le prévenir; indépendamment des embarras que lui aurait donnés une guerre civile en face d'une guerre étrangère, il mettait une grande importance à prouver à l'Europe que le mouvement qui l'avait porté à Paris était unanime. Il craignait qu'une résistance armée des royalistes ne fît croire que la France n'était pas pour lui; et pour éviter cette mauvaise appréciation des choses, il choisit parmi ses généraux quelques hommes de modération et d'habileté, capables de mettre un terme à cette résistance populaire. Le général Grouchy reçut mission de comprimer le Midi; le général Clauzel dut se rendre, par les provinces du centre, jusqu'à Bordeaux; enfin, le général Travot et avec lui le général Lamarque reçurent une mission dans la Vendée. Ces choix signalaient la nouvelle tendance militaire de l'Empereur; les généraux

Grouchy et Clauzel étaient désignés dans sa pensée pour le bâton de maréchal de France, récompense qu'il préparait pour l'armée; il voulait employer de nouveaux éléments pour refaire l'esprit du soldat. Le général (alors comte) de Grouchy était issu d'une bonne noblesse; mais lui, très avancé dans la Révolution, avait servi le Directoire, ses passions et ses préjugés, dans le Piémont surtout; la famille de Sardaigne avait eu fortement à se plaindre des procédés d'un officier général qui sacrifiait trop aux exigences et même aux puérilités révolutionnaires de l'envoyé de la République, M. Ginguené. A la restauration de 1814, M. de Grouchy avait témoigné un zèle fort ardent pour les Bourbons auprès de M. le duc de Berry; puis il abandonna leur cause. L'Empereur, en l'envoyant contre le duc d'Angoulême, savait bien qu'il pouvait compter sur lui; ce n'était pas un général à idées étendues, d'une capacité hors de ligne; il était lent dans ses marches militaires, indécis dans ses conceptions, mais il resterait fidèle aux aigles; ce n'était pas la première fois qu'il avait eu à traiter avec les dynasties malheureuses. Le souvenir de Turin était une garantie pour l'Empereur que le général Grouchy saurait inflexiblement remplir ses devoirs même contre les princes de vieille race.

Le général Clauzel, qu'on opposait à madame la duchesse d'Angoulême, avait plus de tact, de finesse; jeune, plein d'ardeur, il voulait grandir sa carrière; il y avait chez lui du général et du négociateur; il appartenait à cette armée qui avait servi en Portugal sous Masséna. Les Cent Jours mettaient en relief ces généraux demi-républicains, longtemps en disgrâce lorsque l'Empereur victorieux était le maître du monde. Lamarque et Travot appartenaient aux mêmes idées républicaines. Lamarque, esprit fin, dissertateur, nourri des études romaines, était habile à manier la parole; mais il n'avait déployé jusqu'ici qu'une capacité secondaire en stratégie. Travot était un de ces hommes antiques qui avaient pris la république comme idole de leur vie, ainsi qu'on en voyait beaucoup dans l'armée de Moreau. Tous les généraux désignés par l'Empereur reçurent des pleins pouvoirs pour préparer la pacification entière, complète, de l'Empire, revenu aux mains de Napoléon. Leurs instructions se résumaient en peu de mots : « Obtenir à tout prix la fin de la guerre civile. » On était sûr de la troupe de ligne, de la plupart des autorités administratives, de la gendarmerie, de tout ce qui tenait plus ou moins directement à ses souvenirs. La force des armées royales dans le Midi devait résulter surtout du mélange de la troupe de ligne avec les volontaires de la garde nationale; mais la conspiration militaire était si complète parmi les soldats, les ordres donnés par les généraux de l'Empereur si ponctuellement exécutés, que tous les régiments cantonnés dans les provinces insurgées accouraient sous les aigles par un instinct irrésistible; rien ne pouvait les retenir, un mot prononcé au nom de l'Empereur suffisait pour opérer cette merveilleuse attraction [1]. Le gouvernement de Louis XVIII n'avait changé aucun des éléments administratifs de l'Empire, et c'était pour les fonctionnaires comme un retour naturel vers leurs principes. Le général Clauzel, le premier, traversa les départements du centre, pour se rendre sur la Gironde; il n'avait point d'armée à son départ, et partout où il passait, les régiments, proclamant Napoléon, arbo-

---

[1] Voyez les rapports officiels de tous ces généraux chargés de missions : ils durent rendre compte à l'Empereur de résultats habilement obtenus.

raient la cocarde tricolore; de sorte que par le fait, après avoir traversé la Loire, le général se trouvait à la tête de forces considérables, il en disposait en maître, même de la gendarmerie qui l'accompagnait spontanément; quand il vint à Blaye, un seul mot suffit pour que la garnison prît la cocarde tricolore et se rangeât autour de lui. Deux jours après, il était à Saint-André de Cubzac sur la Gironde, intimant l'ordre à Bordeaux de capituler sur-le-champ et d'ouvrir ses portes au délégué de l'Empereur, au préfet désigné par lui, le girondin baron Fauchet.

La ville du 12 mars, pleine d'un vif enthousiasme pour la cause royale, saluait la présence de la duchesse d'Angoulême; la fière princesse avait électrisé toutes les âmes, des volontaires s'étaient levés spontanément; Madame déployait une activité, une énergie remarquables; la garde nationale avait fraternisé avec la troupe de ligne dans des banquets où le vin des clos les plus fameux avait coulé; des toasts étaient portés à la cause royale, et la bourgeoisie, le commerce, avaient encouragé la résolution qui paraissait fermement prise de s'unir aux défenseurs des Bourbons. Mais à mesure que le général Clauzel approchait de Bordeaux, la disposition du soldat changeait entièrement; des émissaires s'étaient répandus dans les casernes, les ordres secrets du général étaient parvenus jusqu'aux colonels, et les rendaient responsables des événements; la troupe de ligne ne demandait pas mieux que de se joindre aux aigles, et il fut convenu qu'à un signal donné par le général Clauzel, les soldats du Château-Trompette et des casernes de Bordeaux arboreraient le drapeau tricolore. Ceci se faisait mystérieusement, comme par un pacte convenu, et dans les secrètes communications des

LE GÉNÉRAL CLAUZEL DEVANT BORDEAUX (AVRIL 1815).   285

émissaires ; il suffisait de ces mots : « l'Empereur est à Paris, il vous ordonne de reprendre vos vieilles enseignes et les couleurs nationales. » Les royalistes ne savaient rien de ces communications des régiments et du général Clauzel, et Madame put croire un moment au concours de l'armée pour le soutien de sa cause. L'agitation était extrême dans la ville fidèle, et lorsqu'on apprit l'arrivée du général Clauzel à St-André-de-Cubzac, M. de Martignac fut chargé par les habitants et le conseil municipal de s'aboucher avec le lieutenant de l'Empereur pour juger quelles étaient ses intentions à l'égard de Bordeaux.

Là, fut le commencement de la carrière politique de M. de Martignac, depuis, un des caractères les plus honorables de notre histoire parlementaire [1]. M. de Martignac, joyeux vaudevilliste dans sa vie de jeune homme à Paris, s'était livré plus tard à des études sérieuses à Bordeaux ; il tenait alors un rang distingué parmi les avocats de cette grande cité, qui comptait les Lainé, les Peyronnet, les Ravez ; ardent royaliste, il s'était dévoué aux Bourbons. La modération extrême de son esprit l'avait fait désigner comme négociateur auprès du général Clauzel ; ils furent contents l'un de l'autre ; tous deux s'entendirent parfaitement sur la nécessité d'éviter la guerre civile. Toutefois, M. de Martignac persista à démontrer au général Clauzel que Bordeaux oserait une grande résistance si on la poussait à bout ; car habitants, généraux, troupes de ligne étaient dévoués à la cause royaliste. A ces mots, le général Clauzel sourit malignement, et il fit remarquer à M. de Martignac qu'au premier signal les troupes du Château-Trompette

---

[1] M. de Martignac avait toujours conservé des relations très intimes avec le général Clauzel ; sous la Restauration, il lui rendit des services ; il fit liquider à 6,000 francs la pension de retraite du préfet des Cent Jours le baron Fauchet.

et de la garnison de Bordeaux arboreraient le drapeau tricolore [1]; il en était sûr, il le donnait comme un avertissement. Dès lors, à son retour dans la ville, M. de Martignac pût dire à ses amis, MM. de Marcellus, Ravez, de Peyronnet, que rien n'était moins fidèle que la garnison militaire de Bordeaux. On dut pourtant l'éprouver.

La noble duchesse d'Angoulême ne voulut point se fier à ce premier symptôme de défection, elle désira juger elle-même quel était l'esprit des régiments et agir sur l'honneur des officiers par la parole; elle croyait son devoir engagé à se défendre jusqu'à la fin dans une ville si dévouée; il fallait tout tenter avant une émigration qui coûtait à son âme : « Je veux parler à ces soldats, dit-elle ; ils m'entendront ; ne suis-je pas leur princesse ? » La petite-fille de Marie-Thérèse se rendit donc aux casernes, comme son aïeule devant les magnats de Hongrie. Hélas ! elle ne trouva pas là ce noble cri de *moriamur pro rege!* qui sauva la maison d'Autriche; Madame monte à cheval, suivie d'un cortége d'officiers généraux, de gardes nationaux et de volontaires; la voilà dans la caserne spacieuse de Saint-Raphaël; partout un profond silence; l'œil morne du soldat annonce assez sa résolution de ne point rester fidèle au drapeau blanc. La princesse met pied à terre, et passe deux fois dans les rangs : toujours le même silence ; elle fait former un carré militaire ; les tambours battent un ban, Madame manifeste la volonté de parler, et d'une voix puissante, elle jette fièrement ces mots : « Messieurs, vous n'ignorez pas les événements qui se passent. Un étranger vient de s'emparer du trône de votre roi légitime; Bordeaux est menacé par une poignée

---

[1] Rapport du général Clauzel à l'Empereur, 4 avril 1815.

de révoltés ; la garde nationale est déterminée à défendre la ville. Voilà le moment de montrer qu'on est fidèle à ses serments. Je viens ici vous les rappeler, et juger par moi-même des sentiments de chacun pour son souverain légitime. Je veux qu'on parle avec franchise ; je l'exige. Êtes-vous disposés à seconder la garde nationale dans les efforts qu'elle veut faire pour défendre Bordeaux contre ceux qui viennent l'attaquer ? Répondez franchement [1]. » Pour toute réponse quelques murmures se firent entendre. « Vous ne vous souvenez donc plus des serments que vous avez renouvelés il y a si peu de jours entre mes mains ? S'il existe encore parmi vous quelques hommes qui s'en souviennent, et qui restent fidèles à la cause du roi, qu'ils sortent des rangs et qu'ils l'expriment hautement. » Alors on vit quelques épées en l'air. « Vous êtes en bien petit nombre, reprit MADAME ; mais n'importe, on connaît au moins ceux sur qui on peut compter. » Des protestations d'attachement à sa personne lui furent adressées par quelques soldats. « Nous ne souffrirons pas que l'on vous fasse du mal, nous vous défendrons, » s'écrièrent-ils plusieurs fois. « Il ne s'agit pas de moi, mais du service du roi, répondit MADAME avec véhémence ; voulez-vous le servir ? » « Dans tout ce que nos chefs nous commanderont pour la patrie, nous obéirons ; mais nous ne voulons pas la guerre civile, et jamais nous ne nous battrons contre nos frères. » Tel était le mobile qu'on avait fait agir pour ébranler ceux-là que la fidélité au serment aurait pu retenir sous le drapeau des Bourbons.

Le cœur profondément navré, la duchesse d'Angou

---

[1] La police fit tristement insulter madame la duchesse d'Angoulême ; mais Napoléon s'exprimait toujours sur elle en termes admirables.

lème quitte cette caserne de Saint-Raphaël, où ses efforts impuissants n'ont pas ébranlé un seul bataillon; comme elle a un devoir à remplir, elle ne se rebute pas; elle s'avance vers le Château-Trompette. La voilà sous les sombres voûtes, marchant sans hésiter au milieu de ces soldats qui la contemplent avec étonnement et chagrin. Elle pénètre dans la cour intérieure du Château-Trompette, les soldats ne sont point réunis sous les armes, et l'entourent tumultueusement. MADAME s'adresse à eux avec l'accent d'une vive éloquence, des larmes inondaient son visage. « Eh quoi! leur dit-elle, est-ce bien à ce même régiment d'Angoulême que je parle? Avez-vous pu si promptement oublier les grâces dont vous avez été comblés par le duc d'Angoulême?... Ne le regardez-vous donc plus comme votre chef, lui que vous appeliez *votre prince*? Et moi, dans les mains de qui vous avez renouvelé votre serment de fidélité.... moi que vous nommiez *votre princesse*.... ne me reconnaissez-vous donc plus? O Dieu! ajouta-t-elle, avec l'accent de la plus vive douleur.... après vingt ans de malheurs, il est bien cruel de s'expatrier encore! Je n'ai cessé de faire des vœux pour le bonheur de ma patrie, car je suis Française, moi!..... et vous n'êtes plus Français. Allez, retirez-vous! » Alors se fit entendre une voix soldatesque mêlée d'ironie : « Je ne réponds rien, parce que je sais respecter le malheur. » A ces mots, MADAME, colorée d'indignation, donna le signal du départ; un roulement de tambours se fit entendre (les roulements de tambours étaient funestes aux Bourbons!), et le drapeau tricolore fut arboré.

Défendre Bordeaux paraissait désormais impossible; qu'aurait-on opposé aux régiments de ligne qui se montraient pleins d'impatience de proclamer le gouvernement impérial ? Pouvait-on résister au général Clauzel, disposant en maître de toutes les garnisons de la Guyenne et de la Dordogne? Bordeaux capitula donc par l'intermédiaire de M. de Martignac, appelé toujours à négocier avec les commissaires de l'Empereur. MADAME quitta la ville aux justes acclamations de tout un peuple la saluant sur la Gironde ¹; et le même soir, le préfet de l'Empire, baron Fauchet, prit possession de l'hôtel-de-ville de Bordeaux. Tout se fit désormais au nom de l'Empereur; une tristesse profonde régnait parmi les habitants, ils craignaient la guerre; la ville commerciale avait souvenir de vingt ans de crise maritime. Napoléon, c'était la perte du commerce et des colonies; et le préfet fit en vain des proclamations pour exciter l'enthousiasme des habitants; Bordeaux fut plein de désolation. Pour le contenir, on fit un appel aux hommes de couleurs, aux officiers en demi-solde qu'on enrégimenta; on organisa un système moitié patriote, moitié impérialiste, et les deux malheureux frères Fauchet furent désormais maîtres du gouvernement militaire et municipal de Bordeaux et de La Réole.

Alors finit à Toulouse le gouvernement royal sous M. de Vitrolles, qui avait conçu le plan d'une insurrection de la Gironde. Toulouse était un véritable point central, et l'habileté de M. de Vitrolles avait parfaitement compris que de là il pourrait gouverner un bon

---

[1] « Du port de Pouillac, le 4 avril 1815.
« Madame la duchesse d'Angoulême s'est embarquée dans notre port avant-hier 2 avril, à dix heures du matin, sur la corvette anglaise *le Wandever*, capitaine William Dewers, de vingt-quatre caronades en batterie. Cette corvette a employé toute la journée à se rendre de Pouillac au Verdon, à l'embouchure de la Gironde, où elle a mouillé à cinq heures du soir; à onze heures du matin elle a appareillé et mis en mer. A trois heures dix minutes après midi, la corvette étant à deux lieues de la tour de Cordouan, a pris la route du sud-ouest; ce qui fait présumer qu'elle a mis le cap sur Saint-Sébastien ou le port du Passage, et une seconde corvette anglaise a pris le large avec dix navires marchands anglais, pour retourner dans les ports d'Angleterre. »

tiers de la France. Dès son installation à Toulouse, M. de Vitrolles, avec son activité accoutumée, avait organisé son gouvernement provincial, multiplié les circulaires aux préfets, aux commandants militaires, en même temps qu'il écrivait chaque jour à Madame. D'un premier coup d'œil il avait vu les dangers et les avantages de sa position; il devait rester en communication tout à la fois avec le duc d'Angoulême en Provence et dans le Dauphiné, et avec la duchesse, alors encore à Bordeaux. M. de Vitrolles crut indispensable d'invoquer le pacte de famille [1], et par conséquent le secours de l'Espagne [2]; il écrivit à l'ambassadeur français, le duc Laval-Montmorency, pour qu'il eût à demander un corps espagnol mobilisé sur les Pyrénées; mesure de précaution pour le cas où la troupe de ligne défectionnerait. L'aspect de la garnison de Toulouse inquiétait M. de Vitrolles; l'important était de lui couper toute

---

[1] *Lettre de M. de Laval-Montmorency à M. de Vitrolles.*
Madrid, le 28 mars 1815.

« Je reçois à l'instant, mon cher baron, votre lettre du 23, de Bordeaux, portée par un courrier espagnol. Je vous réponds avec la même précipitation par un courrier que l'ambassadeur d'Angleterre se décide à faire partir dans une heure. Vous pardonnerez au manque absolu de temps la brièveté de cette lettre.

« J'attends de vos nouvelles de Toulouse avec la plus vive impatience.

« J'ai remis hier au roi catholique une lettre de Madame, que j'avais reçue dans la matinée. Ce prince l'a reçue avec des sentiments dignes de sa naissance.

« Les ordres sont déjà expédiés pour faire marcher sur la ligne des Pyrénées 12,000 hommes. Les généraux ne sont pas nommés. On désigne le capitaine-général Castaños pour commander en chef. C'est très vraisemblable.

« Au reste, ces troupes ne passeront point les frontières. Il faut que le roi s'attende à des entraves et à des lenteurs inséparables du caractère espagnol, des circonstances où se trouve ce pays et de l'épuisement total des finances.

« Le courrier du comte Fernand de Núñez apporte des nouvelles excellentes, et qui ont produit ici le meilleur effet.

« Vous pouvez, mon cher baron, assurer le roi et monseigneur le duc d'Angoulême que depuis notre *raccommodement*, que j'ai annoncé par mes dépêches du 18 et du 21, je suis avec M. de Cevallos dans la meilleure et dans la plus étroite intelligence et confiance. Ce ministre est dévoué à la cause pour laquelle nous voulons vivre et mourir.

« De grâce, écrivez-moi, instruisez-moi, et envoyez-moi les ordres du roi.

« Tout à vous, mon cher baron et noble ami. »

Signé, Laval-Montmorency.

communication avec Paris, afin qu'elle ne pût recevoir aucune nouvelle, aucun ordre de l'Empereur. Pour contenir la troupe, M. de Vitrolles invita le maréchal Pérignon, qui demeurait à quelque distance dans la campagne, à se rendre à Toulouse pour en prendre le commandement militaire. Avec les idées hiérarchiques, un maréchal d'Empire était tout puissant; mais alors ces idées étaient si étrangement bouleversés!

M. de Vitrolles dut organiser l'administration de son petit royaume du Midi. M. de Saint-Aulaire, préfet à Toulouse, se montrait dévoué aux Bourbons[1]; mais, dans les départements voisins, le même zèle n'existait pas; il fallait tout contenir, et ce fut alors que pour lutter contre l'influence de Paris, M. de Vitrolles rédigea un *Moniteur*, destiné à servir de centre à toute l'organisation provinciale. Ce petit gouvernement de Toulouse était un modèle d'ordre et d'action; hélas! pouvait-il durer? comment empêcher que les ordres de l'Empereur ne vinssent jusqu'aux généraux? M. de Vitrolles peint toutes ses inquiétudes dans sa correspon-

---

[1] La correspondance de M. de Vitrolles est pleine de vie et d'activité.
Lettres de M. de Vitrolles à madame la duchesse d'Angoulême.
Toulouse, le 31 mars 1815.
« Madame,
« Je remercie beaucoup Madame de la bonté avec laquelle elle veut bien me donner des nouvelles et de ses nouvelles. Nous avons aussi reçu le bulletin de Monseigneur du 30. Nous avons bien besoin d'un succès de ce côté, car nous sommes bien entamés; Tulle, Périgueux, Mende, Le Puy, Clermont et Rhodez sont en défection, à la vérité faible et froide, mais enfin nous n'y pouvons plus rien. Nous allons faire un premier exemple sur Rhodez, j'espère que nos mesures sont assez bien prises pour y avoir un plein succès. De là, nous marcherons sur Tulle. Le comte de Damas a donné l'expédition à commander au général Villate.

« La nomination du maréchal Pérignon a fait merveille; elle nous tient quelques moments en repos vis-à-vis de nos militaires.

« Nous tenons toujours beaucoup à l'expédition que nous avons demandée sur Angoulême; il ne faut pas nous laisser sur la défensive. Les progrès que nous ferons, même quand nous serions obligés de revenir, nous donneront des soldats que nous ramènerons avec nous; il faut montrer un peu plus de confiance dans nos forces. D'après les lettres précédentes du vicomte de Menton et les ordres de Madame qu'elles contenaient, j'ai adressé un officier en courrier au prince de Laval; j'en ai été

dance avec la duchesse d'Angoulême; s'il exhorte et encourage Madame, il ne dissimule pas non plus les périls de la situation; aux premiers avis de Paris, le général Laborde quittera le drapeau blanc, et les colonels refuseront d'exécuter le commandement du maréchal Pérignon.

Tout à coup un soulèvement éclate dans la garnison de Toulouse, à l'arrivée d'un régiment d'artillerie; le général Laborde se rend chez M. de Vitrolles et l'arrête au nom de l'Empereur. Alors M. de Saint-Aulaire donna loyalement sa démission pour ne pas participer au parjure, et le préfet impérial s'installa. Toulouse, le centre du mouvement royaliste, arbora le drapeau tricolore; M. de Vitrolles, retenu un moment dans le Midi, fut transféré immédiatement à Vincennes; Fouché avait des desseins sur lui. Tandis que Napoléon voulait exercer une vengeance sur M. de Vitrolles, comme sur M. de Maubreuil, Fouché, qui le savait fort avant dans les confidences royalistes, se promit de l'employer comme négociateur pour se ménager des rapports avec le comte

fâché en apprenant ce soir que Madame y avait expédié le prince de Léon, mais du moins je m'applaudis que nous ayons écrit dans le même sens. Outre cela, j'ai adressé deux lettres aux capitaines-généraux de Navarre et de Catalogne, pour savoir s'ils se croiraient autorisés à obtempérer à une réquisition de Monseigneur, pour mettre à sa disposition, en cas de besoin urgent, les troupes qui sont à leurs ordres, et savoir combien ils en avaient de disponibles. Je pourrai avoir leur réponse sous quatre ou cinq jours.

« Je demande pardon à Madame de n'être pas du tout de son avis sur l'armement d'un petit brick. Je regarde cette mesure comme très nécessaire à sa sûreté; elle ne peut pas prévoir le genre de difficultés qu'elle peut avoir à se mettre en route, et emporter ce qu'elle a besoin d'emporter. 100,000 francs en argent pèsent mille livres, et demandent une voiture attelée de plusieurs chevaux. Les bâtiments anglais sont bien à la disposition de Madame; mais y seront-ils au moment du besoin? et puis cela a bien moins bonne grâce que d'être chez soi; ils peuvent au moment présenter des difficultés particulières. Je craindrais trop que Madame eût à se repentir de n'avoir pas pris même une précaution inutile pour ne pas insister auprès de Madame. D'après les arrangements que j'avais pris, elle ne coûterait rien à Madame, la marine payait et armait; enfin, c'était une propriété la plus disponible et servant à en sauver peut-être beaucoup d'autres. C'est une voiture de plus que Madame aurait bien plus sûre que les autres; et même, si Ma-

d'Artois et Louis XVIII. Fouché le fit garder à vue, il avait ses raisons pour cela. Napoléon y voyait un prisonnier d'État dangereux; Fouché, un gage vis-à-vis des Bourbons, et c'est sous cet aspect surtout qu'il appréciait les hommes.

Le mouvement principal de l'armée royaliste que dirigeait M. le duc d'Angoulême avait plus de gravité et d'étendue ; l'armée royale, partie d'un centre commun, Avignon, communiquant par le Pont-Saint-Esprit avec Nîmes, opérait en deux grandes ailes; l'une se portant par les Hautes-Alpes et Gap, sur Grenoble, était conduite par le général Ernouf; l'autre marchait droit sur la route de Valence; le rendez-vous était Lyon. Le 5 avril, le personnel de l'armée royaliste se composait de 7,500 gardes nationaux, volontaires royalistes du Midi; trois régiments de ligne, du dépôt de deux autres régiments, trois escadrons de chasseurs à cheval, un régiment du *Royal-Étrangers* et à peine deux cents artilleurs. Le premier engagement entre les troupes royalistes et les soldats

---

dame n'en avait pas personnellement besoin, ce pourrait être une ressource pour beaucoup d'autres à qui Madame serait charmée de l'assurer.

« Je suis avec respect, etc. »

Signé, le baron de V....

Toulouse, le 1er avril 1815.

« Madame.

« Nous sommes dans la triste perplexité d'éteindre un incendie qui s'avance sur nous. Toutes nos mesures sont précipitées ; elles ne peuvent être que de détail, et je ne vois pas trop comment nous sauverons l'ensemble. Malgré cela, il faut conserver jusqu'à la fin un entier courage.

« D'ailleurs les premiers coups sont tirés ; nous n'avons plus qu'à agir et à ne pas regarder en arrière. Nos opérations sont un peu moins actives, parce que tout notre temps est employé à boucher les voies d'eau que le bâtiment fait de partout. Outre cela, le concours égal de deux personnes prolonge les résolutions et en refroidit l'exécution.

« Nous prenons aujourd'hui les meilleures mesures pour rappeler le lieutenant-général d'Arrican qui va venir se concerter avec le maréchal Pérignon, et puis dégarnir Perpignan, qui est très inquiet de sa garnison et de leurs préparatifs de défense dans la citadelle. Au nom du ciel, Madame, qu'il en soit fait autant pour Bayonne; qu'il n'y reste que peu ou point de troupes, que celles qui y sont soient mises en marche le plus tôt possible. Ces mesures, convenues pour Blaye, n'ont donc pas été prises....... Quand je pense que la sûreté de Madame dépend d'un pareil événement à Bayonne, je ne peux pas com-

de l'Empereur eut lieu sur le pont de la Drôme; le général Debelle, à l'aspect des forces royalistes, avait opéré sa retraite et mollement agi. Il avait avec lui les hussards du 4ᵉ, un bataillon du 59ᵉ et une multitude de montagnards de la Drôme, dirigés par des officiers en demi-solde. Le duc d'Angoulême n'hésita pas à attaquer le pont étroit que gardait le général Debelle; le 10ᵉ de ligne donna de face; c'était un brave régiment, commandé par le comte Louis d'Ambrugeac; noble et fidèle officier, il fit son devoir. Le duc d'Angoulême marchait à la tête des troupes sous les balles, l'histoire doit le dire. Les volontaires de Vaucluse passèrent la Drôme à gué, afin de se porter sur le flanc des troupes du général Debelle qui furent brisées; la plupart des paysans jetèrent leurs fusils et se rendirent. Ce fut un premier succès, et l'armée royaliste se portant rapidement sur Valence, s'en empara avec intrépidité. Cette nouvelle parvenue à Lyon, on ne douta pas que le duc d'Angoulême ne fît son entrée solennelle dans quelques jours; c'était un grave événement; alors le Midi se levait en masse, et l'insurrection partout s'embrasait. Pour éviter un tel

---

prendre comment elle ne veut pas s'assurer un moyen plus sûr et plus à elle. Madame comprend que je reviens sur le bâtiment qu'il convient absolument qu'elle ait dans la rivière

« Les nouvelles de Paris sont un tissu de mensonges; suivant elles, Madame est en Espagne, le roi et Monseigneur le duc d'Orléans ont quitté Lille ; elles ne parlent ni de Monsieur, ni de Monseigneur le duc de Berry, et encore Monseigneur serait cerné et toutes les communications avec les côtes interceptées ; Toulon aurait arboré le fatal drapeau. Ces mensonges sont le système et le principal moyen du jongleur.

« Je suis avec respect, etc. »

Signé, le baron de V....

¹ Voici une lettre du duc à la duchesse d'Angoulême, qui donne le récit des opérations militaires du Midi

Le Pont-St-Esprit, ce jeudi 30 mars 1815.

« J'ai été hier à Montélimart; j'y suis arrivé à deux heures; d'Escars l'avait occupé à onze; il y avait été reçu très froidement, parce qu'on avait dit que nous venions tout piller et saccager. Le préfet et le général Debelle avaient fait dire que l'on reçût bien partout les troupes du roi quand elles s'avanceraient. J'ai été d'ici à Donzère sur mes chevaux, et de Donzère sur des bidets de poste, cela fait vingt lieues en tout, ce qui n'est pas mal. J'avais avec moi Agénor et Montcalm. J'étais parti à neuf heures et demie, je suis revenu à six. J'ai

échec au gouvernement impérial, le général Grouchy se porta rapidement sur Lyon avec les pleins pouvoirs de l'Empereur pour combattre ou négocier.

Lorsque le duc d'Angoulême quittait Valence pour marcher en avant, le deuxième corps royaliste, conduit par le général Ernouf, occupait Sisteron ; une brigade s'était portée sur la Mure ; une autre, dirigée par le général Gardanne, avait pris Gap ; si la jonction se faisait, tout était dit, on placerait à Lyon le centre du gouvernement royaliste. Mais déjà la défection se mettait dans les rangs de l'armée royale : à Gap, le 58e arbora la cocarde tricolore ; le 14e de chasseurs et le 83e suivirent cet exemple et proclamèrent la cause impériale. L'esprit du paysan des Alpes, révolutionnaire et impérialiste, avait gagné le soldat, qui ne désirait que son Empereur. Ces défections diminuaient non seulement les forces des généraux royalistes, mais encore elles désorganisaient leur plan militaire ; le général Ernouf fut obligé d'opérer sa retraite sur Sisteron, et de là de descendre les Alpes jusque dans la Provence. Par ce mouvement rétrograde, le flanc droit du duc d'Angoulême se trouvait à découvert : en tête, le général Grouchy s'avançait par Lyon avec des forces considérables ; le général Gilly arrivait de Nîmes ; maître de Pont-Saint-Esprit, il pouvait couper toute retraite aux royalistes. Le duc

été bien reçu à Montélimart et parfaitement sur toute la route. En revenant, j'ai rencontré à la Palude le général comte Monnier qui va prendre le commandement de l'avant-garde du 2e corps qui est celui-ci. Je te réponds que j'agirai avec prudence ; mais il serait bien important pour tout le Midi que je pusse occuper Lyon, cela relèverait bien les esprits et ranimerait le commerce qui est paralysé dans ce moment-ci. J'en ai reçu de bonnes nouvelles. J'aime beaucoup mieux que Damas reste à Toulouse, puisqu'il me manque ici. J'ai déposé, conjointement entre ses mains et entre celles de Vitrolles, l'autorité qu'il a plu au roi de me confier pour le gouvernement du Midi. Je suis fort content de Daultanne, il fait fort bien sa besogne, est toujours gai, et s'entend parfaitement avec Maix, qui est à présent ma bonne tête. Ils

d'Angoulême, au milieu même de ses premiers succès, se vit obligé d'opérer sa retraite ; il évacua Valence le 5 avril. Les haines des montagnards des Alpes contre les méridionaux n'avaient point de bornes, les Dauphinois et les Provençaux se détestaient profondément. La position du duc d'Angoulême devint fort compromise; le 10ᵉ de ligne, toujours fidèle sous le colonel d'Ambrugeac, entourait le prince ; mais de tous côtés les montagnards se levaient, tandis que les colonnes des généraux Grouchy et Gilly lui fermaient toutes les issues ; le prince, ainsi traqué entre la Drôme, le Rhône, la Durance et les montagnes, pouvait bien se sauver, lui personnellement ; en passant à travers les gorges il trouverait le Piémont : toutefois, inséparable de ses compagnons, il voulut subir toutes les conséquences de sa situation compromise au milieu des troupes révoltées.

Ces motifs seuls le déterminèrent à envoyer son aide-de-camp et son ami, le baron de Damas, auprès du général Gilly, pour régler les articles d'une capitulation militaire. De part et d'autre, on se comporta avec loyauté et convenance ; M. de Damas n'eut qu'à se louer des formes du général Gilly, ainsi qu'il l'avoua dans une de ses dépêches : il fut convenu que l'armée royale, licenciée, déposerait ses armes ; amnistie pleine et entière était accordée, les officiers conserveraient leurs épées, ils pourraient donner leur démission et rentrer tous dans leurs

---

n'arriveront qu'aujourd'hui. Melchior et M. de Serran sont arrivés hier avec le reste de mes gens. C'est Meuriel qui a voyagé avec moi. Il est fort intelligent et paraît fort attaché. Desmarest n'est pas si spirituel, mais j'en suis content ; il est bien décidé à ne pas me quiter, c'est le plus en faveur à présent, parce que c'est aussi ton protégé. Il est bien occupé de son père. Je serais étonné qu'Ambert fût bonapartiste, car il a toujours été maltraité par lui, et était attaché à Moreau. Le régiment colonel-général arrive ici aujourd'hui, et repartira demain pour Donzère. J'ai reçu les papiers de Paris du 25, et le *Moniteur-Vitrolles* du 28. Je me porte très bien, et nous avons toujours un temps superbe et sans pluie. »

foyers; les caisses seraient remises aux commissaires de l'Empereur, le duc d'Angoulême pourrait partir sur-le-champ pour Cette, s'y embarquer avec tous ceux qui voudraient le suivre [1]. »

Cette convention, signée le 6 avril au Pont-Saint-Esprit, fut immédiatement transmise par le télégraphe à l'Empereur; le général Grouchy ne voulut point la ratifier, il croyait sa responsabilité engagée; il retint donc M. le duc d'Angoulême prisonnier; triste fatalité dans la vie de M. de Grouchy, que d'avoir eu à traiter avec deux princes de grandes dynasties captives, les maisons de Savoie et de Bourbon! et pourtant les Bourbons avaient fait peut-être le premier Grouchy chevalier. Cela lui porta malheur; on a dit depuis que ce fut le général Corbineau, aide-de-camp de l'Empereur, qui prescrivit à M. de Grouchy de ne pas ratifier la convention, afin d'obtenir la restitution des diamants de la couronne; je le voudrais pour le temps où l'histoire s'emparera de la vie des contemporains. Tant il y a que

---

[1] *Convention.*

« Son Altesse royale Monseigneur le duc d'Angoulême, commandant en chef l'armée du Midi, et M. le général de division baron Gilly, commandant en chef le premier corps de l'armée impériale, pénétrés du désir d'arrêter l'effusion du sang français, ont chargé de leurs pouvoirs, pour régler les articles d'une convention qui puisse assurer la tranquillité du midi de la France, savoir: S. A. R. Monseigneur le duc d'Angoulême, le baron de Damas, maréchal-de-camp, sous-chef d'état major-général; et M. le général de division Gilly, M. l'adjudant-commandant Lefebvre, chevalier de la Légion-d'Honneur, chef d'état-major du premier corps d'armée, lesquels, après avoir échangé leurs pouvoirs respectifs, sont convenus des articles suivants:

« Art. 1er. L'armée royale est licenciée; les gardes nationales qui en font partie, sous quelque dénomination qu'elles aient été levées, rentreront chez elles après avoir déposé leurs armes; il leur sera délivré des feuilles de route pour rentrer dans leurs foyers, et M. le général de division commandant en chef leur garantit qu'il ne sera jamais question de ce qui a pu être dit et fait relativement aux événements qui ont eu lieu avant la présente convention. Les officiers conserveront leurs épées. Les troupes de ligne qui font partie de cette armée se rendront dans les garnisons qui leur seront assignées.

« Art. 2. MM. les officiers généraux, officiers supérieurs d'état-major et autres, de toutes les armes, les chefs et employés de toute administration, dont il sera fourni un

ces retards compromettaient même la sûreté du duc d'Angoulême au milieu des montagnards soulevés.

Quant à l'Empereur, voici ce qui se passa aux Tuileries. La dépêche télégraphique annonçant la capitulation du duc d'Angoulême demandait pour réponse si la convention serait approuvée. La dépêche fut portée par M. Maret au château ; je dois dire, pour rendre justice à tous, que les instances de M. Maret ne furent pas inutiles auprès de l'Empereur pour obtenir la liberté d'un fils de France ; des ordres furent expédiés sur-le-champ par le télégraphe, afin de préparer le départ du duc d'Angoulême. Quelques heures après, une nouvelle dépêche télégraphique annonça : « que le général Grouchy n'avait pas ratifié la capitulation. » Ceci changeait la thèse ; l'Empereur pouvait se repentir d'avoir consenti la liberté du prince. M. de Monnier, chef de la secrétairerie d'État, caractère plein d'honneur et de modération, retint la dépêche du général Grouchy ; elle ne fut communiquée que le soir à l'Empereur, lorsque le duc d'Angoulême était libre. Il y eut bien quelque tempête,

état nominatif à M. le général en chef, se retireront dans leurs foyers en attendant les ordres de S. M. l'Empereur.

« Art. 3. Les officiers de tout grade qui voudraient donner leur démission sont libres de le faire ; il leur sera accordé de suite des passe-ports pour rentrer dans leurs foyers.

« Art. 4. Les caisses de l'armée et les registres du payeur-général seront remis de suite aux commissaires nommés à cet effet par M. le général commandant en chef.

« Art. 5. Les articles ci-dessus sont applicables aux corps commandés par Monseigneur le duc d'Angoulême en personne, et à tous ceux qui agissent séparément sous ses ordres, et qui font partie de l'armée royale du Midi.

« Art. 6. Son Altesse Royale se rendra en poste au port de Cette, où des bâtiments nécessaires pour elle et sa suite seront disposés pour la transporter où elle voudra se rendre. Des postes de l'armée impériale seront placés à tous les relais pour protéger le voyage de Son Altesse Royale, et il lui sera rendu partout les honneurs dus à son rang, si elle l'exige.

« Art. 7. Tous les officiers et autres personnes de la suite de Son Altesse Royale qui désirent la suivre auront la faculté de s'embarquer avec elle, soit qu'elles veuillent partir de suite, soit qu'elles demandent le temps nécessaire pour arranger leurs affaires particulières.

« Art. 8. Le présent traité restera secret jusqu'à ce que Son Altesse Royale ait quitté le territoire de l'Empire.

« Fait en double expédition, et convenu

FIN DE L'INSURRECTION MÉRIDIONALE (AVRIL 1815). 299

de la colère; mais bientôt tout fut calmé, car l'Empereur, impétueux et bouillonnant, s'apaisait presque aussitôt; il sut gré à M. Maret de lui avoir évité la captivité d'un prince qui avait parmi ses ancêtres Henri IV et Louis XIV.

Ainsi finit cette tentative d'un gouvernement provincial dirigé contre Paris, sorte de Gironde royaliste. L'idée de placer à Toulouse un centre de résistance avait de la portée; après la Loire, il n'y a ni les mêmes mœurs, ni la même langue, ni les mêmes habitudes qu'à Paris et dans le centre de la France. Cette population était dévouée à la cause royaliste, si l'on en excepte les montagnards qui conservaient une vigoureuse trempe de révolution et de protestantisme; Marseille sur une extrémité, Bordeaux à l'autre, et Toulouse comme centre, c'était là des éléments d'un royaume méridional. Mais la puissance de Paris était immense; un coup de télégraphe pouvait désorganiser cette tentative provinciale; il fallait aussi se débarrasser des troupes de ligne, tout entières dévouées à l'Empereur. La défection fit donc de grands ravages dans ces armées improvisées. Rarement les volontaires peuvent

entre les chargés de pouvoirs ci-dessus désignés, le huitième jour d'avril 1815, sous l'approbation de M. le général commandant en chef; et ont signé.

« Au quartier général du Pont-St-Esprit, les jour et an ci-dessus. »

Lefebvre, baron de Damas.

« Approuvé la présente convention par le général de division commandant en chef l'armée du Midi. »

Signé, baron Gilly.

La convention ci-dessus ayant été signée le 8, le lieutenant-général Corbineau, aide-de-camp de Bonaparte, exigea l'addition des articles suivants le 14:

« Art. 1ᵉʳ. Son Altesse Royale n'ayant aucun diamant appartenant à la couronne, et n'ayant point à sa connaissance que Madame la duchesse d'Angoulême en eût avec elle en quittant Paris pour se rendre à Bordeaux, s'engage à demander que les diamants ou objets appartenant à la couronne soient rendus aussitôt que possible, dans le lieu qui sera indiqué, à des commissaires nommés réciproquement *ad hoc*.

« Art. 2. Son Altesse Royale s'engage à insister pour que ces objets soient rendus dans le cas où il y aurait continuité de paix avec les puissances étrangères.

« Fait en double expédition au Pont-St-Esprit »

Signé, le lieutenant-général Corbineau.

lutter contre les troupes régulières ; ils sont un tumulte difficile à discipliner; s'ils ont plus d'élan qu'une armée, ils n'ont pas cette fermeté de courage et de discipline qui seule assure les succès dans la guerre. Le duc d'Angoulême délivré s'embarquait à Cette, après avoir stipulé une nouvelle clause relative aux diamants de la couronne [1].

La duchesse d'Angoulême s'embarquait à Pouillac ; le prince son mari à Cette pour l'Espagne; au même moment, M. le duc de Bourbon quittait la Vendée. Je le répète, on avait voulu jeter là un Condé pour réveiller les populations, mais ce Condé était épuisé, brisé par l'infortune, incapable de toute résolution forte, de tout mouvement énergique ; la mort du duc d'Enghien l'avait frappé. Il traversa la Vendée sans prendre garde qu'une population fidèle l'entourait, il avait fui comme s'il craignait encore la guerre civile. Il y a de ces vies épuisées par le malheur, auxquelles il ne faut rien demander; la Vendée avait besoin de ses chefs naturels ; elle se battait moins pour les Bourbons que pour sa nationalité religieuse ; les Bourbons

« Le maréchal-de-camp des armées du roi.»
Signé, baron de Damas.

[1] *Lettre de l'Empereur au général Grouchy.*

« Monsieur le général Grouchy, l'ordonnance du roi en date du 6 mars', et la déclaration signée le 13, à Vienne, par ses ministres, pourraient m'autoriser à traiter le duc d'Angoulême comme cette ordonnance et cette déclaration voulaient qu'on traitât ma famille. Mais constant dans les dispositions qui m'avaient porté à ordonner que les membres de la famille des Bourbons pussent sortir librement de la France, mon intention est que vous donniez des ordres pour que le duc d'Angoulême soit conduit à Cette, où il sera embarqué, et que vous veilliez à sa sûreté et à écarter de sa personne tout mauvais traitement. Vous aurez soin seulement de retirer les fonds qui ont été enlevés des caisses publiques, et de demander au duc d'Angoulême qu'il s'oblige à la restitution des diamants de la couronne, qui sont la propriété de la nation. Vous lui ferez reconnaître en même temps les dispositions des lois des assemblées nationales qui ont été renouvelées, et qui s'appliquent aux membres de la famille des Bourbons qui rentreraient sur le territoire français. »

(Les diamants que l'on voulait obtenir en échange du duc d'Angoulême représentaient une valeur de 14 millions. Fouché proposa à l'Empereur de donner M. de Vitrolles par-dessus le marché, si on voulait les restituer. L'Empereur y consentit très volontiers. Fouché entama une négociation à cet égard, qui n'eut d'autre résultat que de lui procurer l'occasion de correspondre plus à son aise avec Gand.)

étaient pour les Vendéens le symbole de la province et de l'église ; mais la province existait sans eux, et la croix brillait sur la paroisse ; le temps n'était pas venu d'une prise d'armes. La Vendée ne se leverait que sous des chefs qu'elle avait salués dans les guerres civiles. M. le duc de Bourbon n'insista pas pour la guerre civile ; il y eut là un colonel de gendarmerie, homme d'esprit et d'honneur, qui supplia le prince, dans des termes pleins de modération, de quitter la Vendée, afin d'éviter le choc des partis ; sa lettre est un modèle de tout ce que le respect et le devoir commandent. Au milieu de la conduite généralement brusque et soldatesque de ce temps, j'aime à distinguer la conduite parfaite du colonel Noireau ; c'est un exemple pour les bons comme pour les mauvais jours [1].

Après la capitulation de Pont-Saint-Esprit, il n'y eut plus un seul Bourbon en France ; Louis XVIII était à Gand ; la duchesse d'Angoulême en Angleterre ; le duc son mari en Espagne ; le duc d'Orléans en Belgique, avec la pensée d'une retraite à Londres ; le duc de Bourbon à Jersey. Désormais un seul drapeau ombrageait les cités

---

[1] *Lettre du colonel de gendarmerie Noireau à M. le duc de Bourbon.*
Angers, le 23 mars 1815.
« Monseigneur,
« Ce ne sera pas en vain, j'en ai l'assurance, que j'invoquerai les effets de votre magnanimité ; vous pouvez d'un mot, Monseigneur, calmer une effervescence dont les premiers résultats peuvent encore une fois ensanglanter la trop malheureuse Vendée ; ce mot, Votre Altesse le prononcera, et tout rentrera dans l'ordre. Vous jugerez aussi, Monseigneur, qu'un plus long séjour dans l'arrondissement de Beaupreau, en compromettant la sûreté intérieure du pays, compromettrait aussi la sûreté particulière de Votre Altesse. Daignez donc, je vous en conjure, Monseigneur, vous rendre aux vœux que je forme pour votre bonheur et celui de mon pays.

« Tous les moyens de sûreté que désirera Votre Altesse pour se rendre à la destination qu'elle aura choisie, je les lui garantis.

« Je suis avec le plus, etc. »
Signé, Noireau.

Billet adressé au colonel Noireau par le duc de Bourbon.

« J'autorise M. le chevalier d'Auteuil, mon aide-de-camp, à expliquer mes intentions à M. Noireau, au sujet de la lettre qu'il m'a écrite. »
Ce 26 mars 1815.
Signé, L.-H.-J de Bourbon.

en France. Le 10 avril, des salves d'artillerie annoncèrent que l'autorité de l'Empereur était reconnue sur tout le vaste territoire ; Marseille avait été la dernière ville qui avait gardé les fleurs de lys et le drapeau blanc [1] ; comme toutes les autres cités, elle baissa la tête devant l'aigle qui avait volé de clocher en clocher jusqu'aux tours de Notre-Dame.

[1] Le maréchal Masséna s'exprimait ainsi, dans son rapport du 14 avril, sur la soumission de Marseille : « Les ordres de Votre Majesté ont éprouvé des retards insurmontables. Les mouvements excités dans la huitième division, et particulièrement à Marseille, s'y maintenaient par la présence du duc d'Angoulême, par la mauvaise composition des premières autorités civiles, par les rapports constants qu'entretenaient les agents des princes avec des ministres étrangers, et par des nouvelles controuvées, plus alarmantes les unes que les autres. D'un autre côté, le duc d'Angoulême, qui déjà m'avait enlevé trois régiments, voulait encore prendre ceux qui étaient à Toulon, et il m'a fait dire par M. de Rivière que son intention était de donner ce port aux Anglais, qui fourniraient en retour de l'argent au roi de France. Dans une situation aussi difficile, je me déterminai, après avoir mis Antibes en état de siége pour le soustraire à l'autorité du préfet du Var, à me rendre à Toulon, afin de conserver à Sa Majesté cette place et sa marine. Enfin, le 10 avril, j'avais eu connaissance que le 6ᵉ régiment, à Avignon, avait repris les couleurs nationales ; j'ordonnai au général Leclerc de le maintenir dans la discipline, et de lui ordonner de se tenir prêt à faire un mouvement. Le 10, j'ai fait la proclamation, dont copie est ci-annexée. Une estafette l'a portée dans les départements de la division, avec ordre de la faire publier et afficher à son de trompe, et au bruit de vingt et un coups de canon, de faire flotter le pavillon national sur les forts, les municipalités, les bâtiments de l'État, et de faire reprendre la cocarde tricolore aux troupes de terre et de mer. Rien ne pouvait peindre la joie franche qu'ont manifestée les troupes de terre et de mer. La fête s'est prolongée pendant deux jours. J'ai fait mettre en liberté les grenadiers de la garde impériale qui avaient été arrêtés à Antibes. J'ai également fait élargir tous les détenus pour des motifs d'opinion. Le 11, au soir, la ville de Marseille ne s'était point encore soumise ; je lui fixai la journée du 12. J'annonçais que je m'y rendrais le 13. En effet, mes dispositions étaient faites à Toulon et à Avignon ; mais je n'ai pas eu besoin d'agir. Le 12, le conseil municipal de Marseille a député trois de ses membres auprès de moi pour me porter la soumission de cette ville. J'ai accueilli cette députation ; et, dans la nuit du 12, le préfet des Bouches-du-Rhône m'a annoncé par estafette que le drapeau tricolore flottait à l'hôtel-de-ville, à la préfecture, sur les forts et les bâtiments de l'État ; que le plus grand calme régnait dans cette place, qu'il avait fait passer mes ordres et mes proclamations aux sous-préfets, afin de faire suivre par toutes les communes du département l'exemple de leur chef-lieu. »

CHAPITRE XIII.

TENTATIVES DE RAPPORTS DIPLOMATIQUES ENTRE NAPOLÉON ET L'EUROPE.

Première lettre confidentielle de Napoléon à Joseph en Suisse. — Ouverture aux légations de Berne. — Conférences avec le baron de Vincent et la légation russe. — Départ des ambassadeurs. — Première nouvelle de la déclaration du 13 mars. — Étonnement et effroi qu'elle jette à Paris. — Lettre autographe aux souverains. — Mission de M. de Flahaut, — de M. de Montron. — Lettre de la reine Hortense. — Rapports avec M. de Talleyrand et la légation de Vienne. — Menées pour enlever Marie-Louise et le roi de Rome. — Lettre de M. de Caulaincourt au vicomte Castlereagh. — Réponse. — Dépêche de lord Clancarty. — Réfutation de l'acte du 13 mars par le conseil d'État. — Décret de proscription. — Marche du congrès de Vienne. — Conventions militaires. — Traités d'alliance et de subsides. — Appel à l'Allemagne. — Le Parlement d'Angleterre. — Masses de troupes disponibles pour la campagne. — Résolution de pousser vigoureusement les hostilités.

10 Mars au 15 Avril 1815.

Napoléon avait partout annoncé ses intelligences avec l'Autriche, et la tolérance, au moins de l'Angleterre, pour le maintien de la paix en Europe et le rétablissement de sa dynastie. Il l'avait dit aux paysans du Dau phiné, qui craignaient le retour de la conscription et de la guerre ; il l'avait répété à Lyon, dans la Bourgogne, car il évitait d'alarmer les intérêts par la perspective d'une guerre européenne ; au fond de son âme, il savait bien qu'il avait peu à espérer des nations et des cabinets coalisés contre sa personne ; il connaissait les stipulations du traité de Chaumont, les résolutions irrévocables de l'Europe à son égard ; pouvait-il espérer de les changer? L'Empereur se faisait-il des illusions, ou bien en voulait-il faire seulement à ceux qui pourraient concourir à l'œuvre du rétablissement de son pouvoir? Il fallait pourtant arriver aux réalités.

Dès son passage à Lyon, il avait écrit à son frère, Joseph Bonaparte, alors en Suisse, pour qu'il eût à s'ouvrir confidentiellement aux ministres autrichien, russe, anglais et prussien accrédités à Berne ; il faisait annoncer par Joseph sa volonté formelle de maintenir en tout son contenu le traité de Paris, et les stipulations du congrès de Vienne [1] : « il ne venait pas, disait-il, pour renouveler les époques de guerre ou de conquêtes, mais seulement pour répondre aux vœux de la nation qui repoussait le gouvernement de Louis XVIII [2], comme incapable de la

---

[1] M. Fleury de Chaboulon fut le secrétaire employé pour écrire ces lettres ; il l'avoue : « Le soir, Napoléon écrivit à l'Impératrice et au prince Joseph. Il le chargea de faire connaître à Rome, à Naples, à Porto-Ferrajo, que son entreprise paraissait devoir être couronnée du plus prompt et du plus brillant succès Les courriers partirent avec fracas, et l'on ne manqua point de publier qu'ils allaient porter à l'impératrice la nouvelle du retour de l'Empereur, et l'ordre de venir, elle et son fils, le rejoindre sur-le-champ. »

[2] On fit alors le relevé des temps de guerre où la France avait été engagée. *Tableau montrant la durée des guerres dans lesquelles la France a été engagée depuis la pacification de Vervins, en 1598, jusqu'au traité de Paris du 20 novembre 1815.*

	De guerre.	De paix.
Henri IV et Louis XIII.	19 ans	26 ans
Louis XIV.	54	19
Louis XV.	18	41
Louis XVI.		13
De 1793 à 1815.	22	1
Total.	118	100

conduire à ses destinées ; il écrivit en même temps à Marie-Louise une lettre fort courte, pour lui annoncer son retour à l'Empire, et l'inviter gracieusement à le rejoindre à Paris [1]. Les ministres des grandes puissances à Berne se hâtèrent de faire part de ces communications à leurs gouvernements, comme simples notes. D'autres ouvertures diplomatiques furent également faites par la duchesse de Saint-Leu, spécialement auprès d'Alexandre, qui l'avait parfaitement traitée lors de son séjour à Paris ; on savait alors le Czar fort prononcé à Vienne contre les Bourbons. Nulle réponse n'était encore faite lorsque Napoléon touchait sa grande capitale.

Quelques-uns des ambassadeurs ou ministres des cabinets, accrédités auprès de Louis XVIII, étaient demeurés à Paris pour préparer leur départ et observer les événements : le baron de Vincent représentait l'Autriche ; Français d'origine, il était parfaitement à même de juger la marche des faits et d'apprécier les opinions. Napoléon saisit cette circonstance avec un véritable empressement ; il avait connu le baron de Vincent dans les campagnes de 1805 et de 1809 ; il voulut qu'on s'ouvrît directement à lui. Nommé au ministère des affaires étrangères, M. de Caulaincourt demanda un rendez-vous à l'ambassadeur d'Autriche : « afin de faire quelques communications qui pourraient être utiles à son cabinet. » Si ces avances avaient été acceptées, par ce fait seul, la qualité de M. de Caulaincourt eût été reconnue, et des relations auraient commencé entre les deux cours ; c'eût été un résultat fort important pour Napoléon qui à tout prix voulait détacher l'Autri-

---

[1] Je crois être sûr que Napoléon écrivit aussi de Lyon au comte de Bubna, alors à Milan, avec lequel il avait toujours été parfaitement.

che. Mais le général de Vincent, tout à fait sans pouvoirs pour négocier avec Napoléon, déclina l'offre qu'on voulait bien lui faire : « il était désormais sans titres, sans qualité; accrédité auprès du roi Louis XVIII, il ne l'était pas auprès du chef actuel du gouvernement français; il se borna donc à demander itérativement ses passeports. Toutefois, sur les instances pressantes de M. de Caulaincourt, et à cause de son caractère privé, il accepta un rendez-vous d'homme à homme, de simple politesse, en maison tierce, chez madame de Souza, salon autant politique que littéraire, et à la condition expresse que ce serait M. de Caulaincourt qu'il aurait l'honneur d'entretenir, et non point le ministre des affaires étrangères de Napoléon. » Dans cette conférence, M. de Caulaincourt s'ouvrit positivement de la part de son souverain; il offrait à l'Autriche tous les avantages d'une alliance d'intérêt et de famille contre l'influence exorbitante de la Russie. Napoléon renonçait désormais au système de guerre, à ses illusions ambitieuses : « il ne voulait que le maintien du *statu quo* européen, tel que les traités l'avaient établi, avec un agrandissement d'influence pour l'Autriche en Italie. » Le baron de Vincent, en déclarant : « qu'il porterait ces communications à M. de Metternich, ne dissimula point à M. de Caulaincourt qu'il ne croyait pas possible de détacher les puissances de leur intime union dans le but de rétablir les faits existants en 1814; aucune d'elles ne voudrait traiter avec le chef actuel du gouvernement français; ce point était positivement convenu entre toutes d'une manière irrévocable, et aucune offre personnelle ne pourrait les détacher de la cause commune. »

Les mêmes démarches furent faites auprès du ministre de Russie, M. de Boudiakin, resté à Paris pour la régularisation de ses passeports et observer les premiers événements. Comme le baron de Vincent, il ne voulut accepter aucun rendez-vous officiel de ministre à ministre; M. de Caulaincourt le vit également en maison tierce, chez une femme d'esprit, de la compagnie de la duchesse de Saint-Leu [1]. Le ministre de Napoléon énuméra avec habileté toute l'ingratitude des Bourbons envers Alexandre, leur protecteur. « C'était au Czar, dit-il, que la maison royale devait sa restauration; et pourtant, elle avait méconnu ses bontés à ce point de se mettre en hostilité contre la Russie, et de signer un traité de concert avec l'Autriche et l'Angleterre. » M. de Caulaincourt communiqua, comme un brandon de discorde, la minute du traité éventuel des trois puissances, signé à Vienne sous l'influence de MM. de Talleyrand, Metternich et lord Castlereagh dans la question de la Saxe et de la Pologne; c'était prendre le Czar par ses ressentiments et sa colère. Ainsi que le baron de Vincent, le ministre russe déclara : « qu'il communiquerait tous ces renseignements à sa cour, comme homme privé, sans que cela pût tirer à conséquence pour constituer des relations régulières de cabinet. »

De tous ces premiers rapports, M. de Caulaincourt, si facile à s'alarmer, dut conclure que la coalition resterait plus formidable que jamais; il put se convaincre qu'aucune négociation n'était possible avec les cabinets, et dès lors il fallait se préparer à une de ces guerres sanglantes des époques fatales de 1813 et 1814 ; on devrait combattre une nouvelle coalition : plus que jamais, les rois étaient d'intelligence pour briser le pouvoir de Napoléon, et c'était folie d'espérer que seul on pourrait résister à

---

[1] Il m'a été dit que c'était chez madame Cochelet ; une chevaleresque passion attachait M. de Boudiakin à ce salon.

tous ; M. de Caulaincourt avait des idées trop positives pour rêver le retour violent des quatorze armées de la République, et croire que la coalition viendrait comme en 1795 se faire battre homme par homme, puissance après puissance, aux frontières, et s'épuiser devant des siéges. Il voulut en vain retenir par un refus instantané de passeports l'ambassadeur d'Angleterre, lord Fitz Sommerset; l'ambassadeur insista pour quitter Paris sur-le-champ.[1]

Alors parvint à Paris la déclaration du 13 mars, signée à Vienne; comme cette pièce arrivait par la voie de Gand, l'on crut et l'on put faire croire un moment qu'elle était purement apocryphe, et l'œuvre de quelques agents de la légation française. Fouché le fit dire par les journaux, et se hâta de le répandre par sa police[2] à la Bourse, dans les lieux publics, pour atténuer l'effet désastreux qu'une déclaration si unanime allait produire sur les esprits. Ce n'était pas seulement une puissance, mais toutes qui se prononçaient contre Napoléon ; les plénipotentiaires sans distinction avaient signé cet acte, qui mettait Bonaparte au ban de l'Europe. En

---

[1] « Lord Fitz-Sommerset, conformément aux instructions de son cabinet, fit de suite ses préparatifs pour quitter Paris ; et lorsque le maître de poste le renvoya à M. Lavalette, il s'adressa à celui-ci, qui ne voulut pas prendre sur lui cette responsabilité, mais qui désigna le général Savary comme seule autorité compétente pour accorder cette permission. Un membre de la légation se rendit alors chez M. Savary ; mais celui-ci refusa de s'en mêler. Le lendemain, Sa Seigneurie écrivit à Fouché pour le même objet. Les autres ministres firent la même démarche que celui d'Angleterre, excepté qu'ils ne demandèrent pas la permission de suivre Louis XVIII, mais seulement de se retirer chacun à sa cour. »

[2] *Opinion de Fouché sur la déclaration de Vienne (conseil des ministres du 29 mars).*

« Le style de libelle dans lequel la déclaration est écrite donne lieu de penser qu'il faut la classer au nombre de ces pièces fabriquées par l'esprit de parti et par les folliculaires qui, sans mission, se sont, dans ces derniers temps, ingérés dans toutes les affaires d'État ; qu'elle est supposée signée des ministres anglais, et qu'il est impossible de penser que les ministres d'une nation libre, et surtout lord Wellington, aient pu faire une démarche contraire à la législation de leur pays et à leur caractère ; qu'elle est supposée signée des ministres d'Autriche, et qu'il est impossible de concevoir, quel-

faisant répandre de tels bruits pour les crédules, Fouché savait bien à quoi s'en tenir; la pièce était vraie et fatale; Napoléon lui-même ne se faisait pas d'illusions, l'acte portait tous les caractères d'authenticité; la police seule pouvait répéter « qu'elle était l'œuvre du comte de Lille et des ministres de Gand »; les hommes sérieux la regardaient comme le manifeste de l'Europe.

Cependant, tout espoir n'était pas perdu; Napoléon connaissait M. de Talleyrand, il le savait très facile en matière d'arrangement avec les faits accomplis; s'il pouvait donc le gagner à Vienne, le rattacher à ses intérêts, ainsi que la légation française; s'il pouvait se mettre en rapport avec M. de Metternich, qui sait où tout cela pourrait aboutir? « s'il fallait donner des masses d'argent, des garanties, faire d'autres concessions, Napoléon était prêt à tout; on n'avait qu'à s'expliquer, M. de Talleyrand aurait carte blanche. » Pour accomplir cette mission et en favoriser une autre plus secrète, l'enlèvement du roi de Rome, promis au Champ-de-Mars, l'Empereur jeta les yeux sur M. de Monteron, le familier le plus intime de la maison de Périgord; M. de Monteron, gentilhomme de bonnes manières, s'était fort distingué sous le Directoire et le Consulat par ses habitudes mondaines, son ton, ses plaisirs, ses dissipations extrêmes. Il était de la société de Barras et de ces beaux du Directoire qui

ques dissentiments politiques qui existassent d'ailleurs, qu'un père pût appeler l'assassinat sur son fils; que, contraire à tout principe de morale et de religion, elle est attentatoire au caractère de loyauté des augustes souverains, dont les libellistes compromettent ainsi les mandataires; que cette déclaration est connue depuis plusieurs jours, mais que, par les considérations qui viennent d'être déduites, elle avait dû être considérée comme digne de mépris; qu'elle n'a été jugée devoir fixer l'attention du ministère que lorsque des rapports officiels, venus de Strasbourg et de Metz, ont fait connaître qu'elle a été apportée en France par des courriers du prince de Bénévent, fait constaté par le résultat de l'enquête qui a eu lieu et des interrogatoires qui ont été subis. »

avaient remplacé les marquis de la Régence. M. de Monteron n'avait point à se louer de Bonaparte, qui l'avait exilé, poursuivi sous le Consulat et l'Empire; dans ses moments de despotisme, Napoléon s'en prenait même aux manières, aux cravates, au dandysme du temps.

M. de Monteron, de l'école de M. de Talleyrand, n'avait pas en politique des affections tellement arrêtées qu'il ne pût accepter une mission de Bonaparte; il voulait revoir Vienne, pour assister de près aux événements; il n'était donc pas fâché d'avoir un prétexte de courte émigration qui l'éloignerait de Paris révolutionnaire; par goût et par manières, il était royaliste, et aristocrate surtout; dans son voyage, il servirait plus d'un parti; dans tous les cas, il saurait les affaires, et ce qu'on exigeait de lui était si peu de chose! Il devait porter à Vienne une lettre de Bonaparte pour Marie-Louise et l'empereur François II; il devait dire à M. de Talleyrand quelles étaient les intentions de Bonaparte, les sacrifices qu'il ferait pour le rappeler à son service. La mission fut acceptée en ces termes bien précis, et M. de Monteron partit pour Vienne sans aucun esprit de retour, si ce n'est peut-être avec M. de Talleyrand et les Bourbons.

D'autres ouvertures furent faites par des moyens plus directs. L'Empereur, qui voulait toujours laisser croire à la paix, fit annoncer partout : « qu'il avait écrit des lettres autographes aux souverains de l'Europe. » Ces lettres, toutes copiées sur un même modèle, respiraient les sentiments les plus pacifiques. Napoléon, le foudre de guerre, devenait l'homme de la paix. L'Empereur donnait encore aux souverains le titre de *monsieur mon frère*, comme avant l'abdication de Fontainebleau; car il tenait à ses titres, à ses prérogatives, à ses fraternités de couronne. Il disait donc aux rois : « qu'ils avaient appris sans doute le départ de la famille des Bourbons, et le rétablissement de l'Empereur sur son trône [1]; cet événement était l'ouvrage d'une irrésistible puissance. Les Bourbons n'avaient pas voulu s'associer aux mœurs de la France; lui Napoléon avait touché le rivage, et l'amour des peuples l'avait porté dans le sein de sa capitale. Le repos de l'Europe était sa première pensée, assez de gloire avait illustré les nations. Au spectacle des grands combats, devait succéder la paix. Désormais, l'indépendance des nations serait respectée, la justice assise aux confins des États devait garder les frontières. »

Ces phrases, certes bien philantropiques, étaient-elles le langage historique de Napoléon? Qu'avaient de commun de telles paroles avec sa nature hautaine, impérative? ce n'était plus l'Empereur, car il s'agenouillait pour demander la paix; il ne lançait plus ses paroles de commandement, et, après la plus merveilleuse des entreprises, Napoléon se rapetissait jusqu'aux proportions d'un solliciteur de paix. Qu'il eût été plus grand si, touchant à peine Paris de ses pieds, il était sauté d'un bond jusqu'à Bruxelles, et de là s'il avait fait irruption jusqu'aux frontières du Rhin! Alors, il fût tombé peut-être, mais il fût tombé dans les proportions d'un

---

[1] *Lettre autographe de l'Empereur aux souverains.*

« Monsieur mon frère, vous aurez appris dans le cours du mois dernier mon retour sur les côtes de France, mon entrée à Paris et le départ de la famille des Bourbons. La véritable nature de ces événements doit maintenant être connue de Votre Majesté. Ils sont l'ouvrage d'une irrésistible puissance, l'ouvrage de la volonté unanime d'une grande nation qui connaît ses devoirs et ses droits. La dynastie que la force avait rendue au peuple français n'était plus faite pour lui : les Bourbons n'ont voulu s'associer ni à ses sentiments, ni à ses mœurs; la France a dû se séparer d'eux. Sa voix appelait un libérateur : l'attente qui m'avait décidé au plus grand des sacrifices avait été trompée. Je suis venu, et du point où j'ai touché le rivage, l'amour de mes peuples m'a porté jusqu'au sein de ma capitale. Le premier besoin de mon cœur est de payer tant d'affection par le maintien d'une honorable tranquillité. Le rétablissement du trône impérial était nécessaire au bonheur des Français. Ma plus douce pensée est de là rendre en même temps utile à l'affermissement du repos de

colosse; tout aurait été en rapport avec sa marche du golfe Juan à Paris. Au lieu de cela, il se repose aux Tuileries, il se fait pacifique et bourgeois. Faut-il l'accuser tout seul de ce manque d'énergie? Non, l'Empereur était entouré d'une société fatiguée qui ne le laissait plus maître de ses grandes idées; la paix était un mot magique que l'on murmurait autour de lui; les généraux devenus vieux disaient : « plus d'ambition, plus de conquêtes ! » ils voulaient jouir et respirer; ils auraient désiré les formes de la Restauration sous leur Empereur; fatigués de la guerre, ils ne voulaient pas recommencer l'œuvre de vingt-cinq ans; et pourtant cette œuvre seule pouvait les sauver; ils voulaient tout à la fois la paix, la liberté, la Charte, et avec tout cela Napoléon.

Indépendamment de la lettre autographe de l'Empereur, M. de Caulaincourt essaya quelques démarches personnelles pour arriver au grand but d'une pacification. Ministre des affaires étrangères, il écrivit à tous les chefs des cabinets pour leur envoyer la lettre autographe de Bonaparte; sa dépêche, parfaitement rédigée, était le développement de la pensée des lettres autographes; il écrivait à lord Castlereagh : « Milord, l'espoir qui avait porté S. M. l'Empereur, mon auguste souverain, au plus magnanime des sacrifices, n'a point été rempli : la

---

l'Europe. Assez de gloire a illustré tour à tour les drapeaux des diverses nations, les vicissitudes du sort ont assez fait succéder de grands revers à de grands succès. Une plus belle arène est aujourd'hui ouverte aux souverains, et je suis le premier à y descendre Après avoir présenté au monde le spectacle de grands combats, il sera plus doux de ne connaître désormais d'autre rivalité que celle des avantages de la paix, d'autre lutte que la lutte sainte de la félicité des peuples. La France se plaît à proclamer avec franchise ce noble but de tous ses vœux. Jalouse de son indépendance, le principe invariable de sa politique sera le respect le plus absolu pour l'indépendance des autres nations. Si tels sont, comme j'en ai l'heureuse confiance, les sentiments personnels de Votre Majesté, le calme général est assuré pour longtemps, et la justice, assise aux confins des divers États, suffira seule pour en garder les frontières.

« Je saisis avec empressement, etc. »
Signé, Napoléon.
Paris, le 4 avril 1815.

M. DE CAULAINCOURT A LORD CASTLEREAGH (AVRIL 1815).

France n'a point reçu le prix du dévouement de son monarque; ses espérances ont été douloureusement trompées. Après quelques mois d'une pénible contrainte, ses sentiments concentrés à regret viennent de se manifester avec éclat : par un mouvement universel, spontané, elle a invoqué pour libérateur celui de qui seul elle peut attendre la garantie de ses libertés et de son indépendance. L'Empereur a paru, le trône royal est tombé, et la famille des Bourbons a quitté notre territoire, sans qu'une goutte de sang ait été versée pour sa défense. C'est sur les bras de ses peuples que S. M. a traversé la France, depuis le point de la côte où elle en a d'abord touché le sol jusqu'au milieu de sa capitale, jusqu'au sein de ce château rempli encore, comme tous les cœurs français, de nos plus chers souvenirs. Aucun obstacle n'a suspendu la marche triomphante de S. M. ; au moment où elle a remis le pied sur le territoire français, elle avait déjà ressaisi les rênes de son Empire. A peine son premier règne semble-t-il avoir été un moment interrompu. Toutes les opinions généreuses, toutes les pensées libérales se sont ralliées autour de lui ; jamais nation

---

[1] M. de Caulaincourt terminait ainsi sa dépêche :

« Le second avénement de l'Empereur à la couronne de France est pour lui le plus beau de ses triomphes ; Sa Majesté s'honore surtout de le devoir uniquement à l'amour du peuple français, et elle ne forme plus qu'un désir, c'est de payer tant d'affection, non plus par des trophées d'une trop infructueuse grandeur, mais par tous les avantages d'un honorable repos, par tous les bienfaits d'une heureuse tranquillité. C'est à la durée de la paix que tient l'accomplissement des plus nobles vœux de l'Empereur. Disposée à respecter les droits des autres nations, Sa Majesté a la douce confiance que ceux de la nation française sont au-dessus de toute atteinte. La conservation de ce précieux dépôt est le premier comme le plus cher de ses devoirs. Le calme du monde est pour longtemps assuré si tous les autres souverains s'attachent, comme Sa Majesté, à faire consister l'honneur dans le maintien de la paix, sous la sauvegarde de l'honneur.

« Tels sont, Milord, les sentiments dont Sa Majesté est sincèrement animée, et dont elle m'ordonne d'être l'interprète auprès de votre cabinet.

« J'ai l'honneur d'être, Milord, avec la plus haute considération, de Votre Excellence, le très humble et très obéissant serviteur. »

Signé, Caulaincourt, duc de Vicence.

ne présenta le spectacle d'une plus solennelle unanimité¹. » M. de Caulaincourt offrait, au nom de l'Empereur son maître, l'exacte observation du traité de 1814 et le respect absolu de toutes les stipulations du congrès de Vienne¹. A ces ouvertures si directes, si pressantes, le vicomte Castlereagh ne répondit que par un simple et froid accusé de réception : « il annonçait que le prince-régent n'ayant pas voulu recevoir la lettre de Bonaparte, cette lettre avait été adressée aux plénipotentiaires du congrès. » Dans une dépêche du comte Clancarty, datée de Vienne, le cabinet anglais fut informé : « que le prince de Metternich avait fait arrêter M. de Strassard, agent français, et qu'on avait décacheté, comme simples documents diplomatiques, les lettres adressées par Bonaparte aux souverains. »

En effet, d'autres courriers étaient partis sur-le-champ, porteurs de dépêches pour les représentants de la France auprès des cabinets étrangers. M. de Caulaincourt, en faisant connaître les événements de Paris, invitait les légations françaises à exprimer les intentions pacifiques de l'Empereur dans la situation où il s'était placé vis-à-vis

---

¹ Extraits des dépêches et de la correspondance du cabinet.

Lettre de M de Caulaincourt au vicomte Castlereagh, datée de Paris, le 4 avril 1815.

« Milord, l'Empereur a voulu exprimer directement à S. A. R. le prince-régent les sentiments dont il est animé, et lui faire connaître tout le prix qu'il met au maintien de la paix heureusement existante entre les deux pays. Je suis chargé, en conséquence, Milord, de vous adresser la lettre ci-jointe, et de prier Votre Excellence de la présenter à S. A. R. le prince-régent.

« Le désir le plus vif de l'Empereur étant que le repos de l'Europe ne reçoive aucune atteinte, Sa Majesté s'est empressé de manifester les mêmes dispositions aux monarques encore assemblés à Vienne, et à tous les autres souverains.

« J'ai l'honneur d'être, etc. »

Signé, Caulaincourt, duc de Vicence.

Lettre du vicomte Castlereagh a M. de Caulaincourt, datée de Downing-Street, le 8 avril 1815.

« Monsieur, j'ai été honoré de deux lettres de Votre Excellence, datées de Paris le 4 de ce mois, dont une renfermait une lettre adressée à S. A. R. le prince-régent. Je dois informer Votre Excellence que le prince-régent a refusé de recevoir la lettre à lui adressée, et qu'il m'a en même temps donné l'ordre d'envoyer à Vienne les lettres que Votre Excellence m'a fait parvenir, pour

de l'Europe. M. de Caulaincourt cherchait en vain à se faire illusion; la plupart des légations françaises, changées depuis la Restauration, étaient dévouées aux Bourbons ou liées au système de M. de Talleyrand; le corps diplomatique n'était plus à Bonaparte; à peine pouvait-il compter sur deux ministres en Allemagne, et encore étaient-ils trop bien informés de la formidable coalition de l'Europe pour avoir grande espérance dans la fortune de l'Empereur; l'influence de M. de Talleyrand était telle, que c'était de Vienne que l'on recevait des instructions. Aucun des courriers de M. de Caulaincourt ne put parvenir au but de son voyage; tous furent arrêtés sur les frontières; l'un à Kehl, un autre à Mayence; un troisième ne put dépasser Turin: partout le gouvernement impérial put reconnaître que la déclaration du 13 mars était passée dans le droit public européen, et que toutes relations avec la France étaient désormais interrompues.

Aussi cette déclaration du 13 mars fut-elle l'objet de grandes inquiétudes parmi les ministres de l'Empereur. Un moment on avait voulu faire croire « qu'elle était un mensonge de la légation française, un faux diplo-

être portées à la connaissance des souverains alliés et des plénipotentiaires qui y sont assemblés.

« Je suis, etc. »

Signé, Castlereagh.

Le vicomte Castlereagh au comte Clancarty, datée du bureau des affaires étrangères, 8 avril 1815.

« Milord, je vous envoie ci-joint la copie d'une ouverture reçue aujourd'hui de M. de Caulaincourt, avec la réponse qui y a été faite. Vous les communiquerez aux souverains alliés et aux plénipotentiaires qui sont à Vienne.

« J'ai l'honneur d'être, etc. »

Signé, Castlereagh.

Le comte de Clancarty au vicomte Castlereagh.

Vienne, le 6 mai 1815.

(Par extrait.)

« Milord, relativement à la dépêche de Votre Seigneurie, n° 3, et à ses diverses incluses, contenant une proposition faite par le gouvernement existant en France, et la réponse que Votre Seigneurie y a faite, j'ai l'honneur de vous informer, pour l'instruction du gouvernement de Sa Majesté, que dans une conférence tenue le 3 de ce mois, S. A. le prince de Metternich nous a informés qu'un M. de Strassart, qui avait été arrêté à Lintz en venant ici, parce qu'il n'était pas muni de passe-ports en règle,

matique; » il fallut bientôt revenir sur le conte puéril qu'on avait jeté à la bourgeoisie pour calmer ses craintes. Dans cette préoccupation, Fouché adressa un rapport au conseil des ministres sur la déclaration du 13 mars ; il y apporta toute son habileté : « une telle déclaration lui paraissait supposée, disait-il, indigne du caractère des souverains; elle ne pouvait pas avoir été signée par les ministres d'Autriche, d'Angleterre et de Prusse; elle était l'œuvre ténébreuse des agents du comte de Lille. » Fouché savait parfaitement le contraire, mais il était aise de poser une hypothèse qui laissait toute latitude aux conjectures de l'opinion. Sur la lecture de ce rapport, le conseil d'État se réunit solennellement pour rédiger une réponse à ce qu'on appelait l'acte *supposé* du congrès ; on délibéra deux jours. Enfin, les bases furent posées, et l'Empereur se chargea lui-même d'en rédiger les termes, dans une dictée rapide et souvent indignée. M. Boulay (de la Meurthe) lui fit éprouver quelques modifications dans les mots plutôt que dans les pensées ; Napoléon était dur, vif, emporté ; il fallait se garder de l'être en face d'un si grand danger. Le conseil d'État dut montrer plus

avait adressé une lettre à Sa Majesté Impériale (François II), et y avait joint des lettres closes que l'empereur lui avait ordonné de décacheter en présence des plénipotentiaires des puissances alliées.

« C'était une lettre de Bonaparte adressée à Sa Majesté, exprimant le désir de rester en paix, d'observer les stipulations du traité de Paris, etc. ; et une lettre de M. de Caulaincourt au prince Metternich, contenant de semblables déclarations.

« Après la lecture de ces pièces, il a été délibéré s'il y serait répondu, et quelle réponse y serait faite, et l'opinion générale a paru être qu'aucune réponse ne serait faite, et qu'il ne serait tenu aucun compte de la proposition.

« Dans cette occasion, comme à la vérité dans toutes les autres où, depuis la reprise de l'autorité de Bonaparte, l'état présent des puissances continentales à l'égard de la France a été discuté, une seule opinion a paru diriger les conseils des divers souverains. Ils adhèrent, et, depuis le commencement, ils n'ont jamais cessé d'adhérer à leur détermination du 13 mars à l'égard du dominateur actuel de la France. Ils sont en état d'hostilités avec lui et ses adhérents, non par choix, mais par nécessité, parce que l'expérience a montré qu'aucune foi n'a été gardée par lui, et qu'on ne peut aucunement compter sur les professions d'un homme qui, jusqu'à présent, n'a respecté les pactes les plus solennels qu'aussi longtemps qu'il lui a été convenable de les observer ; dont la parole, seule sûreté qu'il

DÉCLARATION DU CONSEIL D'ÉTAT (2 AVRIL 1815). 517

de modération et conserver plus de ménagements; il n'admit que pour la forme la supposition faite par Fouché, à savoir : « que les expressions de cette pièce faisaient croire qu'elle était supposée. » «Les interrogatoires des courriers, disait le Conseil, ne permettent plus de douter qu'elle a été rédigée à Vienne : comment se fait-il que des hommes considérables aient osé une mise hors la loi contre un souverain? pourquoi avaient-ils donné à Napoléon un autre titre que celui d'Empereur? Signataires du traité de Paris, ne devaient-ils pas le reconnaître pour prince couronné? le ministre français à Vienne avait méconnu, trahi, livré la nation aux armes de l'étranger. La provocation à l'assassinat était repoussée par 25 millions de Français, par les Belges, les Italiens, les peuples de l'Allemagne, et les Anglais eux-mêmes. Napoléon, souverain indépendant, continuait le conseil d'Etat, avait fait la guerre à Louis XVIII, c'était un acte de liberté. Il avait traité les Bourbons avec générosité; il aurait pu les retenir captifs, ils étaient libres. Qui avait violé le traité de Fontainebleau? Qui avait refusé l'impératrice Marie-

puisse donner pour ses dispositions pacifiques, n'est pas moins en opposition directe avec le cours antérieur de sa vie qu'elle ne l'est avec la position militaire dans laquelle il se trouve actuellement. Ils sentent qu'ils ne rempliraient pas leurs devoirs envers eux-mêmes, ni envers les peuples confiés à leurs soins par la providence, s'ils prêtaient maintenant l'oreille aux protestations du désir de la paix qui ont été faites, et s'ils se laissaient persuader qu'ils pourraient actuellement soulager leurs peuples du fardeau de l'entretien d'immenses masses militaires, en réduisant leurs forces à un établissement de paix, convaincus, comme les divers souverains le sont par l'expérience du passé, qu'ils n'auraient pas plus tôt désarmé, qu'il serait tiré avantage de leur défaut de préparations pour renouveler ces scènes d'agression et de carnage dont ils avaient espéré que la paix si glorieusement conquise à Paris les aurait garantis.

« Ils sont donc en guerre pour obtenir quelque sûreté pour leur propre indépendance, et pour reconquérir la paix et la tranquillité permanente après laquelle l'univers a si longtemps soupiré. Ils croient avoir le droit, et un droit de la plus haute nature, de s'opposer au rétablissement, comme chef du gouvernement français, d'un individu dont la conduite passée a invariablement démontré que dans ce poste il ne veut pas souffrir que les autres nations soient en paix, dont la turbulente ambition, dont la soif des conquêtes au dehors

Louise au vœu ardent de Napoléon? Qui avait entouré l'Empereur d'assassins sur la route d'Orgon? Marie-Louise et le roi de Rome n'avaient pas obtenu encore le duché de Parme et de Plaisance, qui leur était promis; on avait refusé à Eugène de Beauharnais une indemnité en Italie; les dotations sur le *Monte Napoleone* étaient bouleversées. Jamais la pension de Napoléon n'avait été payée; déjà on lui assignait Sainte-Hélène, ou Sainte-Lucie comme prison d'État; on se préparait encore à d'autres actes d'injustice. Après avoir subi tant d'offenses et d'injures, Napoléon avait pris les armes; quand il abdiqua en 1814, il espérait que le nouveau gouvernement consacrerait les droits du peuple français; loin de là, il les avait tous violés; les anciennes dénominations féodales allaient reparaître, lorsque le vœu de la nation avait rappelé l'Empereur; porté sur les bras de tout un peuple, sa marche du golfe Juan à Paris constatait la puissante volonté de la France de maintenir le souverain de son choix. Dans les nouveaux rapports avec l'Europe, les traités seraient maintenus; il voulait conserver la paix sur ces bases; mais si on le

et dont le mépris pour les droits de l'indépendance des autres États doivent exposer l'Europe entière à des scènes réitérées de pillage et de dévastation.

« Tels sont généralement, Milord, les sentiments des souverains et de leurs ministres ici, et il semble que la glorieuse modération qu'ils ont observée pendant qu'ils ont été maîtres de la capitale de la France, au commencement de l'année dernière, devrait prouver aux Français que la présente guerre n'est pas dirigée contre leur liberté et leur indépendance, ni excitée par aucun esprit d'ambition ou de désir de conquête; mais qu'elle provient de la nécessité, qu'elle est commandée par les principes d'une propre conservation, et fondée sur leur droit légitime et incontestable d'obtenir des sûretés raisonnables pour leur propre tranquillité et leur indépendance, et que si de sa part la France y a droit, les autres nations ont également le droit de l'exiger de la France.

« Afin de m'assurer que je n'ai rien avancé dans cette dépêche qui ne s'accorde avec les vues des souverains alliés, j'en ai communiqué la teneur aux plénipotentiaires des hautes puissances alliées, et j'ai l'honneur de vous informer que les sentiments qu'elle contient coïncident avec ceux de leurs cours respectives.

« J'ai l'honneur, etc. »

Signé, Clancarty.

forçait à combattre, cette nation valeureuse se lèverait tout entière comme aux grandes époques, et l'on sait comment avaient alors fini les coalitions. »

Cette déclaration était plutôt destinée à frapper l'opinion publique qu'à changer les dispositions de l'Europe, inflexiblement arrêtées. Les négociations de l'Empereur n'avaient produit aucun résultat; il avait essayé de faire enlever Marie-Louise à Vienne, par suite d'un projet combiné entre MM. de Stassart, arrêté à Lintz, et le jeune M. de Montesquiou. Tout fut déjoué par M. de Metternich; la maison française de l'Impératrice fut congédiée, quelques-uns des membres de la famille Bonaparte furent jetés dans des forteresses; Eugène de Beauharnais dut se retirer sur-le-champ à Munich [1], où on le plaça sous une surveillance active; tous les Français hostiles à l'opinion royaliste reçurent des passeports pour quitter l'Allemagne. M. de Talleyrand écoutait en souriant la proposition de M. de Monteron qui souriait lui-même; l'homme d'État avait une sagacité trop grande pour ne pas comprendre que le règne de Napoléon était passé; une coalition de tous les gouvernements contre un seul homme, de tous les rois contre un seul Empereur, devait aboutir à l'anéantissement complet du parti impérialiste. Aussi refusa-t-il toutes les offres que lui apportait M. de Monteron; la Restauration bourbonienne le préoccupait exclusivement; il était là avec MM. de Noailles, de Dal-

---

[1] Eugène de Beauharnais se compromit à Vienne en remettant confidentiellement une lettre énigmatique à un courrier français nommé Bourdet, qui était allé le trouver en l'assurant de son dévouement à la cause de Bonaparte. Ce dévouement, imprudemment manifesté, ayant fait arrêter ce courrier à Carlsruhe, sur la demande du ministre autrichien près du grand-duc, la lettre d'Eugène fut trouvée dans une bouteille cachée dans la voiture de ce courrier, qui était à double fond et pleine de contrebande, ainsi que le portefeuille même des dépêches qui avait été forcé. Le courrier, en arrivant à Heibron, où il fut ramené, fut mis à la suite du quartier-général autrichien; et, à son passage dans chaque ville jusqu'à Paris, il était déposé dans la prison publique.

berg et de La Tour du Pin, et une légation française très dévouée à Louis XVIII; on rejeta donc bien loin toutes les offres de Paris.

Quand Napoléon fut bien sûr de ce refus obstiné et de l'attitude si profondément hostile de la légation française, il entra dans une affreuse colère : « il n'y avait donc plus d'espérance pour lui; partout la trahison grondait! » Il voulut faire peur, intimider par des mesures de proscription, et alors parut ce décret supposé daté de Lyon, qui frappait nominativement M. de Talleyrand, en tête de tous; puis le maréchal Marmont, le duc de Dalberg, l'abbé de Montesquiou, le comte de Jaucourt, le comte de Bournonville, le comte de Lynch, le baron de Vitrolles, MM. Alexis de Noailles, de Bourrienne, Bellard, de La Rochejaquelein et Sosthènes de La Rochefoucauld, tous auteurs de la première restauration ou négociateurs à Vienne; le séquestre devait être mis sur leurs biens; ils seraient jugés comme traîtres à la patrie. Napoléon supposa ce décret daté de Lyon, afin de ne point indiquer que le véritable motif était le dépit qu'il éprouvait de voir impuissantes ses négociations à Vienne. En dressant ainsi une première liste de proscrits, il donnait l'exemple au gouvernement des Bourbons, et justifiait d'avance les listes de proscriptions de 1815; la violence appellerait la violence, l'action une réaction. Ce décret fut dressé en vertu de la dictature que Napoléon voulait alors exercer dans toute sa plénitude en attendant les Chambres; il parut sans contreseing de ministre, car le général Bertrand refusa courageusement[1]; comme il était daté de Lyon, le grand-maréchal devait le signer; il déclara que ce n'était pas de cette

---

[1] Voyez l'exact récit de M. Fleury de Chaboulon.

manière qu'il comprenait le gouvernement de l'Empereur.

Le congrès marchait toujours à Vienne vers le ferme développement de la déclaration du 13 mars : le 25, les hautes puissances contractantes s'étaient encore réunies dans un traité commun pour l'exécution des engagements prévus dans la déclaration du 13 mars; on savait la marche rapide de Napoléon, on n'avait plus d'espoir de préserver Paris; les mesures militaires devaient être immédiatement prises. Les comtes de Rasumowski et de Nesselrode s'entendirent avec le prince de Metternich et le baron de Wessemberg, et une nouvelle convention, quoique signée seulement par deux puissances, devint commune à toutes les cours qui avaient signé le traité de Paris en 1814. Les bases en étaient simples : « les cabinets s'engageaient à mettre sur pied toutes leurs forces contre Bonaparte et sa faction, afin de le réduire désormais à l'impuissance de troubler le repos de l'Europe; » on renouvelait le traité de Chaumont pour les contingents militaires, avec l'addition de toutes les forces que les circonstances pourraient nécessiter. Une suite de traités secrets furent conclus pour le développement de cette convention diplomatique : « l'Europe ne mettrait bas les armes qu'après l'entière destruction de Bonaparte. » Il n'y avait donc plus à en douter, c'était la guerre, une guerre formidable, européenne, qui allait éclater; toutes les puissances s'étaient mises d'accord contre la France; Napoléon ne pourrait en détacher aucune, toute alliance était interdite; l'Europe nous avait mis à son ban, et c'était se faire illusion que de croire la paix possible à l'aspect des tristes tendances que prenaient les négociations diplomatiques; il fallait se décider à soutenir la guerre contre tous, et c'est là une position impossible pour un peuple quelque grand qu'il soit; l'héroïsme ne peut lutter contre la force matérielle.

Il ne faut pas croire cependant qu'à Vienne on fût sans inquiétude sur le résultat de la guerre; tous les cabinets ne partageaient pas l'opinion du comte Pozzo di Borgo, qui annonçait dans son langage corse « que Napoléon serait pendu à un figuier de Provence. » La marche merveilleuse de Napoléon sur Paris avait surpris, elle était si rapide, si extraordinaire! Le prince de Metternich était vivement inquiet, et il avait dit au général Jomini : « Eh! bien, nous revoilà en 1813 [1]. » La légation anglaise elle-même ne dissimulait pas les dangers qui pouvaient naître de la situation. La correspondance de lord Stewart semble parfaitement peindre cet état des esprits à Vienne; une des dépêches, datée du 19 mars, offre un grand intérêt. « Depuis ma dernière lettre l'aspect des affaires a beaucoup changé, dit lord Stewart, et de vives inquiétudes, qui vont jusqu'à un découragement complet, se sont emparées de tous les esprits. Nos nouvelles de Paris du 11 annoncent que Napoléon est entré à Lyon; que plusieurs corps de l'armée sont allés se joindre à lui, entre autres ceux de Marchand et de Labédoyère; que la garnison de Metz a également pris son parti, et que celle de La Fère a marché sur Paris, etc. Vous avez probable-

---

[1] Le prince de Metternich, qui jugea promptement la situation critique des Bourbons, avait précédemment et secrètement adressé à Fouché les questions suivantes : « Que résulterait-il de l'apparition du roi de Rome sur les frontières de France? Quelle serait la direction d'un mouvement national insurrectionnel? » Le ministre lui répondit : « Si le premier régiment envoyé contre Napoléon passait de son côté, il en serait de même de tout le reste de l'armée; si le roi de Rome était amené sur nos frontières par un corps autrichien, tout le monde serait pour lui; si le mouvement était intérieur, on se prononcerait en faveur du duc d'Orléans. » Ainsi prévenu, et sans écouter les propos de M. Pozzo di Borgo, qui disait de Napoléon : « C'est un fou, il sera accroché au premier arbre, » M. de Metternich, qui ne croyait pas à la renaissance de la République, et voyait dans Napoléon seul l'ennemi qu'il fallait combattre, rédigea la déclaration signée le 13 mars.

ment déjà reçu toutes ces nouvelles d'une manière plus exacte. Elles ont causé une grande consternation, et je pense que le duc de Wellington, qui envisageait d'abord les choses sous un jour favorable, s'est jeté dans l'autre extrême. Tout le monde le presse de partir sur-le-champ pour la Belgique, afin d'organiser la masse de forces qui doivent agir sur ce point. Le prince de Talleyrand paraît regarder son départ comme l'unique moyen de salut. Je suis aussi de cet avis, puisque les cabinets militaires assemblés ici ont arrêté entre eux un système commun d'opérations. Plusieurs conférences ont déjà eu lieu. Knesebeck, Schwartzenberg, etc., ont assisté le roi et l'empereur de leurs conseils, et le duc de Wellington a été d'une immense utilité. On a expédié des ordres à toutes les armées. Le général Nugent part aujourd'hui pour l'Italie, et de tous côtés on prend les mesures les plus actives. L'absence du duc, lorsqu'une fois le plan d'opérations militaires sera tout à fait arrêté, ne se fera pas beaucoup sentir. Je suis convaincu que lord Clancarty dirigera nos affaires aussi bien que possible, aujourd'hui que Bonaparte occupe toutes les têtes et que son nom est dans toutes les bouches. Tous nos illustres alliés se montrent très pressants pour les subsides, et nous aurons, à ce que je crois, un second traité de Chaumont. J'apprends que l'empereur de Russie, avec son adresse accoutumée, a fait naître des doutes sur la sincérité de notre dernière déclaration contre Napoléon, et cela évidemment dans le but de se soustraire à la nécessité de faire une guerre continuelle contre la France. Si elle choisit un chef militaire, ou se fait république, qui exécutera pour elle le traité de Paris? J'espère qu'en insistant on pourra obtenir quelque éclaircissement sur ce point important. Il ne faut certainement pas souffrir qu'on élève des doutes sur notre intention de ne pas faire la guerre en France avant d'y être invités par son roi, et encore moins sur notre volonté de ne pas laisser Bonaparte régner en Europe, après que nous nous sommes engagés à n'avoir avec lui ni paix ni trêve. Cependant j'ai entendu répéter plusieurs fois que, si les Bourbons étaient déposés, et que l'armée et la nation eussent réélu Napoléon, notre déclaration n'étant point ratifiée pourrait rester sans effet. En un mot, nous commençons à être enveloppés des mêmes brouillards qui obscurcissaient si fort l'horizon politique pendant l'hiver de 1815 et le printemps de 1814. Les craintes manifestées par les ambassadeurs ont augmenté de beaucoup l'inquiétude générale. Le prince de Talleyrand a déjà annoncé que si les choses allaient mal, il ne retournerait jamais en France, mais se fixerait en Allemagne. Il est sage de prendre un pareil parti lorsque le moment arrive, mais très imprudent de le faire connaître dans les circonstances où nous sommes [1]. »

Quelques jours après, le 29 mars, lord Stewart se hâte encore de signaler à son gouvernement l'attitude prise par le congrès de Vienne : « Je ne me suis pas trouvé à l'ambassade au moment où le dernier courrier est parti, et j'ai par conséquent manqué l'occasion de vous écrire. Les nouvelles d'aujourd'hui ont confirmé l'entrée de Bonaparte à Paris, la création d'un ministère, la fuite du roi à Lille, son arrivée à Péronne, et tous les autres détails que certes vous savez déjà mieux que nous. Le prince de Metternich a lu sa correspondance à la conférence d'hier soir; rien de plus funeste ne pouvait arriver; une tristesse inexprimable s'est répandue partout. Il s'est

[1] Extrait des dépêches de sir Charles Stewart (depuis lord Londonderry.

opéré un changement étonnant dans l'espace d'un mois ; on peut diviser en trois actes le grand drame qui se joue devant nous : Bonaparte débarque, sa tentative est tournée en ridicule, et on se flatte que les mesures de police et les premières troupes qui le rencontreront suffiront pour le mettre à la raison, voilà le premier acte ; et voici le deuxième : il arrive à Lyon, toute l'armée française se joint à lui et s'oppose à la nation, dont une grande partie même salue son arrivée comme un triomphe ; enfin le troisième acte nous montre sa rentrée à Paris, et la France entière remise sous son pouvoir, de sorte que nous ne pouvons nous dissimuler que nous n'ayons une rude tâche à remplir. Il faut avouer que la révolution qui s'est opérée dans les actes et les sentiments de la nation française est inexplicable ; une âme noble éprouve une pénible perplexité, et l'on est confondu d'étonnement en considérant combien d'exemples d'infidélités les chefs militaires ont donnés au monde [1]. Vous entendrez probablement parler du projet qu'on avait formé d'enlever le fils de Napoléon du palais de Schœnbrünn. On dit que le jeune Montesquiou était chargé de l'entreprise, et que ses voitures toutes prêtes attendaient près du jardin impérial. Ce complot a été découvert, et le soi-disant roi de Rome est maintenant séparé de l'impératrice Marie-Louise, et loge dans le palais de Vienne. »

Toutefois, ce découragement dont parle lord Stewart n'allait pas jusqu'à l'abandon des principes posés par la déclaration du 13 mars. On était décidé à la guerre, on devait la poursuivre avec vigueur dans un but convenu ; il n'y avait plus à reculer ; quel que fût le principe qui

---

[1] J'ai supprimé ici quelques phrases très dures sur le parjure et les adresses des généraux français.

triomphât en France, Empire ou République, il fallait le combattre, parce qu'il menaçait l'Europe. Déjà au Parlement d'Angleterre, la question prenait cette tournure vigoureuse que l'esprit aristocratique sait donner aux généraux de la Grande-Bretagne. Le message porté au nom du prince-régent dans les deux Chambres était court, précis; le prince faisait savoir à son Parlement : « que les événements survenus en France, menaçant la tranquillité de l'Europe, avaient engagé son Altesse Royale à proposer une augmentation de troupes de terre et de mer ; que le prince s'était mis en rapport avec les cabinets pour certaines stipulations qui donneraient lieu à une demande de subsides, et qu'en cette hypothèse il comptait sur la loyauté du Parlement pour lui prêter son concours [1]. » A l'appui de ce message, le comte de Liverpool développa dans la Chambre des lords la nécessité d'un armement : « Le traité de Paris, conclu au mois de mai 1814, avait été fort libéralement conçu; on n'avait exigé de la France aucune condition déshonorante; l'avénement des Bourbons était une garantie de repos; on leur avait fait des concessions qui n'auraient pas été consenties à l'égard de Bonaparte, parce qu'ils donnaient la sécurité d'un principe. Le traité de Fontainebleau fut une condition arrachée aux cabinets pour mettre fin à la guerre civile; on avait accordé l'île d'Elbe

---

[1] « Le prince régent, agissant au nom et pour Sa Majesté, croit devoir faire savoir à la Chambre que les événements survenus dernièrement en France, en contravention directe aux engagements pris à Paris, au mois d'avril dernier par les puissances alliées, et qui menacent d'avoir les conséquences les plus dangereuses pour la tranquillité et l'indépendance de l'Europe, ont engagé Son Altesse royale à donner des ordres pour l'augmentation des troupes de terre et de mer de Sa Majesté.

« Le prince-régent a jugé pareillement ne pas devoir perdre un moment à se mettre en communication avec les alliés de Sa Majesté pour établir un concert capable de pourvoir à la sécurité générale et permanente de l'Europe, et Son Altesse Royale compte avec assurance sur l'assistance de la Chambre dans toutes les mesures nécessaires à l'accomplissement de cet important objet. »

à Bonaparte comme souveraineté, on n'avait aucun droit de le surveiller; en venant en France, Bonaparte avait fait un acte de violence à main armée, il était bon dès lors de se préparer à toutes les chances, car on était dans l'alternative ou d'une défense armée, ou d'une guerre active : c'était là un point à débattre. Dans toutes les hypothèses, il fallait augmenter les forces militaires et se mettre en rapport avec les alliés. Souvent la guerre active valait mieux qu'un système purement défensif, coûteux et sans résultat. » Selon le comte de Liverpool, une paix armée était plus déplorable pour un peuple qu'une guerre violente et soutenue avec fermeté.

Devant les Communes, lord Castlereagh ajouta : « qu'aucun homme sensé ne pouvait douter que les événements survenus en France ne fussent destinés à troubler la paix du monde; la révolution du 20 mars était un mouvement de soldats et non de peuple. Bonaparte violait les traités de Fontainebleau et de Paris en s'introduisant en France à main armée; la Grande-Bretagne devait se tenir prête à tout événement et se mettre en rapport avec ses alliés; ces mesures de précaution étaient nécessaires, soit qu'on voulût attaquer sur-le-champ, soit qu'on voulût retarder la guerre jusqu'au temps où le pouvoir de Bonaparte serait miné en France par l'opinion publique; car on pouvait espérer encore que la France se débarrasserait elle-même de ce despotisme militaire. » Le message du prince-régent fut combattu aux Communes par M. Withbread, aux Lords, il passa sans discussion. Jamais majorité n'avait été plus imposante : aux Communes, M. Withbread n'eut pour lui que 37 voix [1]. » En

---

[1] *Annales parlementaires* (mars et avril 1815).

Angleterre, lorsqu'il s'agit de grandes questions diplomatiques, il est rare que le Parlement ne les seconde pas avec unanimité; là l'esprit national domine les querelles des partis, la vieille Angleterre est l'idole des opinions les plus diverses. Bel exemple à suivre et à imiter!

Tout fut désormais à la guerre en Europe : aux manifestes des princes adressés aux armées russes ou allemandes, succédèrent les levées et l'organisation des corps. D'après les tableaux officiels qui furent mis sous les yeux du congrès dans les séances secrètes, l'Europe pourrait disposer, dans la seconde quinzaine de juin, d'un effectif de **986,000** hommes [1], sans comprendre l'état militaire des petits princes d'Allemagne, tels que la Hesse-Darmstadt, le Hanovre, la Belgique, les troupes du Piémont, de Gênes, de Toscane, dont on n'avait pu encore fixer les contingents. La Russie était portée pour un chiffre de 500,000 hommes, qui seraient sur le Rhin vers le milieu de juin; on ne comptait l'Autriche que pour 150,000, parce qu'elle avait l'armée du maréchal

---

[1] Le prince de Wrèdre présenta à la conférence du 23 mars à Vienne l'état suivant des forces de l'Europe.

« La Russie a plus de 500,000 hommes sur pied, et on peut estimer l'effectif à disposer au moins de   300,000

« L'Autriche, sur les 300,000 qu'elle a, peut aisément en laisser 150,000 en Italie, et envoyer d'effectif en France au moins   150,000

« La Prusse a 280,000 hommes, et un nouvel enthousiasme si exalté en ce moment qu'on pourrait appeler rage nationale, fait que chacun s'enrôle à la hâte dans de nouveaux corps de volontaires. Cependant, comme elle gardera toutes les places fortes de l'Allemagne septentrionale, il faut compter seulement   200,000

« La Bavière a sur pied effectif et déjà en marche   60,000

« Le roi de Wurtemberg a déclaré au grand-duc de Bade et aux Suisses qu'il mettrait 100,000 hommes sur pied; cette promesse est évidemment exagérée, mais il est certain qu'il fera un grand effort; on peut compter qu'il disposera au moins de   40,000

« Le grand-duc de Bade enverra   20,000

« Le Danemarck joindra à la cause générale son armée, estimée de   16,000

« L'armée saxonne, composée d'excellentes troupes, est de   14,000

L'Espagne, qui a déjà fait marcher 12,000 hommes, peut aisément tripler ce nombre   36,000

de Bellegarde qui devait opérer sur Naples et l'Italie. La Prusse offrait d'employer 200,000 hommes ; la Bavière, 60,000 ; le Wurtemberg, 40,000 ; le grand-duc de Bade, 20,000. L'armée espagnole n'était comptée que pour 56,000, et l'Angleterre prenait à sa solde, en troupes allemandes, écossaises ou anglaises, 80,000 hommes.

Dans le protocole d'une conférence [1] militaire tenue à Vienne, un plan offensif fut immédiatement adopté. On dut organiser trois grandes armées : celle du Haut-Rhin sous le prince Schwartzenberg, qui devait se composer de 150,000 Autrichiens, 65,000 Bavarois, 25,000 Wurtembergeois, 16,000 Badois et 8,000 Hessois de Darmstadt ; l'armée du Bas-Rhin prussienne aurait un complet de 155,000 hommes, et l'armée anglo-belge serait portée à un pareil contingent. Il fut entendu par les commissaires alliés : « qu'on renforcerait immédiatement le duc de Wellington en Belgique. » On ne devait opérer que simultanément ; tous les cantonnements étaient fixés à Mayence, Francfort et Manheim ;

« L'armée portugaise était dans la dernière guerre de 30,000
« Enfin, l'Angleterre a eu 100,000 hommes à sa solde, non compris les Espagnols, dans la dernière guerre ; elle réunit aujourd'hui 80,000 Anglais, Hanovriens, Belges et Hollandais. 80,000

« Total. 986,000

« Nous ne comptons pas les troupes de la Hesse, de Darmstadt et des princes de Saxe, de Nassau et autres en Allemagne. Nous ne comptons pas les nouvelles levées du Hanovre, de la Hollande et de la Belgique, qui fournit seule 25,000 hommes. Enfin, nous ne comptons pas les troupes du Piémont et de Gênes, ni celles du grand-duc de Toscane. »

[1] *Protocole d'une conférence militaire tenue à Vienne, le 31 mars 1815.*

A une conférence tenue en présence de S. M. l'empereur de Russie, par S. A. le prince royal de Wurtemberg, S. A. le prince de Schwartzemberg, maréchal et président du conseil de S. M. l'empereur d'Autriche ; M. le maréchal prince de Wrède, de M. le prince Wolkonsky, aide-de-camp de S. M. l'empereur de Russie, S. E. milord Cathcart, général en chef des armées de S. M. le roi d'Angleterre, et M. le baron de Knesebeck, lieutenant-général au service de S. M. le roi de Prusse, on est convenu des points suivants :

Il se formera sur le Rhin trois grandes armées, savoir :

1º Armée sur le Haut-Rhin, sous les ordres du prince de Schwartzenberg.

le maréchal de Wrède ferait construire des têtes de pont ; la grande armée russe, s'avançant à marches forcées, trouverait ses cantonnements à Nuremberg et Wurtzbourg, sous le général Barclay de Tolly. La garnison de Mayence devait être portée à 20,000 hommes.

Avec de telles masses qui pouvaient être augmentées d'un tiers dans trois mois, avec une artillerie de quinze cents pièces attelées et une cavalerie de huit cent cinquante escadrons, il n'y avait nul moyen de résistance pour notre grande et malheureuse patrie, et cette opinion devait porter le découragement dans les esprits en France. Depuis l'année 1813, et le traité de Chaumont en 1814, les alliés étaient toujours partis d'une idée fixe dans les rapports hostiles avec Bonaparte : c'est que, s'agissant d'une guerre de principe, plus encore que d'intérêt, ce qu'il fallait surtout, c'était un concours de volontés puissant et continu, une simultanéité de forces qui ne permettrait pas à la France les moyens

---

2° Armée sur le Bas-Rhin, sous les ordres du maréchal Blücher.

3° Armée dans les Pays-Bas, sous les ordres du maréchal duc de Wellington.

L'armée du Haut-Rhin sera composée de :

150,000 Autrichiens.
65,000 Bavarois.
25,000 Wurtembergeois.
16,000 Badois.
8,000 Hessois de Darmstadt.

Total. 264,000

L'armée sur le Bas-Rhin sera composée de 153,000 Prussiens, et celles des Pays-Bas de troupes anglaises, hollandaises et hanovriennes.

Le reste des troupes du Nord de l'Allemagne, savoir : celles de Hesse-Cassel, Mecklembourg, Nassau, Waldeck, Schwartzburg, Reuss, Lippe, Anhalt, Saxe royale, Saxe ducale, Oldembourg, Brunswick et des villes anséatiques restent encore à distribuer dans les armées du maréchal Wellington et du maréchal Blücher.

On a été d'abord généralement de l'avis qu'il était évidemment nécessaire de renforcer, autant que possible, le duc de Wellington.

On a remarqué alors les inconvénients graves qui résulteraient militairement de toute mesure tendant à désorganiser un corps de 14 à 15,000 hommes de bonnes troupes, à une époque où il est de la plus grande urgence de réunir sur les frontières menacées un nombre suffisant de troupes alliées.

On est convenu ensuite des premiers cantonnements à prendre pour l'armée du Haut-Rhin, savoir :

L'armée bavaroise, sous les ordres du maréchal de Wrède, prendra ses cantonnements au-delà de Mayence, Francfort et

PLAN DES ALLIÉS (31 MARS 1815).

de respirer : on devait l'accabler par les masses, l'étouffer sous le nombre; ce n'était pas généreux pour des souverains qui se glorifiaient de leur esprit chevaleresque, mais cela paraissait indispensable pour le succès, et malheureusement le succès justifie tout en politique.

Un plan militaire fut dès ce moment arrêté à Vienne, dans les termes suivants : « les opérations commenceraient dans le mois de juin; l'armée anglo-belge opérerait sur la ligne de la Flandre par Bruxelles ; confiée au duc de Wellington, elle donnerait la main à l'armée prussienne de la Meuse, que dirigerait le maréchal Blücher ; l'armée de la confédération bavaroise, würtembergeoise, badoise, soutenue par de fortes divisions russes, passerait le Rhin ; une grande armée austro-russe l'appuierait par Bâle, en traversant la Suisse, qui se prononçait pour l'alliance. Une armée composée d'Autrichiens, de Piémontais, de Siciliens et d'Anglais parai-

---

Manheim, et poussera une division sur la rive gauche du Rhin.

Le maréchal de Wrède se charge de la construction de deux têtes de pont, l'une à Manheim et l'autre à Gernesheim.

Le corps du prince royal de Wurtemberg cantonnera entre Bruchsal, Manheim et Heildelberg ; il poussera une division sur la rive gauche du Rhin.

Le corps d'armée du général Colloredo prendra ses cantonnements entre Bruschal, Offembourg et Pforzheim.

Le corps d'armée du général prince de Hohenzollern cantonnera entre Offembourg, Freibourg et Rothweil ; la réserve autrichienne sera cantonnée entre Heilbrun, Halm, Ulm et Eslingen.

L'armée russe, sous les ordres du maréchal Barclay de Tolly, sera cantonnée entre Wurtzbourg, Nuremberg et Bamberg.

Les chefs d'état-major des différents corps se concerteront dans une autre conférence sur les détails de cantonnements et de routes militaires.

La garnison de Mayence sera de :
4,000 Autrichiens.
4,000 Prussiens.
3,000 Bavarois.
3,000 de Francfort, Isembourg et Reuss.
1,500 de Nassau.
4,500 de Hesse-Cassel.

Mayence sera considérée comme une place d'armes pour les armées des Haut et Bas-Rhin.

Cette forteresse aura un gouverneur autrichien et un commandant prussien. Les cours allemandes les plus rapprochées des frontières de France seront incessamment invitées à prendre des mesures de police générale, pour empêcher, autant que possible, l'espionnage de l'ennemi.

trait sur les Alpes; les Portugais et les Espagnols seconderaient une insurrection dans le Midi; la Vendée verrait aussi les Anglais comme auxiliaires pour appuyer les mouvements de la Bretagne. »

Les mesures étaient tellement prises que le succès devait arriver dans l'espace de trois mois par l'intérieur ou l'extérieur; il ne s'agissait plus désormais que de hâter cette croisade européenne où de grands coups de foudre devaient tout briser; l'Europe ne prendrait pas les armes en vain, elle mettait un triste honneur à exécuter dans toutes ses conséquences la fatale déclaration du 13 mars!

Et nous au moins dans ce péril si formidable, serions-nous unis et forts pour le salut de la patrie commune?

CHAPITRE XIV.

SITUATION DES OPINIONS ET DES PARTIS APRÈS LES PREMIERS ACTES DE NAPOLÉON.

Effet produit à Paris et dans les départements par le retour de l'Empereur. — La Bourse. — Transactions commerciales. — Les hautes classes. — La bourgeoisie. — Le peuple. — Pamphlets. — Caricatures contre les Bourbons. — Le parti patriote. — Les idées de 1789. — M. de Lafayette. — M. Benjamin de Constant. — Sa conversation avec l'Empereur. — Fusion avec les constitutionnels. — Les jacobins. — Les impérialistes purs. — Action sur les faubourgs. — Réveil des émotions démocratiques. — Commencement de l'idée fédérative. — Craintes de la guerre. — Les royalistes. — Leur organisation. — Propositions et protestations. — M. Lainé. — M. de Kergorlay. — M. Decazes. — Comité royaliste constitutionnel à Paris. — M. Royer-Collard. — Les étudiants. — Premier travail pour la constitution. — Arrivée de Lucien Bonaparte. — Incertitude de l'avenir.

25 Mars au 15 Avril 1815.

L'entrée de Napoléon à Paris, le soir, presque furtive, avait produit un effet généralement triste ; si au palais des Tuileries de braves militaires, des soldats enthousiastes, des officiers pleins de dévouement, avaient salué leur Empereur ; la population de Paris, les classes élevées, la bourgeoisie, voyaient avec effroi le retour de l'homme de guerre qui avait remué le monde pendant vingt ans, car ce qui est gigantesque fait peur. Certes, si Napoléon n'avait apporté avec lui-même que sa magnifique personnalité, s'il n'avait paru comme le génie de la guerre, entraînant à sa suite la victoire (hélas! aussi les calamités de l'invasion), peut-être alors on l'eût préféré à la famille des Bourbons. Mais personne ne se dissimulait les conséquences, malheureusement nécessaires, de ce retour de Bonaparte ; il était le symbole de la guerre ; l'on jouissait à peine de neuf mois de paix, et il fallait se précipiter de nouveau dans les hasards des batailles ; des sacrifices étaient imposés, on serait forcé encore de donner sa fortune, ses enfants, et tout cela pour rétablir une dynastie sur les débris d'une autre. La France commençait à prendre beaucoup d'indifférence pour ses gouvernements; la noble source des dévouements était tarie, on ne voulait plus se sacrifier pour les familles qui se donnaient mission de gouverner ; ce que l'on voulait, c'était la paix avec l'honneur et la gloire, mais le repos plus encore que tout cela, et Bonaparte venait remuer les existences acquises.

Aussi le retour de l'Empereur eut-il une action fatale sur la bourse[1] et les transactions commerciales ; l'alarme se mit dans tous les intérêts, elle éclata comme une longue traînée de poudre ; on ne dissimula pas les craintes qu'inspirait l'avenir ; toutes les affaires furent spontanément suspendues, on n'osa plus ni expéditions maritimes ni opérations industrielles un peu étendues.

---

[1] Le dernier cours du 5 mars était, pour le 5 pour cent, de 83 francs ; au mois d'avril, il était à 51 francs.

Ce malaise était de nature à désaffectionner les classes supérieures ; la bourgeoisie voyait avec effroi l'homme qui tourmentait si violemment son existence ; les hautes classes de la banque ou de l'aristocratie territoriale avaient peu de goût pour Napoléon, elles étaient dévouées à l'ancienne dynastie ou bien rattachées aux idées de 1789 ; l'impérialisme avait peu de partisans dans les écus ; propriétaires ou hommes d'argent craignaient trop la guerre et les perturbateurs ; l'esprit bourgeois était opposé depuis des siècles à l'esprit militaire. Dans un pays où la classe moyenne domine, l'on peut s'attendre à des choses utiles, honorables souvent ; mais de grandes actions, d'héroïques dévouements, il n'y en a pas ; les abnégations sublimes n'arrivent que chez les hautes classes par le mobile de l'honneur, et chez le peuple par le pur et grand sentiment de patrie. Les masses étaient pour l'Empereur ; elles voyaient en lui moins l'homme revêtu de la pourpre que l'enfant de la Révolution française et l'épée du jacobinisme. Les faubourgs étaient donc fort nationalement disposés pour repousser toute invasion territoriale ; ils n'avaient rien à perdre et tout à gagner ; l'agitation était leur élément ; si l'ouvrier ne travaillait pas dans les manufactures commerciales, il ferait des fusils, des sabres ; il élèverait des buttes, des fortifications. Ces hommes « qui n'ont rien et espèrent peu, » comme dans l'*Enfer* du Dante, aiment la France comme une nourrice qui les allaite de ses grandes mamelles.

Cet esprit de l'ouvrier était entretenu par les caricatures spirituelles contre les Bourbons, les prêtres, les émigrés, ce que la police, depuis 1792, désignait sous la dénomination de parti de l'étranger ; malheureusement pour le caractère humain, la vieillesse et le malheur prêtent au ridicule ; la génération qui vient dévore celle qui s'en va, c'est la fatale loi du destin; et à peine les Bourbons avaient-ils quitté Paris, qu'on fut inondé de pamphlets contre le gouvernement qui tombait. On accusa la Restauration avec fureur; ce qui s'était produit en 1814 contre Napoléon se manifesta contre les Bourbons; peut-être les mêmes plumes se prêtèrent-elles aux mêmes lâchetés. Les caricatures ne manquèrent pas, je les ai parcourues avec dégoût, comme celles qui furent lancées contre Napoléon; dois-je le dire? Louis XVIII est principalement l'objet de ces productions satiriques ; puis vient le tour des volontaires royalistes, efflanqués comme M. de la Jobardière, avec des béquilles et tous les symptômes des grandes infirmités de l'âge; ils étaient en chaises et attendaient : « des hommes pour les porter en avant. » On caricaturait les cocardes blanches, les dragonnes des vieilles épées, les habits à basques, comme si chaque époque n'avait pas ses habits usés[1].

Cependant dès que Napoléon eut ressaisi la couronne, le parti patriote, timide et décousu, qu'avait dirigé la coterie de madame de Staël et M. de Lafayette, se hâta de s'organiser afin de conduire et de dominer la marche nouvelle de son gouvernement ; cette coterie avait cherché à constituer un pouvoir provisoire, Napoléon les avait devancés. Dans les derniers jours des Bourbons, ce parti s'était franchement réuni à la défense nationale; il avait manifesté haut ses sentiments et ses opinions pour Louis XVIII[2] ; et qui ne se rappelait les articles que

---

[1] Voyez la collection conservée à la Bibliothèque du roi.

[2] « Those of the enlightened friends of rational liberty, and particularly those who were known in Paris at that time under the denomination of *liberales*, eagerly rallied round the king. Though the disapproved of some parts of the constitution established by Lewis, and seriously distrusted the spirit in which it was executed, and the opi-

M. de Constant avait publié dans *les Débats* : « contre le tyran et l'usurpateur, qui venait détrôner la monarchie constitutionnelle. » Une fois Napoléon à Paris, ce parti dut nécessairement examiner par lui-même s'il accepterait l'ordre de choses nouveau comme un fait accompli, en lui demandant des garanties ; Bonaparte l'avait beaucoup caressé dans ses proclamations, dans ses actes, depuis Grenoble jusqu'à Paris ; pour eux, il avait retrouvé le titre de *citoyen ;* l'avénement de Fouché et de Carnot était un gage donné à la Révolution, on ne pouvait rien exiger de plus pour les opinions de 1792 : Napoléon leur promettait une constitution, la souveraineté du peuple, un champ national au mois de mai ; ce n'était plus l'homme de guerre et de despotisme, il devenait le pacifique gardien de la loi, et au besoin même le consul de la république.

Dans cette situation si dessinée, la société de madame de Staël, le *Censeur Européen* de MM. Comte et Desnoyer, se dévoueraient-ils entièrement à la cause des Bourbons exilés [1] ? ou bien prendraient-ils parti pour Bonaparte dans la nouvelle direction qu'il voulait donner à son gouvernement ? Fouché se mit immédiatement en rapport avec M. de Lafayette et les écrivains qui pouvaient donner des gages aux idées de 1789, il s'en posa comme le chef, et se fit le protecteur avoué des patriotes. M. Benjamin Constant avait quitté Paris, plein de crainte

---

nions prevalent at court, though they had been treated with undeserved insult by the crowds of emigrants who filled every apartment and prevented the best friends of the monarch from approaching his presence, they now ranged themselves on the side of loyalty and justice. The following eloquent appeal from the pen of Benjamin Constant, who may be considered as the litterary representative of the party, merits preservation. » *Boyce's History of the last usurpation of Bonaparte,* 1, 116.

[1] M. Comte publia sa première brochure sous le titre : « *De l'impossibilité d'établir un gouvernement constitutionnel sous un chef militaire, et particulièrement sous Napoléon.*

sur les résultats de son dernier article publié contre Bonaparte la veille même du 20 mars; il se hâtait de se dérober à la vengeance de celui qu'il avait si indignement traité. Fouché, qui savait le caractère souple, besogneux de Benjamin Constant, voulut l'avoir sous sa direction; il parla donc à l'Empereur dans les termes les plus vifs, les plus pressants, sur la nécessité de donner des gages, de proclamer une amnistie entière; et le meilleur moyen n'était-il pas d'appeler M. de Constant dans une position politique? ne devait-on pas préparer un pacte constitutionnel et rédiger une grande Charte? Eh bien! on avait l'auteur tout trouvé, Benjamin de Constant était l'homme de la circonstance; on confierait à la société de madame de Staël, à ses bras droits, à MM. de Constant et de Sismondi [1], la rédaction du pacte politique; on leur donnerait la petite satisfaction d'instituer une pondération de pouvoirs, une constitution à la manière anglaise; sorte de réaction vers les idées directoriales, brisées le 18 brumaire, ce qui satisferait complétement les théoriens de 1789; quand on verrait M. de Constant rallié à l'Empereur, la fusion serait faite et l'amnistie absolue; les patriotes viendraient tous appuyer le nouveau gouvernement et lui prêter leur force.

Tandis que M. de Constant, plein de frayeur, s'était réfugié dans la vallée de Montmorency, il reçut une invitation expresse du cabinet de l'Empereur: « pour qu'il eût se à rendre aux Tuileries [2] »; l'Empereur désirait

---

[1] M. de Sismondi m'a fait l'honneur d'expliquer dans une lettre sa participation politique aux Cent Jours. Il fut dirigé par le grand amour de la patrie et le désir d'opposer une résistance unanime à l'étranger.

[2] « Le chambellan de service a l'honneur de prévenir M. Benjamin de Constant que S. M. l'Empereur lui a donné l'ordre de lui écrire, pour l'inviter à se rendre de suite au palais des Tuileries. Le chambellan de service prie M. Benjamin de Constant de recevoir l'assurance de sa considération distinguée. Paris, le 14 avril 1815. »

le voir, lui parler d'une constitution, discuter les bases d'un système représentatif. M. de Constant, très flatté du désir manifesté par Bonaparte, accourt; on l'introduit sur-le-champ; il trouve l'Empereur debout qui lui expose avec sa grande parole sa situation politique et celle de la France. « La nation, dit l'Empereur, s'est reposée douze ans de toute agitation politique, et depuis une année elle se repose de la guerre. Ce double repos lui a rendu un besoin d'activité. Elle veut ou croit vouloir une tribune ou des assemblées. Elle ne les a pas toujours voulues. Elle s'est jetée à mes pieds quand je suis arrivé au gouvernement. Vous devez vous en souvenir, vous qui essayâtes de l'opposition. Où était votre appui, votre force? nulle part. J'ai pris moins d'autorité que l'on ne m'invitait à en prendre... Aujourd'hui tout est changé. Un gouvernement faible, contraire aux intérêts nationaux, a donné à ces intérêts l'habitude d'être en défense et de chicaner l'autorité. Le goût des constitutions, des débats, des harangues paraît revenu... Cependant, ce n'est que la minorité qui les veut, ne vous y trompez pas. Le peuple, ou si vous l'aimez mieux, la multitude ne veut que moi. Vous ne l'avez pas vue cette multitude se pressant sur mes pas, se précipitant du haut des montagnes, m'appelant, me cherchant, me saluant. A ma rentrée de Cannes ici, je n'ai pas conquis, j'ai administré... Je ne suis pas seulement, comme on l'a dit, l'Empereur des soldats, je suis celui des plébéiens, des paysans de la France... Aussi, malgré tout le passé vous voyez le peuple revenir à moi. Il y a sympathie entre nous. Ce n'est pas comme avec les privilégiés. La noblesse m'a servi, elle s'est lancée en foule dans mes antichambres. Il n'y a pas de place qu'elle n'ait acceptée, demandée, sollicitée. J'ai eu des Montmorency, des

Noailles, des Rohan, des Beauvau, des Mortemart. Mais il n'y a jamais eu analogie. Le cheval faisait des courbettes : il était bien dressé, mais je le sentais frémir. Avec le peuple, c'est autre chose. La fibre populaire répond à la mienne. Je suis sorti des rangs du peuple, ma voix agit sur lui. Voici ces conscrits, ces fils de paysans : je ne les flattais pas : je les traitais rudement; ils ne m'entouraient pas moins, ils n'en criaient pas moins : *Vive l'Empereur!* C'est qu'entre eux et moi, il y a même nature. Ils me regardent comme leur soutien, leur sauveur contre les nobles... Je n'ai qu'à faire un signe, ou plutôt à détourner les yeux, les nobles seront massacrés dans toutes les provinces. Ils ont si bien manœuvré depuis dix mois!... Mais je ne veux pas être le roi d'une Jacquerie. S'il y a des moyens de gouverner par une constitution, à la bonne heure... J'ai voulu l'empire du monde, et, pour me l'assurer, un pouvoir sans bornes m'était nécessaire. Pour gouverner la France seule, il se peut qu'une constitution vaille mieux... J'ai voulu l'empire du monde, et qui ne l'aurait pas voulu à ma place? Le monde m'invitait à le régir, souverains et sujets se précipitaient à l'envi sous mon sceptre. J'ai rarement trouvé de la résistance en France ; mais j'en ai pourtant rencontré davantage dans quelques Français obscurs et désarmés, que dans tous ces rois si fiers aujourd'hui de n'avoir plus un homme populaire pour égal... Voyez donc ce qui vous semble possible ; apportez-moi vos idées. Des discussions publiques, des élections libres, des ministres responsables, la liberté de la presse, je veux tout cela... La liberté de la presse surtout ; l'étouffer est absurde. Je suis convaincu sur cet article... Je suis l'homme du peuple ; si le peuple veut réellement la liberté, je la lui dois. J'ai reconnu sa souveraineté. Il faut que je prête l'oreille à ses volontés, même à ses caprices ; je n'ai jamais voulu l'opprimer pour mon plaisir. J'avais de grands desseins ; le sort en a décidé. Je ne suis plus un conquérant, je ne puis plus l'être. Je sais ce qui est possible, et ce qui ne l'est pas. Je n'ai plus qu'une mission : relever la France, et lui donner un gouvernement qui lui convienne. Je ne hais point la liberté ; je l'ai écartée lorsqu'elle obstruait ma route, mais je la comprends, j'ai été élevé dans ses pensées… Aussi bien l'ouvrage de quinze années est détruit ; il ne peut recommencer : il faudrait vingt ans et deux millions d'hommes à sacrifier. D'ailleurs, je désire la paix, et je ne l'obtiendrai qu'à force de victoires. Je ne veux pas vous donner de fausses espérances ; je laisse dire qu'il y a des négociations, il n'y en a point. Je prévois une lutte difficile, une guerre longue ; pour la soutenir, il faut que la nation m'appuie ; mais, en récompense, je le crois, elle exigera de la liberté. Elle en aura, car la situation est neuve. Je ne demande pas mieux que d'être éclairé, je vieillis. On n'est plus à quarante-cinq ans ce qu'on était à trente. Le repos d'un roi constitutionnel peut me convenir. Il conviendra encore plus sûrement à mon fils. »

Quelle grandeur d'aperçu ! quelle ampleur de pensées dans ces paroles solennelles, vives, colorées ! Napoléon s'exprime avec franchise ; il ne déguise rien, ni ses antipathies, ni ses dédains pour les restrictions pitoyables qu'on voulait mettre à son autorité, à sa dictature. Au fond de l'âme, Napoléon n'était à l'aise qu'avec le suprême pouvoir ; il le caressait, l'exaltait ; la liberté le gênait, l'étouffait [1]. Dès ce moment, M. Benjamin de

---

[1] M. de Sismondi vit aussi Napoléon, et il avoua l'irrésistible charme de ses hautes causeries.

Constant fut acquis à Napoléon, qui exerça un grand prestige sur cette âme méditative et un peu vaniteuse; le caractère de M. de Constant n'était pas la fidélité à toute épreuve; ses habitudes ne lui permettaient pas le stoïcisme dans ses convictions. Bonaparte répondit à son goût; il lui donna les moyens de dépenser, l'éleva au poste de conseiller d'État, et dès lors il crut avoir fait une grande concession au système constitutionnel : quelle force pouvait lui prêter en échange ce système politique? Les idées et les opinions constitutionnelles enlèvent l'énergie du pouvoir, et ne lui rendent rien en échange que l'anarchie des droits et des volontés.

Il n'en était pas ainsi de l'opinion démocratique, qui existait puissante dans les faubourgs. Le peuple ne comprend rien aux idées des pouvoirs pondérés; il a besoin d'une dictature; il la salue dans un homme glorieux, dans une assemblée forte ou dans un comité. Au lieu donc de s'appuyer sur les opinions de M. de Lafayette, qui ne sont à vrai dire que la négation de tout gouvernement, l'Empereur devait s'adresser au peuple, à ces mâles courages qui seuls pouvaient le seconder dans la crise; il en eut peur. Il s'était fait malheureusement l'homme de la bourgeoisie; il avait crainte de la révolution; les jacobins lui inspiraient une certaine terreur; il connaissait leur force et leur puissance; en s'adressant à eux, ils auraient appuyé une dictature; ils ne demandaient pas mieux que de lui confier le glaive, et, dans ce dessein, la police de Fouché fit circuler parmi les ouvriers l'idée d'une fédération ou d'un pacte commun qui les réunirait tous pour la défense de la patrie. La première idée de la fédération appartenait aux jacobins : Paris et les départements devaient s'unir pour défendre la Révolution menacée; Fouché favorisa cette idée, parce qu'elle donnait une armée à la Révolution, en contenant les velléités monarchiques de l'Empereur[1]. Car, à peine aux Tuileries, Napoléon avait restauré toutes les anciennes dignités du palais, les chambellans, les préfets des cérémonies, tout comme lorsqu'il commandait au monde ; ce n'était plus dans sa position, mais la vanité l'emportait toujours ! Aux habits brodés, Fouché crut indispensable d'opposer la veste de l'ouvrier ; il voulut donner à l'idée jacobine toute sa force ; il indiqua les premiers éléments de la fédération pour les faubourgs ; ses agents parcoururent les ateliers où se faisaient sentir les influences révolutionnaires ; on chanta partout des couplets patriotiques, *la Marseillaise, le Chant du Départ,* et les banquets retentirent des airs chéris de la démocratie.

On voulait armer les faubourgs par une formidable expérience ; et plus Napoléon hésitait, plus Fouché pressait les jacobins de s'organiser ; après quelques efforts on parvint à rendre quelque vigueur aux faubourgs Saint-Antoine et Saint-Marceau, ces deux grands vieillards du jour de la prise de la Bastille ; il y avait là les hommes à piques, les coryphées des temps révolutionnaires, de la Convention nationale, les brasseurs de bière, comme aux époques des Artwells de Flandre ; des tanneurs qui pou-

---

[1] Quelques-uns de ces actes de fédération ont été conservés, et particulièrement celui des Bretons.

« Le but de cette fédération, disent les patriotes bretons, est de consacrer tous ses moyens à la propagation des principes libéraux, d'opposer la vérité à l'imposture, d'éclairer ceux qui sont dans l'erreur, de soutenir l'esprit public au niveau des circonstances actuelles, de s'opposer à tout désordre, de maintenir la tranquillité intérieure, d'employer toute son influence et tout son crédit pour retenir chacun dans la ligne de ses devoirs envers son prince et sa patrie ; de donner des secours prompts et efficaces à la première réquisition des autorités constituées, lorsqu'ils seront nécessaires ; de protéger les villes et villages, lorsqu'ils seront menacés ; de déjouer tous les complots contre la liberté, la Constitution et le souverain de l'État ; et enfin de se prêter les uns aux autres assistance et protection mutuelle, selon les circonstances et les événements.

Parmi les couplets qui furent chantés à un repas donné à Rennes, le 13 avril, à l'oc-

vaient mettre en activité des milliers d'ouvriers. On comptait plus de 15,000 hommes qui avaient servi au temps de la République et de l'Empire ; la fédération les comprendrait dans ses rangs ; c'était une armée d'autant plus terrible que n'ayant rien, ne possédant rien, elle pouvait s'élancer sur tout ce qui avait, et ce fut un moyen de contenir la bourgeoisie opulente et craintive.

Au milieu de cette effervescence, l'opinion publique était surtout préoccupée des craintes de la guerre ; depuis l'occupation de Paris en 1814 on n'avait plus confiance dans la force du pays et dans la fortune de l'Empire ; la coalition, mur d'airain, allait enlacer toutes les frontières, et ceux qui avaient un peu de portée dans l'esprit savaient bien que la France ne pourrait résister aux coups de toutes les puissances. Si Paris pouvait encore retrouver quelque énergie plus bruyante que réelle [1], les départements étaient abattus par la grandeur du péril : allait-on voir encore les armées ennemies dévaster les cités, désoler les campagnes ? Le souvenir des Cosaques réveillait les terreurs, parce que l'on savait tout ce qu'il y avait de barbarie et d'indiscipline sauvage dans ces corps qui avaient ravagé les plus belles provinces de France. Sans doute on armerait, mais c'était folie de supposer que la France seule pourrait résister à ces myriades d'hommes

---

casion de cette fédération, il s'en trouvait plusieurs sur l'air de *la Marseillaise*, et dans lesquels on mêlait le nom de l'Empereur.

> Aux jours où notre belle France
> Voulut recouvrer son honneur,
> Nous avions bien de la vaillance,
> Nous n'avions pas notre Empereur.
> Des partis souillaient la victoire ;
> Tous vous marchez au même rang,
> Vous verserez bien moins de sang,
> Et vous n'aurez pas moins de gloire.

Braves confédérés ! Brave peuple breton ! Servons la liberté, l'honneur, Napoléon !

« [1] Toutes les machines sont mises en jeu : le théâtre Montansier est transformé en café ; on a mis des tables et des chaises dans le parterre, tandis que les loges sont toutes réunies en une seule. Sur le théâtre est un piédestal, au milieu d'un bosquet d'arbustes naturels, sur lequel est placé le buste de l'Empereur couronné de lauriers. »

(*Récit de M. Hobhouse.*)

se levant aux quatre coins de l'Europe; c'était de la forfanterie, de l'aveuglement, forfanterie bien triste, car le résultat pouvait être la ruine du pays.

Puis nul ne pouvait le nier, la France n'était pas exclusivement bonapartiste ou révolutionnaire; l'opinion royaliste dominait dans quelques provinces et partout elle avait des agents actifs. Les propriétaires, en dehors des acquéreurs des biens nationaux, étaient monarchiques; tout ce qui possède aime à se rattacher à un principe d'ordre; chaque droit a sa légitimité; le propriétaire appelle à son aide les idées conservatrices. Indépendamment de sa force morale, le parti royaliste avait aussi des populations dévouées, des soldats prêts à prendre les armes dans la Vendée et dans les provinces du Midi. Les Cent Jours n'étaient pour eux qu'une grande surprise, un orage qui éclatait pour un temps; Bonaparte les avait éblouis un jour; les partisans des Bourbons étaient organisés non seulement pour une résistance politique, mais encore pour le cas possible d'une prise d'armes. Depuis Bordeaux jusqu'au Var, il existait des hommes, nobles ou paysans, prêts à prendre la cocarde blanche, sous le nom de *compagnies franches*; les gentilshommes étaient chargés de leur commandement, les ecclésiastiques de leurs prédications religieuses, car les curés exerçaient aussi une grande puissance sur les âmes. Le même sentiment devait unir ces populations à celles de la Vendée; et voyez ce qu'il aurait fallu d'énergie à un gouvernement pour se défendre contre un soulèvement intérieur aussi vaste, aussi destructeur, au moment de l'invasion étrangère!

Cette manifestation des opinions royalistes était favorisée par quelques hommes aux consciences austères, à la puissance de cœur, qui protestaient publiquement contre la surprise militaire qui plaçait Napoléon sur le trône. M. Lainé, l'homme de fermeté par excellence, le patriote si national, avait déjà jeté dans le public une hardie protestation, comme président de la Chambre des députés; il parlait au nom de la nation française, déclarant aux propriétaires : « qu'ils ne devaient point payer l'impôt à Bonaparte, que nulle famille ne devait obéir aux lois de la conscription, et que l'histoire flétrirait les hommes qui se soumettraient aux misérables agents de la tyrannie. La présente proclamation, avait ajouté M. Lainé, sera déposée dans les archives, à l'abri des atteintes du tyran, pour y avoir recours au besoin. » Une seconde protestation, plus ferme et plus énergique encore, était revêtue de la même signature [1]; M. Lainé déclarait : « que si les odieux agents de Bonaparte ne l'honoraient pas assez, lui, le président de la Chambre des députés de la nation, pour le faire mourir pour son pays, il les méprisait trop pour recevoir leurs conseils ; il était venu dans la ville qui l'avait nommé député ; il y restait sous les ordres de Madame la duchesse d'Angoulême. Non, disait-il, je ne serai jamais soumis au joug de Bonaparte, et celui qui a été honoré

---

[1] *Déclaration de M. Lainé.*

« Comme le duc d'Otrante, se disant ministre de la police, m'outrage assez pour me faire dire que je peux rester en sûreté à Bordeaux et vaquer aux travaux de ma profession, je déclare que si son maître et ses odieux agents ne me respectent pas assez pour me faire mourir pour mon pays, je les méprise trop pour recevoir leurs outrageants avis. Qu'ils sachent qu'après avoir lu, le 20 mars, dans la salle des séances, la proclamation du Roi, au moment où les soldats de Bonaparte entraient dans Paris, je suis venu dans le pays qui m'a député ; que j'y suis à mon poste, sous les ordres de madame la duchesse d'Angoulême, occupé à conserver l'honneur et la liberté d'une partie de la France, en attendant que le reste soit délivré de la plus honteuse tyrannie qui ait jamais menacé un grand peuple. Non, je ne serai jamais soumis à Napoléon Bonaparte, et celui qui a été honoré de la qualité de chef des représentants de la France aspire à l'honneur d'être, en son pays, la première victime de l'ennemi du roi, de la patrie et de la liberté, si, ce qui n'arrivera pas, il était réduit à l'impuissance de contribuer à les défendre. »

Signé, Lainé.

de la présidence des représentants de la France désire être la première victime de la patrie, du roi et de la liberté. » A côté de l'attitude forte et digne de M. Lainé, on pouvait placer la fermeté bretonne de M. de Kergorlay, qui protestait contre la tyrannie sans en craindre les coups.

De tels actes de fermeté royaliste, propagés dans les provinces, maintenaient les haines contre Bonaparte et les espérances d'insurrection. Le ressort du gouvernement était partout affaibli, les préfets n'avaient plus cette confiance dans le pouvoir qui est la première condition de la force ; les royalistes ne se cachaient plus ; dans les conseils municipaux, dans les administrations, au sein des cours judiciaires mêmes, il y avait de zélés bourboniens qui montraient haut leurs sentiments antipathiques. A Paris, par exemple, la Cour impériale comptait bien des fidèles, et parmi eux un jeune conseiller, M. Decazes. D'où venait ce zèle ardent de M. Decazes pour les Bourbons ? On l'ignore ; il devait beaucoup à Bonaparte, qui l'avait placé comme secrétaire des commandements dans sa famille ; gendre de M. Muraire, il fut fait conseiller à la Cour impériale presque d'un seul coup, et, dans son ardent amour du foyer domestique, il négocia, dit-on, pour son beau-père, auprès de l'Empereur, à Mayence, en 1815, une affaire importante qui tenait à sa position de fortune. M. Decazes, délié du serment de fidélité, en 1814, par l'abdication de Fontainebleau, devint un chaud royaliste, il s'inscrivit parmi les volontaires, et dans les Cent Jours il se fit remarquer au parquet de la Cour par les mots piquants, les épigrammes qu'il lançait çà et là contre Napoléon. Voici quelques mots qu'on lui attribuait. Un conseiller avait dit : « Ce qui fait la popularité, la grandeur, la légitimité de l'Empereur, c'est sa marche rapide et merveilleuse du golfe Juan à Paris. » Et M. Decazes répondit spirituellement : « qu'il ne croyait pas que la légitimité fût le prix de la course [1]. » Ces jeux d'esprit, s'ils étaient vrais, témoignaient au moins la ferveur et la fidélité du jeune conseiller pour les Bourbons; il leur était dévoué alors avec cette chaleur de la vie politique qui commence. En ces temps on fait moins de diplomatie qu'on ne donne d'ardents témoignages de zèle. M. Decazes en fut récompensé par la préfecture de police au retour de Louis XVIII.

Au-dessus de toutes ces passions royalistes, pour les organiser et les contenir, il s'était formé un comité qui, sans conspirer contre Napoléon, attendait le retour du roi pour rattacher son règne aux conditions libérales. Si M. de Constant avait adhéré au système impérial, avec M. de Sismondi et quelques adeptes de la société de madame de Staël; d'autres constitutionnels s'étaient maintenus dans leur dévouement aux Bourbons : tels étaient MM. Royer-Collard, Becquey, qui continuaient une correspondance active avec Louis XVIII; ils formaient à Paris ce qu'on appelait la fraction libérale des royalistes; comme ils n'avaient pas confiance dans la durée de Napoléon, comme ils ne croyaient pas à son gouvernement, ils cherchaient à donner à l'inévitable restauration de Louis XVIII un caractère de constitutionnalité. Ce parti, sérieux et nombreux, comptait MM. Camille Jordan, de Broglie, et aussi MM. Pasquier et Guizot. M. Pasquier n'avait point accepté de

---

[1] On attribuait à M. Charles Nodier un mot d'une semblable portée; comme on disait, pour témoigner la puissance de Napoléon, qu'il savait bien monter à cheval, on répondit : « En ce cas, je vote pour Franconi. »

position de l'Empereur depuis son retour; il venait même de subir un exil dans ses terres de l'Anjou, et M. Molé lui avait évité une proscription plus violente [1]. M. Guizot, secrétaire du ministère de l'intérieur pendant la première Restauration, avait vigoureusement secondé les tendances de la société vers les idées représentatives; comme tous les esprits philosophiques d'une grande portée, il ne pouvait souffrir le gouvernement sous l'épée brutale; le Bas-Empire ne pouvait lui convenir, à lui l'historien qui avait étudié et commenté Gibbon. De cette haine contre l'Empire, il était passé à un dévouement aux Bourbons très réfléchi, très raisonné : il avait foi dans la monarchie constitutionnelle, elle lui semblait le principe de toute liberté. Ce comité royaliste dont je parle n'agissait pas, il attendait patiemment; sans confiance dans les Cent Jours, il voulait donner à la restauration de Louis XVIII une empreinte modérée, affranchie de toute réaction. Il y a des esprits en effet pour qui toute violence est un malaise qu'ils ne peuvent supporter; ils cherchent à faire passer un gouvernement d'un système à un autre avec le moins de secousse possible; et dans un pays mobile tel que le nôtre, c'est un service immense.

Dans cette époque, un fait curieux est à noter : les impérialistes aussi bien que les partisans réfléchis des Bourbons, se préoccupent de donner à la France une constitution politique; tout le monde se fait partisan d'une Charte; M. de Constant, M. de Sismondi veulent improviser un pacte social; ils ne savent pas que le temps seul fait les institutions durables; les rêveurs

---

[1] M. de Lavalette se montra particulièrement très attentif pour M. Pasquier. Le conseil d'État tout entier protesta contre son exil.

lancent au vent des feuilles de papier qui s'envolent et tombent. On fait une constitution comme on ferait un drame; on régit un peuple par actes et scènes, avec des comparses et des chœurs; on brise les vieilles mœurs, les vieux autels des dieux, pour jeter des idées que le peuple ne comprend pas et ne sait pas appliquer. L'Empereur reçut aux Tuileries cinq cents constitutions, plus belles les unes que les autres. On accablait cette intelligence active sous les paperasses; les procureurs avaient encore le dessus, les avocats dominaient; la France était devenue greffe.

Et lorsque tous ces beaux-esprits rangeaient les pouvoirs, pondéraient les Chambres, il arriva à l'Empereur un secours inattendu : ce fut son frère Lucien Bonaparte qui, déguisé comme secrétaire du nonce du pape, tombait tout à coup à Paris au milieu des événements [1]. Napoléon ne l'avait point vu depuis leur entrevue de Mantoue, si chaude, si animée; Lucien avait prédit les malheurs de son frère, et lui avait annoncé les ravages que ferait son ambition dans le monde et parmi les siens. A Mantoue, Napoléon était trop haut pour que la vérité vînt à lui; il dédaigna les conseils, comme le chêne orgueilleux dédaigne la première bouffée qui annonce l'ouragan. Lucien avait visité l'Angleterre après la paix; traversant rapidement la France, il avait salué Rome de nouveau, où le pape l'avait créé prince de Canino, en souvenir de ses services. Comment Lucien vint-il à Paris dans les Cent Jours? Qui l'entraîna à faire cette démarche décisive pour la vie politique de Napoléon? Y fut-il invité par son frère, ou bien le sentiment de famille seul et l'instinct de la mauvaise position de Bonaparte le dé-

[1] Lucien arriva le 15 avril 1815.

cidèrent-t-ils à faire ce voyage? on l'ignore. Il arriva donc incognito, et quelques-uns de ses amis eurent seuls le secret de son voyage. Les deux frères se virent et s'expliquèrent avec franchise; les sentiments du foyer corse dominèrent tous les souvenirs, et apaisèrent les ressentiments; ils se pressèrent la main, et Lucien Bonaparte fut admis dans les plus intimes confidences de l'Empereur. Il l'aida de son dévouement éclairé, de son instinct des partis, de ses conseils modérés; il habita dans le Palais-Royal les appartements du duc d'Orléans splendidement décorés. Lucien Bonaparte y tint sa cour, et les patriotes l'entourèrent; il recevait beaucoup, et se chargea pour ainsi dire d'expliquer les intentions de l'Empereur auprès des républicains qui l'entouraient, lui, Carnot et Fouché. Il fallut lui faire une position, et la première pensée de Bonaparte fut de lui donner la présidence du Corps législatif, tel qu'il serait organisé. Lucien avait sauvé Bonaparte au conseil des Cinq-Cents, il était comme l'exécuteur du 18 brumaire; le placer à la tête des représentants était une garantie, sa présence en dominerait les délibérations. Plus tard ces espérances furent déçues : les choses en ce monde n'arrivent jamais de la même manière; les révolutions comme les restaurations ne se produisent ni par les mêmes causes ni avec les mêmes caractères. Le 18 brumaire était bien vieux, et l'on marchait vers d'autres éléments. Qui pouvait comparer 1815 au temps du Consulat, si plein d'énergie et d'avenir? Au 18 brumaire, Bonaparte était la force et la vie, il venait apporter à la société l'ordre et un gouvernement protecteur; on l'entourait, parce qu'il était le symbole de la puissance et de la hiérarchie sociale; mais qu'était Napoléon dans les Cent Jours, et quelles garanties donnait-il à l'avenir?

Sa seule présence aux Tuileries avait détruit la paix, on était menacé d'une invasion européenne; la guerre civile s'agitait: plus de sécurité, plus de repos. Au milieu de cette crise, il n'y avait d'éléments de salut que dans une dictature fortement constituée: s'entourer des Chambres, se mettre sous les coups d'une tribune, c'était exposer la France à tous les périls, et au plus grand de tous, le désordre des idées, l'anarchie des systèmes et des volontés. A l'heure des tourmentes, quand la société ne se place pas sous le pouvoir d'une seule intelligence, d'un seul principe, le salut public est compromis et la nationalité en danger. Dans les états où le système représentatif n'est pas né du sol, où l'aristocratie qui a sa grandeur ne gouverne pas en souveraine, où la démocratie qui a son patriotisme ne s'organise pas sous une forte hiérarchie; dans ce pays, je le répète, l'anarchie est imminente, et la décadence arrive comme à Rome dégénérée.

CHAPITRE XV.

FORCE ADMINISTRATIVE DE NAPOLÉON.

Travail de l'Empereur. — Ses veilles. — Organisation militaire. — Les régiments. — Cavalerie. — Infanterie. — Artillerie. — Manufactures d'armes. — Ateliers. — Travaux publics. — Visites aux faubourgs. — Popularité de Napoléon. — Levées de conscriptions. — Volontaires impériaux. — Organisation des fédérés. — Adresse des faubourgs. — Travaux des fortifications de Paris. — La garde nationale. — Formation des bataillons. — Carnot. — Le maréchal Davoust. — Fouché. — Les ressources financières. — Le crédit. — Les impôts. — Rapports du gouvernement avec la Banque. — Ressources du trésor.

Avril 1815.

Toutes ces opinions qui s'agitaient autour de l'Empereur attendaient, chacune un peu égoïste, le triomphe plus ou moins prochain de leurs intérêts ou de leurs passions. Les républicains secondaient Bonaparte avec défiance, et comme une transition pour arriver à un gouvernement directorial ou consulaire; les constitutionnels rêvaient la réalisation de leur utopie anglaise, c'est-à-dire le gouvernement représentatif avec deux chambres dominant la personnalité de Napoléon; les uns voulaient la régence, les autres espéraient une révolution de 1688. Les royalistes ne voyaient en dernier résultat que le retour inévitable des Bourbons, leur symbole exclusif de politique, sans mélange et sans altération.

Au milieu de ces opinions si préoccupées d'elles-mêmes, l'Empereur seul, revêtu de sa dictature provisoire, songeait au salut de la patrie si fatalement menacée. Comme il était l'âme du gouvernement organisé dans les Cent Jours, il savait à quoi s'en tenir sur les dispositions de l'Europe à son égard; il ne se dissimulait pas que la guerre serait universelle, il s'en était ouvert avec franchise à M. Benjamin de Constant, à M. Molé et aux hommes auprès desquels il ne craignait pas de parler. Les derniers rapports de M. de Caulaincourt l'avaient pleinement convaincu de l'impossibilité de toute espèce de relations diplomatiques avec les cabinets; il savait précisément le danger, il allait droit aux moyens de le repousser; fatigué des embarras que les partis lui suscitaient déjà dans leur ambition étroite, il s'abandonnait avec un plaisir indicible à ce qui était sa nature propre, à l'organisation des forces militaires du pays, pour préparer une grande résistance à l'étranger [1]. L'Empereur avait le sentiment profondément national; au lieu de perdre son temps en discussions vaines, il voulait mettre la France en armes, dans l'attitude d'un

---

[1] *Décrets relatifs à l'organisation militaire.*

27-1er avril. Décret qui ordonne à tous les ouvriers des manufactures impériales d'armes de guerre, qui ont été exemptés des diverses conscriptions de l'an VIII, de rejoindre ces établissements dans le délai de dix jours, sous peine d'être déclarés déserteurs.

28-31 mars. Décret qui prohibe, jusqu'à nouvel ordre, l'exportation des armes à feu.

28-1er avril. Décret portant que tout négociant, armateur, arquebusier, ayant un magasin ou dépôt d'armes de guerre, sera tenu de faire, avant le 15 avril, la déclaration du nombre et de l'espèce des armes qu'il a en sa possession.

28-11 avril. Décret qui appelle à leurs corps tous les sous-officiers et soldats qui ont quitté l'armée, sous la promesse spéciale qu'ils seront les premiers à obtenir des congés lorsque la paix actuelle sera consolidée.

géant, le bras levé en face de l'Europe. Son mot était : « Repoussons d'abord l'ennemi, puis nous verrons ensuite à nous arranger. » N'était-ce pas là le premier devoir du patriotisme, et ce langage ne devait-il pas être entendu par tout ce qui portait un cœur français ?

Le côté éminent du caractère de Napoléon, c'est le sentiment énergique d'une administration forte ; il avait vu ce que la Révolution avait produit à la terrible époque de la Convention, lorsqu'il fallut sauver le territoire. Cet exemple de grandeur, il le regarde fixement sans craindre les parallèles; et l'histoire doit le dire, un des plus grands prodiges de l'Empereur, ce fut la force d'organisation militaire du mois de mars au mois de juin 1815; il prépara des merveilles. L'époque révolutionnaire avait à peine produit quelque chose de semblable par le sanglant moyen de la terreur ; seulement l'Empereur, en obtenant le même résultat, l'opéra avec un ordre parfait, sans violence, sans terribles instruments, par la seule puissance de son caractère et la seule énergie de sa capacité : en moins de deux mois, la France put commencer une campagne. Les moyens furent, il est vrai, un peu factices, les éléments confus et peu solides ; mais l'Europe revint à peine de son étonnement quand elle se vit devancer sur le champ de bataille par le génie de l'Empereur ;

Avril.

2. Décret qui dissout les régiments suisses capitulés au service de France.

3-6. Décret portant que les individus qui faisaient partie des corps dits *volontaires royaux* et autres de cette nature, créés par le dernier gouvernement, feront sur-le-champ la remise des armes, effets d'armement, d'équipement et d'habillement qu'ils ont reçus.

4-6. Décret relatif à la composition de l'état-major de la garde nationale de Paris.

10-12. Décret portant que tout Français inscrit dans la garde nationale et sur un rôle de contribution foncière ou mobilière, a le droit d'être armé. Ceux qui paient plus de 50 francs de contribution sont obligés d'avoir un fusil de calibre, baïonnette et giberne.

10-13. Décret relatif à l'organisation, l'armement, l'habillement et équipement de la garde nationale et aux récompenses à accorder aux gardes nationaux qui se sont distingués dans le service.

avec des moyens très restreints, il opéra sur une très vaste échelle, et c'est l'admirable prodige d'une tête réellement extraordinaire. Au 1er juin, 250,000 mille hommes purent entrer en campagne.

La paix européenne et la Restauration, qui en était comme le complément, avaient entraîné des réformes considérables dans les rangs de l'armée; le général Dupont avait multiplié les congés; les conscriptions de 1814 et de 1815 avaient été licenciées, on avait voulu se rendre populaire par l'amoindrissement des charges; le budget avait été réduit d'un bon tiers, et les Bourbons se proposaient d'abaisser encore de 280 millions l'exercice de 1815. Ces réformes avaient considérablement diminué les cadres de l'armée; au mois de mars, les états de la guerre indiquent une force militaire de second ordre. Sous l'Empire, on comptait presque 150 régiments d'infanterie; la plupart réduits à de simples cadres en février 1814, ils ne se composaient plus que de conscrits, sous une organisation d'officiers et de sous-officiers incomplète: tel régiment ne comptait pas 150 hommes sous le drapeau dans la glorieuse campagne de France. La Restauration fixa l'état de l'infanterie à 103 régiments, en y comprenant les quatre régiments de la garde (grenadiers

---

21-26. Décret qui rétablit les compagnies de canonniers garde-côtes, et réduit leur nombre.

24. Décret relatif à l'organisation des corps francs.

25. Décret qui rend aux régiments de toutes armes leurs anciens numéros.

Mai.

4-8. Décret qui crée une compagnie d'artificiers, faisant partie du corps impérial de l'artillerie.

4. Décret qui rappelle au service actif les officiers de la marine impériale et du corps impérial, des canonniers de la marine mis en inactivité.

5-8. Décret relatif au rétablissement et à l'organisation, sous le nom de *chasseurs des Pyrénées*, des bataillons de chasseurs des montagnes, créés par décret du 6 août 1808.

5-8. Décret qui prescrit l'organisation, dans la 7 division militaire, de deux bataillons de chasseurs des Alpes, à l'instar des bataillons de chasseurs des Pyrénées.

26-2 juin. Décret portant qu'il sera organisé à Bordeaux des compagnies d'hommes de couleur.

et chasseurs de France) et quatre régiments suisses, chaque régiment à deux bataillons, la garde seule et les Suisses à trois; ce qui formait présents aux drapeaux 99,000 hommes. La Restauration avait conservé 57 régiments de cavalerie, offrant un complet de 250 escadrons, quatre régiments de la vieille garde formant 52 escadrons, en tout 28,000 hommes de cavalerie. L'artillerie comptait 16,000 hommes, en y comprenant le génie.

Ainsi, l'armée française, telle que la Restauration l'avait conservée, comptait 142,000 hommes effectifs. Or, quand les troupes sont prêtes à entrer en campagne, il faut toujours faire de fortes déductions sur leurs cadres, les hommes disponibles ne s'élèvent pas au-delà des deux tiers. Au commencement de 1815, le maréchal Soult avait donné une plus forte organisation à l'armée des Bourbons; les avis venus de Vienne, par l'intermédiaire de M. de Talleyrand, sur une rupture possible entre les cabinets [1], et les plans arrêtés par le général Ricard au mois de février 1815, avaient engagé le maréchal Soult à mettre sur un demi-pied de guerre quelques-uns des régiments; au mois de mars 100,000 hommes pouvaient se serrer sous les aigles, mais pas un bataillon ni un escadron de plus. C'était à peine un huitième des forces de l'Europe; et néanmoins avec ce petit nombre groupé sur un seul point, si l'Empereur avait pu tomber à l'improviste sur les frontières belges, la fortune hardie l'aurait porté, peut-être, aux limites du Rhin avant que les alliés n'eussent pris un parti. Napoléon n'osa pas une marche audacieuse, il craignit qu'on ne l'accusât de prendre l'initiative; il consacra ses veilles à l'augmentation formidable des cadres de l'armée, et avec ce coup d'œil et son appréciation admirable, il

---

[1] Voyez la dépêche de M. de Talleyrand dans mon *Histoire de la Restauration*.

vit que ce n'était pas trop de toutes les ressources de la France pour repousser le danger immense d'une coalition.

Ce fut à cette œuvre qu'il se voua dans les nuits solitaires. D'abord, pour réveiller la force morale des soldats, il rendit aux régiments les numéros qu'ils portaient aux glorieuses journées. Quand on veut perpétuer l'énergie d'une armée, il ne faut pas en altérer les traditions, car dans les bataillons pressés se conserve le souvenir des grandes choses, comme dans les légions de Rome les vétérans gardaient les autels dédiés à César ou aux dieux de la patrie. En outre, l'Empereur organisa les cadres des troisièmes et quatrièmes bataillons dans les régiments de ligne, et d'un troisième ou quatrième escadron dans la cavalerie. Les vieux officiers, les anciens sous-officiers rentrèrent dans les rangs à la voix de leur Empereur avec le délire des nobles jours; Napoléon avait fait un appel à leur dévouement; beaucoup avaient pris leurs congés pour ne pas saluer une autre enseigne que les aigles : ils reprirent naturellement leurs places sous le drapeau aux trois couleurs[1]. Comme l'artillerie devait jouer un grand rôle dans les batailles, l'Empereur en créa trente nouveaux bataillons; il espérait avoir mille pièces en batterie; il forma vingt régiments de la jeune garde composés de volontaires, vingt régiments de marine formés des anciens matelots, des escadres de Brest, de Rochefort, de

---

[1] C'est toujours aux soldats qu'il s'adresse quand il parle de nobles sentiments : « Grâce au peuple français et à vous, dit Napoléon en passant la revue le 27 mars, le trône impérial est rétabli sans qu'une goutte de sang ait été versée. Le comte de Lille, le comte d'Artois, le duc de Berry, le duc d'Orléans ont passé la frontière du nord, et sont allés chercher un asile chez l'étranger. Le pavillon tricolore flotte sur les tours de Calais, de Dunkerque, de Lille, de Valenciennes, de Condé, etc. Quelques bandes de chouans avaient cherché à se former dans le Poitou et la Vendée ; l'opinion du peuple et quelques bataillons ont suffi pour les dissiper. Le duc de Bourbon, qui était venu fomenter des troubles dans les provinces, s'est embarqué à Nantes. Qu'ils étaient insensés, continua l'Empereur, et qu'ils connaissaient mal la nation, ceux qui croyaient que les Français consentiraient à recevoir un prince des mêmes mains qui

Cherbourg, de Toulon ; l'espérance de l'Empereur (et en cela son génie se faisait peut-être illusion) était d'obtenir par tous ces moyens, avant le 1ᵉʳ septembre, une armée d'au moins cinq cents bataillons de troupes de ligne, cinquante-deux de garde impériale, et presque 60,000 hommes de cavalerie. Avec cela, il croyait pouvoir résister à l'Europe, en invoquant le secours des gardes nationales pour la préservation des places fortes. Quand les opinions étaient si divisées, les intérêts si hostiles, pouvait-il obtenir du pays de si grands sacrifices ?

Pour utiliser ces masses d'hommes, il fallait redoubler les travaux des manufactures d'armes ; la Restauration avait des magasins bien fournis pour une époque de paix armée ; les sabres ne manquaient pas pour la cavalerie ; on requit tous les fusils de calibre ; les manufactures impériales fournirent vingt mille fusils par mois ; on établit des ateliers permanents, en souvenir des camps d'ouvriers à la plaine de Grenelle, sous la Convention ; on mit en réparation les armes usées susceptibles de servir encore ; les ébénistes firent les pièces de bois pour remonter les fusils, les serruriers se mirent aussi à l'œuvre ; on ne manquait pas de canons, et partout les fonderies furent en pleine activité pour compléter les parcs ; l'habillement fut organisé sur un vaste système ; on imposa aux communes l'obligation

---

avaient ravagé notre territoire, et qui, à l'aide de la trahison, avaient un moment porté atteinte à nos lauriers !

Plus tard au Champ-de-Mai il leur disait encore : « Soldats ! je vous confie l'aigle impériale aux couleurs nationales ; vous jurez de périr, s'il le faut, pour la défendre contre les ennemis de la patrie et du trône ? » — « Nous le jurons ! » — « De ne jamais reconnaître d'autres signes de ralliement ? » — « Nous le jurons ! » — « Soldats de la garde nationale, vous jurez de ne jamais souffrir que l'étranger souille de nouveau la capitale de la grande nation ? » — « Nous le jurons ! »

« — Et vous, soldats de la garde impériale, vous jurez de vous surpasser vous-mêmes dans la grande campagne qui va s'ouvrir, et de mourir tous plutôt que de souffrir que les étrangers viennent dicter des lois à la patrie ? » — « Nous le jurons ! »

de fournir en masse cent mille habits et fourniments complets; on fit des marchés de chevaux dans tous les départements producteurs[1]; on acheta tous ceux des gendarmes, on requit tous ceux propres à l'artillerie; et tout cela, avec une activité, un zèle dont rien n'approche; l'armée sentait elle-même qu'elle s'était compromise dans la grande aventure du golfe Juan; officiers et soldats savaient bien qu'ils ne pouvaient vivre et mourir qu'avec l'Empereur; le régime militaire jetait son dernier éclat, son dernier feu; avant de tomber, il devait se montrer dans tous ses moyens, essayer toutes ses forces.

Alors surtout Napoléon rechercha la popularité des faubourgs. Au sein de sa grande puissance, il avait trop souvent dédaigné la démocratie. En bas de soie, souliers à boucles, auprès d'une archiduchesse, il avait oublié ce peuple qui l'avait fait Empereur; il voyait la nation comme une masse inerte, un instrument passif qu'il pouvait employer à de grandes destinées ou à ses jouissances d'ambition, à la manière des Alexandre et des Césars. De ces sentiments, résultait un certain mépris, ou si l'on veut une répugnance invincible pour les émotions de place publique, alors même qu'elles pouvaient être grandes et vigoureuses; il en avait peur; ces flots tumultueux l'agitaient. Après son expédition du golfe Juan, Bonaparte voit bien qu'il ne peut être fort que par la démocratie; l'instinct le pousse vers les faubourgs Saint-Marceau et Saint-Antoine; il sait que là on aime ou l'on déteste avec passion, qu'il y a de l'énergie et du dévouement; il y vient sous prétexte d'examiner les travaux : le voilà visitant les ateliers, les manufactures, les chantiers, les fabriques. Les

---

[1] Archives de la guerre, 1815.

travaux ne manquent pas, car il en a commandé d'extraordinaires pour les armes; on l'accueille avec enthousiasme, mais si le peuple vient à lui avec un énergique amour, il hésite encore devant ce géant qui le salue. L'idée de la fédération fait des progrès sous l'influence de Fouché, et il craint ces manifestations trop démocratiques; il veut bien que les ouvriers s'engagent dans les régiments de la jeune garde et lui prêtent leurs bras nerveux; mais il les veut enchaînés. Au reste, il sent qu'il a besoin du jacobinisme; il espère se servir de la fédération pour contenir la bourgeoisie poltronne; les jacobins se réunissent en clubs; les ouvriers du faubourg Saint-Antoine font une adresse comme s'ils étaient un corps délibérant; c'est M. Tissot, l'élégant prosateur, qui la rédige; il est là placé entre l'Empereur et le peuple, position mixte et importante que Fouché caresse; républicain rallié à la dictature, M. Tissot pense qu'il est utile dans des circonstances graves de donner une puissance à l'Empereur pour préserver le territoire, et, je le répète, les jacobins ne sont pas ennemis de la dictature. L'ouvrier prêtera son bras à l'Empereur.

L'adresse des faubourgs est mâle, inculte; l'esprit de la Révolution s'y fait profondément sentir, le peuple y parle sa langue : « Sire, disent les ouvriers, nous avons reçu les Bourbons avec indifférence et froideur, parce qu'ils étaient devenus étrangers à la France, et que nous n'aimons pas les rois imposés par l'ennemi. Nous vous avons accueilli avec enthousiasme, parce que vous êtes l'homme de la nation, le défenseur de la patrie, et que nous attendons de vous une glorieuse indépendance et une sage liberté. Vous nous assurez ces deux biens précieux. Vous consacrerez à jamais les droits du peuple; vous régnerez par la constitution et les lois. Nous venons vous offrir nos bras, notre courage et notre sang pour le salut de la capitale. Ah! Sire, que n'avions-nous des armes au moment où les rois étrangers, enhardis par la trahison, s'avancèrent jusque sous les murs de Paris! Nous versions des larmes de rage en voyant nos bras inutiles à la cause commune. Sire, des esclaves auraient béni l'occasion d'échapper au devoir et au danger de servir leur pays; des hommes libres regarderaient comme le dernier des outrages de n'être pas appelés à l'honneur de défendre leur patrie et leur prince. La plupart d'entre nous ont fait sous vos ordres la guerre de la liberté et celle de la gloire; nous sommes presque tous d'anciens défenseurs de la patrie; la patrie doit remettre avec confiance des armes à ceux qui ont versé leur sang pour elle. Donnez-nous, Sire, des armes en son nom; nous jurons entre vos mains de ne combattre que pour sa cause et la vôtre! Nous ne sommes les instruments d'aucun parti, les agents d'aucune faction; nous avons entendu l'appel de la patrie: nous obéirons à nos chefs. Nous ne voulons que conserver l'honneur national, et rendre impossible l'entrée de l'ennemi dans cette capitale. Quand nos ennemis, vaincus, auront renoncé au chimérique espoir de nous dicter des lois, vous aimerez la paix comme vous aimez la gloire; nous vous devrons la liberté avec le bonheur, et la France, prête à combattre aujourd'hui tout entière s'il le faut, vous chérira comme un bon roi, après vous avoir admiré comme le plus grand des guerriers! » Et les fédérés s'écrièrent: « *Vive la nation! vive la liberté! vive l'Empereur!* »

Cette adresse n'était point hostile à l'Empereur; mais elle signalait un esprit qui n'était pas celui de l'Empire; plus d'une fois Napoléon fronça le sourcil en entendant ce mâle langage; les cris poussés par les fédérés ne mettaient son nom qu'en troisième ligne, la nation d'abord, la liberté ensuite, puis leur Empereur ; c'était l'exergue du malheureux Louis XVI sous la Constituante : « La nation, la loi, le roi. » Cependant l'Empereur répond à ce peuple dans sa langue patriotique : « Soldats, confédérés des faubourgs Saint-Antoine et Saint-Marcel, leur dit-il, je suis revenu seul parce que je comptais sur le peuple des villes, les habitants des campagnes et les soldats de l'armée dont je connaissais l'attachement à l'honneur national ; vous avez justifié ma confiance, j'accepte votre offre. Je vous donnerai des armes, je vous donnerai pour vous guider des officiers couverts d'honorables blessures, et accoutumés à voir fuir l'ennemi devant eux. Vos bras robustes et faits aux plus pénibles travaux, sont plus propres que tous autres au maniement des armes ; quant au courage, vous êtes Français. Vous serez les éclaireurs de la garde nationale. Je serai sans inquiétude pour la capitale lorsque la garde nationale et vous, vous serez chargés de sa défense ; et s'il est vrai que les étrangers persistent dans le projet impie d'attenter à notre indépendance et à notre honneur, je pourrai profiter de la victoire sans être arrêté par aucune sollicitude. Soldats fédérés, s'il est des hommes nés dans les hautes classes de la société qui aient déshonoré le nom français, l'amour de la patrie et le sentiment de l'honneur national se sont conservés tout entiers dans le peuple des villes, les habitants de la campagne et les soldats de l'armée. Je suis bien aise de vous voir ; j'ai confiance en vous. *Vive la nation !* » Ces paroles furent prononcées dans la langue la plus austère ; le front de l'Empereur n'avait cessé de paraître assombri ; entouré des faubourgs, il n'était pas dans son élément ; les haillons lui faisaient mal. Décidément, ce n'était pas l'homme des piques et des moyens révolutionnaires.

Dès qu'un grand système de guerre est résolu contre l'Europe, on songe à fortifier Paris; cette idée tient à deux causes : fortifier Paris, c'est un moyen de donner de l'ouvrage à la population travailleuse; on remuera de la terre, on occupera des bras; le commerce ne fournissant pas assez d'aliments et d'activité à la classe ouvrière, il faut bien qu'on lui crée des travaux extraordinaires; ensuite, ces fortifications de Paris, limitées par certaines bornes, peuvent servir à un plan d'opérations même sur les frontières. Il ne s'agit pas d'ouvrages solides, de forts permanents, de murailles d'enceinte, mais seulement de quelques ouvrages avancés; Montmartre, les buttes Saint-Chaumont, d'autres points importants de Paris doivent recevoir des ouvrages hâtivement construits et confiés au génie. L'idée de faire de Paris une forteresse ne vint pas à l'Empereur; il avait trop l'instinct des causes morales qui font tomber les empires, pour ne pas comprendre que dans les revers les murailles ne préservent pas un gouvernement quand il n'a pas la force inhérente à lui-même. Les murailles ne sauvent un pays ni contre la puissance des idées, ni contre les désaffections, ni contre l'invasion vigoureuse quand un principe est fini; c'est le Bosphore pour Byzance; vint un temps où les Barbares le franchirent. En France, il n'est pas un seul pouvoir capable de supporter deux grandes batailles perdues; alors les partis en finissent avec un gouvernement plus vite que ne le fait l'étranger.

D'après le plan défensif de Napoléon, la garde nationale devait jouer un certain rôle. Si l'Empereur n'avait suivi que ses idées, ses impulsions, il n'aurait vu dans la milice de la cité qu'un corps auxiliaire de la troupe de ligne, une réserve de l'armée. Quand il organisa les cohortes en 1812, il leur donna bien le nom de gardes nationales, mais ce n'était au fond qu'un nouveau mode de recrutement pour l'armée de ligne; les cohortes servirent de base à toutes les opérations militaires de 1813[1]. Ce système, il aurait voulu le renouveler dans les Cent Jours, les bataillons de garde nationale étaient destinés aux places fortes, afin de rendre disponible l'armée de ligne; ceci entrait dans le plan de défense de Napoléon. Le parti patriote, et Carnot qui en était la garantie, voulaient donner un autre sens à la levée de la garde nationale, en la mêlant à une idée politique; ils ne pensaient pas seulement à en faire un appui destiné à préserver les frontières; la garde nationale pour les patriotes était aussi un moyen de contenir Napoléon; ils ne voulaient lui donner des forces que dans des proportions limitées, de manière à pouvoir le maintenir dans leur dépendance; l'Empereur voyait, lui, dans la garde nationale un supplément à la conscription; les patriotes y cherchaient une institution façonnée sur le type de M. de Lafayette, une manière de pouvoir renverser Napoléon après qu'ils auraient employé son épée à la défense du territoire.

Le travail sur l'organisation de la garde nationale fut donné à Carnot, qui tous les jours conférait avec ses amis sur ce qu'on pouvait donner à Bonaparte pour sauver la patrie; seulement on ne devait pas lui fournir des forces contre la liberté. D'accord avec Fouché sur ce point, Carnot, fort opposé au despotisme de Bonaparte, sentait la nécessité impérative de préserver d'abord le territoire. Sans avoir une grande confiance en la dictature impériale, il la soutenait néanmoins pour sauver le

---

[1] Voyez mon travail sur l'Empire, t. IX.

pays. Le ministère de l'intérieur n'était pas sa place, il comprenait peu de chose à ce mécanisme tout de détail, à ces correspondances de préfectures en dehors d'un système de défense nationale; il s'était entouré de patriotes, et il choisit comme chef du cabinet un républicain à la causerie spirituelle, aux fortes études du collége d'Harcourt, M. Rousselin Saint-Albin, de la nuance de Camille Desmoulins et de Danton. C'est à l'aide de tous les éléments recueillis par les préfets que fut organisé l'ensemble de la garde nationale des départements de l'Empire. Le tableau ministériel offrait des masses immenses et un total de 3,130 bataillons, qui donnaient 2,250,400 gardes nationaux; ce calcul un peu puéril était ce que l'on appelle une organisation sur le papier, sorte de recensement de tous les hommes valides; Carnot se plaisait à ces rapprochements avec la République, il croyait de bonne foi que 2,000,000 d'hommes allaient se lever; il ne savait pas que l'agriculture, le commerce, les professions et les arts enlèvent à une nation les 4/5 des forces actives; on obtiendrait sans doute quelques centaines de bataillons, et cet épouvantail que l'on jetait aux étrangers n'était pas capable de leur faire grand'peur; ils savaient trop l'état réel de la France pour s'effrayer de ces mensonges officiels; et toutes ces gardes nationales que l'on levait avec tant d'ostentation purent grouper à peine quelques légions franches après la bataille de Waterloo.

Cependant l'Empereur ne se dissimulait pas que la garde nationale de Paris avait de l'importance pour la conservation des propriétés; homme de gouvernement et d'ordre, depuis qu'il avait vu et touché les fédérés, il sentait la nécessité impérative d'opposer à ces hommes des faubourgs un corps de bourgeoisie régulier, et la garde nationale avait cette mission; son système était de donner du patriotisme et de l'énergie à la bourgeoisie par le peuple, et de donner au peuple le respect de la propriété par la bourgeoisie. Ce balancement était rationnel, il s'expliquait parfaitement : aussi l'Empereur caresse-t-il les chefs de la garde nationale de Paris, il l'organise sous des commandants qu'il choisit lui-même; les colonels sont un mélange d'aides-de-camp militaires et de bourgeois influents. Dans les faubourgs il est quelques fabricants qui lui doivent beaucoup, de grands industriels qui ont reçu des marques de sa munificence; il leur confie le commandement des légions et des bataillons; il passe la revue de la garde nationale, il veut faire naître dans ses rangs l'amour de la patrie et de sa personne. Les revues offrent quelque chose de pittoresque et d'un peu confus [1]; on y voit un mélange de la garde nationale et de la garde impériale; ces troupes ont fraternisé dans des banquets où les éloges de l'Empereur [2] ont retenti en chansons et en couplets de facture. Les solennités militaires n'ont plus ce type grave et sévère des jours glorieux de l'Empire; on y voit des bataillons d'écoliers, des enfants qui portent des haches comme des sapeurs, des petits jeux populaires qui marquent toujours les époques d'enthousiasme et de désordre. En dehors de la troupe de ligne, il

---

[1] « Un petit enfant, en uniforme à la française, marchait à la tête d'une compagnie; il excita des éclats de rire universels. Napoléon, pour ne pas faire semblant de s'en apercevoir, se tourna comme pour parler à quelqu'un derrière lui. Cependant, un second enfant vêtu en pionnier, et marchant en tête d'un régiment, s'avança directement vers lui, ayant au bout de sa hache d'armes une pétition, que l'Empereur prit en souriant et lut avec beaucoup de complaisance.

« Le dernier régiment de la garde nationale fut suivi de 90 écoliers du lycée impérial, qui se précipitèrent hors de leurs rangs avec des pétitions, en courant et jetant des cris d'allégresse. Napoléon parut alors pour la première fois dans le ravissement; il riait aux éclats et se tournait à droite et à gauche pour témoigner sa satisfaction. »

[2] « La première revue de la garde nationale dont je vous ai parlé eut lieu le 16. Ce corps a rendu, le 18, la fête que lui

y a un principe de désorganisation démocratique ; ces revues de fédérés et de gardes nationales ressemblent aux processions de la Ligue dans un autre sens et pour d'autres idées.

Cependant Napoléon parle une noble langue; il veut rehausser l'enthousiasme et s'attirer la garde nationale de Paris : « Je suis bien aise de vous voir. Je vous ai formés il y a 15 mois, pour le maintien de la tranquillité publique dans la capitale et pour sa sûreté. Vous avez versé votre sang pour la défense de Paris ; et si des troupes ennemies sont entrées dans vos murs, la faute n'en est pas à vous, mais à la trahison, et surtout à la fatalité qui s'est attachée à nos affaires dans ces malheureuses circonstances. Le trône royal ne convenait pas à la France, il ne donnait aucune sûreté au peuple sur ses intérêts les plus précieux. Il vous avait été imposé par l'étranger ; s'il eût existé, il eût été un monument de honte et de malheur. Je suis arrivé armé de toute la force du peuple et de l'armée, pour faire disparaître cette tache, et rendre tout leur éclat à l'honneur et à la gloire de la France. Soldats de la garde nationale, ce matin même le télégraphe de Lyon m'a appris que le drapeau tricolore flotte à Antibes et à Marseille. Cent coups de canon, tirés sur toutes nos frontières, apprendront à l'étranger que toutes nos dissensions sont terminées. Je dis les étrangers, parce que nous ne connaissons pas encore d'ennemis. S'ils ras-

---

avait donnée la garde impériale par un banquet qui eut lieu dans la salle du Conservatoire des arts et metiers, et où 720 convives furent placés. L'emblème principal de cette solennité fut le buste de l'Empereur couronné par la France, qui de l'autre main tenait des tablettes portant ces inscriptions : *Constitution*, *Liberté*, *Patrie*. Le duc d'Otrante porta un toast à la constitution du *Champ de Mai*, et la santé de l'Impératrice et du prince impérial, proposée par le ministre de l'intérieur, ainsi que le vœu pour leur prompt retour, prouvèrent que la cour voulait encore entretenir l'espoir de la paix. »

(*Lettre de M. Hobhouse.*)

semblent leurs troupes, nous rassemblerons les nôtres. Nos armées sont toutes composées de braves qui se sont signalés dans plusieurs batailles et qui présenteront à l'étranger une frontière de fer, tandis que de nombreux bataillons de grenadiers et de chasseurs des gardes nationales garantiront nos frontières. Je ne me mêlerai point des affaires des autres nations : malheur aux nations qui se mêleraient des nôtres ! Des revers ont retrempé le caractère du peuple français ; il a repris cette jeunesse, cette vigueur, qui, il y a vingt ans, étonnait l'Europe. »

Ainsi parle l'Empereur pour exalter les âmes et réveiller les courages; puis il se montre fréquemment au peuple ; aujourd'hui il visite les ateliers qui ont repris leur activité, la fontaine de l'Éléphant[1], le grenier d'abondance; le lendemain il assiste aux représentations théâtrales, il revient saluer cet *Hector* qu'il vit, pour la première fois, dans les jours heureux de l'Empire[2]; quelle différence de temps ! Les airs qu'on joue ne sont plus ceux qu'il chérissait aux époques de jeunesse et de force; *la Marseillaise* se fait entendre ; le *Ça ira* retentit avec *La victoire est à nous!* et *Veillons au salut de l'Empire;* le nom de l'Empereur n'est plus que secondaire. Des témoins attestent même que l'homme puissant est bien changé. Un Anglais, admirateur absolu de Napoléon, M. Hobhouse, l'ami de lord Byron, et que les

---

[1] « Le 30 mars on reprit les travaux de Paris à la fontaine de l'Éléphant, au Louvre, au nouveau marché Saint-Germain et à l'hôtel des Affaires étrangères ; la semaine suivante, le nombre des ouvriers fut doublé. Les rues reprirent leurs premiers noms; les édifices publics, leurs inscriptions impériales ; les théâtres furent remis sur leur ancien pied, et le Conservatoire impérial pour l'éducation et l'entretien des chanteurs et des acteurs des deux sexes, fut rétabli. »

[2] « On jouait, ce jour-là, au Théâtre-Français, *Hector*. Avant le lever de la toile, les airs nationaux de *la Victoire* et de *la Marseillaise* furent demandés et exécutés au milieu des plus bruyantes acclamations. Les spectateurs accompagnaient l'orchestre en chan-

destinées politiques ont placé depuis dans le ministère des whigs, a laissé de Napoléon, à cette époque, un portrait bien curieux. « Sa figure, dit-il, est très pâle, ses mâchoires larges, mais pas autant que je l'avais entendu dire; ses lèvres sont minces et façonnées de manière à donner à sa bouche une douceur admirable. Il paraissait avoir l'habitude de retirer ses lèvres comme quelqu'un qui mange du tabac, selon l'observation qu'en a faite M. Kean, notre célèbre acteur; mais j'ai appris depuis que ce mouvement n'est occasionné que parce qu'il a presque toujours un morceau de réglisse ou quelques pastilles, pour se guérir d'une toux habituelle. Ses cheveux sont d'un brun cendré et clair-semés sur les tempes : le dessus de sa tête est presque chauve, ce qui lui a fait donner dernièrement, par ses soldats, le sobriquet affectueux de *notre Petit Tondu*. Il n'est pas bien gras, mais son ventre est si saillant que l'on voit son linge passer au-dessous de son gilet. Il tenait généralement ses mains jointes par devant ou par derrière, mais quelquefois il les séparait pour se frotter le nez, prendre plusieurs prises de tabac et regarder à sa montre. Poussant souvent des soupirs et avalant sa salive, il paraissait souffrir quelques douleurs dans la poitrine. Il parlait peu, mais, lorsqu'il le fallait; il souriait de la manière la plus agréable; il regardait tout ce qui se passait autour de lui; il fronçait les sourcils et les rapprochait

tant le refrain. Un acteur au théâtre Feydeau (Gavaudan), qui se trouvait à un des balcons, chanta quelques vers ajoutés à *la Marseillaise*, et qui furent répétés avec enthousiasme par tous les spectateurs. Cet enthousiasme était réellement à son comble. Lorsque Napoléon entra à la troisième scène, tout le monde se leva en jetant des cris qui retentissent encore à mes oreilles. Les *vivat* continuèrent jusqu'à ce que l'Empereur, après avoir salué à droite et à gauche, se fût assis, et alors on recommença la pièce. Le public accueillit avec transport tout ce qui avait le moindre rapport au retour du héros. Aux mots :

« Enfin il reparaît: c'est lui... (c'était Achille !), tout le parterre se leva et interrompit l'acteur par ses acclamations. »

l'un de l'autre comme pour voir les objets plus distinctement. »

Ce n'était pas seulement au physique que Napoléon paraissait souffrant, mais le moral était profondément atteint : quelle force d'âme ne lui fallait-il pas avoir pour rehausser les courages abattus et réveiller le patriotisme des fonctionnaires ! M. Cambacérès, qui avait autrefois une si pleine et entière confiance dans les destinées de Napoléon, était tombé dans un profond découragement; il faisait de lugubres prédictions sur la destinée qui les attendait tous [1]. M. Maret, si habitué à la fortune de l'Empereur, le servait avec dévouement et sans beaucoup d'illusions, il n'espérait plus qu'en une victoire qui amènerait la séparation de l'Autriche. M. Molé quittait Paris pour les eaux de Plombières dans un état de santé déplorable; M. Lavalette, si actif, si dévoué, ne s'occupait plus alors que de faire des amis à l'Empereur; il allait de droite et de gauche recruter des partisans à la cause impériale, car tout le monde le savait obligeant et bon. M. de Flahaut faisait, dans l'ordre militaire, les mêmes recrues que M. Lavalette dans l'ordre civil; il allait incessamment trouver les officiers récalcitrants, pour les ramener sous les aigles; c'était un homme poli, aux manières aimables.

Au reste, tout ce monde était fort déplacé dans la nouvelle sphère des Cent Jours; tous voyaient bien qu'un changement immense était survenu; il n'y avait plus cette auréole de gloire qui environnait le front de l'Empereur; ce mélange de jacobinisme et d'esprit constitutionnel déplaisait à la société de la duchesse de Saint-

---

[1] Un ami de M. Cambacérès m'a raconté que sa phrase habituelle dans les Cent Jours était celle-ci : « Ah! monsieur! je prévois le dénouement de ceci : nous serons tous perdus. »

Leu, femme élégante et légère, que l'Empereur avait grondée sur le récent scandale qu'elle avait donné dans le procès avec son mari. Louis n'avait point revu la France; Jérôme avait rejoint l'Empereur avec dévouement; jeune encore et plein de zèle, il demandait avec instance à servir dans les armées et à commander une division. Joseph s'était si étrangement conduit lors de la première invasion qu'on n'en parlait à Paris qu'avec risée; on l'avait trop caricaturé sur les boulevards pour qu'il pût ressaisir l'opinion; lui et M. Cambacérès, dans les Cent Jours, furent les hauts personnages les plus nuls, les plus usés, l'un gardant le titre de roi d'Espagne et des Indes, l'autre celui de prince de Parme, Voyez-vous des rois d'Espagne et des princes de Parme, en présence des jacobins chantant *la Marseillaise* dans les faubourgs, et en face de l'Europe qui refusait le titre d'Empereur à qui l'avait si glorieusement conquis.

Dès l'arrivée de Lucien [1], on parla de modification dans le ministère; Lucien devait prendre l'intérieur, comme sous le Consulat, et Carnot passerait alors à la guerre. Cette combinaison ne convenait pas aux patriotes et ne séduisait pas Napoléon; à l'intérieur, Carnot pouvait donner des places lucratives à ses amis, et les républicains désiraient des positions; à la guerre, il aurait gêné Napoléon qui n'avait pas une grande opinion de son intelligence; il traitait assez mal la création des quatorze armées de la République; il aimait à répéter que « dans ce temps il y avait eu plus de fautes dans la coalition que de génie dans Carnot. » A l'intérieur, on

---

[1] Lucien affectait de garder son goût de littérature.
« J'ai entendu Lucien Bonaparte ces jours derniers réciter à l'Institut une ode en l'honneur d'Homère, au milieu du silence solennel des membres et du public. »
(*Récit d'un témoin oculaire.*)

le laissait organiser la garde nationale à son gré, ce qui allait mieux à ses idées et à ses habitudes. Carnot avait bon espoir du succès de la cause patriotique ; il avait foi dans l'élan national ; il croyait que le salut du pays devait rallier tous les partis, et qu'on retrouverait l'énergie de 1793, moins la terreur.

Fouché, ministre de la police, s'était emparé de beaucoup des attributions du ministère de l'intérieur ; il en gardait la partie d'observation et d'organisation ; laissant Carnot s'absorber dans le matériel de la garde nationale et des préfectures, il suivait, lui, la marche des partis ; maître de la presse par ses rapports intimes et par la surveillance, il donnait également l'impulsion à tout ce qui touchait l'opinion publique ; son but était de contenir Bonaparte par l'aspect et la crainte d'un mouvement républicain. L'établissement des quatorze lieutenants-généraux de police avait, par le fait, presque annulé les préfets ; c'était par ces commissaires extraordinaires que Fouché savait la France et dirigeait les partis ; il exagérait les tentatives royalistes [1] pour se créer une grande force répressive ; sa préoccupation était de se placer à la tête des opinions révolutionnaires, pour les diriger par la police. Voilà pourquoi il favorisa si chaudement l'idée fédérative, établie d'abord en

---

[1] *Extrait d'un rapport à l'Empereur fait par Fouché, sur les tentatives des royalistes dans l'intérieur. — Du 7 mai 1815.*

« Dans une commune du département du Gard quelques individus attroupés ont un instant arboré le drapeau blanc. Quelques bandes armées ont paru dans les départements de Maine-et-Loire et de la Loire-Inférieure.

« Des femmes, dans le Calvados, ont déchiré le drapeau tricolore d'une commune.

« Des cris séditieux se sont fait entendre, quelques actes de rébellion ont eu lieu dans le département du Nord.

« Dans celui des Côtes-du-Nord un maire a été massacré par deux anciens chouans.

« Ces délits répandent l'alarme dans les lieux où ils se commettent. Je sais qu'ils se rattachent aux efforts que l'on a faits depuis un an pour réveiller les haines révolutionnaires, et rétablir la guerre civile.

Anjou, en Bretagne, puis s'étendant jusqu'aux faubourgs de Paris. Dans toutes les phases de la Révolution et de l'Empire, Fouché était resté en rapport avec les jacobins ; il y avait entre eux affiliations si rapprochées, rapports si intimes, intelligence si profonde, que tous ces hommes se tutoyaient, petits et grands, et Fouché, *monseigneur* pour le vulgaire, n'était que le frère et ami du dernier des jacobins. Vis-à-vis d'eux, il parlait avec rudesse et franchise ; il les connaissait bien ; il ne leur dissimulait rien sur Bonaparte, qu'il ne ménageait pas ; il maintenait dans les faubourgs, dans les provinces, une certaine agitation qui ne permettait pas à l'Empereur d'espérer une dictature longue et durable. Comme il ne parlait jamais précisément au sérieux, il se jouait de toutes les idées impériales ; il ne considérait Bonaparte que comme une transition pour arriver à un ordre de choses meilleur ; *si cet homme-là gênait jamais les idées jacobines, on le renverserait sans ménagement.* Son langage était curieux à côté de celui de Carnot, qui parlait avec loyauté de son dévouement à Napoléon. Fouché savait que Bonaparte ne pouvait rien sans lui, et cette conviction autorisait une grande liberté de paroles. Il pouvait tout impunément.

Le maréchal Davoust était, à ce moment, l'exécuteur

Ils ne dépendent point exclusivement du changement politique qui vient de s'opérer sans obstacles, ils ne menacent pas la sûreté de l'État, ils ne caractérisent pas même un parti subsistant et formé.

« Certes, ceux qui attaquent les propriétés et se livrent à des assassinats, ceux qui rompent tous les liens qui les rattachent à la France, et la dévouent aux fers des étrangers et aux discordes de l'intérieur, ces hommes n'ont rien de français ; ils peuvent suivre les opinions, seconder les vœux de quelques complices, mais ils n'ont point de partisans. Tous les gens de bien, tous les amis de l'ordre et de la paix, quelles que soient leurs vues politiques, tous détestent l'atrocité de pareils actes ; tous sont intéressés à ce que ces désordres ne se propagent pas, et désirent qu'ils soient réprimés avec une sévérité capable d'en arrêter le cours. »

le plus ferme, le plus tenace, des volontés de l'Empereur; ministre de la guerre, il avait fait un appel à tous les officiers et soldats en retraite, pour venir rejoindre leurs drapeaux; le maréchal parlait un langage fier, antique, comme les centurions et les chefs des cohortes lorsqu'ils appelaient les vétérans autour de César. « Vous avez voulu votre Empereur, disait-il, soldats! Eh bien! venez le défendre, venez entourer les aigles qui désormais orneront les drapeaux [1]. » Davoust travaillait journellement avec Napoléon qui avait pris une confiance en sa fermeté militaire; le maréchal était de sa nature organisateur; compromis avec l'Europe par ses antécédents de Hambourg, il avait peur d'une réaction allemande contre lui (le sort de Berthier lui dit plus tard que son instinct était vrai).

Ce fut un travail de colosse que celui du département de la guerre pendant les Cent Jours! on passait les jours, les nuits à mettre en activité des masses d'hommes pour les diriger aux frontières; la conscription se levait difficilement, il y avait des provinces entières qui n'avaient pas fourni une seule recrue; l'esprit militaire était étouffé sous les divisions politiques; on armait difficilement, et l'opinion publique n'était pas pour la guerre. Le moral même de l'officier et du soldat s'était détérioré;

---

[1] *Ordre du jour de Davoust.*
« Vous avez voulu votre Empereur; il est arrivé. Vous l'avez secondé de tous vos efforts; venez, afin d'être tout prêts à défendre la patrie contre des ennemis qui voudraient se mêler de régler les couleurs que nous devons porter, de nous imposer des souverains, et de dicter nos constitutions.
« Présentons une frontière d'airain à nos ennemis, et apprenons-leur que nous sommes toujours les mêmes.

« Soldats! soit que vous ayez obtenu des congés absolus ou limités, soit que vous ayez obtenu votre retraite, si vos blessures sont cicatrisées, si vous êtes en état de servir, venez; l'honneur, la patrie, l'Empereur vous appellent.
« Quels reproches n'auriez-vous pas à vous faire si cette belle patrie était encore rongée par les soldats que vous avez vaincus tant de fois, et si l'étranger venait effacer la France de la carte de l'Europe! »
Le prince d'Eckmühl.

l'armée avait fait de la cause de l'Empereur la sienne propre, elle voyait bien qu'elle était fatalement compromise; on devait sauver l'Empire, ou mourir sous ses débris dispersés. Mais il était resté une certaine désorganisation militaire à la suite du départ du roi; les cadres étaient bouleversés par des démissions nombreuses d'officiers; à chaque revue il y avait des épées rendues à l'Empereur, et ce n'étaient pas les moins loyales, celles, par exemple, d'Egmond de Périgord, de Mortemart, de Talhouet, d'Ambrugeac. On avait perdu les régiments suisses; les cantons avaient exigé leur retour dans les montagnes, et ils avaient quitté le service de France[1]. En vain on voulut les retenir en invoquant les capitulations antiques, il fut répondu par un ordre formel du grand conseil de Berne : « que ces capitulations ne regardaient pas Bonaparte. » Pour rendre à l'armée son énergie, il fallait des prodiges incroyables; il fallait encourager les uns, déterminer les autres, et les rassurer tous par la noble espérance de sauver la patrie.

Cependant pour constituer ce fort état militaire, où trouver des ressources financières? quels éléments allait-on rencontrer dans le crédit public, pour satisfaire à toutes les dépenses qu'un si grand effort allait exiger? L'Empereur n'avait pas en ses mains les moyens violents

---

[1] « Les régiments suisses au service de France avaient, en conséquence d'un ordre de la diète du mois d'avril 1814, prêté serment au roi de France. Lorsque ce monarque quitta sa capitale, le 20 mars, les chefs de ces régiments ne se crurent point dégagés de leur serment, mais ils envoyèrent à Zurich le capitaine Schaller, pour demander à la diète une règle de conduite. Le 1er avril, M. Schaller revint à Paris, apportant aux quatre régiments l'ordre de retourner dans leur patrie. La lettre du gouvernement central de la Suisse fut remise le même jour au ministère des affaires étrangères de France. Elle parvint le 2 au ministre de la guerre avec l'ordre de dissoudre les régiments suisses. Le 3, le général Fririon, qui avait été chargé par le roi de les organiser d'après la nouvelle capitulation, fit venir successivement chez lui les chefs des régiments qui se trouvaient à Saint-Denis. Il désirait connaître les intentions des officiers et des soldats, et s'ils aimaient mieux rester en France que

de la Convention nationale, gouvernant par la terreur ; cette terrible assemblée, sans s'arrêter aux principes, au droit de propriété, avait vendu les biens d'émigrés ; la dette publique avait été payée sur la place de la Révolution, le papier-monnaie avait un cours forcé, on multipliait les réquisitions, le *maximum* autorisait les pillages réguliers. A la Convention, les moyens étaient faciles, parce que ces hommes jouaient aux têtes et avec la leur. Napoléon avait-il tous ces moyens ? pouvait-il recourir à la violence, à la terreur, à l'échafaud, au milieu d'une société régulière ?

Aux Cent Jours, voici quelle était la situation financière de la France : les Bourbons, économes gardiens de la fortune publique, avaient conservé les ressources du trésor; ils avaient respecté les caisses, et laissé en portefeuille 30 à 40 millions souscrits par les receveurs-généraux, ou des traites à échéances très rapprochées pour prix de la vente des bois. L'amortissement possédait des rentes rachetées par son action régulière, les services étaient acquittés jour par jour avec une ponctualité admirable ; la solde arriérée avait été mise au courant et les fonctionnaires administratifs même étaient à jour pendant la Restauration. Ces ressources bien ménagées purent servir aux premiers armements que l'Em-

---

de retourner dans leurs foyers. Ils répondirent négativement. Le 4, à trois heures après midi, les Suisses reçurent l'ordre de prendre les armes. A cinq heures, le général Fririon déclara aux régiments assemblés que l'Empereur consentait à la demande de la diète, et permettait aux officiers et soldats de retourner en Suisse; mais que, connaissant leur attachement pour lui, ainsi que leur conduite antérieure, il espérait qu'ils resteraient en France et serviraient sous ses aigles. Le général fit alors former les rangs des régiments, et dit que ceux qui voudraient rester au service de France n'avaient qu'à sortir des rangs pour former de nouveaux bataillons. Voyant qu'il ne se faisait pas le moindre mouvement, il fit séparer les troupes par compagnie, et se rendit auprès de chacune d'elles. Tout fut inutile. Il n'y eut que 6 hommes qui sortirent des rangs, et encore n'était-ce pas des Suisses. »
(*Extrait d'une déclaration de plusieurs officiers suisses.*)

pereur avait commandés; on jeta des masses de valeurs en circulation; MM. Gaudin et Mollien avaient accepté la direction des finances et du trésor; esprits réguliers, ils connaissaient bien la place de Paris et le ressort d'une bonne administration. Les banquiers, fort opposés à l'Empereur, n'avaient pas confiance en son système; les commerçants resserraient les écus en cessant les commandes aux manufactures; un emprunt n'aurait pas été possible, la guerre faisait peur; la banque de France même supprimait ses escomptes, à ce point de ne prendre des valeurs qu'à 30 jours. Dans ces circonstances difficiles, il fallut rassembler tout ce dont on pouvait disposer de ressources financières; la caisse d'amortissement possédant 4 millions de rentes rachetées, les proposa à une compagnie de banquiers à un prix très abaissé : elle refusa d'abord [1]; enfin la négociation aboutit à un résultat. Par un traité, bien difficile à expliquer aujourd'hui, dans la prospérité du crédit préparée par la Restauration, ces 4 millions furent placés au taux de 30 francs, ce qui, joint aux escomptes, aux commissions de banque, réduisit encore à moins de 31 millions le produit de 4 millions de rentes, calculé au taux moyen de 41 francs. Le crédit était si malade!

Les 35 millions de traites des receveurs-généraux furent escomptés (leur plus long terme était de neuf mois) à des intérêts usuraires de 17 et de 18 p. 0/0, transactions qui donnaient la mesure de la confiance financière qu'inspirait le retour de l'Empereur. Ainsi, dans le courant d'avril et de mai, on réalisa 32 millions comme prix des rentes d'amortissement, puis 25 millions pour les

---

[1] Ces détails m'ont été fournis par un travail très long de M. Gaudin ne va pas des administrateurs du trésor en 1815. Le au-delà de 1814.

traites des receveurs-généraux, et ces sommes, jointes aux 28 millions en espèces trouvés dans le trésor, donnèrent une ressource actuelle de près de 80 millions comptant, jetés dans la circulation active en dehors du paiement régulier de l'impôt, difficile il est vrai dans plusieurs provinces, mais à la fin presque toujours régularisé. Telle est la force des habitudes prises, que le refus de l'impôt, résistance si facile, est presque toujours impossible à réaliser.

En vain Louis XVIII avait prescrit à ses sujets ce refus de l'impôt payé à l'usurpation; le résultat de cette mesure fut imperceptible; on continua donc à payer avec quelques légères altérations dans les provinces de l'Ouest et du Midi, ce qui fut compensé par la circonstance que voici. Quelques départements s'étaient imposé des contributions extraordinaires, des centimes additionnels, pour le service du duc d'Angoulême ou de MADAME; les conseils-généraux des Bouches-du-Rhône, de la Gironde, avaient voté 50 centimes pour l'organisation des volontaires royalistes. Ces suppléments furent maintenus, comme peine infligée à la guerre civile [1]. Sous d'autres rapports, les revenus furent altérés : Napoléon, pour se rendre populaire parmi les paysans, modifia beaucoup le droit d'exercice sur l'impôt des boissons. Les contributions indirectes produisaient presque un cinquième du revenu [2]; les douanes, par la suspension du commerce, ne rendaient plus rien ; un certain désordre se mit dans l'impôt indirect, la grande ressource de l'État; on ne l'obtenait que difficilement. On voulut procurer des ressources au trésor par des dons volon-

---

[1] Ce supplément produisit pour trois mois 7 millions.

[2] Le décret qui supprime l'exercice est du 8 avril 1815.

taires ; les bonapartistes se montrèrent fort ardents dans cette œuvre de dévotion à l'Empereur ; il y eut quelques centaines de mille francs offerts sur l'autel de la patrie; on parla de M. Gevaudan, de M. Delorme, des belles dames qui remirent à l'Empereur des paquets de billets de banque noués de rubans tricolores. Ces dons volontaires, toujours limités, ne constituent jamais une ressource permanente et considérable pour un État; ils ne sont utiles peut-être que pour seconder l'enthousiasme public; il n'y a dans la vérité que les impôts et le crédit public qui puissent aider efficacement les finances; les dons volontaires jetés sur l'autel de la patrie ne sont que de petits filets d'eau dans le grand fleuve des dépenses d'un Empire.

Au reste, tout ce qui émane personnellement de l'Empereur dans les Cent Jours est marqué d'un caractère mâle et ferme : l'armée se reconstruit par enchantement; les administrations militaires et financières font merveille, elles se ressentent des jours les plus dévoués de l'Empire; les employés savent bien qu'ils jouent leur existence en face d'une seconde restauration. Au contraire, tout ce qui touche au principe constitutionnel est frappé de stérilité; le mouvement libéral annule la dictature, anéantit les ressorts de cette puissance morale, qui seule pouvait alors sauver le pays. Les idées représentatives vinrent tuer l'énergie du pouvoir, et les Cent Jours tombèrent non seulement par l'Europe, mais encore par les déclamations des assemblées invoquant les idées de 1789 et les constitutions sur le papier, fatales utopies qui énervent les États pour le présent et l'avenir.

CHAPITRE XVI.

ACTE ADDITIONNEL. ÉLECTIONS DES DÉPUTÉS.

Travail pour l'Acte additionnel. — MM. de Constant et de Sismondi.— Questions préliminaires. — Fera-t-on une constitution nouvelle ou un Acte additionnel ? — Parti patriote. — Parti impérialiste. — Publication de l'Acte additionnel. — Mauvais effet. — Confusion dans la presse. — Organisation des colléges électoraux. — Mode d'acceptation. — Le pacte constitutionnel. — Ordres aux préfets. — Fixation de l'assemblée du Champ-de-Mai. — Nomination des représentants.— Difficulté pour la hiérarchie. — Les colléges électoraux à Paris. — Tumulte — Bavardages. — Confusion. — Esprit des députés élus.— Classification en partis. — Le Champ-de-Mai retardé.

22 Avril au 26 Mars 1815.

Tandis que l'Empereur consacrait ses veilles et la prodigieuse activité de son esprit à féconder toutes les ressources du pays, les faiseurs de constitutions, les improvisateurs de pacte social préparaient leur œuvre d'un gouvernement représentatif. Jamais, peut-être, autant de théories n'avaient été développées et exposées dans un temps où il fallait du sérieux et du positif. Tel est le caractère de notre nation : lorsque le champ de la dispute politique est ouvert, on s'y précipite avec ardeur, on subtilise sur des mots, sur des formes. L'Empereur reçut aux Tuileries des masses de projets, les uns bizarres, les autres utopistes, tous au moins très peu applicables à une dictature qui avait besoin de toutes ses forces pour résister à l'étranger. Il y en avait qui proposaient le retour au Consulat, comme si en politique on pouvait rétrograder. D'autres voulaient que Napoléon abdiquât pour reconstituer une République, avec Carnot et Fouché pour présidents, et lui, l'Empereur, comme simple généralissime [1]. Aucun de ces projets ne tenait compte des dangers de la patrie et de la nécessité d'une dictature aussi forte qu'elle était indispensable pour le salut du pays.

M. de Constant, chargé par l'Empereur de recueillir les débris de la constitution, s'était associé à une commission désignée par le conseil d'État même ; les patriotes de 1789, que j'appelle les rêveurs honnêtes de la Révolution française, y étaient en majorité.

On avait livré le pouvoir de Napoléon à des intelligences sérieuses, sans doute, mais étroites ou gâtées par les idées spéculatives. M. Benjamin de Constant était un homme d'infiniment d'esprit, avec de bonnes études et d'un caractère très souple, qu'on pouvait toujours faire céder par des considérations personnelles. Il n'aimait pas la révolution violente, comme toute la société de madame de Staël ; il s'attachait peu à la forme, pourvu qu'elle produisît des résultats conformes à son éducation et à

---

[1] « On disait alors qu'on ferait un sacrifice pour calmer les craintes de l'Europe, et qu'un changement de gouvernement aurait lieu, dans lequel Carnot ou Fouché serait déclaré président de la République, et Napoléon généralissime des armées. »
(*Mémoire contemporain.*)

ses principes. Ce travail d'une constitution allait à son esprit, il aimait comme M. Daunou à partir de certaines généralités politiques, pour les appliquer ensuite *a priori* à toutes les formes de société. M. de Sismondi, le remarquable historien, partageait les mêmes opinions en se plaçant au même point de vue [1]; peu disposé pour Bonaparte, il croyait cependant indispensable de le considérer comme un chef de guerre contre l'invasion menaçante, en le liant toutefois par une constitution; il pensait surtout qu'on ne devait pas se diviser dans le péril. Des réunions fréquentes avaient lieu, et quand on voulait un peu occuper le public des cafés, les oisifs du Palais-Royal, on rappelait dans les journaux que bientôt la Constitution paraîtrait pour balancer les pouvoirs de l'État et organiser le nouvel Empire.

Au reste, deux écoles paraissaient dominer les résolutions politiques, au conseil d'État comme dans le conseil privé de Napoléon. La première se composait des patriotes ralliés à l'Empereur, et n'ayant pour lui aucune affection particulière ; celle-là voulait une Constitution sur le modèle du pacte anarchique de 1791 ; une chambre unique, deux chambres si l'on voulait, également élues par des combinaisons diverses, émanées du peuple ; un pouvoir judiciaire électif, un pouvoir municipal électif enfin, un système de gardes nationales avec l'élection des officiers, et sous un chef à la taille de M. de Lafayette. Dans la pensée de cette école, il fallait une Constitution entièrement neuve, où l'on poserait sincèrement devant le peuple français cette question : « Napoléon serait-il de nouveau élu empe-

---

[1] M. de Sismondi avait été entièrement attiré vers l'Empereur par une de ces belles et grandes causeries de Napoléon qui absorbaient un homme.

reur héréditaire? » Quel titre lui donnerait-on en cas de refus? Tout cela devait s'opérer par la réunion des assemblées primaires, sans obstacles et sans contrôles administratifs. Ces idées étaient trop avancées, trop désorganisatrices pour convenir à Napoléon, intelligence si énergique et si éminente : on aurait perdu un peu plus tôt le pays.

La seconde école, plus spécialement impérialiste, n'admettait pas que l'on pût mettre en question le titre et la dignité de l'Empereur, et les droits incontestables de sa famille, dogme religieux hors de débat selon eux; ce n'était pas une constitution nouvelle qu'il fallait faire, mais seulement un Acte additionnel aux constitutions de l'Empire. On remplirait une lacune, sans rien créer de neuf; la souveraineté du peuple n'avait pas besoin de s'exercer pour un fait déjà accompli; Napoléon était Empereur par la grâce de Dieu et le vœu émané de la Constitution de l'an XII. Ensuite, à ces hommes si monarchiques, tels que MM. Cambacérès, Rœderer, Merlin, Regnauld (de Saint-Jean-d'Angély), il paraissait inouï que l'on pût revenir aux idées démocratiques posées par la Constitution de 1791. Quoi ! « on voulait une assemblée unique, une Convention [1], un pouvoir souverain au-dessus de l'Empereur, des gardes nationales sous M. de Lafayette! Mais c'était l'abolition de la noblesse pourprée, et quel malheur! Il n'y aurait plus de prince de Parme, de ducs de Plaisance ou de Gaëte, de comtes Merlin, Sieyès ou Réal; l'aristocratie de l'Europe en serait ébranlée! Enfin, convoquer les assemblées primaires paraissait, pour certains esprits, une cause de tu-

---

[1] Le journal intitulé *le Vieux Républicain* prêchait ouvertement le retour vers la Convention nationale.

multe, d'agitation. On proposait le mode simple, pacifique, innocent, de déposer les registres chez les notaires, aux mairies, pour que chacun pût dire son vote en silence; la souveraineté du peuple devenait ainsi bourgeoise et presque réduite à l'état civil. Cette école impérialiste [1] admettait deux Chambres; la constitution qu'elle préparait était une copie de la Charte de Louis XVIII; valait-il bien la peine de changer de dynastie pour obtenir un plagiat?

Cependant le travail de la commission se continuait; un premier plan fut envoyé à l'Empereur; il était dans les idées du parti patriote. Quoique résigné à beaucoup de choses dans la triste et fausse position qu'on lui avait faite, Napoléon le repoussa; il y vit le désordre et l'anarchie; entouré de son conseil privé, il en discuta un à un les articles, et il déclara tout haut « qu'il n'accepterait jamais de telles conditions; il avait pour lui l'armée, et après tout c'était elle qui avait fait le 20 mars, elle saurait défendre la France et son Empereur. » Ce premier projet, qui devait paraître dans *le Moniteur*, ne fut pas publié; Napoléon s'y refusa constamment. On substitua à ce plan, si visiblement démocratique, ce qu'on appela un *Acte additionnel*, c'est-à-dire une collection d'articles qui était censée remplir le vide que les constitutions de l'an XII avaient laissé. OEuvre de Benjamin Constant, de Regnault (de Saint-Jean-d'Angély) et de Rœderer, cet acte additionnel n'était au fond que la Charte de Louis XVIII retournée, avec quelques articles de plus et quelques garanties de moins; rien n'y manquait, pas même le

---

[1] M. Rœderer était l'esprit le plus éminemment monarchique de tout le conseil d'État; il oubliait souvent qu'une révolution était passée entre le vieux régime et l'Empire, et que lui, M. Rœderer, chef du département, avait conduit Louis XVI dans de bien fatales circonstances de sa vie.

préambule qui avait suscité tant de critiques à l'acte du gouvernement royal[1].

Napoléon y disait hautement un grand mensonge ; lui qui avait brisé toutes les formes constitutionnelles, déclarait : « qu'il les avait perfectionnées à chaque époque, en profitant des leçons de l'expérience ; sous l'Empire, Napoléon avait voulu réaliser un grand système fédératif européen ; à cet effet, il avait suspendu la liberté publique, qu'aujourd'hui on pouvait octroyer à pleines mains. » La singerie de la Charte de 1814 était si saillante qu'on y empruntait à peu près cette phrase : « conserver du passé ce qu'il y a de bon et de salutaire, c'est renouer la chaine des temps. » En un mot, l'Empereur proposait à l'acceptation de la France une série d'articles d'organisation représentative ; on mettait hors de doute cette question de souveraineté populaire : « Napoléon serait-il Empereur ? Le trône serait-il héréditaire dans sa famille ? » Par cet acte, deux Chambres étaient instituées ; on conservait à une le titre de Chambre des pairs, ce qui allait assez bien à l'aristocratie impériale ; la pairie était héréditaire, par une addition à la Charte de Louis XVIII ; l'Empereur se faisait plus aristocrate que les Bourbons : tous les princes de sa famille siégeaient à la Chambre des pairs de plein droit. La seconde branche de la législature

---

[1] Voici le fameux préambule de l'Acte additionnel.

« Napoléon, etc.

« Depuis que nous avons été appelé, il y a quinze années, par le vœu de la France, au gouvernement de l'État, nous avons cherché à perfectionner à diverses époques les formes constitutionnelles, suivant les besoins et les désirs de la nation, et en profitant des leçons de l'expérience. Les constitutions de l'Empire se sont ainsi formées d'une série d'actes qui ont été revêtus de l'acceptation du peuple. Nous avions alors pour but d'organiser un grand système fédératif européen, que nous avions adopté comme conforme à l'esprit du siècle, et favorable aux progrès de la civilisation. Pour parvenir à le compléter et à lui donner toute l'étendue et toute la stabilité dont il était susceptible, nous avions ajourné l'établissement de plusieurs institutions intérieures plus spécialement destinées à protéger la liberté des citoyens. Notre but n'est plus désormais que d'accroître la prospérité de la France par l'affermissement de la liberté publique. De là résulte la nécessité de plusieurs modifications importantes dans les constitutions,

prenait le titre de Chambre des représentants ; les députés s'élevaient au nombre de 629 ; à 25 ans ils étaient éligibles ; ils recevaient un traitement par session. Les pairs étaient jugés par leurs pairs ; le gouvernement avait la proposition des lois, mais les représentants pouvaient l'inviter à en proposer de nouvelles ; l'élection avait lieu par les colléges électoraux, formés à peu près sur le modèle de ceux de l'Empire, c'est-à-dire sous la dépendance absolue des préfets : l'industrie et les manufactures avaient des représentants particuliers. » Quant aux autres articles de l'Acte additionnel, ils n'étaient presque qu'un calque de l'œuvre des Bourbons.

Deux points dans cet acte excitèrent surtout les controverses publiques : la confiscation, que la Charte de 1814 avait abolie, était maintenue ; la confiscation, droit féodal, châtiment imposé à la déloyauté. On en avait tant abusé durant la Révolution et l'Empire, le Code pénal, sur ce point, était si odieux, que Louis XVIII l'abolit comme une première et grande concession aux circonstances. La confiscation était néanmoins une arme puissante de gouvernement ; elle retenait les consciences assez faibles pour trahir le drapeau ; elle supposait spécialement le droit suzerain de l'État, qui disposait de la fortune et de l'héritage de chaque citoyen : Napoléon con-

---

sénatus-consultes, et autres actes qui régissent cet Empire. A ces causes, voulant, d'un côté, conserver du passé ce qu'il y a de bon et de salutaire, et de l'autre, rendre les constitutions de notre Empire conformes en tout aux vœux et aux besoins nationaux, ainsi qu'à l'état de paix que nous désirons maintenir avec l'Europe, nous avons résolu de proposer au peuple une suite de dispositions tendant à modifier et perfectionner ses actes constitutionnels, à entourer les droits des citoyens de toutes leurs garanties, à donner au système représentatif toute son extension, à investir les corps intermédiaires de la considération et du pouvoir désirables ; en un mot, à combiner le plus haut degré de liberté politique et de sûreté individuelle avec la force et la centralisation nécessaires pour faire respecter, par l'étranger, l'indépendance du peuple français et la dignité de notre couronne. En conséquence, les articles suivants, formant un acte supplémentaire aux constitutions de l'Empire, seront soumis à l'acceptation libre et solennelle de tous les citoyens, dans toute l'étendue de la France. »

sidéra la confiscation comme un moyen de dominer la crise imminente, « il fallait que l'on pût dépouiller de leurs fortunes les hommes qui n'adhéraient pas aux principes posés par son gouvernement ». Aux mains de la Convention, que n'avait pas produit le système de confiscation des biens ! C'était l'arme la plus terrible, l'épouvantable ressource de la dictature.

Un second article devait produire une impression non moins fâcheuse. Quand on admet les principes de la souveraineté des masses, il n'y a pas de limites à ce droit ; Rousseau l'a dit : « s'il plaît au peuple de se couper un bras, nul ne peut empêcher cette volonté ; » et pourtant cet acte additionnel qui proclamait la souveraineté populaire, avait un article fort restrictif que la haine des Bourbons et la peur de leur retour avaient inspiré à leurs rédacteurs. Le peuple s'interdisait à tout jamais la faculté de rappeler les Bourbons[1]. Et pourquoi cette disposition ? Si vous admettez la souveraineté des masses, comment la limiter dans de si étroites barrières ? s'il leur plaisait de rappeler Louis XVIII, d'élever le duc d'Orléans, tant indiqué par les circonstances, pourquoi l'interdire ? C'est qu'il y avait parmi les auteurs de l'Acte additionnel des gens compromis qui avaient peur ; ils auraient sacrifié le pays plutôt que d'admettre le retour de la famille exilée ; pour l'éviter, ils auraient livré la France à l'étranger, province par province ; ils se seraient résignés au

---

[1] *Art. 67 de l'Acte additionnel.*
« Le peuple français déclare en outre que, dans la délégation qu'il a faite et qu'il fait de ses pouvoirs, il n'a pas entendu et n'entend pas donner le droit de proposer le rétablissement des Bourbons ou d'aucun prince de cette famille sur le trône, même en cas d'extinction de la dynastie impériale ; ni le droit de rétablir, soit l'ancienne noblesse féodale, soit les droits féodaux et seigneuriaux, soit les dîmes, soit aucun culte privilégié et dominant, ni la faculté de porter aucune atteinte à l'irrévocabilité de la vente des domaines nationaux ; il interdit formellement au gouvernement, aux Chambres et aux citoyens toute proposition à cet égard. »

royaume de Paris, pourvu que ce fût sans les Bourbons. Comme ils avaient fait tomber la tête de Louis XVI sur l'échafaud, ils ne voulaient pas avoir un Bourbon sur le trône. Et, pour comble d'odieuse puérilité, on n'envoyait pas cet Acte additionnel à la souveraineté du peuple réuni en assemblées primaires; on revenait au pitoyable système de faire inscrire les votes sur des registres, dans les mairies ou chez les notaires; de sorte que c'était par un acte déposé au greffe que quelques signataires escamotaient incognito les antiques et nobles droits d'une dynastie qui avait produit Henri IV et Louis XIV.

On ne peut dire quel pitoyable effet produisit la publication de cet acte dans *le Moniteur;* on l'avait attendu le matin du 25 avril. Les lieux publics étaient remplis de peuple, les salons pleins d'impatience, la Bourse ne savait que penser; à cinq heures du soir, *le Moniteur* n'avait pas été publié; il arriva aux flambeaux, portant sur son frontispice un grand aigle qui étendait ses ailes: on lisait en gros caractères: *Acte additionnel*. On commenta avec attention tous les articles; l'opinion se montra fort dure, fort mécontente, en présence de cette œuvre si mesquine, qui laissait en suspens la plupart des grandes questions de partis et de principes que les Cent Jours avaient soulevées. Les patriotes et les républicains furent mécontents de tous ces préambules qui rappelaient les actes de réformation émanés de Louis XVIII; ils ne comprirent pas une pairie héréditaire, une si étroite organisation des colléges électoraux. Aussi disaient-ils partout : « L'homme n'est point changé[1]; le malheur n'a

---

[1] M. Rousselin de Saint-Albin, chef du cabinet de Carnot pendant les Cent Jours, m'a dit que chaque matin la discussion s'élevait entre lui et le ministre sur ce point : Bonaparte est-il changé ? Carnot disait oui timidement; M. de Saint-Albin, non, très affirmativement; pour lui c'était toujours l'Empereur absolu.

point modifié sa nature de Bonaparte, il a haine de tout principe libéral. Patience! il faut le renverser! » Les journaux patriotes attaquèrent l'Acte additionnel avec violence. Fouché, qui était aise de démoraliser la dictature de Napoléon, laissa dire et écrire tout ce qu'on voulut, sous prétexte de la liberté de la presse, et quelques jours après la publication de l'Acte additionnel, le système de l'Empereur était frappé de mort, sa perte fut résolue ; on entoura la dictature de restrictions, de surveillances ; le souverain ne fut plus libre de ses mouvements ; on ne le prit définitivement que comme une transition.

Les royalistes accueillirent cet Acte additionnel avec l'esprit d'une opposition non moins vive, non moins acharnée ; l'article dirigé contre les Bourbons leur paraissait un outrage non seulement à la famille légitime, mais encore un attentat au principe même de la souveraineté du peuple, dont on niait si tristement la puissance. A ce sujet, il se fit des protestations fermes et ardentes ; des magistrats ne voulurent point signer l'Acte additionnel ; des démissions furent données au conseil d'État, dans les tribunaux ; et la plus ferme, la plus noble de ces protestations, fut celle du comte de Kergorlay, esprit dur et breton, qui ne transigea jamais sur rien de ce qui touchait à ses devoirs et à ses convictions

---

[1] *Motif du vote négatif de Louis-Florian-Paul de Kergorlay sur l'acte intitulé : Acte additionnel aux constitutions de l'Empire, en date du 22 avril 1815.*

« Je crois devoir à mes concitoyens et je me dois certainement à moi-même de leur rendre compte du motif qui m'a déterminé à voter contre l'acceptation de l'acte intitulé : Acte additionnel aux Constitutions de l'Empire, en date du 22 avril 1815.

« Ce motif est que l'art. 67 de cet acte est attentatoire à la liberté des citoyens français, en ce qu'il prétend leur interdire l'exercice du droit de proposer le rétablissement de la dynastie des Bourbons sur le trône. Je suis forcé de protester contre cet article, parce que je suis convaincu que le rétablissement de cette dynastie sur le trône est le seul moyen de rendre le bonheur aux Français. L'expérience que nous venons de faire du bonheur pratique dont

politiques; il motiva son vote négatif contre l'Acte additionnel, en déclarant à la face de Bonaparte : « que le rétablissement de la dynastie des Bourbons était le seul moyen de rendre le bonheur à la France. Le pays les regrettait, le rétablissement de Louis XVIII pouvant seul mettre un terme aux infortunes du pays. » M. de Kergorlay protestait encore contre l'article 6, qui appelait le vote de l'armée; l'armée devait obéir et non délibérer; « la formule de l'acte additionnel semblait dire au peuple : Votez, grande nation, mais en votant conformez-vous à l'injonction qui vous est donnée; votez, non en hommes libres, mais en sujets soumis; votez, mais n'oubliez pas que le vœu de l'armée étant connu d'avance, il faut bien que la nation fléchisse devant les baïonnettes. » Quant à moi, je n'ai pas encore appris à prendre les baïonnettes pour règle de ma conscience. » Et cette hardie protestation en face de la dictature était signée L. F. P. de Kergorlay.

La double opposition des royalistes et des patriotes devenait tous les jours plus vive; en vain MM. Benjamin de Constant et de Sismondi multipliaient des articles développés dans les journaux, ou publiaient des brochures pour défendre leur œuvre et les intentions libérales du pouvoir; on les lisait à peine; tandis que l'opposition

---

a joui la France pendant la Restauration n'a pu laisser à personne aucun droit à cet égard, et l'unanimité du vœu national en faveur de Louis *le Regretté* est pleinement confirmée par le soin qu'ont pris les auteurs de l'article que je réprouve d'interdire la manifestation de cet unanime vœu. La confusion combinée qu'ils ont mise dans cet article, en y mêlant divers fantômes impopulaires qui n'ont aucun rapport avec le rétablissement de la dynastie des Bourbons, est une preuve de plus de l'évidence du désir général de la nation; ce n'est que faute d'objets réels qu'on évoque des fantômes; et le plus magnifique éloge que l'on puisse faire des actes d'un gouvernement, est de se voir réduit à reconnaître que le seul moyen de le dépopulariser est de lui supposer des intentions,

« Je dois protester aussi contre l'art 6

faisait ravage dans la presse. Il parut des articles d'une remarquable hardiesse dans *le Censeur européen;* on y posait les questions suivantes : « *L'ordre de l'Éteignoir* étant tombé, ne serait-il pas possible de le remplacer par un autre qui, sans être moins avantageux aux progrès des ténèbres, serait cependant plus analogue aux circonstances ? Il nous semble que l'*ordre du Sabre* aurait évidemment ce double avantage. Un des rédacteurs du *Mercure* s'occupe, dit-on, d'un ouvrage qui, vu les circonstances, ne pourra manquer de faire une grande sensation; il a pour titre : *De l'influence de la moustache sur le raisonnement, et de la nécessité du sabre dans l'administration.* Qu'est-ce que la gloire? un lion qui fait trembler tous les animaux de la contrée a-t-il de la gloire? un peuple misérable, qui ne sait pas se gouverner, et qui ne peut inspirer à ses voisins que la terreur ou la haine, a-t-il de la gloire ? S'il est vrai que la gloire soit exclusivement le partage des hommes qui se sont rendus célèbres par le bien qu'ils ont fait à leurs semblables, à quoi se réduit précisément la gloire d'un peuple conquérant ? Ces questions seront sans doute résolues quand nous serons fatigués de parler sans savoir ce que nous disons. La bravoure considérée en elle-même, et abstraction faite de toute vertu morale, est-elle une qualité estimable? Celui qui brave la mort sans utilité pour ses semblables

---

du décret du même jour, portant que *l'acte additionnel aux Constitutions sera envoyé à l'acceptation des armées.* Il est contraire aux principes admis chez toutes les nations civilisées, d'envoyer des actes constitutionnels à l'acceptation des armées. Chez tous les peuples libres, chez tous les peuples qui ont le sentiment de leur dignité, les armées sont des corps destinés, non à voter sur toutes les constitutions, mais à obéir à la volonté nationale. Aussitôt qu'une nation souffre que ses armées votent, elle se soumet au pire des esclavages.

« Cet esclavage se décèle assez dans l'art. 5 d'un second décret du même jour. Cet article ne dit pas que, suivant que le recensement des votes sera favorable ou contraire à l'Acte additionnel aux constitutions, cet acte sera promulgué ou ne sera

mérite-t-il l'estime des hommes? Mérite-t-il l'estime des hommes, celui qui brave les voyageurs pour leur enlever leur argent, celui qui brave les mers pour faire des esclaves, celui qui brave des armées pour mettre les peuples en servitude ? Nous abandonnons ces questions à la méditation des journalistes qui ne cessent de nous parler de braves et de bravoure. Oh! s'il n'avait fallu, pour être libres, que de chanter les hymnes de liberté, quel peuple que le peuple français! Est-ce par des chants fanatiques, par de puériles déclamations, que l'on se prépare à établir solidement la garantie des droits et l'équilibre des pouvoirs ? Laissons-là toutes ces parades révolutionnaires. Quel est ce *Champ-de-Mai* que l'on va former pour nous donner une constitution? Est-ce une assemblée de seigneurs feudataires qui viennent se réunir autour de leur suzerain, pour soumettre à l'assemblée générale leurs démêlés particuliers, et pour régler en leur propre nom les *services* qu'ils se doivent les uns aux autres ? Rien de tout cela ; c'est une réunion des colléges électoraux de nos départements qu'il nous plaît de considérer comme représentants de la nation, que nous chargerons de faire ou de défaire, d'abroger ou de sanctionner une Charte constitutionnelle, et que nous invitons par la même occasion à la cérémonie où seront sacrés l'Impératrice et le prince impérial. Cette dernière circonstance

pas promulgué ; mais il dit que le recensement du résultat général des votes sera proclamé, et que l'Acte additionnel aux constitutions sera promulgué Cette étrange certitude du succès est un langage assez clair, ce me semble, et chacun de nous peut l'entendre Peut-on nous dire plus clairement : « Votez, grande nation ! mais en votant, conformez-vous à l'injonction qui vous est donnée ; votez, non en hommes libres, mais en sujets soumis : votez, mais n'oubliez pas que le vœu de l'armée étant connu d'avance, il faut bien que la nation fléchisse devant les baïonnettes. »

« Quant à moi, je n'ai point encore appris à prendre les baïonnettes pour règle de ma conscience. »

L. F. P. de Kergorlay.
Paris, 28 avril 1815.

présente heureusement quelque analogie avec les occupations de nos anciennes assemblées au Champ-de-Mai, sans quoi on ne comprendrait absolument rien à cette bizarre dénomination; mais il est singulier de voir cette haine de la féodalité que l'on nous fait si bien sentir, emprunter au régime féodal une de ses formes les plus solennelles. » Ainsi s'exprimait le *Censeur européen* avec une haute indépendance; mille journaux étaient publiés, comme à toutes les époques d'une liberté décousue et de la ruine des pouvoirs. Était-il possible au régime impérial de supporter longtemps de telles atteintes? La dictature était attaquée dans sa force, le gouvernement par l'épée était blessé par la plume; on fatiguait les veilles de l'Empereur, on tourmentait son existence; la fatalité semblait lui dire : « Les avocats sont là pour t'arracher le glaive; nous que tu as jetés par les fenêtres de Saint-Cloud, nous aurons notre 18 brumaire; nous t'assommerons sous la parole, comme tu nous as accablés sous les baïonnettes. »

L'effet de l'Acte additionnel fut si mauvais que chacun s'empressa de se séparer de cette œuvre; Fouché, qui voulait démoraliser le pouvoir de Napoléon, ne se gênait pas avec les patriotes ses intimes; il leur disait : « Vous voyez, il n'est pas changé; cet homme-là est le même; il n'a pas reculé d'une semelle; il est entouré de Rœderer, de Cambacérès, de Regnauld, et que voulez-vous faire avec cette séquelle? Au reste, la Chambre des représentants arrangera tout cela; c'est ce qui nous importe. » Carnot, avec plus de sincérité que Fouché, n'attaquait pas publiquement l'Empereur, il était frappé du mauvais effet de l'Acte additionnel; les censures des journaux le blessaient profondément, il se sentait compromis avec ses amis les républicains. Comme il croyait Bonaparte nécessaire à la crise, son but était de le ramener successivement aux idées de la Révolution; il fallait reconquérir l'opinion publique, ou le gouvernement impérial était perdu, et l'œuvre des Cent Jours compromise. Dans cette circonstance grave, Carnot recourut à l'Empereur, il lui écrivit directement pour lui proposer deux décrets[1] : par le premier, les dénominations de *sujet* et de *monseigneur* étaient abolies, et par le second, on statuait que la Chambre des représentants serait appelée à modifier et compléter l'Acte additionel, soumis ensuite au peuple dans les assemblées primaires. Par ces deux actes, Carnot, compromis avec son parti, cherchait à reprendre sur lui quelque ascendant, et au fond il ne créa que de nouveaux embarras dans la crise dictatoriale; sans doute, il était puéril et ridicule de s'appeler *monseigneur*, comte ou duc, quand on était enfant de la Révolution, et qu'on avait pour origine des procureurs au Châtelet ou des sergents aux gardes; mais enfin puisque cette comédie plaisait, on pouvait laisser cette petite satisfaction à la foule impériale. Le second décret était plus important, car il créait le désordre dans le désordre; Napoléon en parla avec une haute franchise à son ministre : « Avec vous, Carnot, je n'ai pas besoin de me déguiser; vous êtes un homme fort, d'une

---

[1] *Lettre de Carnot à l'Empereur.*

« Sire, veuillez en croire un homme qui ne vous a jamais trompé, et qui vous est sincèrement dévoué. La patrie est en danger; le mécontentement est général, la fermentation augmente sans cesse dans les départements comme à Paris; la guerre civile est prête d'éclater dans plusieurs parties de la France Je propose à Votre Majesté deux projets de décrets que je crois propres à rétablir le calme et à ramener la masse des citoyens : il faut qu'ils soient rendus *proprio motu*, et non sur le rapport d'aucun ministre ni délibération du conseil d'État. Il serait à souhaiter qu'ils fussent affichés dans la journée.

« Je suis, etc. »

Signé, Carnot.

Suit la minute des deux projets de décrets :

« Napoléon, Empereur des Français, etc. Notre intention étant de ne laisser subsister

intelligence sûre; il nous faut assurer la victoire, sauver la France, et après nous réglerons tout; ne jetons pas des embarras là où il faut l'union intime de tous pour sauver la patrie. » Je dois dire à l'éloge de Carnot qu'il ne cessa pas de croire un moment à la nécessité d'une autorité suprême aux mains de Bonaparte.

L'Acte additionnel supposait trois opérations importantes pour les préfets : la première était de préparer l'acceptation du nouveau pacte social; des instructions partirent de Paris afin qu'on invitât les patriotes modérés à venir signer l'Acte additionnel; l'article qui excluait les Bourbons ne permettait pas aux royalistes de se présenter, et tous n'ayant pas le courage de M. de Kergorlay, l'Acte additionnel devait être exclusivement livré aux patriotes; les préfets avaient pour instruction de faire entendre que ce n'était pas ici le dernier mot de l'Empereur; les dispositions vicieuses de l'Acte additionnel seraient modifiées par la grande assemblée nationale du Champ-de-Mai; provisoirement on devait accepter l'acte, c'était un gage donné à l'Empereur. L'empressement ne fut pas considérable comme sous le Consulat ou sous l'Empire; l'armée seule montra un zèle et un dévouement absolus; sauf quelques démissions honorables, elle vota par acclamations; la révolution des Cent Jours étant son ouvrage, il fallait bien la soutenir.

---

subsister aucune trace de la féodalité, nous avons décrété et décretons ce qui suit: A dater de la publication du présent décret, les dénominations de *sujet* et de *monseigneur* cesseront d'être en usage parmi les Français. » — « Napoléon, etc. La liberté de la presse nous ayant fait connaître que le vœu du peuple français indique de nouvelles améliorations dans l'acte constitutionnel proposé à son acceptation, nous avons décrété et décretons ce qui suit :

« Art. 1 r. La Chambre des représentants statuera, de concert avec nous, dans sa prochaine session, sur les modifications dont l'acte constitutionnel est susceptible pour son perfectionnement.

« Art. 2. La nouvelle rédaction de cet acte sera soumise à l'acceptation du peuple dans les assemblées primaires. ».

La seconde opération des préfets fut de dresser la liste des colléges électoraux et des membres des députations qui devaient se rendre à Paris : le résultat ne répondit pas à leur attente. D'après les lois de l'Empire, les colléges électoraux étaient composés de la classe moyenne, et cette classe, sauf dans quelques départements, n'était pas favorable à l'Empereur. Le décret qui appelait tous les membres de la Légion d'honneur aux colléges électoraux avait augmenté le nombre des électeurs, et cependant il ne s'en trouva pas un cinquième des noms portés sur les listes; les plus purs, les plus chauds partisans de Napoléon, qui voulaient voir et toucher de près les événements de Paris, se hâtèrent de se rendre à la convocation du Champ-de-Mai. La saison était belle, l'Europe assez agitée pour qu'on fût tenté de venir sur le théâtre même des affaires. Il y eut donc un grand départ d'électeurs pour la capitale ; ils arrivèrent de tous côtés pour recevoir un drapeau, saluer l'Impératrice et le roi de Rome ; toutes choses promises par l'Empereur avec cette foi en lui-même qui caractérisait ses paroles.

Enfin la troisième opération, la plus décisive, fut l'élection des députés. Presque partout elle fut fictive. Fouché s'en était réservé la direction absolue ; le ministre savait toute l'importance d'avoir une Chambre des représentants à lui ; il voulait agir et dominer l'assemblée, pour faire, au besoin, une opposition décisive à Napoléon. Dans la majorité des départements, les élections ne furent pas sérieuses ; des colléges ne présentaient pas un huitième de voix ; dans des départements, certains députés furent nommés par cinq électeurs[1] ; peu

---

[1] Les Bouches-du-Rhône, la Vendée.

importait à Fouché, esprit tout entier aux résultats. Ce qu'il lui fallait, c'était une Chambre patriote, à idées fixes, étroites; des orateurs bavards et crédules, que l'on pourrait toujours dominer avec de la rouerie et des fonds secrets de police; des jacobins haineux contre Bonaparte, quelques royalistes pour faire sa paix avec Gand, et, en toute hypothèse, une Chambre, comme elles le furent trop souvent en France, incapable de comprendre le sérieux et le positif des négociations, et s'arrêtant à des niaiseries de détail et de formes. Parmi les représentants, ce que Fouché voulait faire dominer surtout, c'était la méfiance envers Bonaparte. Or, par leur essence, les assemblées sont en garde contre tout ce qui est un peu haut, un peu intelligent; presque toujours elles-mêmes médiocres, elles n'ont foi qu'en la vulgarité; un intrigant à la parole hardie a plus d'ascendant sur elles qu'une capacité instruite, active, gouvernementale. Or Fouché, qui savait parfaitement par quel mobile on mène les assemblées, se préparait à diriger ces représentants qui de toutes parts accouraient pour gagner un peu de renommée ou une position politique dans le changement de système et de places.

Quand donc vers le 25 mai arrivèrent à Paris les députations des colléges électoraux, les représentants élus, et que ces hommes-là virent les salons, entendirent les causeries, lurent les journaux, que l'on s'imagine quelle cohue! quelle confusion! que d'idées se heurtaient en opposition les unes aux autres! Quelle vulgarité dans l'expression! quelle étroitesse dans les résultats! c'était pitoyable! Chacun avait son projet, sa constitution en poche, son gouvernement dans sa valise. L'Empereur était trop haut pour que nulle de ces intelligences pût atteindre jusqu'à ses pensées; à peine faisait-on attention aux étrangers qui menaçaient nos frontières, pour ne s'occuper que d'actes additionnels, de garanties, de souveraineté du peuple, de fédération, de liberté et d'égalité.

L'aspect d'un tel désordre, la présence de ces mille médiocrités, devaient vivement inquiéter Napoléon ; lui, qui voulait de la force, des ressources, une armée, des conscrits, des finances, se trouvait misérablement enlacé sous ces mains incapables qui perdaient le pays; il s'était fait donner la liste des députés ; il avait vu là des hommes dont il n'estimait ni le caractère ni la portée d'esprit : Flaugergues, son ennemi personnel ; Lafayette, dont il savait les desseins et la fatale destinée; Lanjuinais, qu'il avait toujours détesté ; puis des avocats à la parole facile, redondante, mais incapables de conduire un gouvernement dans des voies sûres et fermes, tels que MM. Dupin (de la Nièvre), Dupont (de l'Eure), Manuel (des Alpes); des jacobins haineux comme Garnier (de Saintes), Garrau, Cambon, tous décidés à en finir avec ce Bonaparte que Barras leur avait appris à haïr et à mépriser.

La police de l'Empereur suivait attentivement les présidents, les secrétaires des colléges, et les députations qui arrivaient à Paris; tous ces chefs de clubs provinciaux se réunissaient dans les salons au Palais-Royal, celui d'entre eux qui avait la plus grosse voix, les poumons les plus étendus, obtenait une incontestable supériorité ; il devenait le roi de la parole, et comme il fut décidé qu'on lirait une adresse des colléges électoraux à l'Empereur au Champ-de-Mai, on chercha attentivement au milieu de ces masses le député qui aurait le verbe le plus formidable, et la palme échut à M. Dubois (d'Angers)[1].

[1] Il réussit parfaitement dans sa mission, sa voix retentit au loin dans le **Champ-de-Mai**.

On ne peut dire tout ce qui se débitait de phrases patriotiques, sonores et retentissantes, de mots vides de sens. Napoléon voyait avec inquiétude cette direction de l'esprit public; quand il passa en revue les ouvriers du faubourg Saint-Antoine, s'il fut vivement affecté de cet aspect misérable sous les haillons, il vit au moins de la force; ces hommes simples et robustes lui avaient dit: qu'ils l'entouraient parce qu'il était l'homme de la nation, le défenseur de la patrie. « Donnez-nous des armes, » criaient ces braves ouvriers; hommes libres, ils voulaient servir la patrie; la plupart avaient fait la guerre de la liberté; et Napoléon leur avait répondu en invoquant leurs bras robustes et leur patriotisme. Mais ici, en face de qui se trouvait l'Empereur? Ces députés des colléges électoraux, ces représentants lui donnaient-ils une force de baïonnettes? créaient-ils de nouvelles ressources pour la crise dans laquelle on se trouvait? aucune. Ils étaient des embarras, des obstacles, et pas un seul d'entre eux n'offrait un appui, tous préparaient la perte du pays en multipliant les divisions d'opinions déjà si profondes.

Aussi voit-on l'Empereur, tristement affecté, reculer l'assemblée du Champ-de-Mai. On est au 25, rien n'est prêt, car lui aussi a bien ses petites puérilités; il ne s'est pas séparé de ses enfantillages princiers; il a ses défauts, ses faiblesses, il aime l'éclat, les formes de souveraineté, d'aristocratie; il veut que le Champ-de-Mai soit pompeux, qu'un trône s'élève sur des tapisseries, avec des guirlandes, des astragales; il paraîtra en grand costume, comme Talma[1] représentant les empereurs ro-

---

[1] L'Empereur avait rétabli toute sa maison sur l'ancien pied : le chambellan, les officiers du palais; il voulait se faire illusion.

mains, avec le manteau de pourpre, et la tunique blanche; ses frères doivent l'accompagner, Lucien a perdu le titre de prince français depuis qu'il s'est fait naturaliser sujet du pape; qu'importe encore? il doit paraître au Champ-de-Mai avec un brillant costume à la Henri IV [1]; c'est l'Empereur qui le veut et l'ordonne.

Ce Champ-de-Mai, si fastueusement annoncé, est renvoyé au 1er juin; Napoléon veut que tout soit terminé pour cette parade politique; mille bruits circulent: les uns disent que, renonçant à la couronne impériale, il se contentera de se faire nommer premier Consul; on reviendra, par ce moyen, aux idées républicaines, au beau temps du 18 brumaire, à l'époque brillante du Consulat, aux jours de Marengo. Les autres se font illusion sur le retour de Marie-Louise et du roi de Rome; on les verra au Champ-de-Mai, comme des gages de paix et de concorde avec l'Europe; et tandis que toutes ces conjectures circulent dans le public avec les bruits de police, Napoléon n'est préoccupé que d'une seule chose, c'est de paraître au Champ-de-Mai avec le sceptre et la couronne au front. C'est le côté vaniteux et puéril de cette grande intelligence; chaque nature a ainsi sa faiblesse: Dieu n'a pas donné à l'homme toutes les conditions de force et de grandeur, il faut bien que l'humanité se manifeste.

ceci pour un compliment, parce qu'il fait voir du moins que j'ai assez bien rempli mon rôle. »

[1] Le costume princier fut le sujet d'une vive querelle entre Napoléon et Lucien. Celui-ci voulait paraître au Champ-de-Mai parmi les représentants comme député de l'Isère, Napoléon exigea qu'il vînt en costume de parade.

FIN DU TOME PREMIER.

TABLE

DES CHAPITRES

DU PREMIER VOLUME.

Pages.

CHAPITRE I. L'EUROPE APRÈS LA PREMIÈRE CHUTE DE NAPOLÉON. — Intérêts divers des cabinets. — Masses immenses de conquêtes à distribuer. — La Pologne. — La Saxe. — Les provinces du Rhin. — La Belgique. — L'Italie. — Les provinces Illyriennes. — Intérêts de la Russie, — de la Prusse, — de l'Autriche. — Convention préliminaire du 23 avril. — Discussion sur le territoire, les limites et les colonies de la France. — Position des plénipotentiaires français. — Le premier traité de Paris. (Avril et Mai 1814.)   1

CHAPITRE II. ITINÉRAIRE DE NAPOLÉON VERS L'ILE D'ELBE. — Départ de Fontainebleau. — Tentative d'assassinat. — Escorte. — Les Commissaires. — Napoléon dans le Bourbonnais et le Lyonnais. — Aspect des populations. — Avignon. — Orgon. — Aix. — Émotions populaires. — Napoléon déguisé en officier autrichien. — Ses craintes. — Entrevue avec Pauline. — Embarquement à Fréjus. — Arrivée à l'île d'Elbe. — Solennités de Porto-Ferrajo. — Description de son nouvel empire. — Sa garde. (Avril et Mai 1814.)   21

CHAPITRE III. GOUVERNEMENT DE LA RESTAURATION. — Difficultés de toute Restauration. — Intérêts anciens. — Intérêts nouveaux. — Le Roi et l'usurpation. — L'armée. — Les acquéreurs de biens nationaux. — Premiers actes des Bourbons. — La Charte. — La famille royale. — Les serviteurs de la couronne. — Les deux Chambres. — Lois et ordonnances. — Finances. — État militaire. — Caractère général du gouvernement des Bourbons. (Avril à Décembre 1814.)   42

CHAPITRE IV. PREMIÈRE PÉRIODE DU CONGRÈS DE VIENNE. — Position diplomatique que le traité de Paris fait à la France. — Fixation d'un congrès à Vienne. — Admission des plénipotentiaires français. — Rapprochement avec l'Angleterre. — Dessein envers la Saxe. — Tentatives pour reconstruire le Pacte de Famille. — Question espagnole. — Question napolitaine. — Question de la Saxe, — de la Pologne. — Mécontentement de la Prusse et de la Russie. — Rapprochement de la France avec l'Autriche et l'Angleterre. — Efforts de M. de Talleyrand pour détruire le traité de Chaumont. — Projet d'alliance éventuelle entre les trois puissances. — Nécessité d'éloigner Bonaparte. — Démarches de M. de Talleyrand. — Mécontentement de l'empereur Alexandre. — Ses intimités avec Eugène de Beauharnais. — Mémoire pour une révolution de 1688. — Situation du congrès à la fin de 1814. — Triple alliance de la France, l'Autriche et de l'Allemagne contre la Russie et la Prusse. (Septembre 1814 à Février 1815.)   70

CHAPITRE V. SITUATION DES PARTIS JUSQU'AU DÉBARQUEMENT DE BONAPARTE. — Les royalistes; leur enthousiasme. — Les patriotes. — Leur mécontentement contre la Restauration. — Pamphlet de Carnot. — La Presse. — *Le Censeur européen.* — Projet de renversement. — Les constitutionnels dans la Chambre des Pairs. — Les bonapartistes. — Salon de M. Maret. — La duchesse de Saint-Leu. — Les officiers. — L'armée. — Les aigles. — Moqueries et pamphlets. — *Le Nain jaune.* — Emblème de la violette. — Conspiration dans l'armée. — Préparatifs du complot des généraux Lallemand, Lefebvre-Desnouettes, Drouet. — Acquittement du général Excelmans. — Fouché. — Rapports secrets avec Napoléon par Naples, directement à l'île d'Elbe. — Emissaires envoyés. — Situation de Bonaparte. — Ses bulletins. — Ses renseignements. — Sa dissimulation. — Absence du colonel Campbell. — Ses motifs pour le départ. — Sa ferme résolution. — Signal donné. (Décembre 1814 à Mars 1815.)   98

TABLE DES CHAPITRES.

Pages.

CHAPITRE VI. DÉBARQUEMENT DE NAPOLÉON. ITINÉRAIRE JUSQU'A GRENOBLE. — Préparatifs de l'embarquement. — Ordres secrets de l'Empereur. — La traversée. — Rédaction des proclamations et décrets. — Le golfe Juan. — Le champ d'oliviers. — Premier campement. — Antibes et le général Corsin. — Esprit du pays que traverse l'Empereur. — Les montagnards. — Marche rapide sur Gap. — Le pont de la Saulce. — Sisteron. — Premières proclamations imprimées. — Émissaires de Bonaparte. — Fermentation à Grenoble. — Défection du colonel Labédoyère. — Le général Marchand. — Le préfet, M. Fourier. — Entrée de Napoléon à Grenoble. — Ses décrets. — Ses conversations avec M. Champollion-Figeac. — Tendance patriotique de ses actes. (26 Février au 10 Mars 1814.) 130

CHAPITRE VII. PRÉPARATIFS DU GOUVERNEMENT ROYAL CONTRE BONAPARTE. — Surprise et sentiments divers à la nouvelle du débarquement de Bonaparte. — Sécurité. — Résolution du conseil. — Départ du comte d'Artois et du duc d'Orléans pour Lyon. — Ordres aux Préfets. — Estafette au duc d'Angoulême à Bordeaux. — Convocation des Chambres. — Mise hors la loi de Bonaparte. — Rapprochement entre les patriotes et les royalistes. — Salon de madame de Staël. — M. Benjamin Constant. — Adresses des pouvoirs. — Conspiration militaire. — Les généraux Drouet, Lefebvre-Desnouettes et Lallemand. — Démission du maréchal Soult. — Le général Clarke, ministre de la guerre. — Formation des camps de résistance. — Les volontaires royaux. — Les jeunes hommes. — Les écoles. — Les patriotes. — M. de Lafayette. — Adresse des armées. — Le maréchal Ney et Louis XVIII. — État de l'opinion. (5 au 12 Mars 1815. 155

CHAPITRE VIII. LE CONGRÈS DE VIENNE AU DÉBARQUEMENT DE NAPOLÉON. — Situation des affaires à Vienne au mois de février 1815. — Inquiétudes sur l'île d'Elbe. — Surveillance des projets de Murat par l'Autriche et l'Angleterre. — Nouvelle du débarquement de Bonaparte. — L'empereur Alexandre. — Les dépêches de sir Ch. Stewart. — Crainte d'un retour au Bas-Empire. — Plan du prince de Metternich. — La légation française. — Propositions officielles dans le congrès. — Causes de la déclaration du 13 mars. — Unité des résolutions. — Développement des armées. — Excitation du peuple alle-

26*

mand. — Forces militaires. — L'Autriche. — L'Angleterre. — Les Pays-Bas. — La Russie. — La Prusse. — La Confédération germanique. — La Sardaigne. — La Suisse. — Coalition générale. (15 Février au 15 Mars 1815). 177

CHAPITRE IX. MARCHE DE BONAPARTE DE GRENOBLE A FONTAINEBLEAU. — Esprit bonapartiste de Grenoble à Lyon. — Les émissaires. — Les troupes. — Le peuple. — Idée patriotique. — Esprit de Lyon. — M. le comte d'Artois. — M. le duc d'Orléans. — Le maréchal Macdonald. — Défection des régiments. — Bonaparte à Lyon. — Décrets et organisation révolutionnaires. — Dissolution des Chambres. — Première idée du Champ-de-Mai. — Départ des princes pour Roanne. — Le comte d'Artois et M. Baude, sous-préfet. — Bonaparte en Bourgogne. — Conversations avec les autorités. — Envois d'émissaires de Paris. — Dispositions du soldat. — Arrivée du maréchal Ney à Auxerre.—Le préfet, M. Gamot.— Causes de la défection. — Actes du maréchal à Lous-le-Saulnier. — Les généraux Lecourbe et de Bourmont. — Marche à travers la Bourgogne jusqu'à Fontainebleau. — Conversation politique de Bonaparte (8 au 19 Mars 1815). 201

CHAPITRE X. ESPRIT ET MESURES DU GOUVERNEMENT DES BOURBONS JUSQU'AU DÉPART DE LOUIS XVIII. — Fausse sécurité sur Bonaparte. — L'esprit patriotique opposé à l'esprit impérialiste. — Résolution arrêtée chez M. Lainé. — Rapports avec M. de Lafayette. — La société de madame de Staël. — Premières séances des Chambres. — Actes des députés. — Conseil de Fouché. — L'abbé de Montesquiou. — La préfecture de police et M. de Bourrienne. — Accroissement de l'inquiétude. — Séance royale. — Serment à la Charte. — Conseil pour organiser une lieutenance générale en faveur de M. le duc d'Orléans. — Les idées de 1789. — Article de M. de Constant contre Bonaparte. — Divers projets soumis au roi. — Louis XVIII ne veut pas quitter Paris. — Projet de se retirer à Lille ou à Dunkerque. — Le maréchal Mortier. — Le Roi à Lille. — Le comte d'Artois. — La maison du roi. — Le duc de Berry. — Ordonnances datées de Lille. — Louis XVIII quitte la France (12 au 23 Mars 1815). 223

CHAPITRE XI. L'EMPEREUR A PARIS. ORGANISATION DE SON GOUVERNEMENT. — Napoléon à Fontainebleau. — Messages de Paris.

TABLE DES CHAPITRES.

Pages.

— M. Lavalette. — Nouvelle du départ du roi. — Itinéraire d'Essonne à Paris. — Aspect de la capitale. — Entrée furtive de Napoléon. — Les Tuileries. — Ivresse militaire et du parti bonapartiste. — Causeries du soir. — Formation du ministère. — Parti patriote. — Fouché. — Carnot. — Refus de M. Molé. — M. de Caulaincourt. — M. Maret. — Les autres ministres. — Le conseil d'État. — Plan de gouvernement. — Fusion des partis bonapartiste et patriote. — Refus de service. — Changement dans les positions. — MM. de Montalivet et Molé. — Le général Savary. — Napoléon et les soldats. — Revues du Carrousel. — Adresses des ministres et du conseil d'État. — Déclaration de principes. — Embarras de Napoléon. — Faute de n'avoir point saisi la dictature (18 au 25 Mars 1815). 250

CHAPITRE XII. RÉSISTANCE DES PROVINCES ROYALISTES AU POUVOIR DE BONAPARTE. — Paris et les provinces. — La centralisation. — Tentatives pour la secouer. — Provinces dévouées aux Bourbons. — Le Midi. — Le Languedoc. — La Provence. — La Guyenne. — La Vendée. — La duchesse d'Angoulême à Bordeaux. — Projet d'un grand gouvernement dans le Midi. — M. de Vitrolles. — La garnison de Bordeaux. — Le général Clauzel. — Attitude de Madame à Bordeaux. — Défection de la garnison. — Établissement du gouvernement provincial. — Marseille et la Provence jusqu'à Avignon. — Soulèvement contre Bonaparte. — Organisation des volontaires royalistes. — Armée d'observation des Hautes et Basses-Alpes. — Marche du duc d'Angoulême sur Valence. — Hésitation et crainte du parti bonapartiste. — Première défection des troupes. — Arrivée du général Grouchy. — Capitulation de Pont-Saint-Esprit. — Elle n'est pas ratifiée. — Ordre de l'Empereur. — Pacification du Midi. — M. le duc de Bourbon en Vendée. — Soumission de Marseille. — Le drapeau tricolore universellement arboré (10 Mars au 10 Avril 1815). 275

CHAPITRE XIII. TENTATIVES DE RAPPORTS DIPLOMATIQUES ENTRE NAPOLÉON ET L'EUROPE. — Première lettre confidentielle de Napoléon à Joseph en Suisse. — Ouverture aux légations de Berne. — Conférences avec le baron de Vincent et la légation russe. — Départ des ambassadeurs. — Première nouvelle de la déclaration du 13 mars. — Étonnement et effroi qu'elle jette à Paris. — Lettre autographe aux souverains. — Mission de M. de Flahaut, — de M. de Montron. — Lettre de la reine Hortense. — Rapports avec M. de Talleyrand et la légation de Vienne. — Menées pour enlever Marie-Louise et le roi de Rome. — Lettre de M. de Caulaincourt au vicomte Castlereagh. — Réponse. — Dépêche de lord Clancarty. — Réfutation de l'acte du 13 mars par le conseil d'État. — Décret de proscription. — Marche du congrès de Vienne. — Conventions militaires. — Traités d'alliance et de subsides. — Appel à l'Allemagne. — Le Parlement d'Angleterre. — Masses de troupes disponibles pour la campagne. — Résolution de pousser vigoureusement les hostilités. 303

CHAPITRE XIV. SITUATION DES OPINIONS ET DES PARTIS APRÈS LES PREMIERS ACTES DE NAPOLÉON. — Effet produit à Paris et dans les départements par le retour de l'Empereur. — La Bourse. — Transactions commerciales. — Les hautes classes. — La bourgeoisie. — Le peuple. — Pamphlets. — Caricatures contre les Bourbons. — Le parti patriote. — Les idées de 1789. — M. de Lafayette. — M. Benjamin de Constant. — Sa conversation avec l'Empereur. — Fusion avec les constitutionnels. — Les jacobins. — Les impérialistes purs. — Action sur les faubourgs. — Réveil des émotions démocratiques. — Commencement de l'idée fédérative. — Craintes de la guerre. — Les royalistes. — Leur organisation. — Propositions et protestations. — M. Lainé. — M. de Kergorlay. — M. Decazes. — Comité royaliste constitutionnel à Paris. — M. Royer-Collard. — Les étudiants. — Premier travail pour la constitution. — Arrivée de Lucien Bonaparte. — Incertitude de l'avenir (25 Mars au 15 Avril 1815). 333

CHAPITRE XV. FORCE ADMINISTRATIVE DE NAPOLÉON. — Travail de l'Empereur. — Ses veilles. — Organisation militaire. — Les régiments. — Cavalerie. — Infanterie. — Artillerie. — Manufactures d'armes. — Ateliers. — Travaux publics. — Visites aux faubourgs. — Popularité de Napoléon. — Levées de conscriptions. — Volontaires impériaux. — Organisation des fédérés. — Adresse des faubourgs. — Travaux des fortifications de Paris. — La garde nationale. — Formation des bataillons. — Carnot. — Le maréchal Davoust. — Fouché. — Les ressources financières. — Le crédit. — Les impôts. — Rapports du gouvernement avec la Banque. — Ressources du trésor (Avril 1815). 353

CHAPITRE XVI. ACTE ADDITIONNEL. — ÉLECTIONS DES DÉPUTÉS. Travail pour l'Acte additionnel. — MM. de Constant et de Sismondi.—Questions préliminaires. — Fera-t-on une constitution nouvelle ou un Acte additionnel ? — Parti patriote. — Parti impérialiste. — Publication de l'Acte additionnel. — Mauvais effet. — Confusion dans la presse. — Organisation des colléges électoraux. — Mode d'acceptation. — Le pacte constitutionnel. — Ordres aux préfets. — Fixation de l'assemblée du Champ-de-Mai. — Nomination des représentants. — Difficulté pour la hiérarchie. — Les colléges électoraux à Paris. — Tumulte. — Bavardages. — Confusion. — Esprit des députés élus. — Classification en partis. — Le Champ-de-Mai retardé (22 Avril au 26 Mars 1815). 381

FIN DE LA TABLE DES CHAPITRES.

www.ingramcontent.com/pod-product-compliance
Lightning Source LLC
Chambersburg PA
CBHW072216240426
43670CB00038B/1557